Christian Ludwig Attersee

DAS ■ MOSAIK

IMPRESSUM

Erschienen im
HIRMER VERLAG
Nymphenburger Straße 84
D-80636 München

HERAUSGEBER
Christian Ludwig Attersee

LEKTORAT UND KORREKTORAT
Alexander Langkals

PROJEKT MANAGEMENT HIRMER VERLAG
Rainer Arnold

GESTALTUNG UND SATZ
Kurt-Michael Westermann

LITHOGRAFIE
Reproline Mediateam GmbH, München

Die grafische Gestaltung des Schutzumschlages und die Fotografien, die den Ausschnitt der Mosaikwand *Reichtum Erde*, 2007, von Christian Ludwig Attersee aus der Geologischen Bundesanstalt in Wien zeigen, als auch die Vorsatzseiten mit Ausschnitten aus *Blumenschieber*, 1997, im Wilhelminenspital Wien, und *Arbeitswelt*, 1998, aus der Würth-Zentrale in Böheimkirchen/NÖ, stammen von Kurt-Michael Westermann, der alle Fotos dieses Werks machte, außer der im Bildnachweis auf Seite 240 genannten.

DRUCK UND BINDUNG
Passavia Druckservice, Passau
Papier: LuxoArt Samt New 150 g/m2
Schriften: Times New Roman und Euphemia

Printed in Germany

Bibliografische Information der Deutschen Nationalbibliothek
Die Deutsche Nationalbibliothek verzeichnet diese Publikation in der Deutschen Nationalbibliografie; detaillierte bibliografische Daten sind im Internet über http://www.dnb.de abrufbar.

www.hirmerverlag.de

ISBN 978-3-7774-2483-5

Meiner geliebten Ingried

Christian Ludwig

Attersee
Das Mosaik

Kurt-Michael Westermann

HIRMER

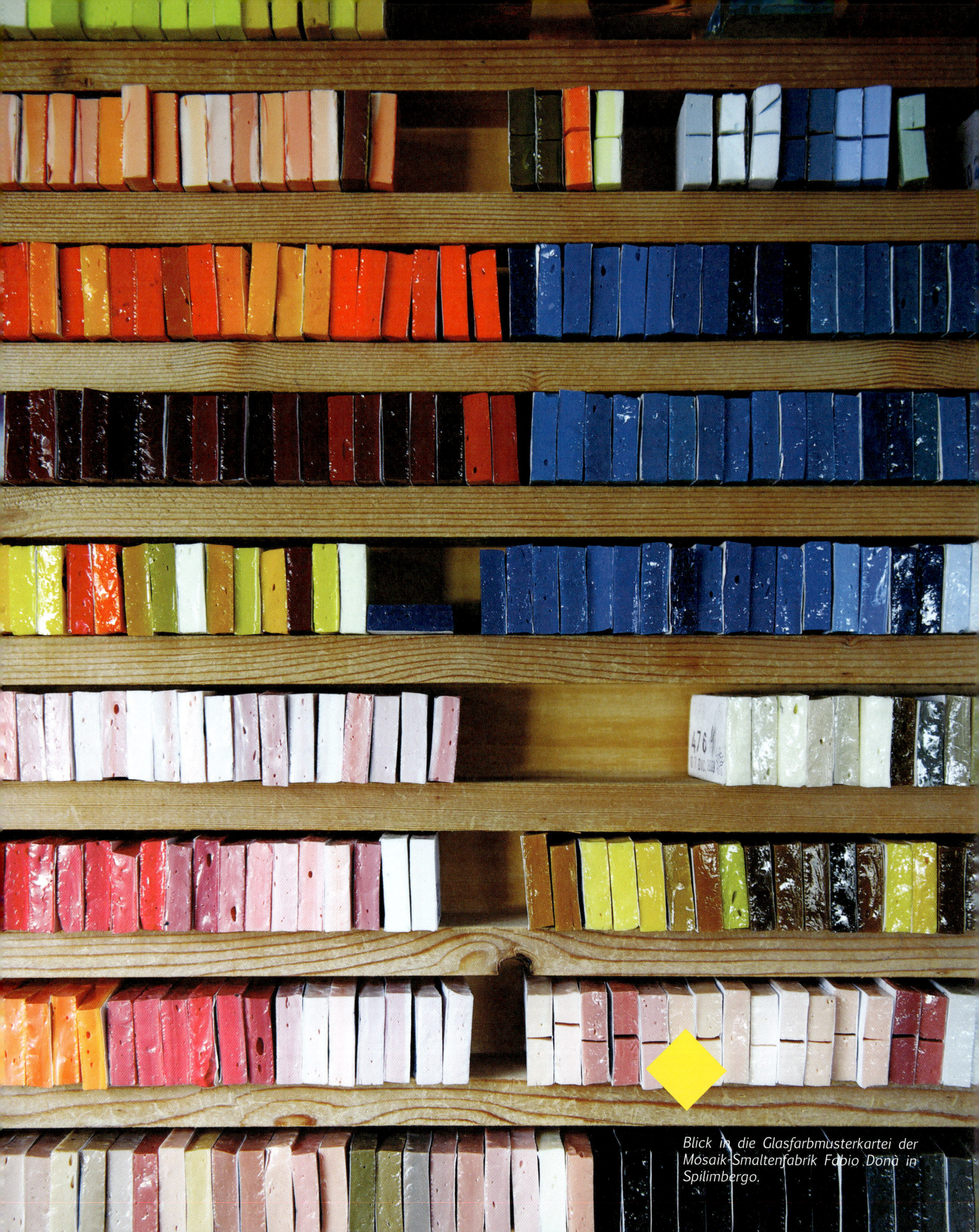

Blick in die Glasfarbmusterkartei der Mosaik-Smaltenfabrik Fabio Donà in Spilimbergo.

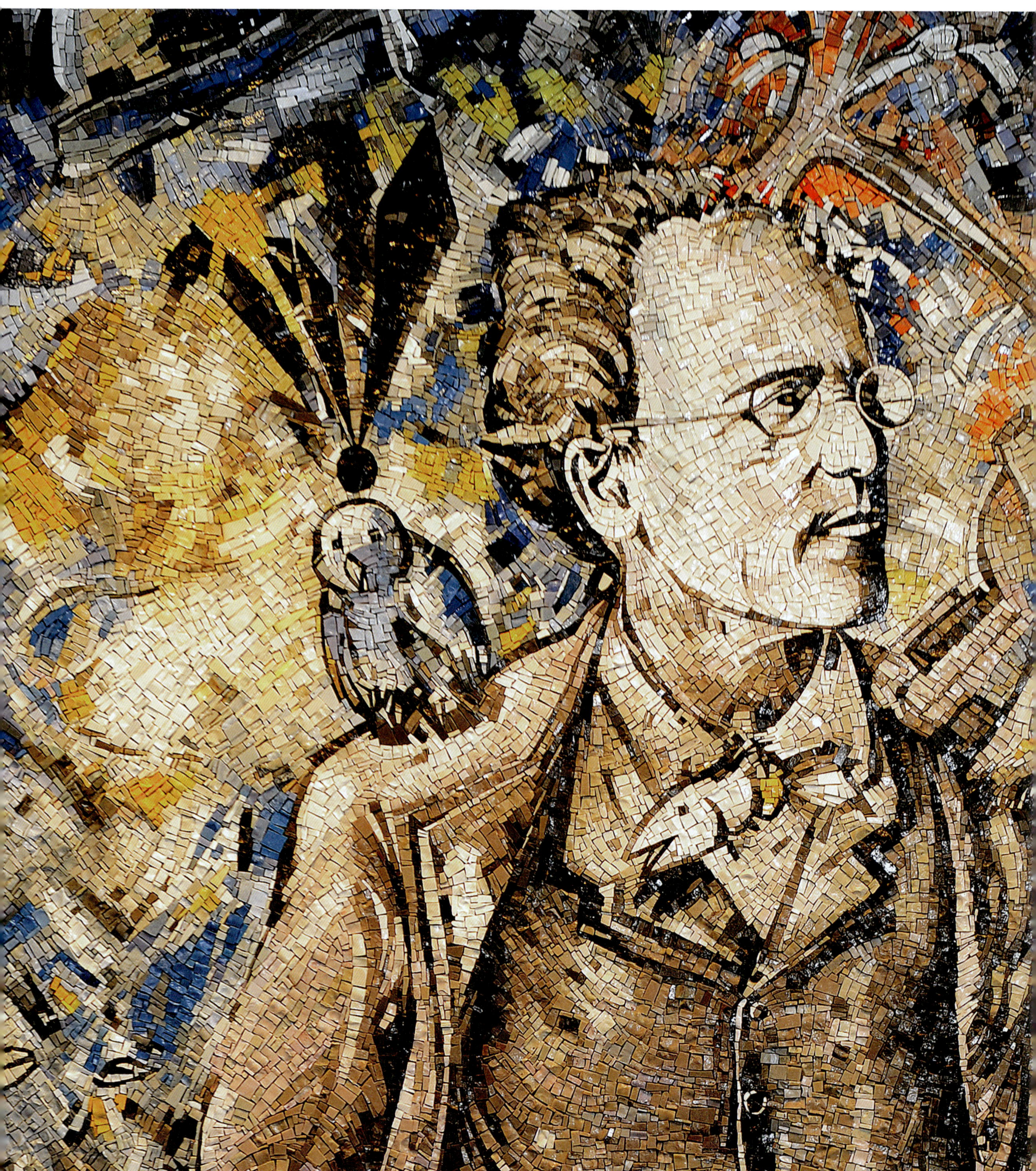

Christian Ludwig Attersee, Gustav-Mahler-Nacht, *Mosaik, 2012, Ausschnitt.*

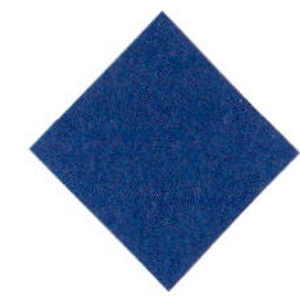

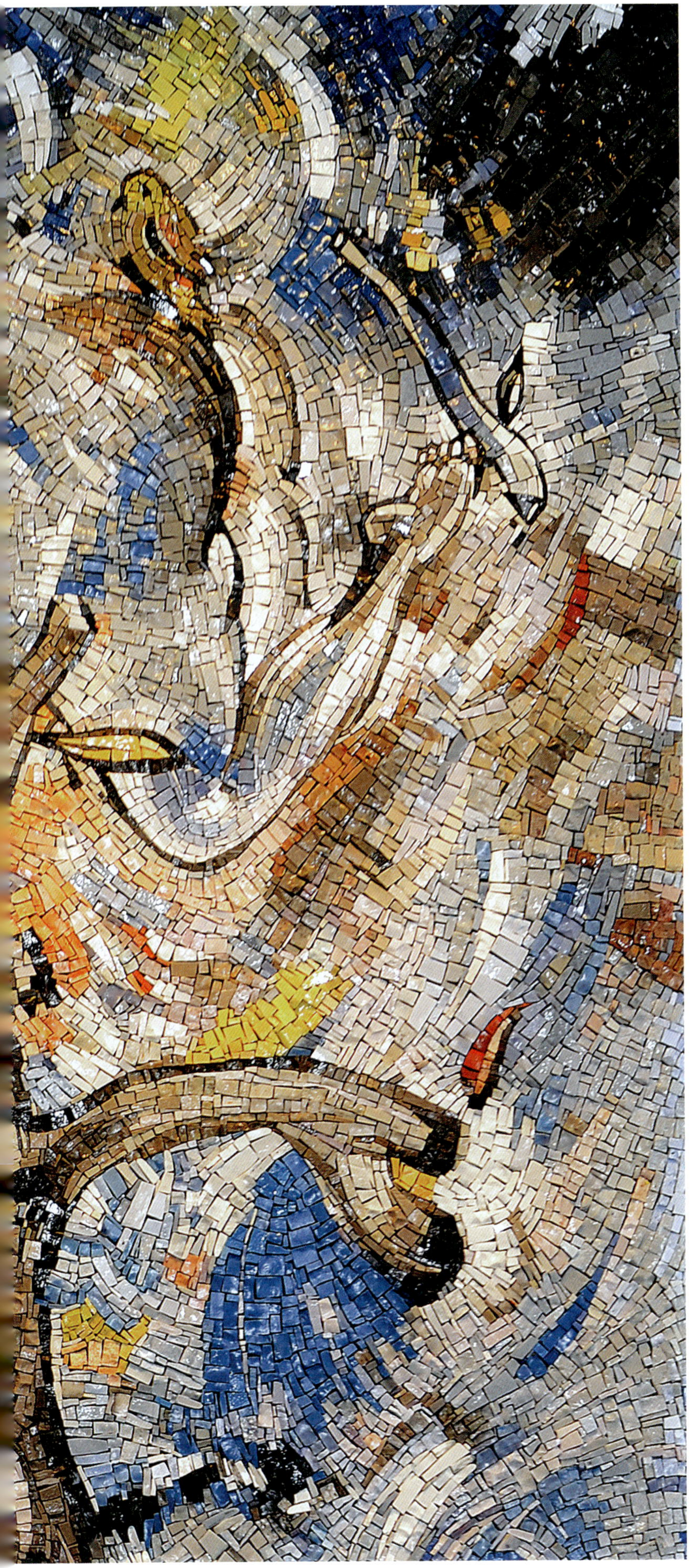

Malen mit Glas – eine Einleitung

Christian Ludwig Attersee

1630 starben in Venedig mindestens 640 000 Menschen an der Pest, unter ihnen auch die fähigsten Meister der Mosaizisten. Es dauerte fast hundert Jahre, bis in Venedig wieder eine neue Mosaikschule gegründet werden konnte. Zu diesem Zweck holte man zumeist Künstler aus Rom nach Venedig (darunter Leopoldo da Pozzo für die Mosaikhauptwerke an der Markuskirche).

Durch die Ausschmückung des Petersdoms – so gelten etwa die Kuppelmosaiken als Höhepunkt der Mosaikkunst im 16. Jahrhundert – entstand in Rom ein großes Produktionszentrum für Mosaiklegung. Im Speziellen die Vatikanische Mosaikwerkstatt, die zuletzt 1727 eine Neugründung erfuhr und bis heute – insbesonders auch in der Mosaikrestaurierung – weiter entwickelt wird, gilt noch immer als wegweisend. In dieser Zeit kam es in weiteren Städten Italiens zur Gründung von Mosaikschulen und -werkstätten, so in Orvieto, Florenz und wie bereits erwähnt in Rom. In Sizilien verlief die Entwicklung ähnlich, speziell die Kunst der Mosaizisten jener Zeit aus Palermo sei hier genannt.

Die Mosaiklegung und ihre immer weiter veränderten Techniken wie z. B. die Glaspasten-Herstellung, die zuletzt nicht nur Leuchtkraft, sondern auch die Überwindung fast aller bisherigen optischen Unterschiede zwischen Mosaik und Malerei garantierte, führte immer öfter zur Auswechslung vieler Gemälde und Fresken durch Mosaikkopien; genannt seien hier sämtliche Altarmosaike der Peterskirche in Rom, wir sprechen hier vom 18. Jahrhundert und wieder von der Vatikanischen Mosaikwerkstatt. Für die Mosaikherstellung wurde pulverisiertes bleihaltiges Glas mit Wismut und Thallium vermengt und das geschmolzene Material, der Glasfluss, anschließend geschliffen. Letztlich führte die Entscheidung, Kirchengemälde durch Mosaikgemälde zu ersetzen, jedoch zu einer Degenerierung der eigenständigen Aussagekraft des Mosaiks.

In ganz Europa bemühte man sich, Aufträge an Vatikanische Mosaizisten zu vergeben, was nicht immer gelang. Dank der liberalen Kulturpolitik der Zarin Elisabeth Petrovna stellte man in St. Petersburg 1752 den ersten Brennofen auf und gründete dort die erste russische Mosaikwerkstatt. Die Mosaiklegung war also die am wirksamsten verbreitete Möglichkeit, Umsetzung künstlerischer Entwürfe in angewandte Kunst zu verwandeln – wir sprechen von glasflächigen Kunstwerken; die Meisterwerke der Freskenmalerei hatten plötzlich eine dominierende Konkurrenz bekommen.

Warum ich bei dem Einleitungstext dieses Buches mit der Kurzbeschreibung der italienischen Mosaikwelt des 17. und 18. Jahrhunderts beginne, begründet sich in erster Linie dadurch, dass ein breites Publikum die künstlerische Wirkung der Aneinanderreihung von Mosaiksteinen und ihre wirksame Bildfähigkeit erkannte. Auch die Entwicklung der Herstellungsweise der Glasarten und die dazugehörende neue Pracht, ja man hatte endlich eine Farbskala mit feinsten Tonabstufungen zur Verfügung, die bis heute in vielen Bereichen ihre Gültigkeit hat.

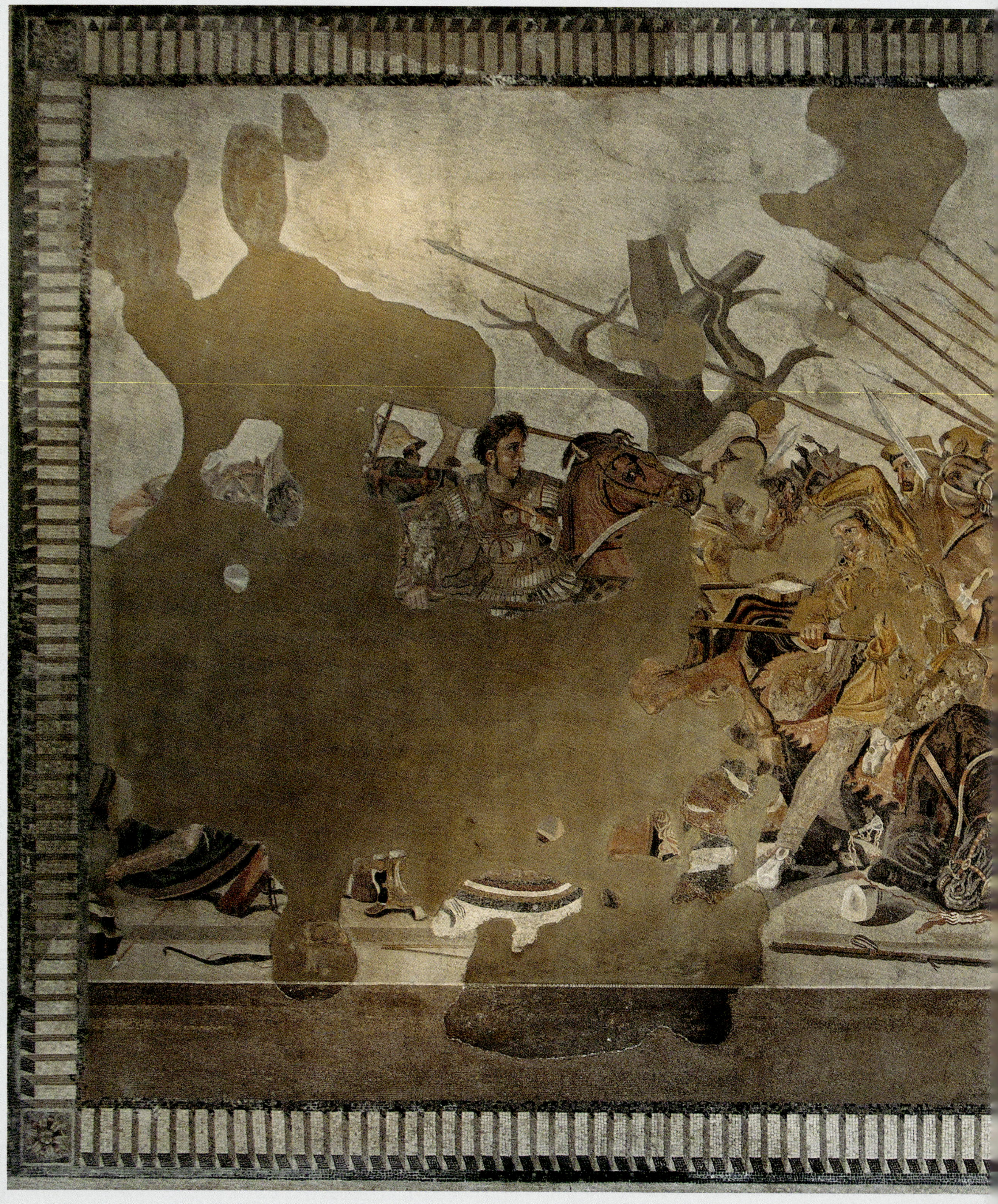

Alexandermosaik, *313 x 582 cm, Mosaik, spätes 2. Jh. v. Chr., nach einem Tafelgemälde, wohl 4. Jh. v. Chr.,* Archäologisches Nationalmuseum

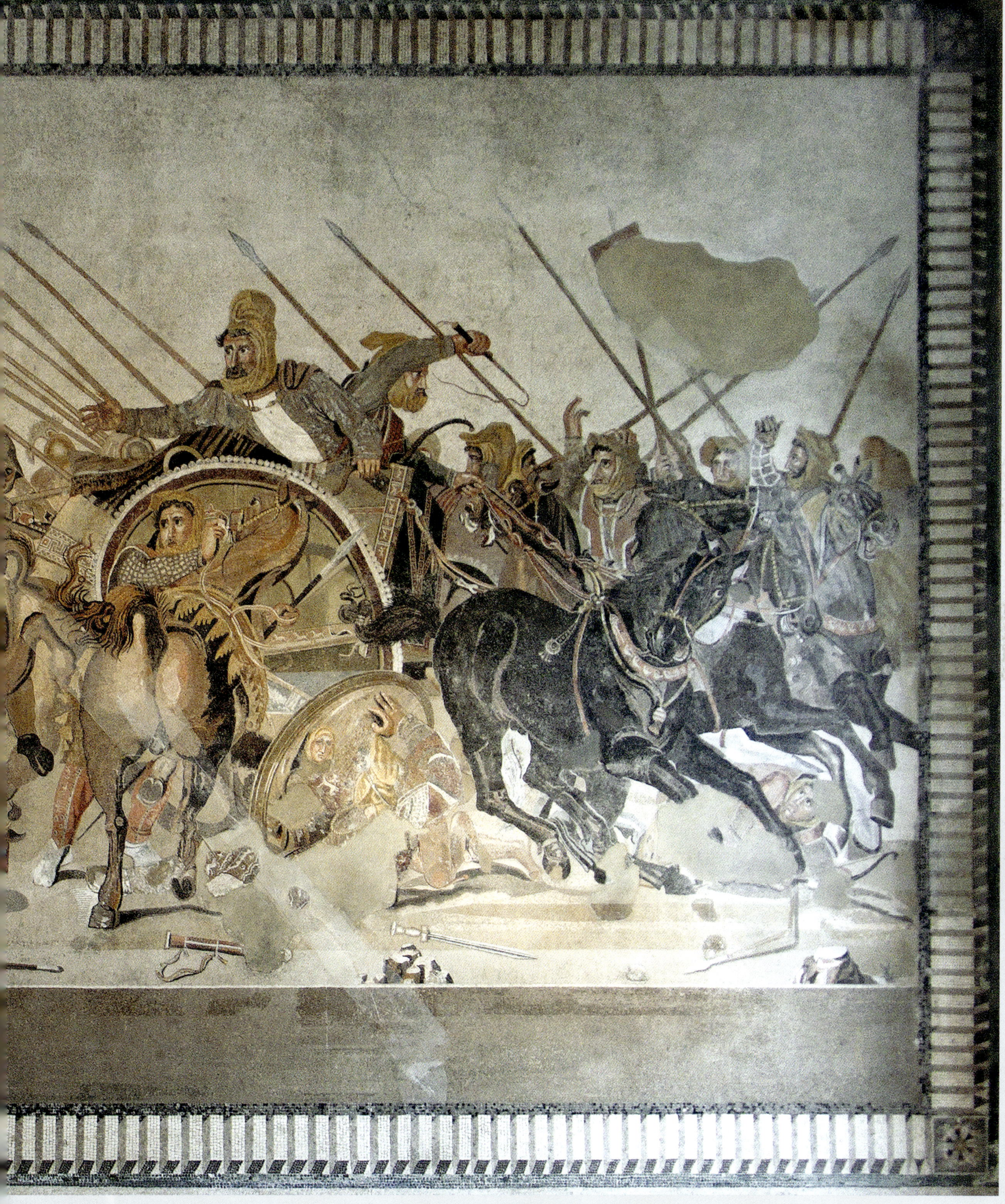

eapel.

Ich selbst sehe mich als Glasmosaikkünstler, der eigene Legetechniken mit seinen Kunsthandwerkern, vornehmlich Elio Macoritto und Luciano Petris, entwickelt und gefunden hat, in mehr als tausend Glasfarben seine Künstleraugen weiden lassen kann und aus den heutigen Produkten der Glaserzeugung das Material wählt, das seine Kunst zum Dokument des aktuellen Mosaikhandwerks macht.

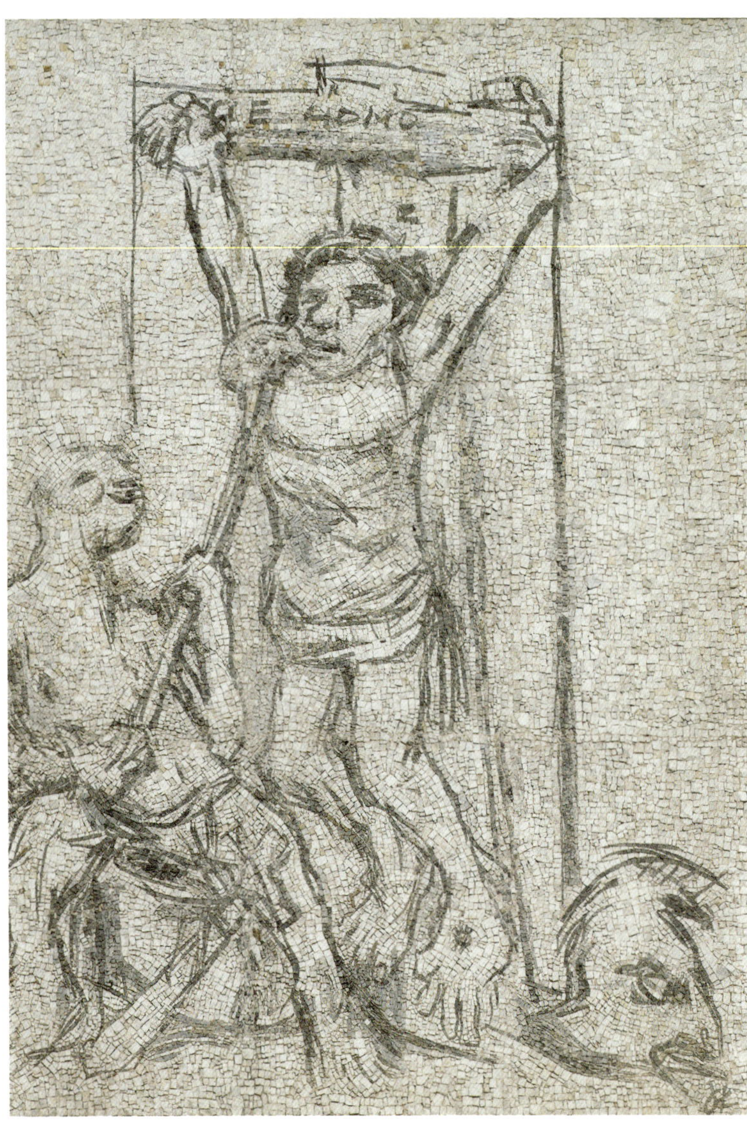

Oskar Kokoschka, Ecce Homo, *Mosaik, 4 x 3 m, 1975; gestaltet im Auftrag der Stadt Hamburg für die zerbombte Nikolaikirche.*

Malerei

Betrachtet man das Mosaik *Kreuzigung* nach einer Vorzeichnung Oskar Kokoschkas von 1972 in der Hamburger St. Nikolaikirche, sieht man deutlich, dass die Möglichkeiten der Glasleger bei diesem Mosaikentwurf nur für eine vergrößerte Kopie reichten. Dem Mosaik fehlt meiner Ansicht nach die Hand eines Künstlers; eine gewisse Ermüdung verkörpert dieser Kirchenschmuck. Schade, ich schätze Oskar Kokoschka als mir liebsten österreichischen Künstler des vorigen Jahrhunderts. Dieses Beispiel – und ich könnte noch eine Anzahl mehr oder weniger aktueller erwähnen, die einen ähnlichen Eindruck auf mich machen – steht für die Nichtbeteiligung der Künstler bei der Umsetzung ihrer Mosaikentwürfe. Eine selbst entwickelte Handschrift bei der Umsetzung des Bildentwurfs als Mosaik halte ich für notwendig. Die Smalten-Glasstücke müssen aus den Pinseln der Mosaikkünstler ihren Weg als Bildteilt Stück für Stück für das große Ganze finden; ich spreche von Schneiden, Reihen und Kleben.
Es kann natürlich sein, dass mich schon am nächsten Tag meine Schau-Erlebnisse von Kokoschkas *Kreuzigung* in andere Wasser, in andere Sichtformationen tragen. So bin ich froh, keine Kreuzigung in Glaswürfel legen lassen zu müssen – ja, in Kokoschkas Haut schlüpfen zu müssen.

Wenn ich ein Buch aufschlage, ist meist das erste Wort, das mir ins Auge sticht, das Wort »Geburtsklinik«. Ich weiß nicht, will mich da der tägliche Schöpfungszwang daran erinnern, dass ich kinderlos lebe, oder heißt es, ein neues Kunstwerk soll das Licht der Welt erblicken; oder ist es vielmehr ein Hinweis, dass Kulturtechnik und ihre Gerätschaften, wenn auch mit hinreißend bestimmendem Erfindungsgeist am Leben vorbeischrammen – das gilt dann aber auch für Kreuz-, Kopftuch- und Backkultur; ja, wir reden von Glaube, Kartoffel und Kunst …
Ich stelle mir eine Geburtsklinik für farbiges Smaltenglas vor, Tausende ca. 30 cm Durchmesser messende Glasscheiben, 1 cm dick, erblicken das Licht der Welt, um gleich danach in Streifen geschnitten zu werden. Ja, und jetzt zwicken, schneiden und zwacken Mosaiklegerhände diese Streifen zu oft quadratischen Glaswürfeln. Los geht's ans Formen: sternschnuppige Kristallhalskrausen, lichtdurchflutete Taubenflügel, Glasobstereien vom Astzeug, Muranoblut von Tulpenköpfen, mundgeblasene, pflaumenfarbene Brüste mit Nippeln in Tannengrün – ja, plötzlich bin ich selbst die Geburtsklinik. Ich werfe meine Kunst wie Kaviarhäufchen in eure Alltagskanister, Schöpfungswille und der tägliche Ritt auf Schaum und Wind, auf Palettenufern, auf lauwarmen Ankern in Himmelblau und auf einer Riesin aus geflochtenem Pferdehaar sind die Begleitufer – nehmt Platz. Ja, nehmt Platz an der rechten und linken Seite der fünften Himmelsrichtung. Diesmal bin ich selbst diese eine in allen Farben beißende Smalte, Rotz und Kuss, auch blumenfarbene Lippen geben sich Mühe; Glaspoesie wird zum Befehlszeichen.

Fischer vertäuen ihre Boote, in der Ankunft liegt schon die nächste Abfahrt, manchmal baut ein Möwenpärchen sein Nest ins Taugewirr des obersten Mastholzes, ob auf niedrigen Schornsteinen oder in Dachrinnen von schneebefreiten Dächern; auf den meisten Plätzen der Wirklichkeit wird Leben erschaffen. Der Künstler füllt Raum und Flächen in seiner

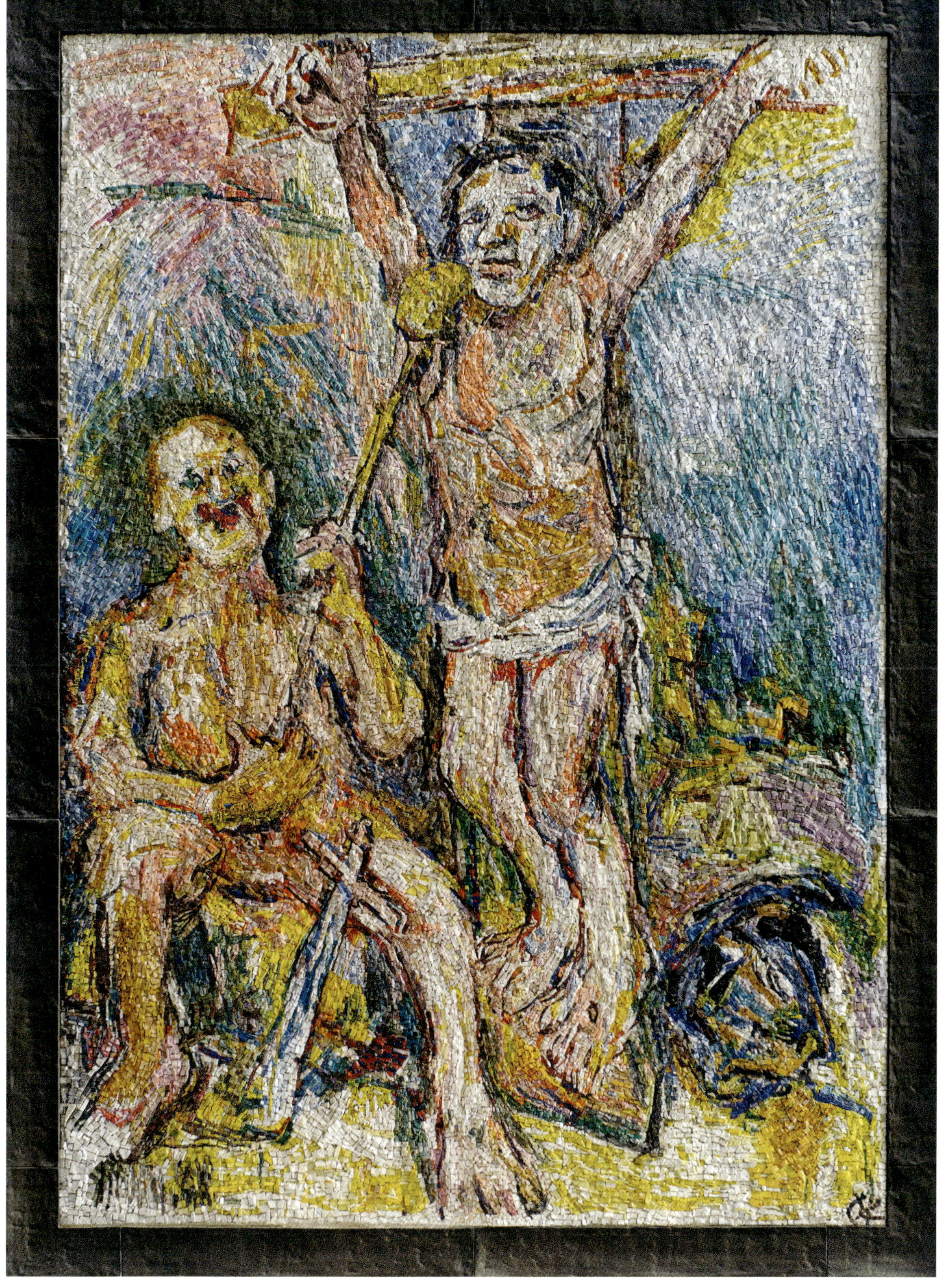

Oskar Kokoschka, Ecce Homines, *Mosaik, 3 x 2 m, 1974, Hauptkirche St. Nikolai, Hamburg; seit 1962 Nachfolgerin der kriegszerstörten ehemaligen Hauptkirche.*

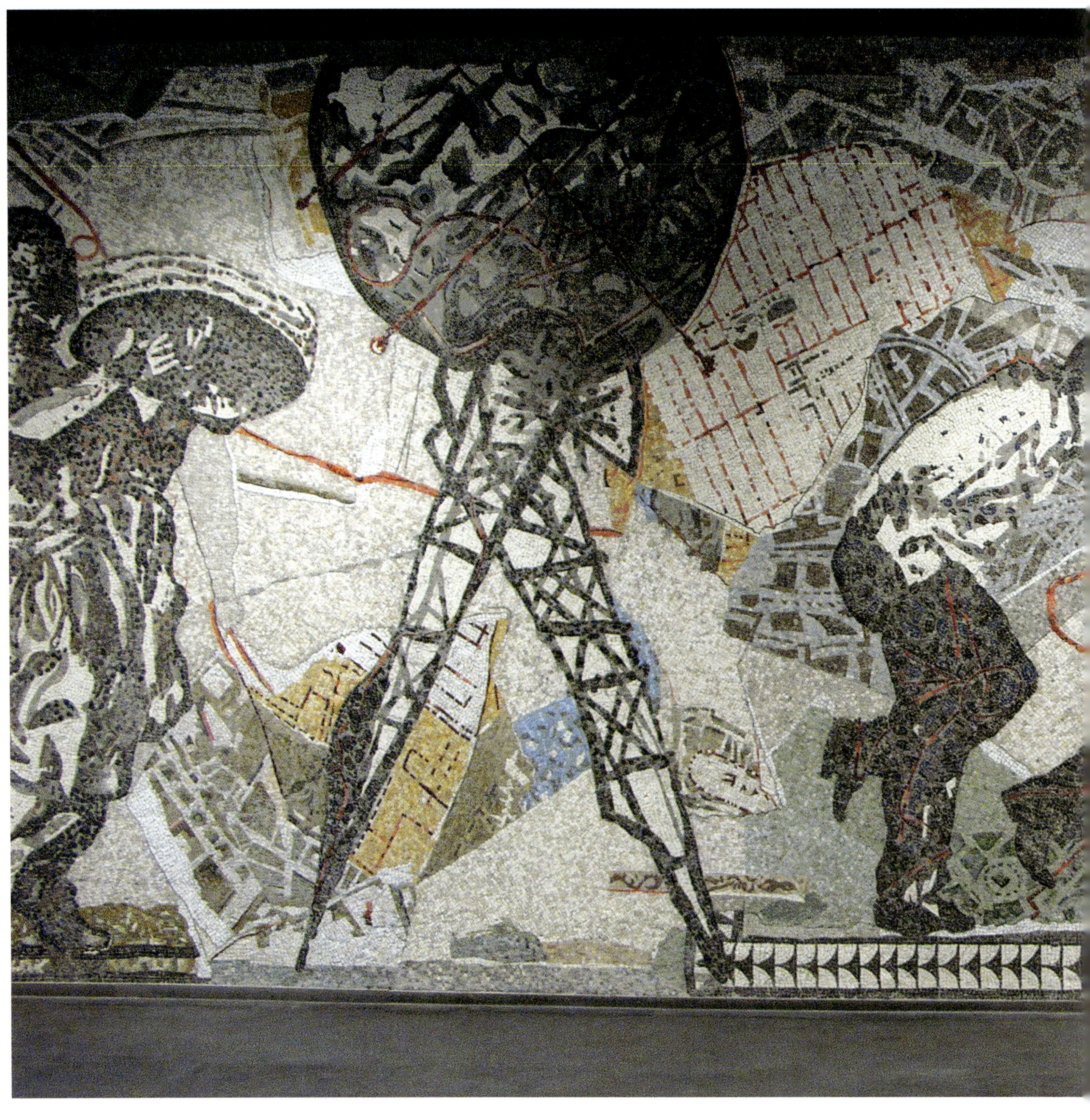

Ein Prozessionszug um Geschichte und Glauben Neapels mit dem Ausbruch des Vesuv, daneben die Figur des Januarius, dem Stadtheiligen Neapels, der im Jahr 305 bei der Christenverfolgung geköpft wurde.

William Kentridge, Ferrovia centrale per la città di Napoli, 1906, *(Ausschnitt), Mosaik, 2012, U-Bahn-Station Toledo, Neapel.*

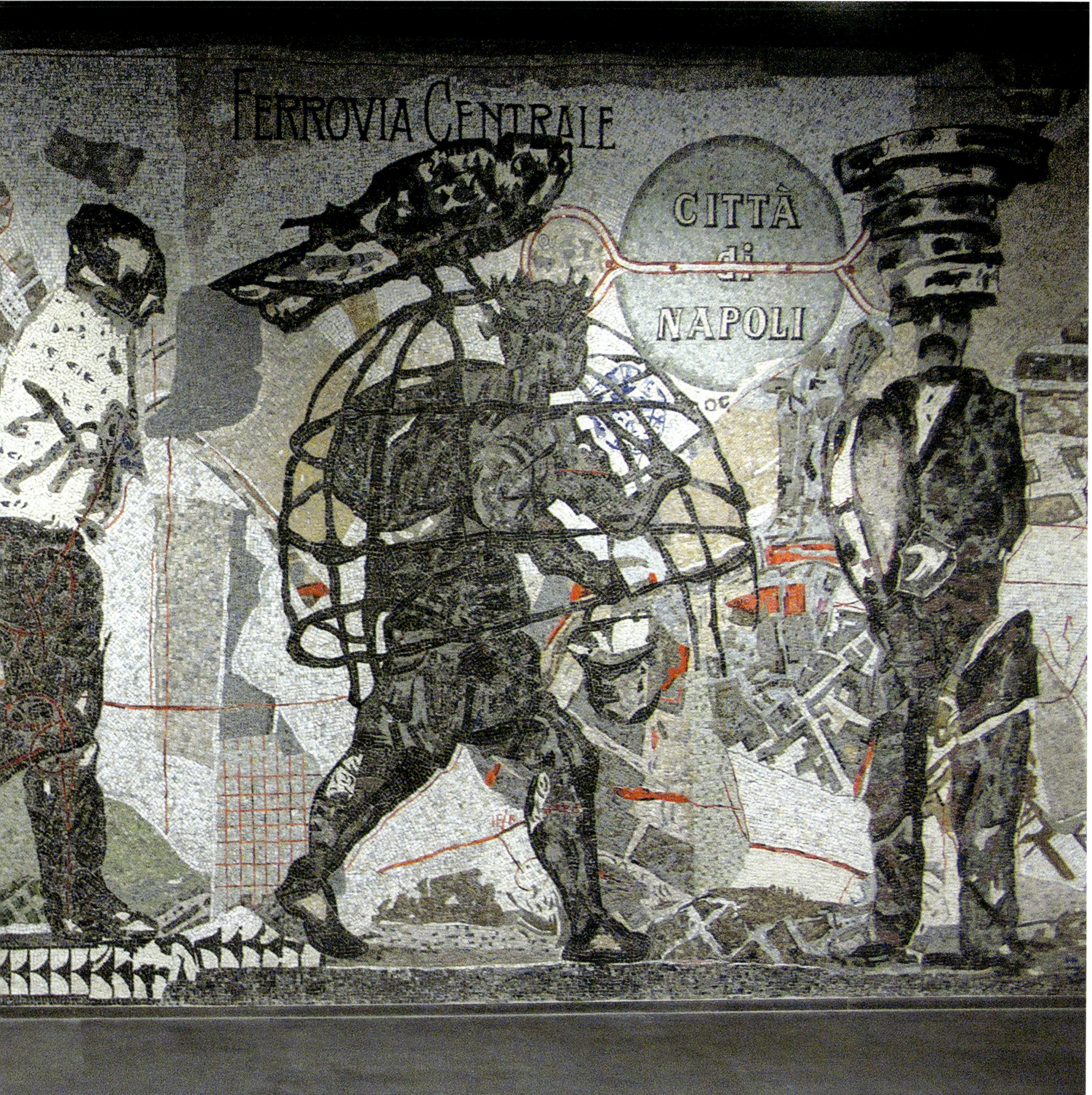

Löwe, einen Leoparden reissend, 70 x 82 cm, Originalmosaikemblem (Ausschnitt) aus Pompeji, um 100 v. Chr., Archäologisches Nationalmuseum, Neapel.

Gegenüberliegende Seite: Unter den größten und schönsten romanischen Mosaiken, heute Weltkulturerbe der UNESCO, befinden sich die berühmten »Bikinimädchen«, Bodenmosaik (Ausschnitt) eines Wasserbeckens der Villa Romana del Casale aus dem 4. Jh. auf Sizilien nahe des Ortes Piazza Armerina.

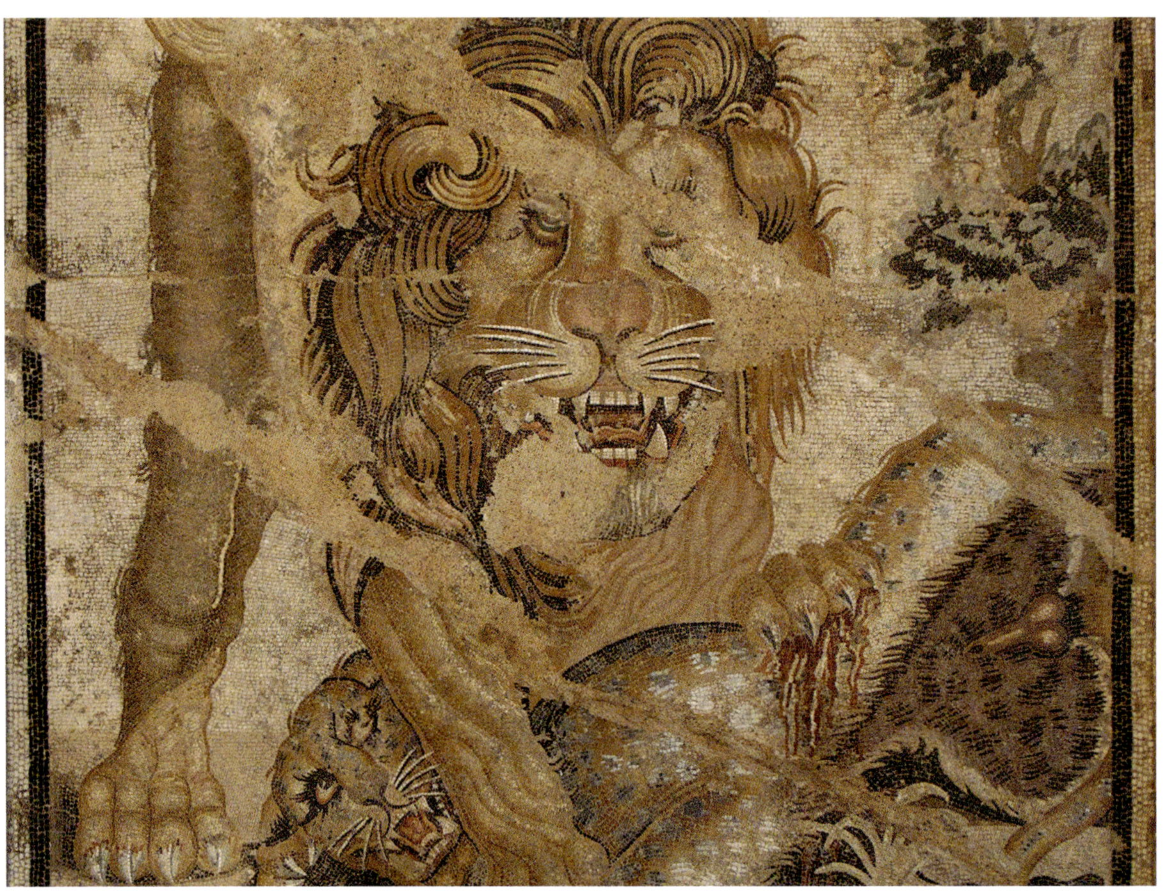

Arche, ja, und dann wird alles aus seinen Gedächtniskammern in die Welt geschleudert. Wenn ich meine Arche verlasse und mit dir vom Meer den Fluss hinauf den Weg zu meinem mit 120-Quadratmeter-Mosaik bestückten Attersee-Haus finde, wird uns mein in Glas gelegter Merkur in einer Weltwand aus tausend Farben umarmen, und sein ewiger Tanz auf einer Attersee-Erdkugel wird uns in seine Welt schiffen, eine Welt von leuchtender Bedeutung.

Das Mosaik an dem leicht gebogenen Frontschild des Attersee-Hauses in der Wiener Mariahilfer Straße war mein erster Auftrag zu einem neuen Standbein der angewandten Kunst im öffentlichen Raum. Merkur, der »Gott der Händler und Diebe« – es war sehr schnell klar, nur er konnte der Mittelpunkt meines Mosaik-Entwurfes sein. Auftraggeber und Architekt Ernst Huss schenkte mir keine unruhigen Träume, im Gegenteil, ich durfte auch die Fassade mitgestalten und besaß jegliche Freiheit in den Momenten meiner Bildfindung. Wir entschieden uns zu einer seitenverkehrten Glasstücklegung, die gewendet in die Klebemasse gedrückt, dann das richtige Mosaikbild ergab, die Papierreste wurden abgewaschen und das gesamte Mosaik verkittet. Dargestellt sind: Merkur als Symbol des Handels, zu seinen Füßen die Erdkugel mit Attersee-Erdteilen sowie die Sonne, von seinen Schultern in die Himmelsmitte gestellt als strahlendes Zeichen für Abhängigkeit von Licht und Schatten und von der Freude

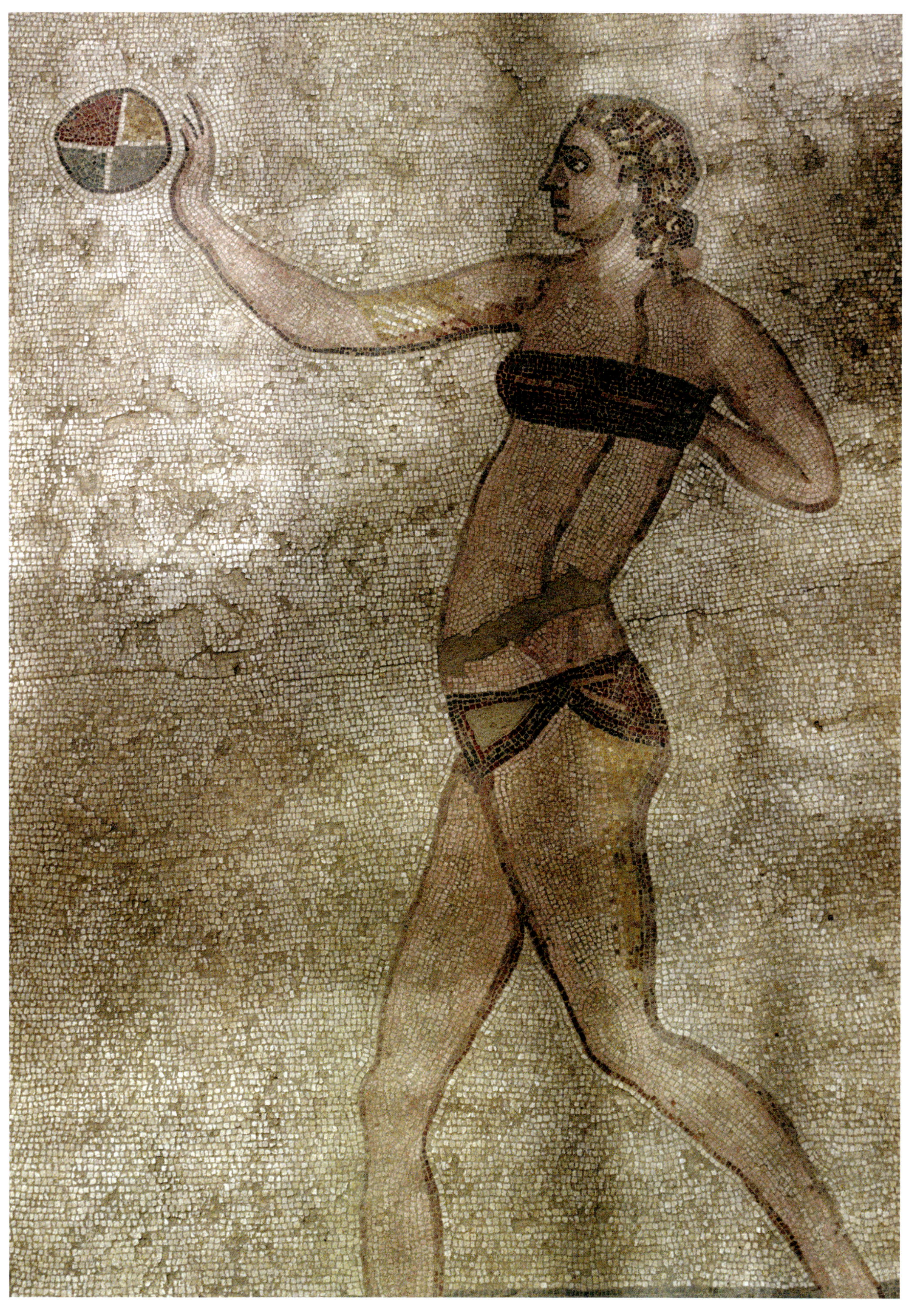

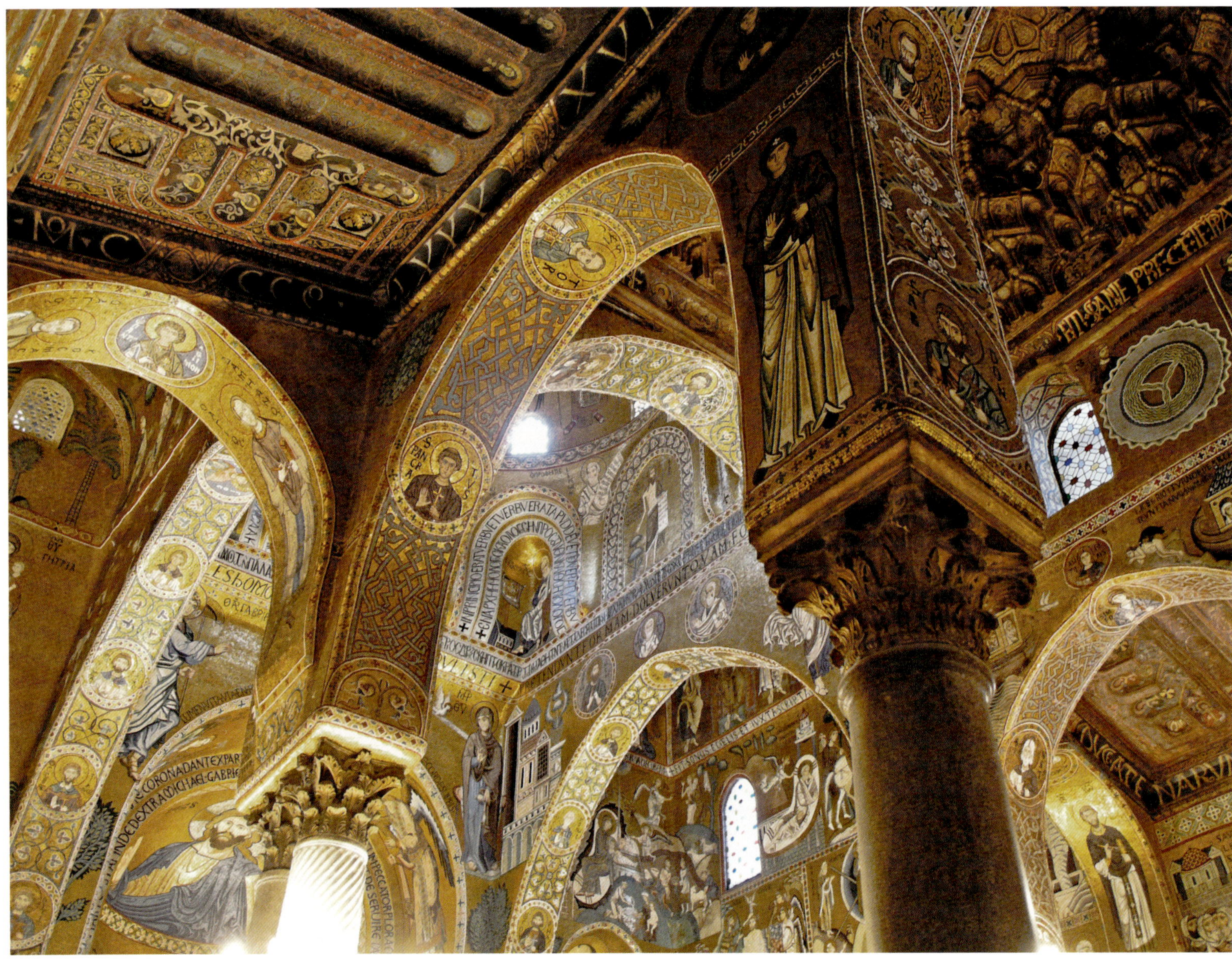

Cappella Palatina, Hofkapelle des Palazzo Reale, Palermo, von König Roger II. nach seiner Krönung 1130 in Auftrag gegeben. Die z. T. arabisch beeinflusste Architektur mit prachtvollen Mosaiken, die von Wilhelm I. (1154–1166) in Auftrag gegeben wurden, war ab 1194 »Kinderstube« Friedrichs II.
Ab 1555 wurde die heutige Form des Normannenpalastes von den spanischen Vizekönigen ausgebaut, als sie diesen zu ihrer Residenz auswählten.

Rechte Seite oben:
Panmosaik, das Wort Panik ist vom griechischen Hirtengott Pan abgeleitet.
Kleines Wandmosaik aus Pompeji, Archäologisches Nationalmuseum, Neapel.

an den unterschiedlichen Tagesabläufen. Als Kapitän oder nur Matrose eines neu zu schaffenden Mosaiks wollte ich kontrastreiche, rhythmische Wirkungen der Legetechnik einerseits und Glasfarbenvielfalt andererseits vor Augen führen, Verführungsgrenzen erreichen.

In die Lücken im Astblattwerk und in das unsinnige Gesangsgeschwätz nistender Vögel quartiert sich gerne der Frühling ein; Farben und Formen – eine Neugeburt. Wie Noten aus Gesangsbüchern strecken sich in Maizeiten unzählige Blüten und Knospen ins Wetterblau, um endlich zu bersten und zu platzen, frisch geborener Farbenreichtum ergießt sich flackernd wie Flammen, um leben zu lernen. Könnte nicht auch die Geburt meiner heiß geliebten Smaltenstücke vergleichbar ins Licht der Welt gestellt werden? Denkbar ist alles, ja, diesmal mit nomadischer Weiblichkeit und Geburtslust ausgestattet und mehr als tausend Grad heiß, Kopfsitten. Ein Sturm von Gedanken in den Waldwegen meiner Adern stürzt mich aus meinem versegelten Schlaf, weg vom Nachbarfleisch getürmter Federbetten, hinein in das kristallfarbene Leuchten eines Innenraummosaiks. Rund um ein zwischen Säulen gestelltes Wasserbecken zu Meditationszwecken und seine Nachbarbereiche erblicken wir schlafrock- und bartfrei mit staunenden Augen aus warmem Wangenfleisch ein Mosaik-Nest. Von meinem Freund, dem Mosaikkünstler Elio Macoritto, und seinen Handwerker-Kollegen habe ich alle meine Mosaikaufträge legen lassen. Wir sprechen hier von der Gestaltung eines Innenraummosaiks namens *Adams Weg* und *Evas Reise*, 1996, für den großzügigen Badebereich in einer von Ernst Huss entworfenen Villa im 19. Wiener Gemeindebezirk, in der die Technik des kittfreien Glasmosaiks, gesteckt in die noch weiche Klebemasse an den Wänden, angewandt wurde, gelegt wie eine Intarsie. In einem Halbkreis gefertigt, erreicht dieses Mosaik mit der Durchflutung des Lichts von Farbglas zu Farbglas eine unüberbietbare Dichte und Leuchtkraft. Wie von gläsernen Raubkatzen, Kreise ziehend, wird hier dieses marmorne Becken bewacht – man fühlt sich wie im Fleisch einer riesigen fruchtfeuchten Glasmelone; unbekannte, neue Lebenszustände werden erkannt. Dieses Raumabenteuer zwischen aufgehender Mosaiksonne und sinkendem Mosaikmond – freilich kreisen auch Adam und Eva in diesem Smaltenhorizont – könnte man auch als gläsernes Gewand betrachten. Dieser halbkreisförmig wirkende Innenraum wird gespiegelt zu einem mit feuriger Würde durchzogenem Oval, zu einem aus Hieronymus Boschs Bildern gefischten Gotteswort. Elio und ich haben bis zur Fertigstellung dieses Steckmosaiks wochenlang viele Stunden miteinander verbracht, ja, wir sind förmlich in den mit Smaltenglas bestückten Wänden geschwommen – getrieben wie in Monets Seerosenbildern.

Elektrische Kirsche, so jedenfalls nannte ich eine meiner Freundinnen in den 90er-Jahren, ja, sie konnte auch mit bis zum Spagat gespreizten Beinen Frösche fangen und schlucken, lächelte mir eines Tages gymnastisch, Purzelbaum schlagend, ins Gesicht mit dem Lippensatz: Ist es verwunderlich, dass ich nur in Kurven gehend Flügeltüren öffnen kann? Sie haben es schon erraten, wir kommen noch einige Male in die Welt des Innenraummosaiks.

Blinde Flecken zu verjagen, Farbskalen neu zu beleitern, Gedichte, geflochten aus den Muskeln des künstlerischen Hangs zu Protesten, die Selbstverständlichkeit, Flächen mit gottgleicher Intensität und verzaubertem Erzählmaterial zu besetzen, mit der eigenen Zunge an der Unsterblichkeit der Malerei zu lecken und mehr – alles Furchen zur Kunst, Furchen zu meiner Biografie.

Um die Lebendigkeit der Malerei in der Mosaiklegung zu erhalten, haben wir meistens mit der Umsetzung der Bildvorlagen in der Mitte der Entwürfe begonnen. Ein zweites sicheres Hilfsmittel war immer, an Teil-

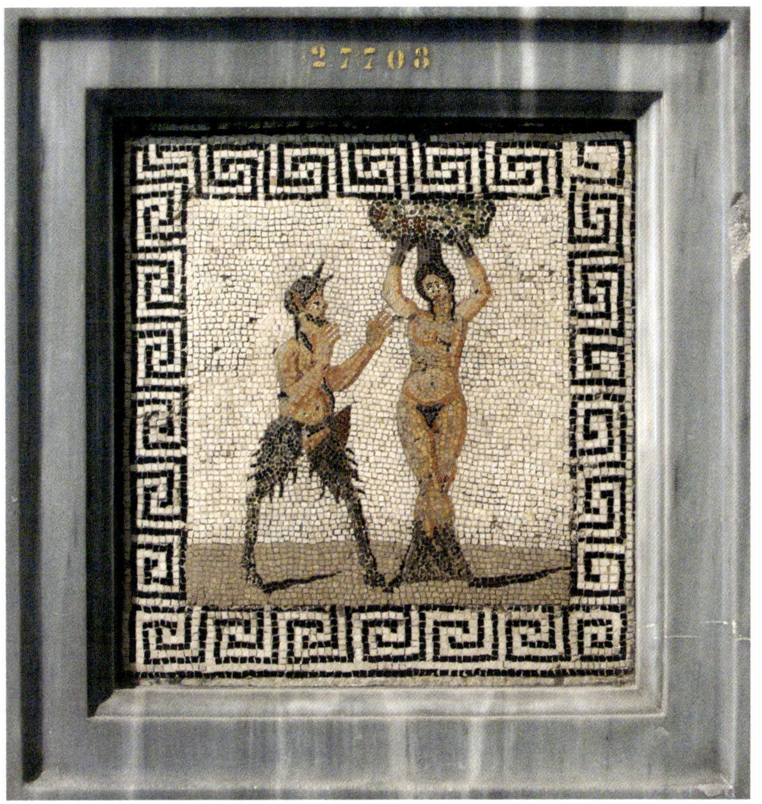

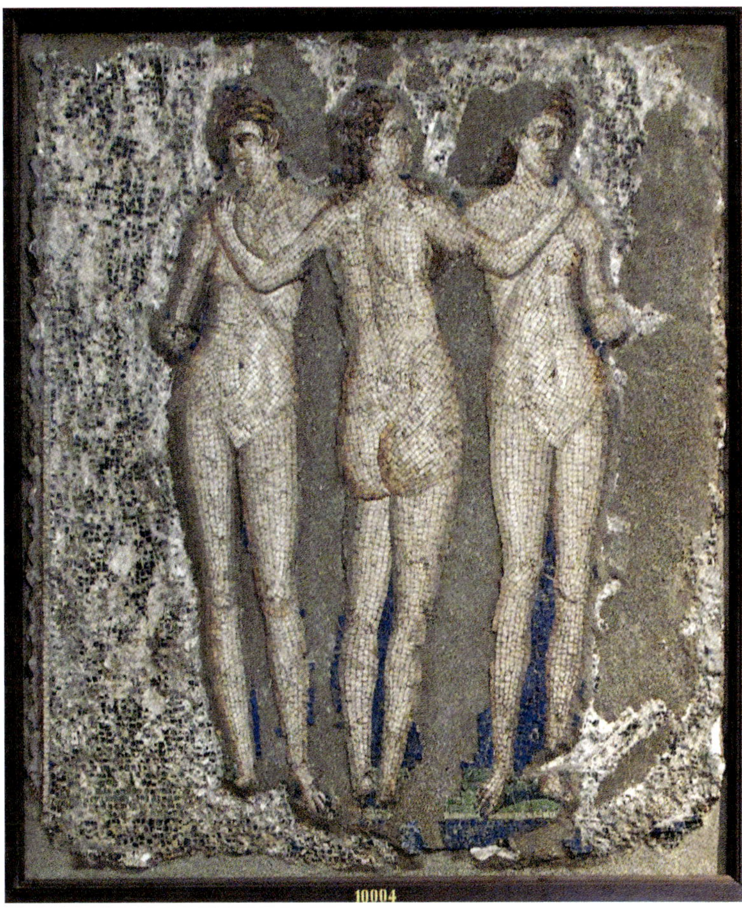

Drei Grazien, kleines Wandmosaik aus Pompeji, Archäologisches Nationalmuseum, Neapel.

stücken des großen Ganzen zu werken, um diese entstandenen Smaltensterne Stück für Stück aneinanderzufügen. Weiters ist es uns darum gegangen, Dynamik, Pinsel- und Strichführung der zur Umsetzung bestimmten Entwürfe zu verstärken und den Möglichkeiten der Mosaikfertigung so eigenständige Bildfacetten abzugewinnen. Der pointillistische Charakter, Glasstück an Glasstück benachbart, wurde von uns manchmal wie glitzerndes Sprachmaterial gereiht, ja zusammengetragen, als hieße die Tagesordnung, Kerne an Fruchtfleischseiten zu legen. Der Wunsch, in Farbglasstücken zu ertrinken, wurde nie fallen gelassen.

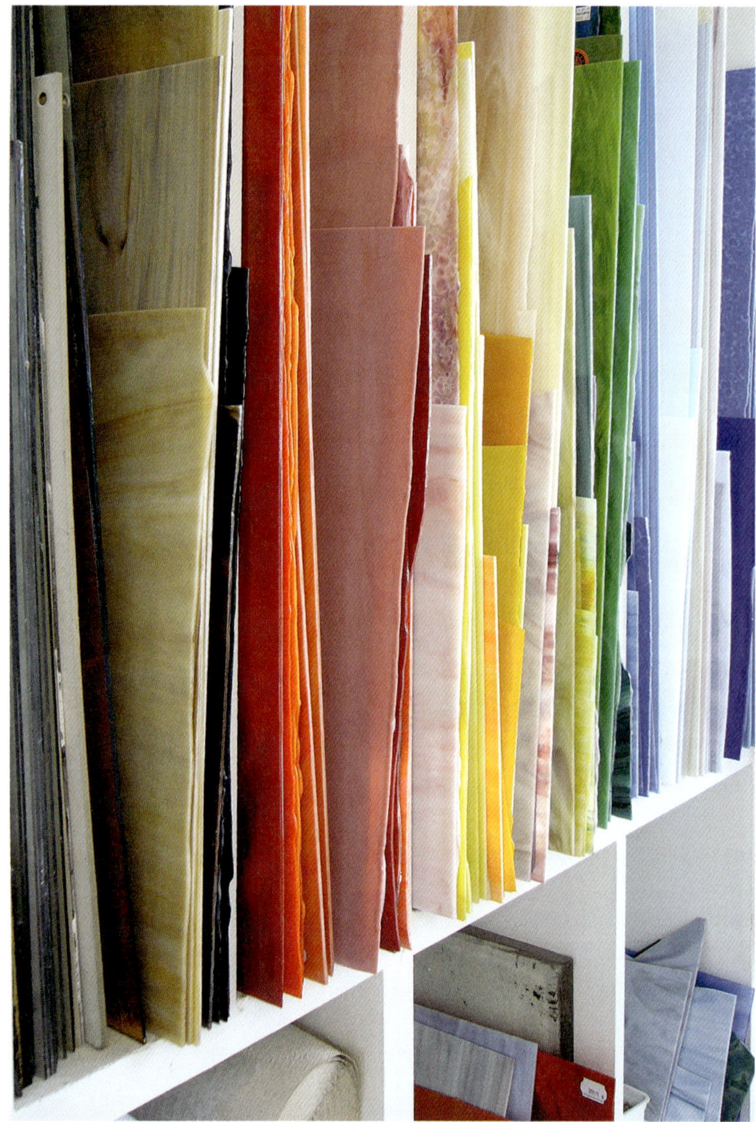

Tiffany-Glaslager in der Mosaikwerkstatt von Wilhelm Kocian, Wien.

Innenräume, Wände, die nicht nur künstlerisch bewältigt werden wollen, sondern auch, wie in diesem Fall die Eingangshalle bzw. der Patientenaufenthaltsraum der Onkologie des Wilhelminenspitals in Wien, die eine spezielle Aufgabe erfüllen müssen, sind selbstverständlich einem engeren Symboleinsatz als Wanderzählung untergeordnet – die Sehnsucht nach Neuland in der angewandten Kunst ist also beschränkt erfüllbar.
Kunst aus dem eigenen Leben zu schöpfen, um lebensbejahendes Erzählmaterial als Bildschöpfung aneinanderzureihen, Erzähllust aus Schlachtengetümmel und Würgegriffen zu befreien, um Körbe voll Rosen und Schmetterlingen an Wände zu nageln, vor allem aber, um den Betrachter aus seiner Position als Kranker aus seiner Welt voll Krabbenscheren in einen friedlichen Freiraum zu lenken und zu ankern, bilden die Gestaltungsebenen dieses Mosaiks. Es geht mir hier darum, mit persönlichem Angelzeug eine Collage vom Wunsch nach gesünderem Leben mit Pinsel und Palette aus den Sehnsüchten der Patienten zu lotsen, um mit diesen Fundstücken etwas Paradiesnahes vermitteln zu können – die Bildsuche ist hier kein Maskenball. Grundsätzlich kam für mich nur ein Werkentwurf in Frage, der Blühen und Schweben als Bildzentrum vermitteln konnte. Kein barockes Ballett, vielmehr Schaumusik, ein Flirren aus Wahrnehmung, Erinnerung und lippenstiftfarbenem Traumzeug bilden die Grundlage des Entwurfs mit dem Titel *Blumenschieber*, tänzelnde Fische in üppigen Blütenstücken einer Sommerwiese. Gefertigt wurde dieses Attersee-Mosaik im Jahre 1997.

1999 entwarf ich für den Kamin einer dreistöckigen Wohnung in Illetas auf der Insel Mallorca eine Mosaikvorlage mit dem Titel *Tag-Nachtsonne*. Elio Macoritto legte dieses Mosaik und montierte es. Es gibt einen eigenen Kunstverein zum Schutz und zur Pflege dieses Kunstwerks.

Jetzt zur österreichischen Würth-Zentrale in Böheimkirchen, Niederösterreich: Reinhold Würth, einer der bedeutendsten Kunstsammler Deutschlands, beauftragte in der zweiten Hälfte der 1990er-Jahre den Architekten Ernst Huss mit dem Bau eines Logistik- und Verwaltungszentrums nahe St. Pölten. Die beiden Attersee-Mosaike befinden sich im ersten Stock des Firmengebäudes. Eine breite Stiege führt Werktätige oder den gerne gesehenen kunstinteressierten Gast nahezu direkt zu der von Architekt Ernst Huss in Form eines flügelartigen Dreiecks gestalteten Rückwand der Betriebskantine. Die dazu gehörende metallene Außenhülle, karminrot gelackt, umfasst dieses Attersee-Mosaik.
Inmitten dieses Dreiecks habe ich wohl mein blühendstes Blumenrundum in Glas setzen lassen: ein Werkscafé, das seine Ess- und Raststunden wiederfindet in blütenden Sonnen, Tag- und Nachtwettern, in Schraubenwäldern – ein Motiv aus Würths Produktvielfalt – in lichtdurchfluteten Sommerwiesen und Blut der Erde.
Ein französisches Rezept zur Fertigung von Kuttelsuppe schlägt als Servierbeilage einen Salat aus roten Rübenstücken vor. Ist da nicht auch das Grundmaterial zur Fertigung eines Glasmosaiks, eben in allen Farben Geschnittenes und Gehacktes, Geworfenes, Gelegtes und Umgerührtes und zuletzt in Beton Gestecktes und Gekittetes irgendwie vergleichbar mit den Tätigkeiten und den Zutaten eines Esslöffelberufes und seiner

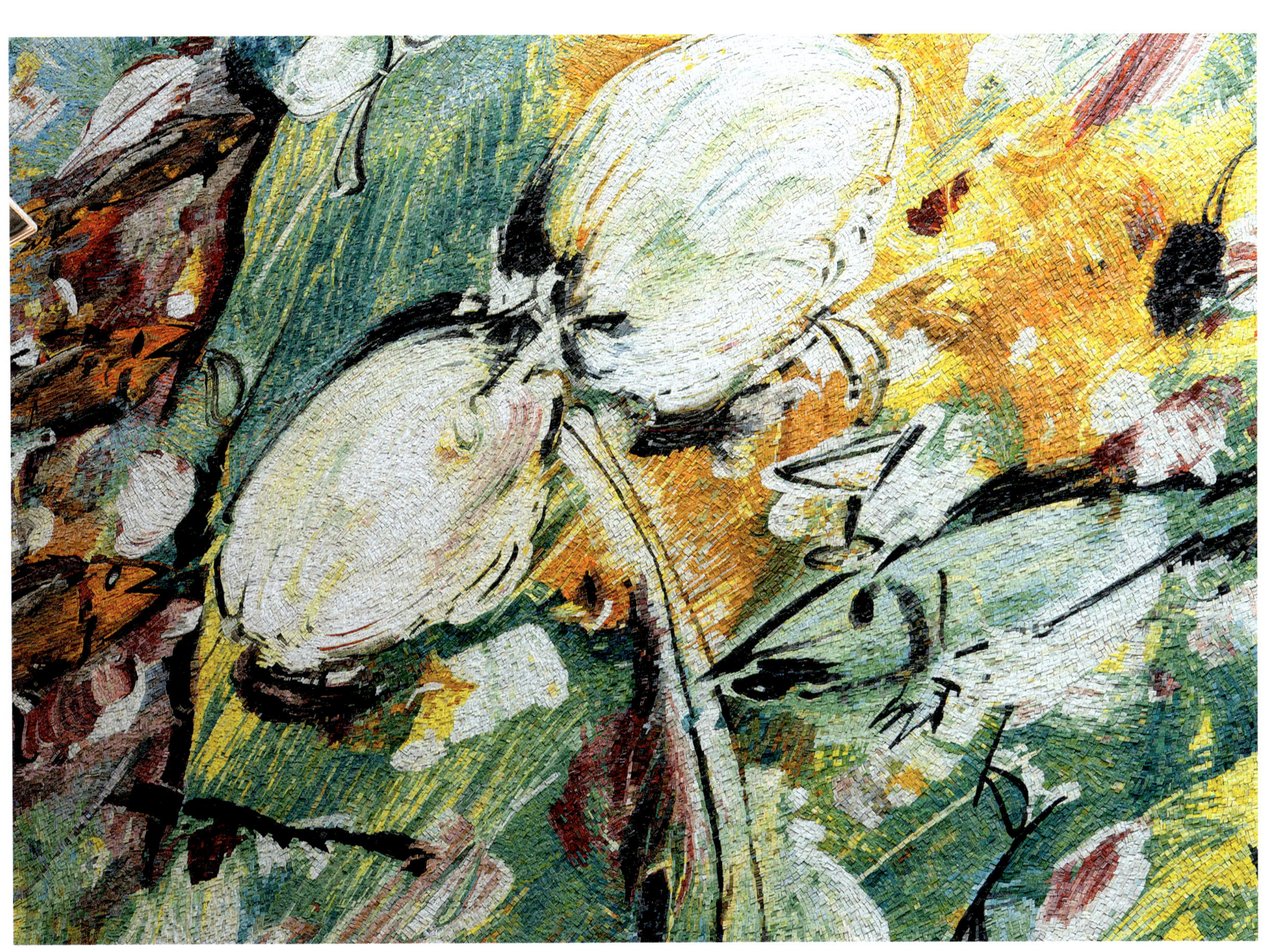

Bildausschnitt des Attersee-Mosaiks Blumenschieber *von 1997 in der neuen Eingangshalle der Onkologie des Wiener Wilhelminenspitals.*

Beide Abbildungen dieser Seite:
Antoni Gaudí, Parc Güell,
1900–1914, Barcelona.
Die Mosaike bestehen aus Keramiktesserae, aber auch aus Bruchstücken von Tassen und Tellern, orientiert an gotischer und barocker Tradition.

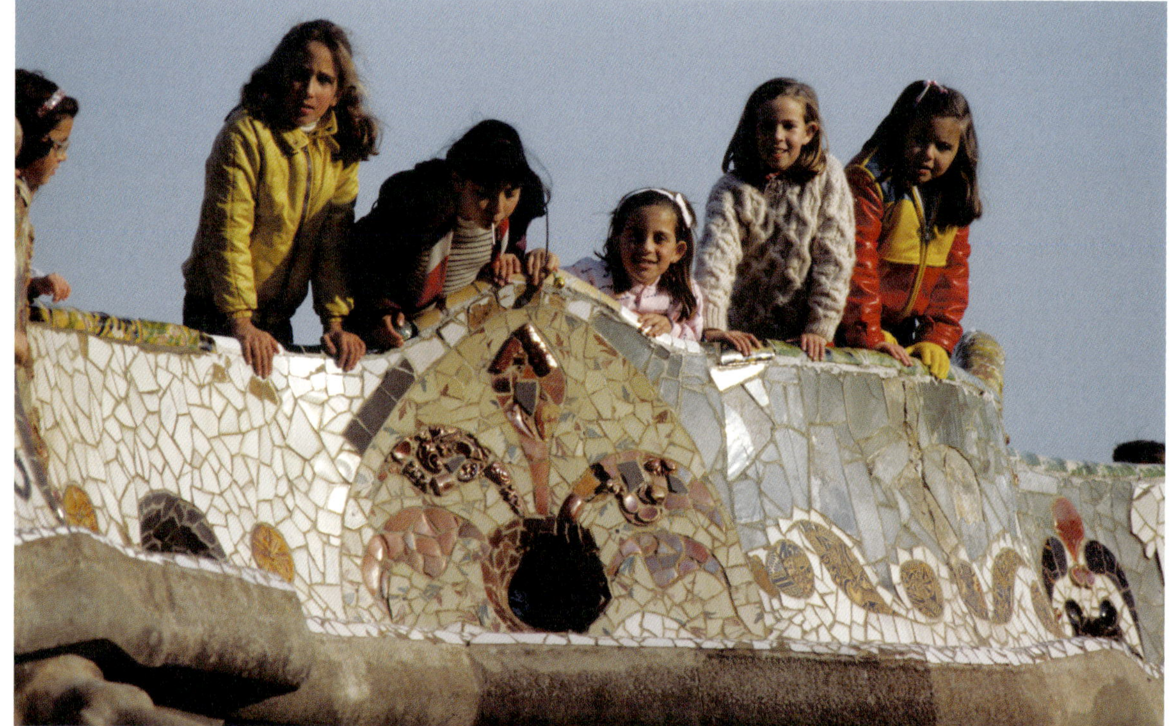

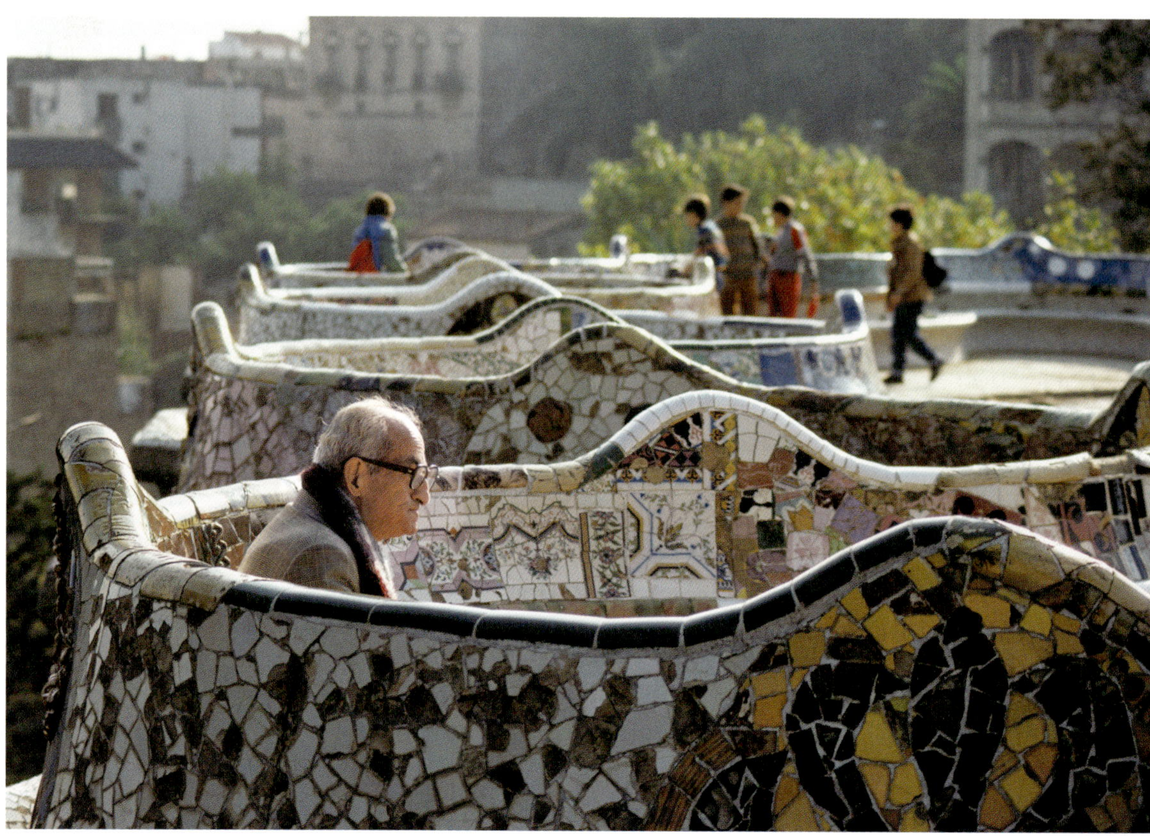

Welt voll Garzeitweckern? Natürlich gibt es Smaltengläser in den Tönen von Salz und Pfeffer, von Fleisch und Gemüse, von Wein, Öl und Butter, Eigelb, Senf und Portwein – der Mosaikleger ist eben auch ein Bilderkoch. All diese Farbnuancen und noch viele mehr wurden in die Mosaikhaut der Bildbühne dieses Betriebscafés eingearbeitet. In rotes Blumenholz, fast weißlichem Weinglasallerlei, in mit Blättern bestückten schraubenförmigen Pappeln fallen Samen, Tau, Regen und Speicheltropfenförmiges, um Lebenslust und Frühling zu demonstrieren, Sonnengold von Pinseln und himmelfarbene Paraden dazu; ein Mosaik für Schönheit zum Zweck – eben ein *Schraubengarten*, so der Bildtitel.

Vis à vis dieses Farbpalettenvulkanausbruchs findet sich neben dem Zugang zum Direktionsbereich ein Mosaik mit dem Titel *Arbeitszeit*. Es zeigt den arbeitenden Menschen in dem Metallzauber der Würth'schen Produktwelt: Hammer und Zange küssen Nase und Lippen, ein Zärtenkarussell in einer befriedigenden Arbeitswelt. Architekt Huss hat sich mit der Gestaltung dieser Würth'schen Betriebswelt ein architektonisches Meisterwerk abgerungen; umso mehr sah ich es als meine Pflicht, in dieser Welt der Schrauben und Nägel meine Malerpalette zu plündern, um diese Architektur mit den zwei vorher beschriebenen Mosaikherzen auszustatten, Poetik und Sinnlichkeit von den Wänden tanzen zu lassen. Die Bildvorlagen für diese zwei Mosaike wurden 1998 in meinem Atelier auf Mallorca gestaltet.

In dem Mosaik *Reichtum Erde*, 2004, finden sich Ufer, Horizonte, Himmelsstücke, Sterngestreu, Fische und Vögel, Versteinertes, Licht und Dunkelheit, der erste und der zweite Mensch, das alles und noch mehr in Kristallflächen und Hüten voll Gestein geworfen, zuletzt zu Mosaikflächen verwandelt, eine Attersee-Schöpfungsgeschichte für den Neubau der Geologischen Bundesanstalt nach Plänen von Stefan Hübner im 3. Wiener Gemeindebezirk.
In den Jahren 2004 bis 2007 fertigten Elio Macoritto und Wilhelm Kocian in Stücke gerissene Vergangenheit als geologische Bildermärchen – ich spreche von den zusammengewürfelten Schauinhalten meines größten, über vier Stockwerke reichenden Innenraummosaiks: eine Wandgestaltung mit der Schwierigkeit, eine Bildwelt zu zeigen, die in ihrer Gesamtheit nicht sichtbar wird. Nur im Kopf selbst kann also der Betrachter Stiegen auf- oder abwärts die von ihm erfassten Blickwinkel zusammensetzen. Eigentlich eine schöne Aufgabe, der Mosaikseher wird hier gezwungen, als Puzzlespieler die Attersee-Geologie zu einer neuen Einheit zu bringen. Erzählungs- und abstrakte Kompositionselemente reichen sich die Hände in einer mit drei Horizonten versehenen Bilderwelt. Im Besonderen wurde bei der Gestaltung auf den Sichtabstand zu der Mosaikfläche Rücksicht genommen; der Kunstbesucher befindet sich meist in einem Abstand von zwei bis vier Metern, also im Detailbereich der Glasrhythmen und Farbnester. 220 Quadratmeter misst diese Mosaikwand, sie ist durch ihre überdimensionale Größe und die Vielfalt an Augennachrichten vielleicht das spannendste Attersee-Mosaik. Eine dreijährige Entstehungsgeschichte, gelegt in drei Glassorten (Spektrum/Tiffany-Glas, Pasta di vetro, venezianische Smalten), benötigte die Fertigung dieser Geologie-Huldigung.

Als Soldat verkleidet, klemmte ich mich zwischen zwei Kettenhunde, lodenstoffig wärmte ich meinen verkleideten, zitternden Körper an der feuchten Hundewolle, die eigentlich dazu dienen sollte, nachtwarme Ruhe Schäfern zu schenken. Zeitweise fühlte ich mich wie beim Betreten eines Dorfes mit spitzen Ohren. Röcheln und Fäulnis aus Maulkorbleder schenkten meinen Ohren und Nasenflügeln Geschrei und Geruch aus fast leeren Schnapsflaschen. Ich musste weg – weg zu meinen Gustav-Mahler-Bildern! Ein Auge nach dem anderen rutschte aus dem Traumtor. Mein

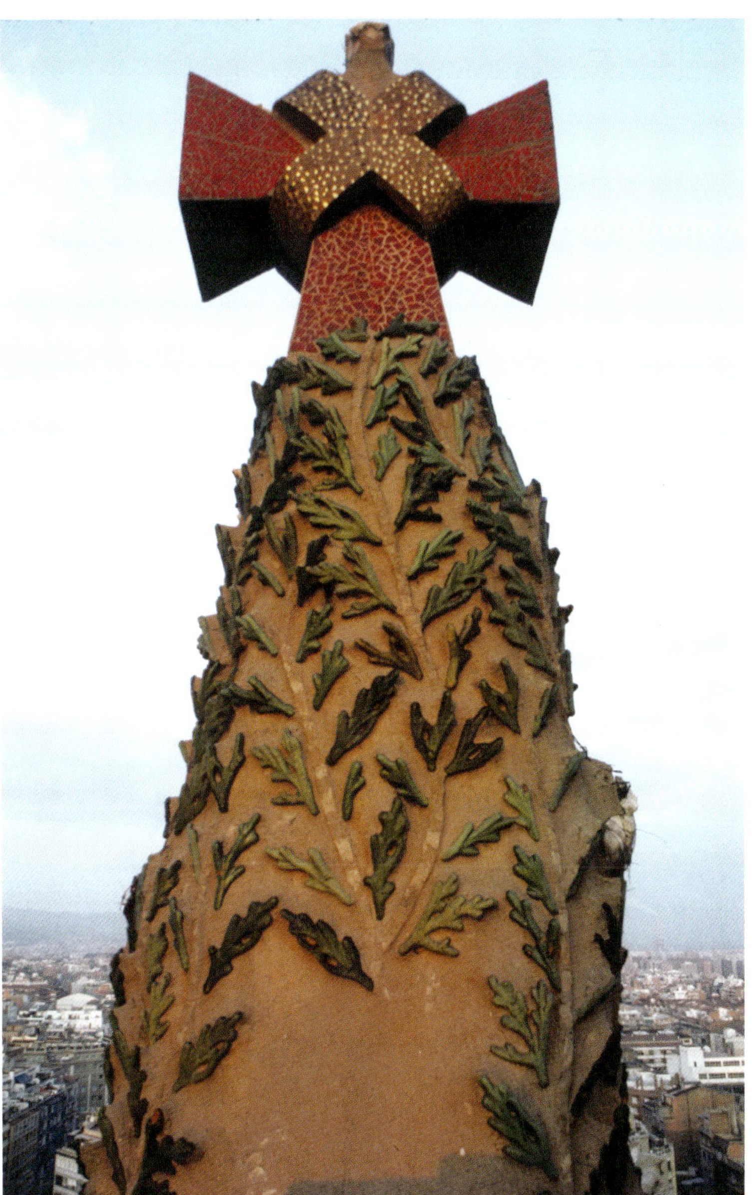

Sagrada Familia, *Barcelona, Detail (Kreuz mit Mosaikelementen) im Giebelbereich über dem Haupteingang. Die Kathedrale wurde 1882 begonnen und soll 2026 zum 100. Todestag des Erbauers Antonio Gaudí vollendet eingeweiht werden.*

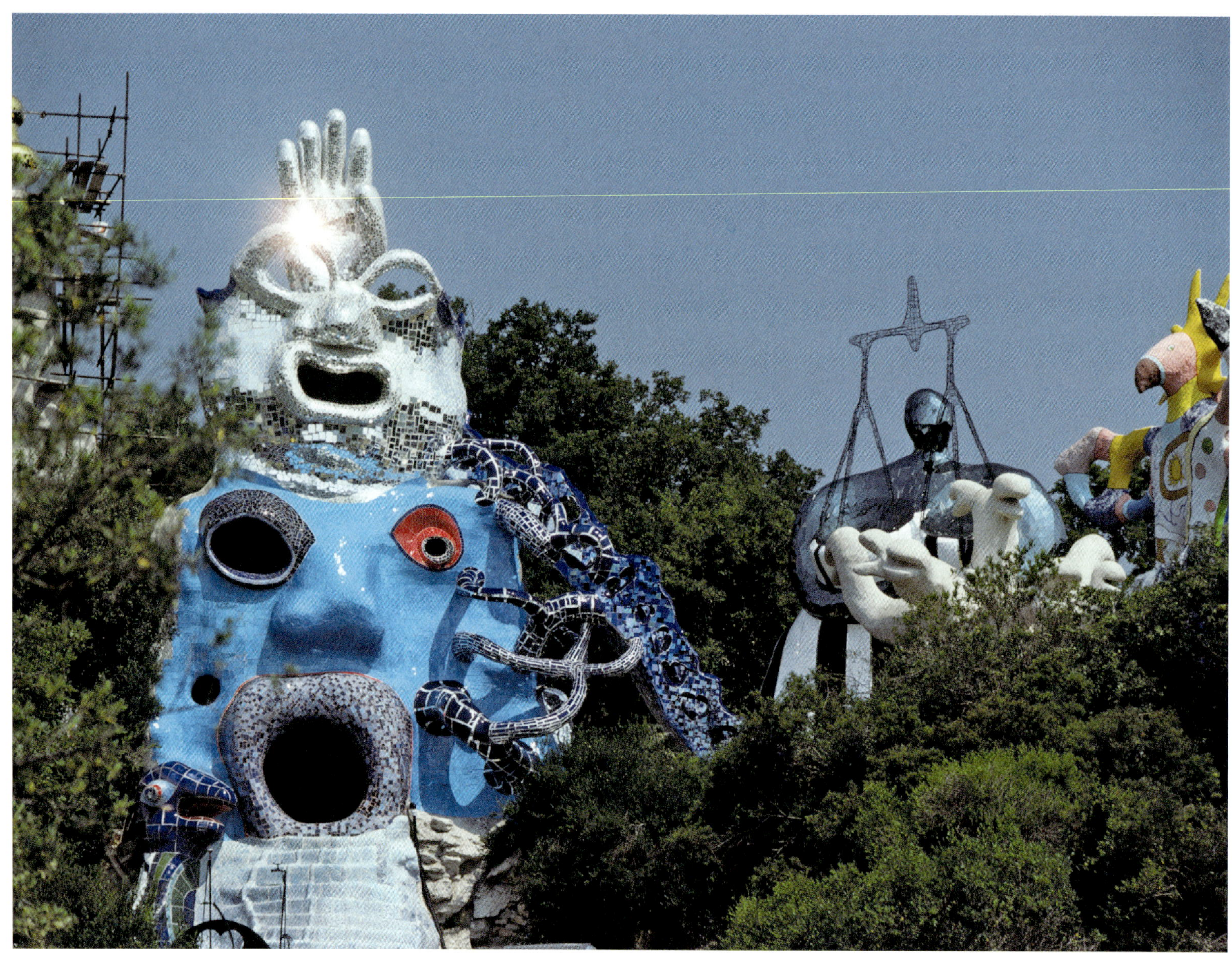

Giardino dei Tarocchi, *bei Capalbio, Toskana. Niki de Saint Phalle hat an den Figuren und Räumen ab 1978 bis zur Eröffnung am 15. Mai 1998 an der Verkleidung dieser Bauten mit gebrochenen Kachel- und Spiegelmosiken fast durchgehend gearbeitet.*

Traum fand ein schnelles Ende, sechs Uhr früh, trockene Zunge, schlitzige Augen, ein Gefühl wie Glatteis in der Blase – es war ja doch eine kalte Nacht, daher wohl der Hundewärmewachtraum, auch meine zwei Betthunde Xaver und Jules hatten in dieser Traumarbeit Schauspielerisches zu leisten, ja, und zuletzt der Gedanke an meine beiden noch unfertigen Mahler-Porträts, da gab es noch viel zu atterseeisieren mit Kopf und Malerhand – Morgensucht.

Im Herbst 1996, knapp vor Advent, bekam ich die Anfrage zur Ausgestaltung eines Teilstückes des Gobelinsaals im ersten Stock der Wiener Staatsoper von der damaligen Operndirektion. Ich will hier nicht von Vorzeichen sprechen und schon gar nicht vom Ernten, denn wie fast selbstverständlich zerschlug sich sehr bald der Sinn dieses möglichen Auftrages; ein Bild des Malers R. B. Kitaj wurde zum Gedenken an Gustav Mahler in einer Ecke des Gobelinsaals installiert.
Lange und gerne habe ich an diesen zwei Werken gemalt, habe mich dazu entschieden, aus verschiedenen Schwarz-Weiß-Fotos, die zur Verfügung standen, zwei Idealporträts zu formen, mich auch dazu entschieden, Mahlers Hautfarbe nicht neu zu kreieren. Ausgestattet wurden die Porträts mit Erlebnissymbolik aus der Welt Mahlers und Umrundungsdetails seines Komponierhäuschens in Steinbach am Attersee, Tierwelt und Blick auf den See, atterseeische Eingriffslust und meine Lieblingsnachricht, das ungeöffnete Kuvert.

2009 besuchte mich Franz Kneissl, der Bürgermeister der Gemeinde Steinbach am Attersee, mit seiner Mannschaft, um eine Innenraummosaikgestaltung für den Neubau des Steinbacher Gemeindezentrums, entworfen von dem Architekten Simon Speigner und seinem Team, zu besprechen. Es ging um zwei Innenraumwandflächen und eine Liftumrandung und natürlich um Gustav Mahler als Zentrum der geplanten Mosaike. Mahler hatte ja in den Jahren 1893 bis 96 ein Komponierhäuschen in Seenähe bei dem *Gasthaus zum Höllengebirge*, wo er residierte – er ist somit bis heute Steinbachs berühmteste Künstlerfigur. Selbstverständlich befinden sich in seiner Nachbarschaft Erinnerungsstücke an einen ebenso wichtigen Künstler, den Musiker Friedrich Gulda.
Gustav Mahler war also das Wunschmotiv für das Steinbacher Gemeindezentrum, und so kam es dazu, dass meine vorher beschriebenen gemalten Mahler-Porträts zuletzt als Vorlagen für die geplanten Mosaiken eingesetzt wurden.
Meisterschaft war für die handwerkliche Umsetzung gefragt; speziell die Details der beiden Kopfdarstellungen waren eine bis an die Grenzen der Möglichkeiten der Mosaiklegung gehende Aufgabe. Mit kleinsten, millimetergroßen Glasstücken gelang uns endlich eine genaue Darstellung der Gesichtsdetails. Hier sei im Besonderen Luciano Petris erwähnt, dessen Werkstatt sich nahe Udine befindet und der mit großem Willen zur handwerklichen Meisterschaft diese beiden einzigartigen Mosaikkunstwerke mitverantwortet.
Die beiden Mahler-Mosaike sind bestückt mit der Symbolwelt des Attersee-Alphabets. Wir finden einen Vogelkopf mit Uhr als Schulterzierde, aus Mahlers Körper wachsendes *Ast-Allerlei*, ein Knabengesäß als Wolkenfor-

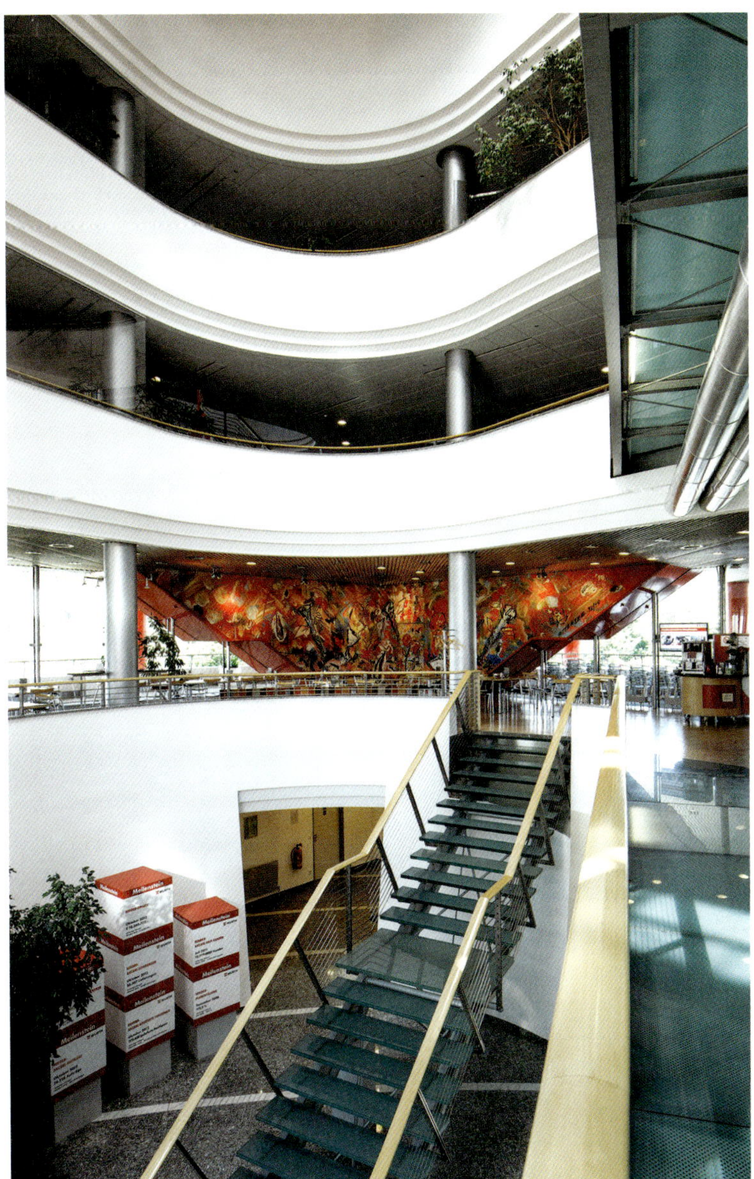

Im Gebäude der Würth-Hauptzentrale Österreich findet sich im 1. Stock der Empfangshalle das Attersee-Mosaik Arbeitswelt *als Einrahmung des Cafés für Kunden und Mitarbeiter. Eingeweiht wurde das Haus, das von Ernst Huss gebaut wurde, im Jahr 1998.*

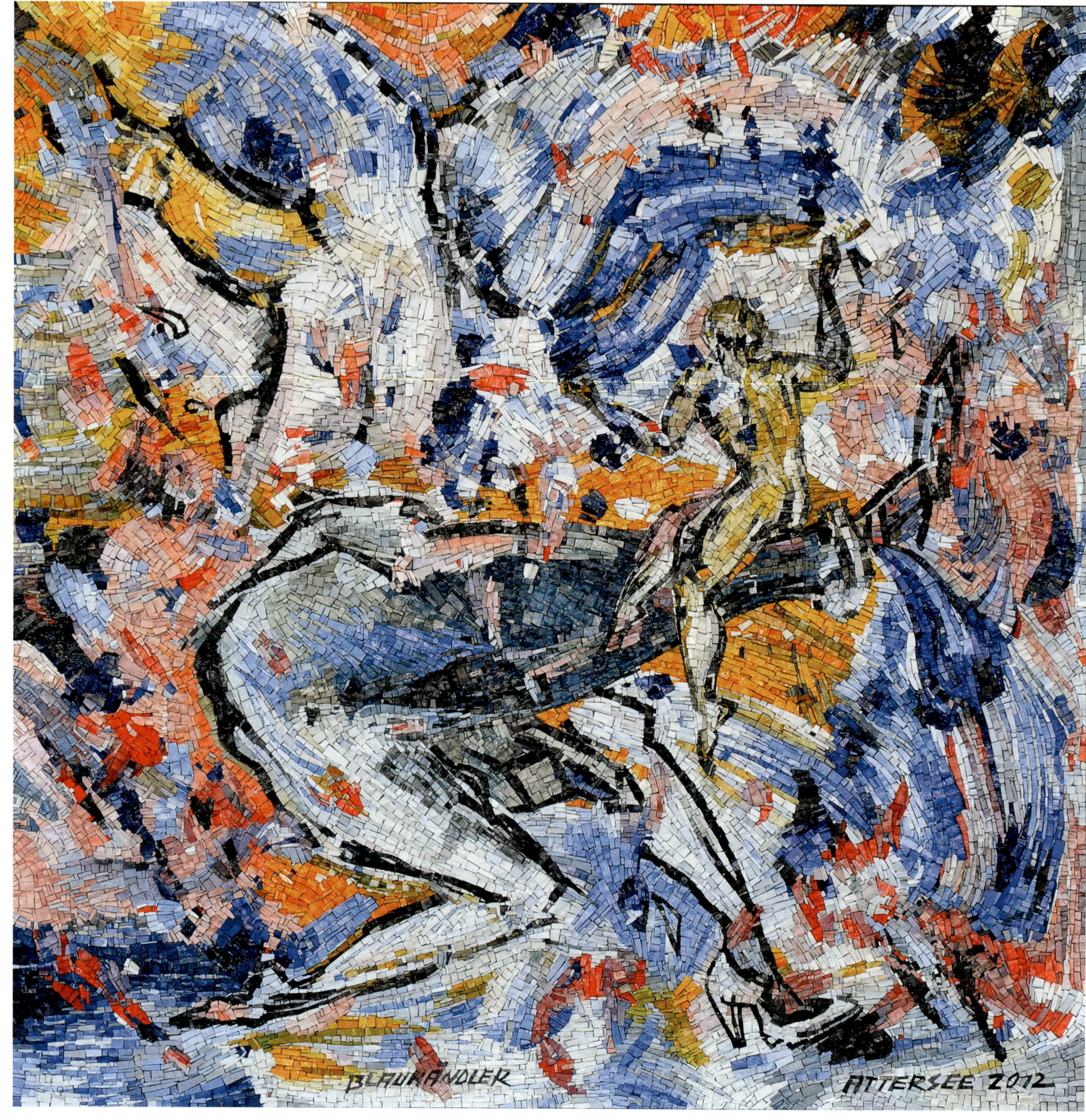

Blauhändler, *Smaltenglasmosaik auf Holzplatte, 2 x 2 m, 2012 in der Werkstatt von Luciano Petris in Codroipo gefertigt.*

mation, Blumen, Fleischstücke und Früchte als körperumrundende Erzählstücke, Tierwelt, von Bäumen gepflückte Häuser, Hacke und Kirche, ja, und mein immer wieder bilderprobtes, verschlossenes Briefkuvert. Im rechten Bildteil des Diptychons badet Mahler als großförmiges Monument im Wasserblau des Attersees, so gesehen fühle ich oft eine selbstdarstellerische Komponente in diesen Bildmosaiken. Es war ja der See meiner Jugend, meiner erfolgreichen Seglerwelt.

Attersee als Mahler – in der Kunst ist Freiheit der wichtigste Schlüssel, also lasst uns eindringen in die Tausende Glasstücke dieser Mosaik-Musik, um zuletzt Mahlers letztes ungeöffnetes Briefkuvert doch noch zu öffnen!

In dieser Zeit entstand auch das zwei mal zwei Meter große Bildmosaik *Blauhändler*, 2012, wieder eine meisterliche Mosaiklegung von Luciano Petris.

Im Sommer 2014 wurde in der schon erwähnten italienischen Werkstatt ein etwa sechs Quadratmeter messendes Freiraummosaik als Hinweis auf einen Wanderweg, der zur Besichtigung des Semmeringbahn-Viadukts, genannt *Kalte Rinne*, einlädt, gefertigt. Wir sprechen vom Kulturerbe der Ghega-Bahn in Niederösterreich und der Steiermark.

Zuletzt möchte ich gerne darauf hinweisen, dass wir beim Fertigen dieses Bildbandes uns immer bewusst waren, dass das Mosaik als ein Bildteil in einer räumlichen Situation zu verstehen ist, und daher haben wir uns dazu entschieden, die Vielzahl der in diesem Buch präsentierten Mosaiken, soweit es möglich war, in ihrem Umfeld zu zeigen.

Was bleibt, ist der Glaube und die Entscheidung, dass der mehr als 5000 Jahre alte Weg vom gebrochenen und geschliffenen Flusskieselstein bis zur modernen Smalten-Glasproduktion uns in die wunderbarste aller künstlerischen angewandten Handwerke führt: das Mosaik.

Sind wir nicht alle auf der Jagd, dieses scheinbar sinnlose Leben auf höheren Ebenen zu verstehen, um in der Anteilnahme an der Schöpfung unseren Lebenssinn zu finden, auch ein Mosaik?

Werfen wir noch einen Kübel voller Sterne in den Ventilator, damit Frau Holle der Neid frisst!

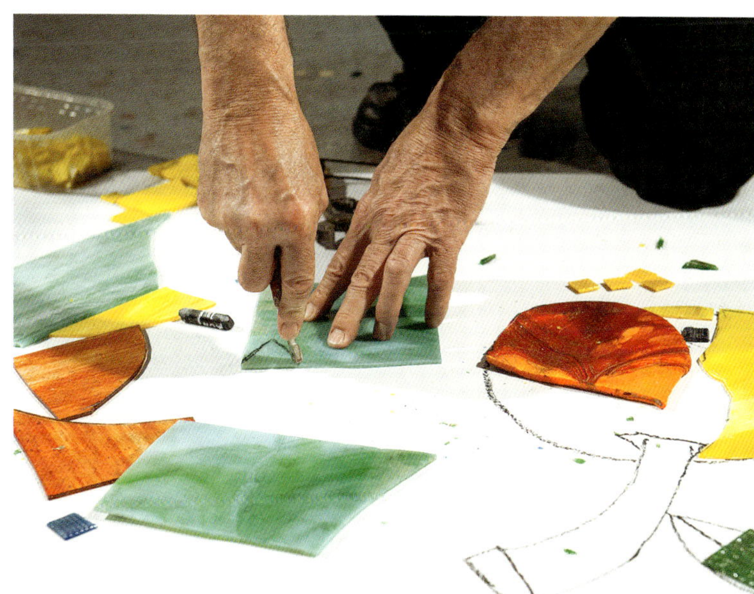

Zuschnitt der Glasplatten und Einlegen der Glaselemente in die Konturzeichnung für eine Mosaikherstellung.

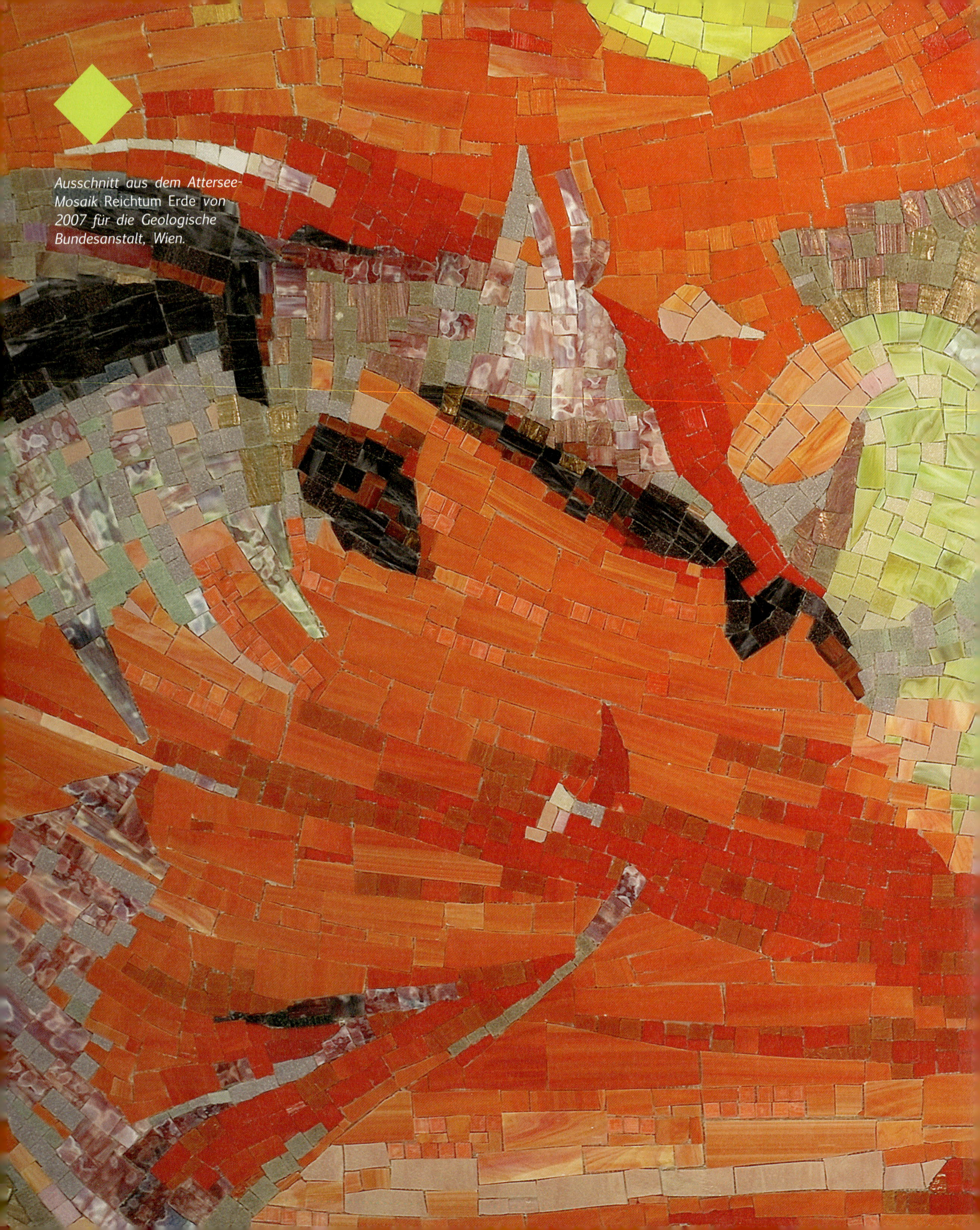

Ausschnitt aus dem Attersee-Mosaik Reichtum Erde von 2007 für die Geologische Bundesanstalt, Wien.

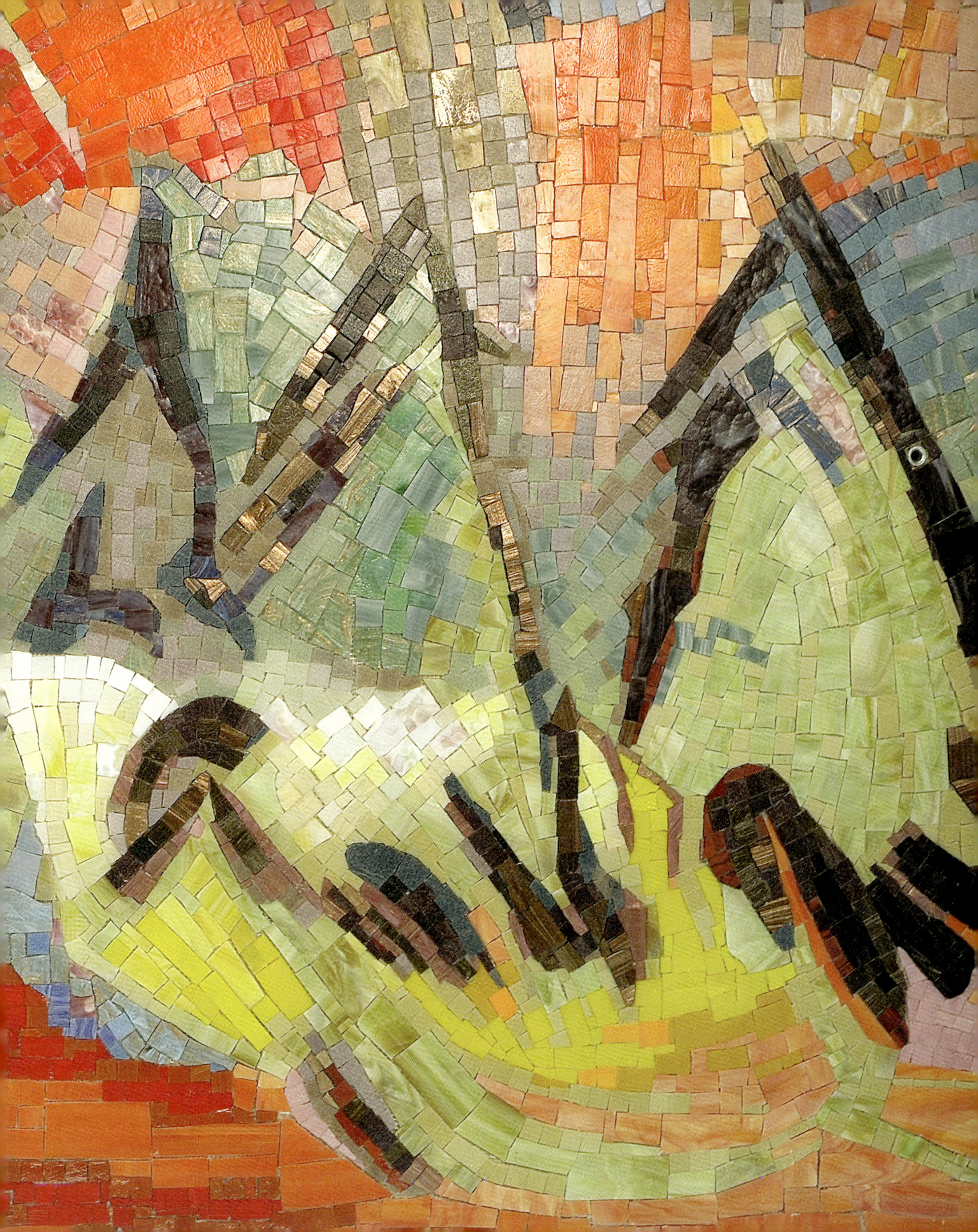

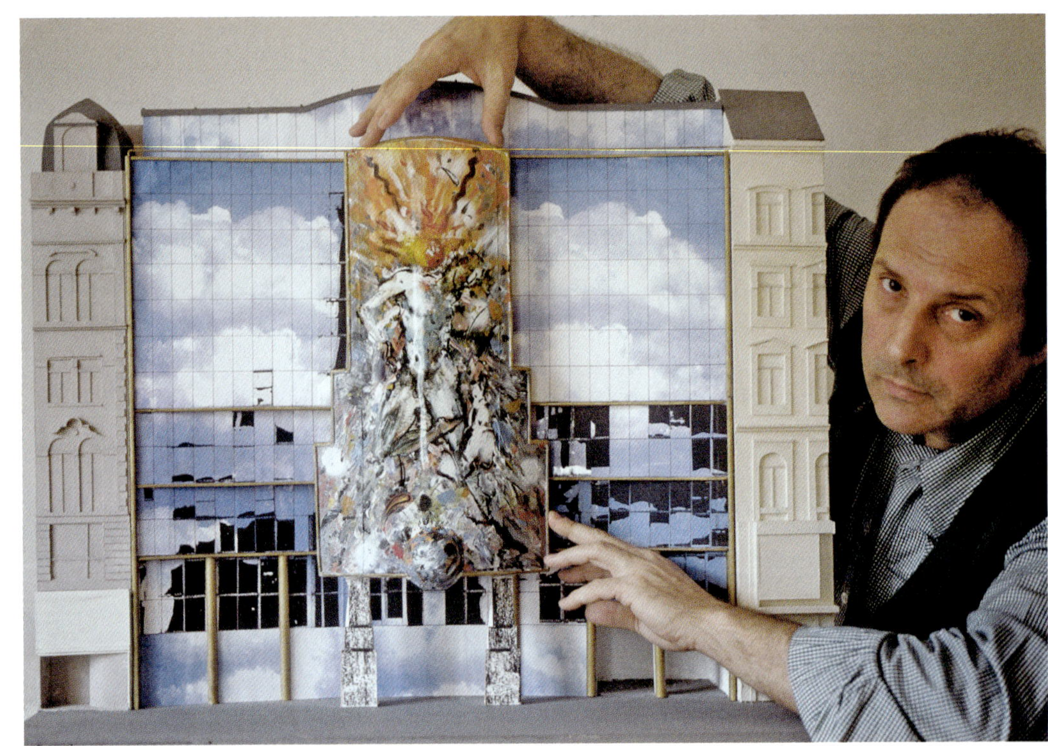

Attersee mit dem Architekturmodell des Attersee-Hauses in der Mariahilfer Straße, Wien, geplant vom Architekten Ernst Huss. In der Mitte die Ansicht der Mosaikgestaltung Wetterhändler *von 1990.*

ATTERSEEHAUS, Mariahilfer Straße, Wien

ERNST HUSS UND CHRISTIAN LUDWIG ATTERSEE

Das Geschäftshaus und Hotel wurde 1996 mit einem ersten Großmosaik auf der Einkaufsstraße zwischen Westbahnhof und Innerer Stadt eingeweiht.

Das Erscheinungsbild der Wiener Straßenräume wurde durch die Gestaltung der Wiener Ringstraße (1850–1900) in der Gründerzeit geprägt. So finden wir an der wichtigsten Einkaufsstraße Wiens, der Mariahilfer Straße, noch viele Gebäude aus dieser Zeit, die durch ihre Gestaltung, Vielfältigkeit, Plastizität und Proportionen an ihren Fassaden an jene Zeit erinnern.
Dem Bauherren schwebte eine zeitgenössische Variante eines mit Bildmotiven besetzten Hauses, wie wir es in der Gestaltung von Gustav Klimt an der Linken Wienzeile im 6. Wiener Gemeindebezirk finden, vor. Architekt dieses Gebäudes war Otto Wagner. Der Bauherr beauftragte Attersee, das heute nach dem Künstler benannte Gebäude mit dem Architekten Ernst Huss zu entwerfen.
Aus diesem Umstand ergab sich die Aufgabenstellung, einem von einem Künstler gestalteten Bild einen passenden Rahmen im gegebenen Umfeld durch den Architekten so zu gestalten, dass sich die hinter dem Bild zu errichtenden Räumlichkeiten eine entsprechende Beleuchtung und Aussicht behalten und diese auch entsprechend wirtschaftlich genutzt werden können.

Mit eigenen Ideen, anknüpfend an die Tradition der baukünstlerischen Gestaltung früherer Epochen, entstand ein geschwungenes Bild über einer mit Attersee-Erdteilen besetzten Weltkugel, die am unteren Ende der Fassadenfläche platziert sein sollte. Das Gebäude präsentiert sich dadurch im Straßenraum der Mariahilfer Straße, von gegenüber sowohl als auch für den von der Seite kommenden Betrachter im ganzen Umfeld als dominantes optisches Wahrzeichen für die ganze Einkaufsstraße.
Dargestellt auf dem Mosaik *Wetterhändler* ist der griechische Götterbote Hermes. Er ist auch der »Gott der Händler und Diebe«, der hier eine Sonnenkugel auf seiner rechten Schulter trägt, entworfen 1990.

Die künstlerische Gestaltung, sein Inhalt und seine Oberfläche durch Mosaik zeigen die Besonderheit dieses Gebäudes: ein Fassadenbild in Schildform vor die Architektur gestellt.
Das Mosaikbild hat eine Höhe von etwa 13 m, eine sich nach unten stufenartig erweiternde Breite von 8 m und somit ein Gesamtmaß von gut 100 qm und ist somit Österreichs größtes Außenwandmosaik.

Gebaut wurde das Atterseehaus 1995 bis 1996. Die Mosaikfertigung wurde in Wien und in der Werkstatt von Luciano Petris im italienischen Codroipo bei Udine in beständiger, intensiver Feinarbeit von Elio Macoritto und Attersee selbst ausgeführt. Im Herbst 1996 eröffnete Bürgermeister Dr. Michael Häupl mit Kulturstadträtin Dr. Ursula Pasterk das Gebäude.

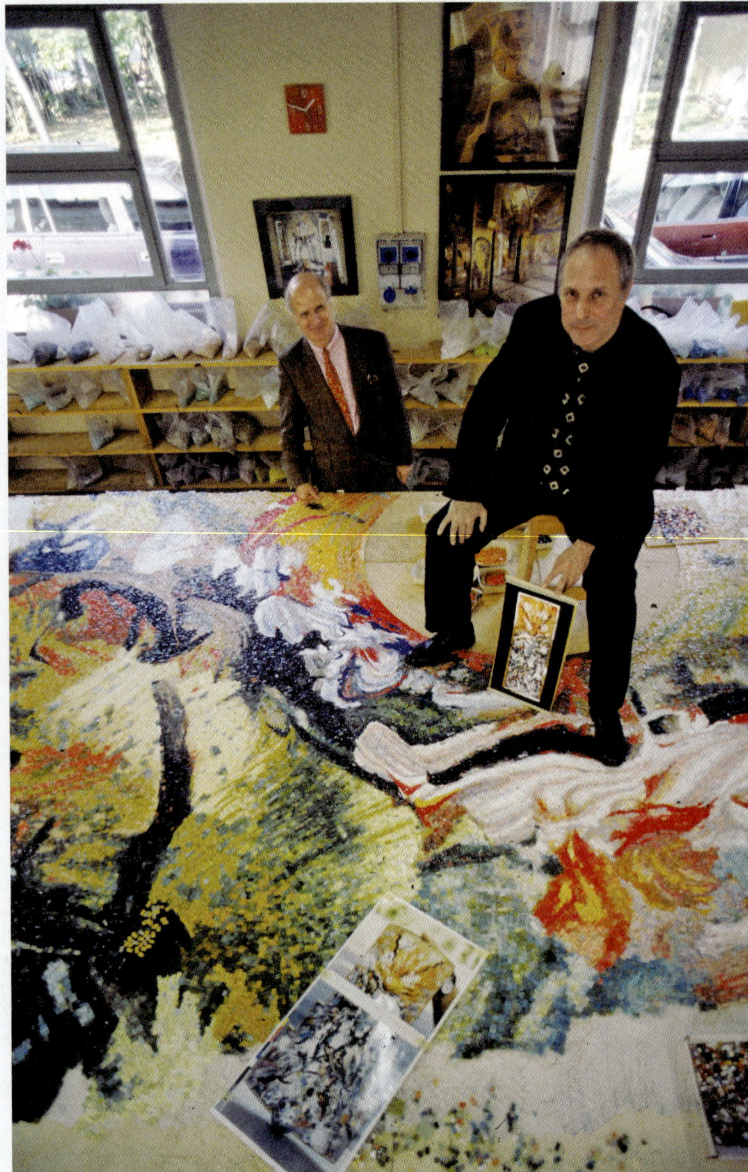

Attersee und Architekt Ernst Huss in der Mosaikwerkstatt von Luciano Petris in Codroipo, 1994, bei der Besichtigung fertiger Teilstücke des Mosaiks Wetterhändler *für das Atterseehaus in der Mariahilfer Straße, Wien.*

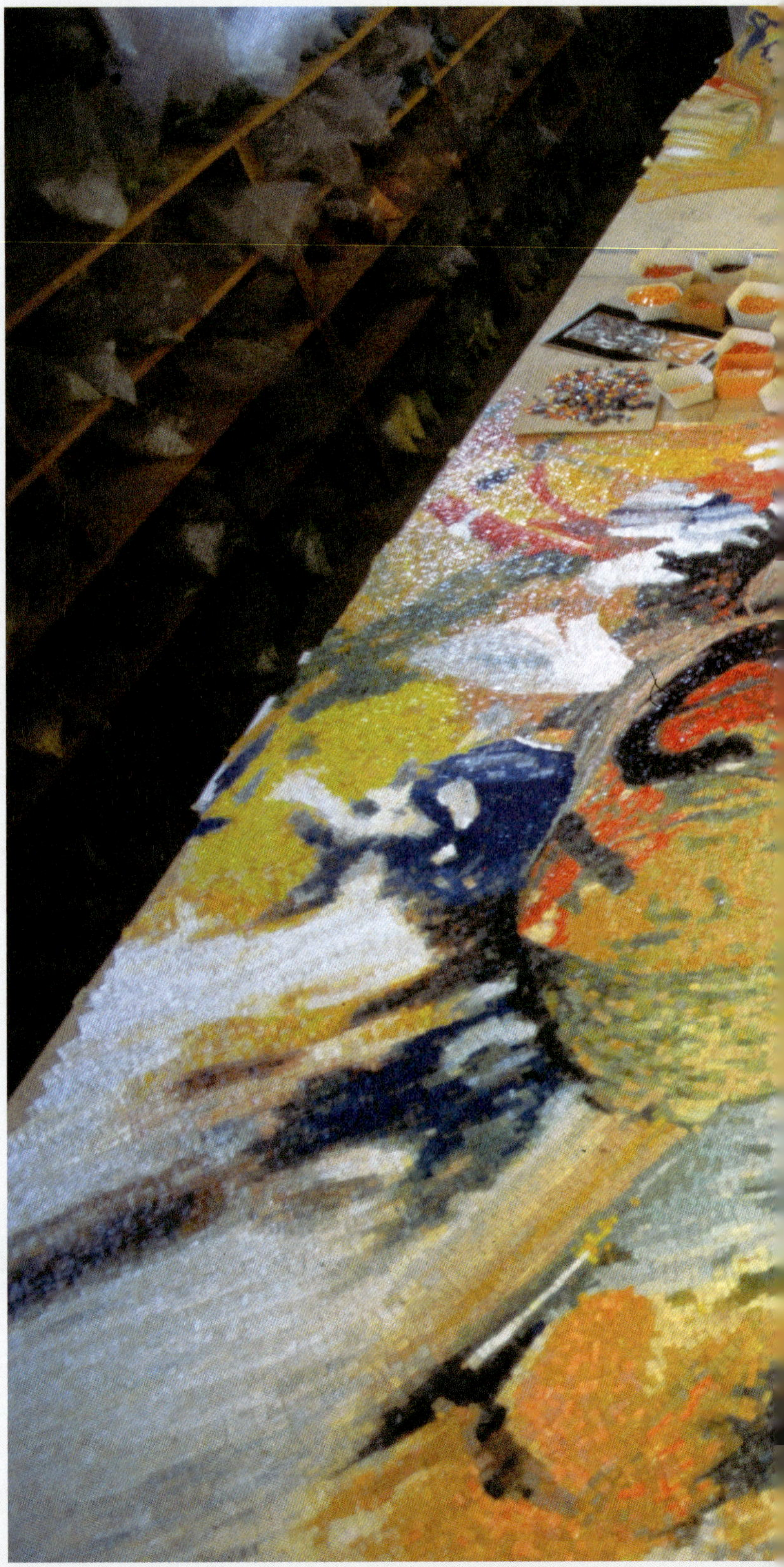

Unten sieht man die nahezu fertiggestellte Halbkugel der Erde, Teilstück des Mosaiks Wetterhändler, *im Zustand der Fertigung durch Elio Macoritto in der Mosaikwerkstatt Dürr, Wien, 1994/95.*

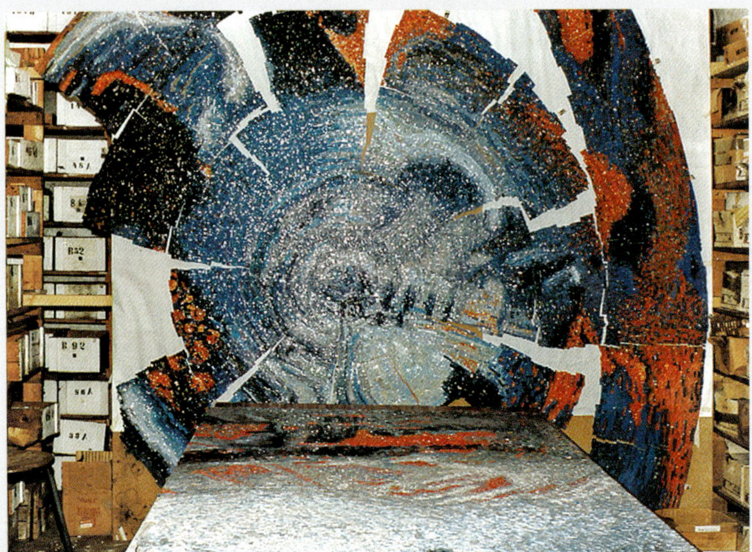

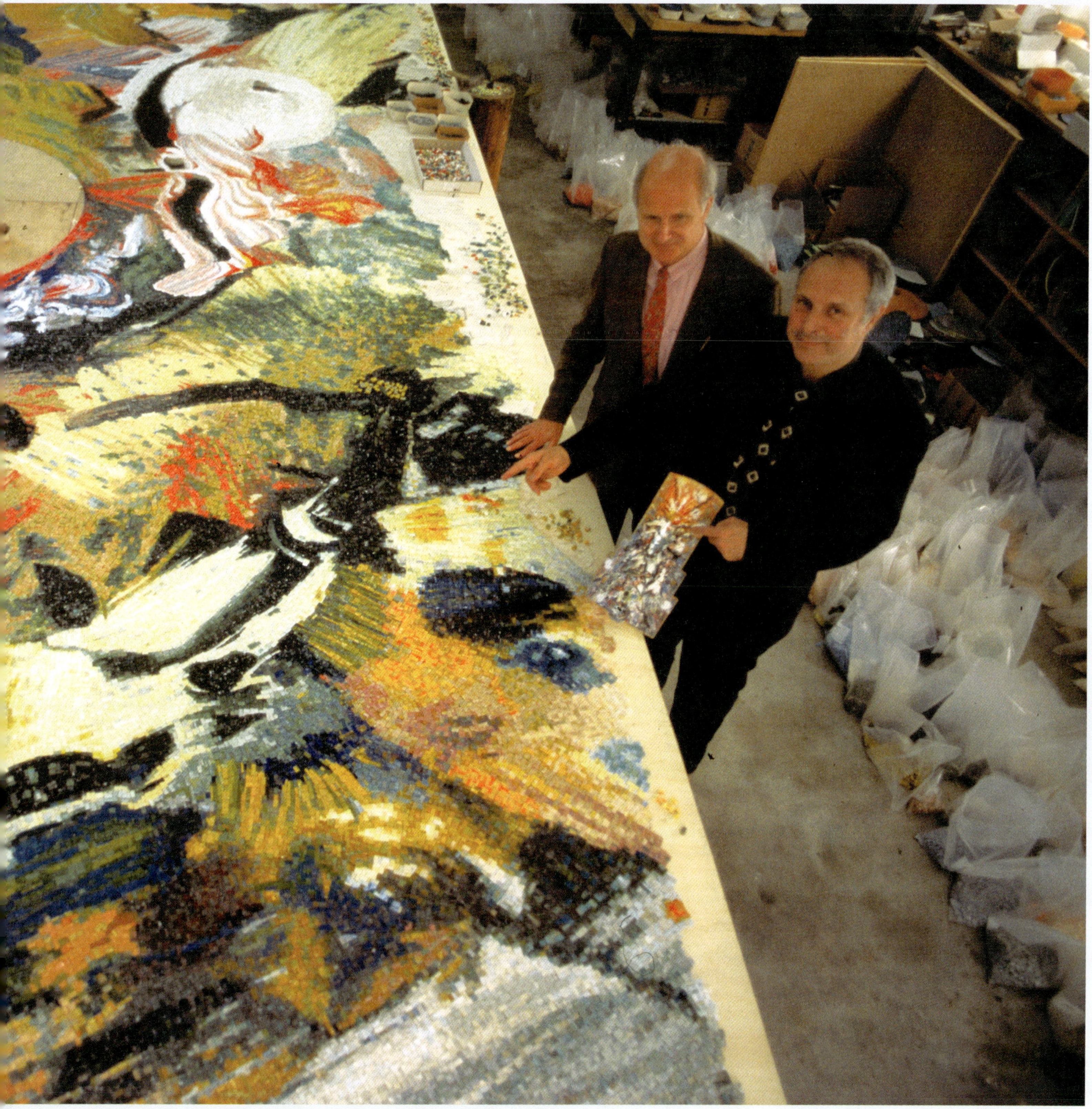

Verschiedene Zustände der Baustelle des Atterseehauses mit Architekt und Künstler.

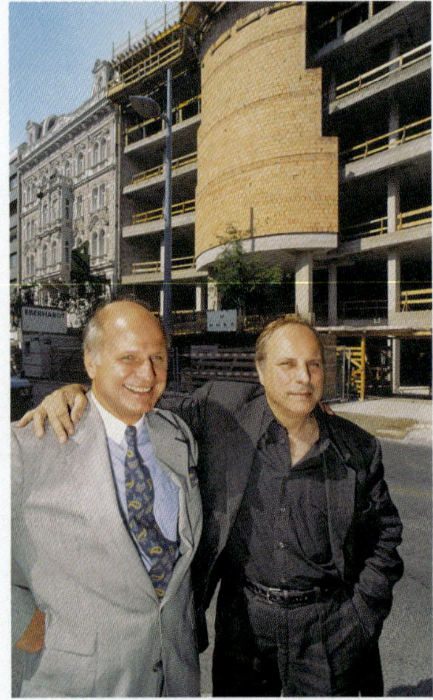

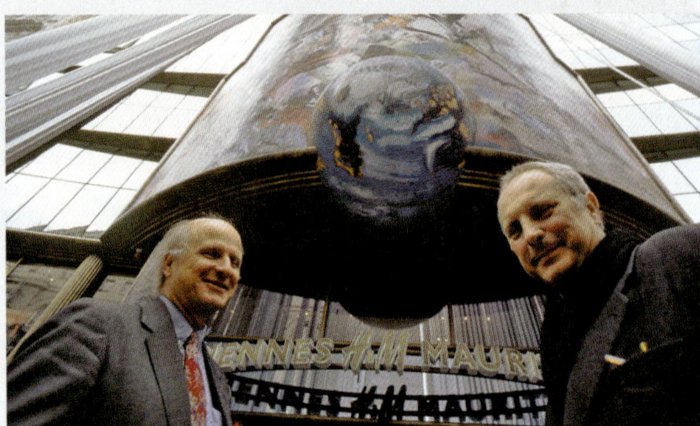

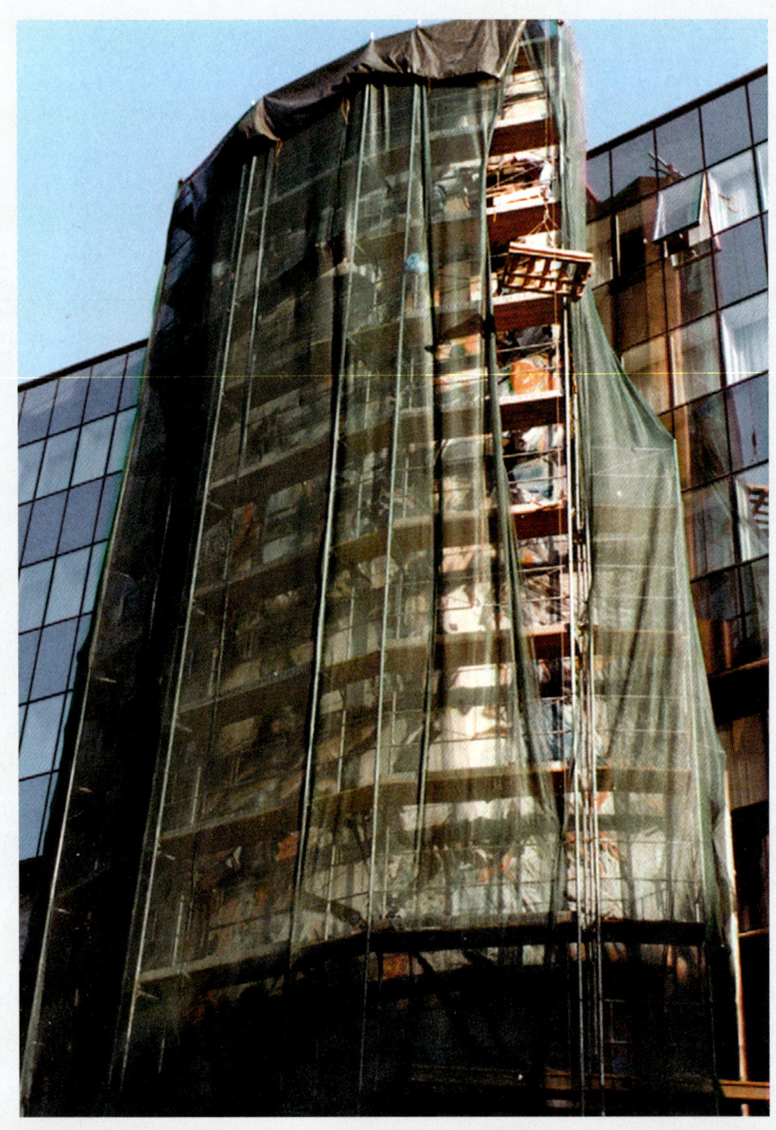

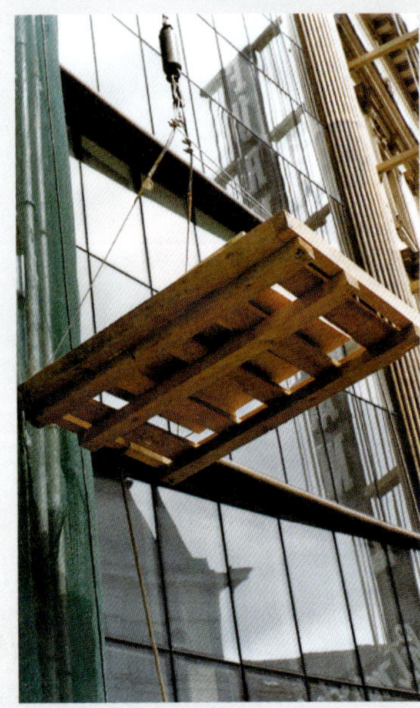

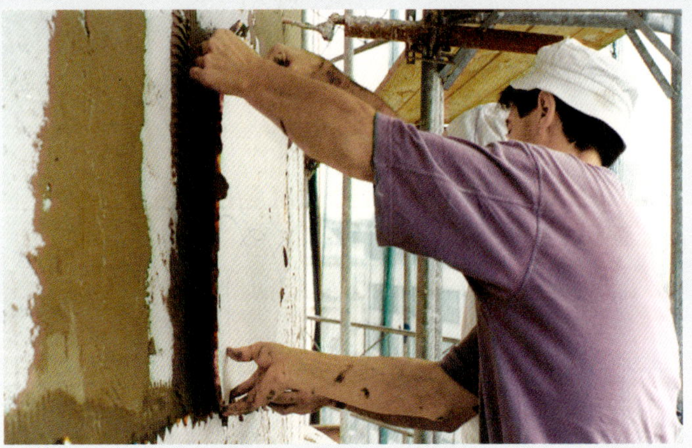

Montage am Fassadenschild in der Mariahilfer Straße: In der Werkstatt gelegte Mosaikteile, die seitenverkehrt auf Papier geklebt wurden, werden nach Nummerierung auf der Rückseite mit Spezialmörtel angbracht.

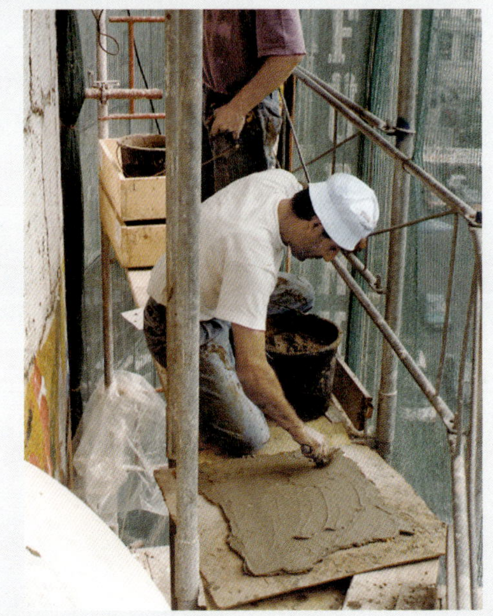

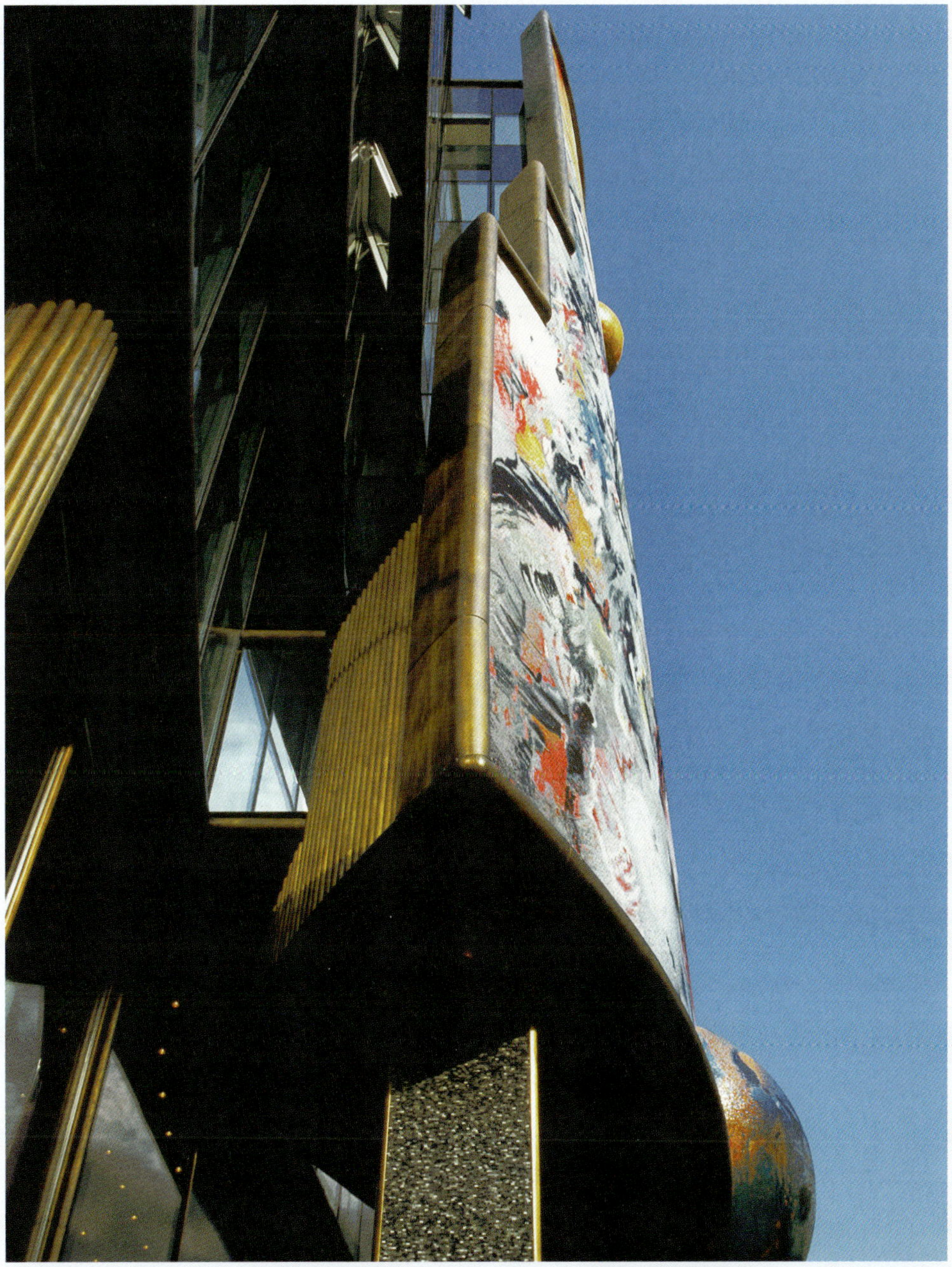

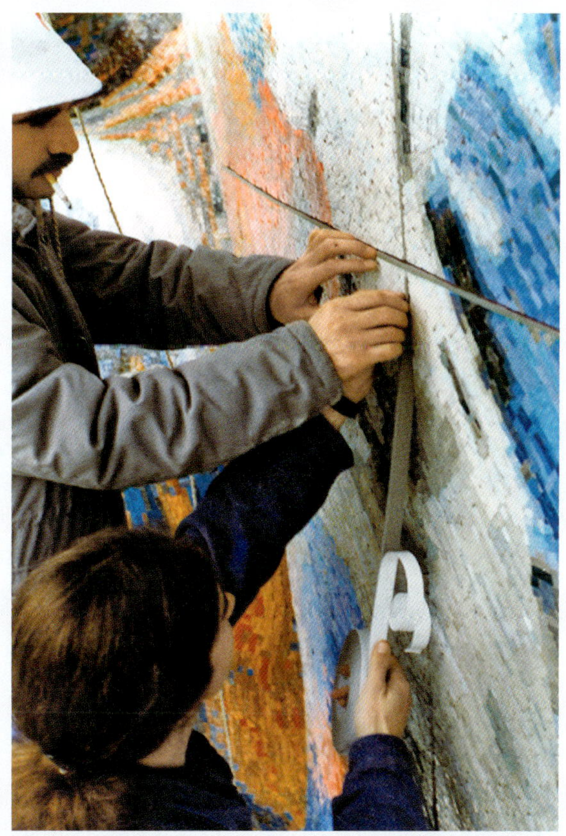

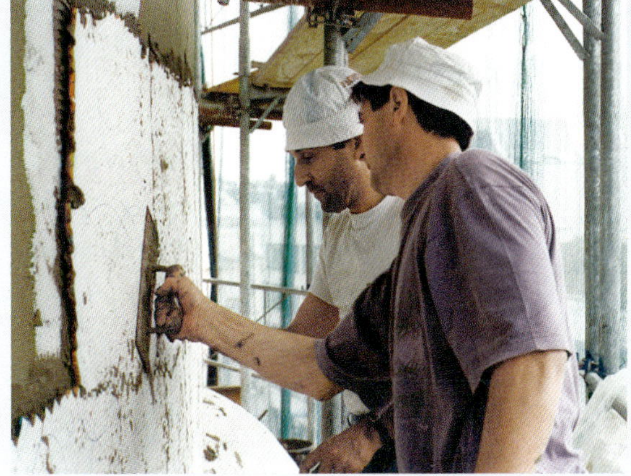

Auf dem fertig angebrachten Mosaik werden nach einem systematischen Raster Trennfugen gefräst, um wetterbedingte Dehnungen durch dauerelastische Fugenbänder abzufangen.

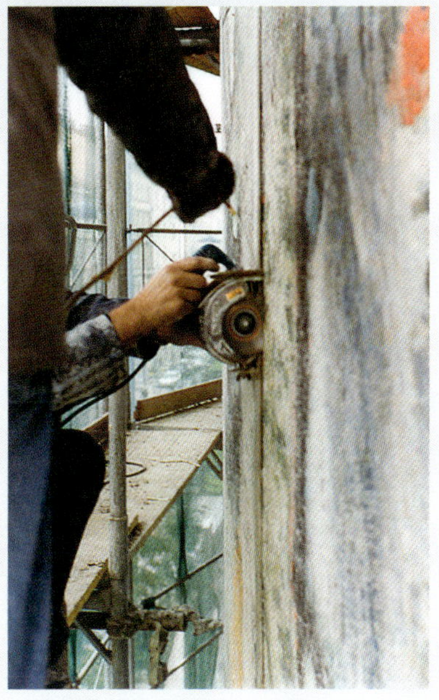

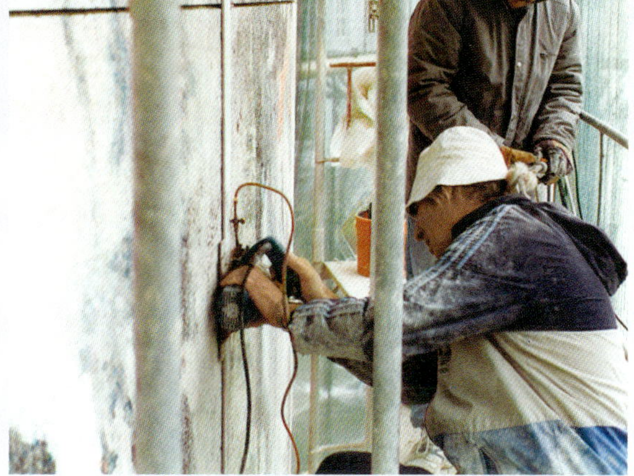

Seitenansicht des Mosaikschilds (oben) vom Wetterhändler *sowie die Montage des Mosaiks.*

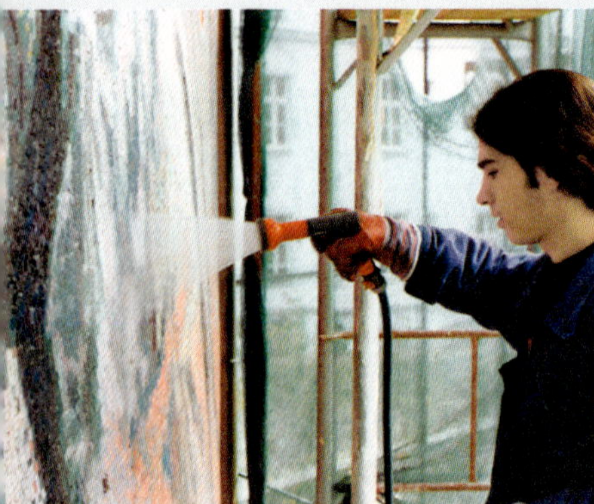

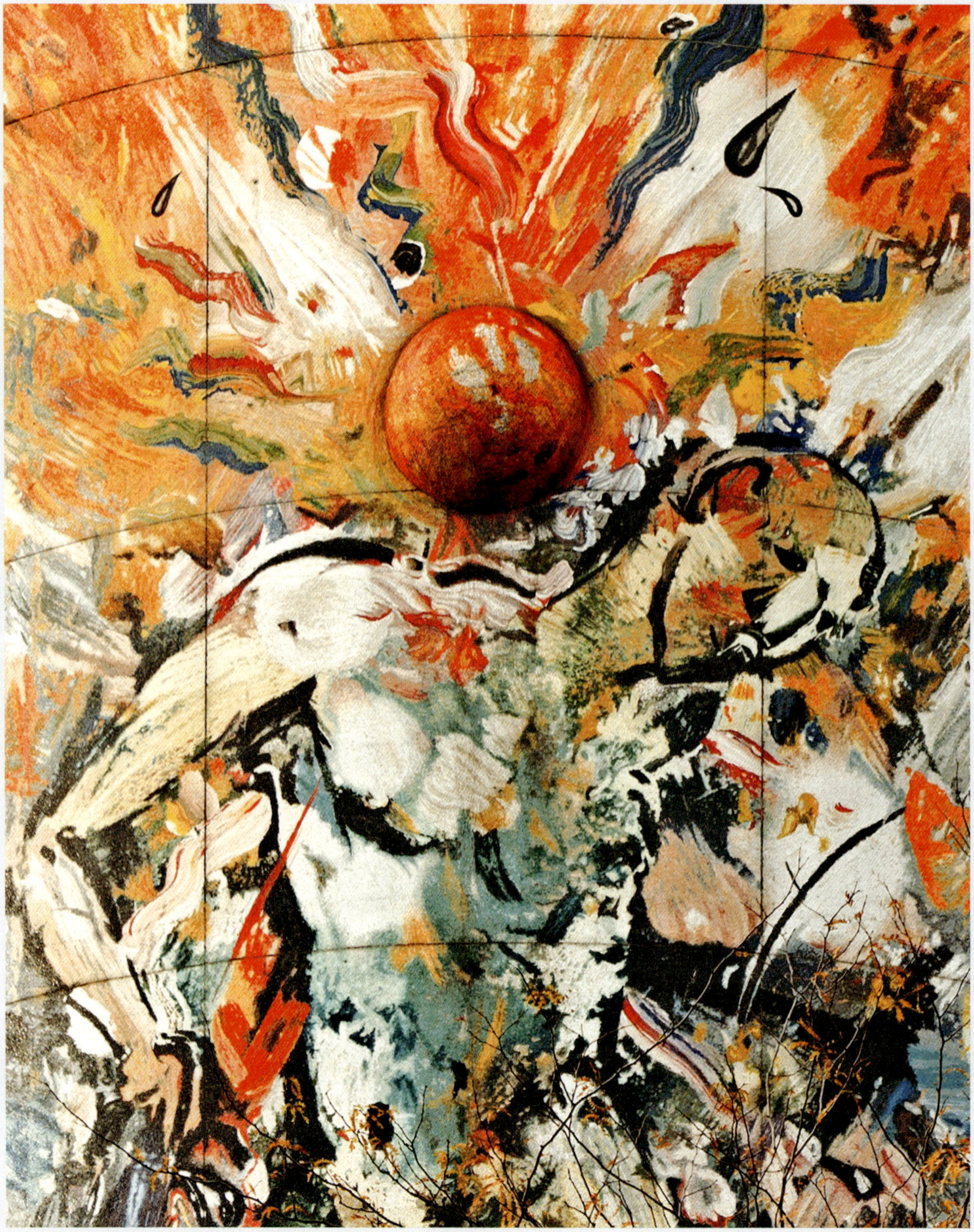

Merkur, Gott der Diebe und Händler, als Wetterhändler (Ausschnitt) schultert den Sonnenball.

Die Wasserreinigung gibt dem Glas des Mosaikes seinen letzten Schliff. Zu sehen sind auch die Systemfugen, die durch eingefügte elastische Bänder die Dehnungen der Mosaikplatten durch Wettertemperaturen ausgleichen.

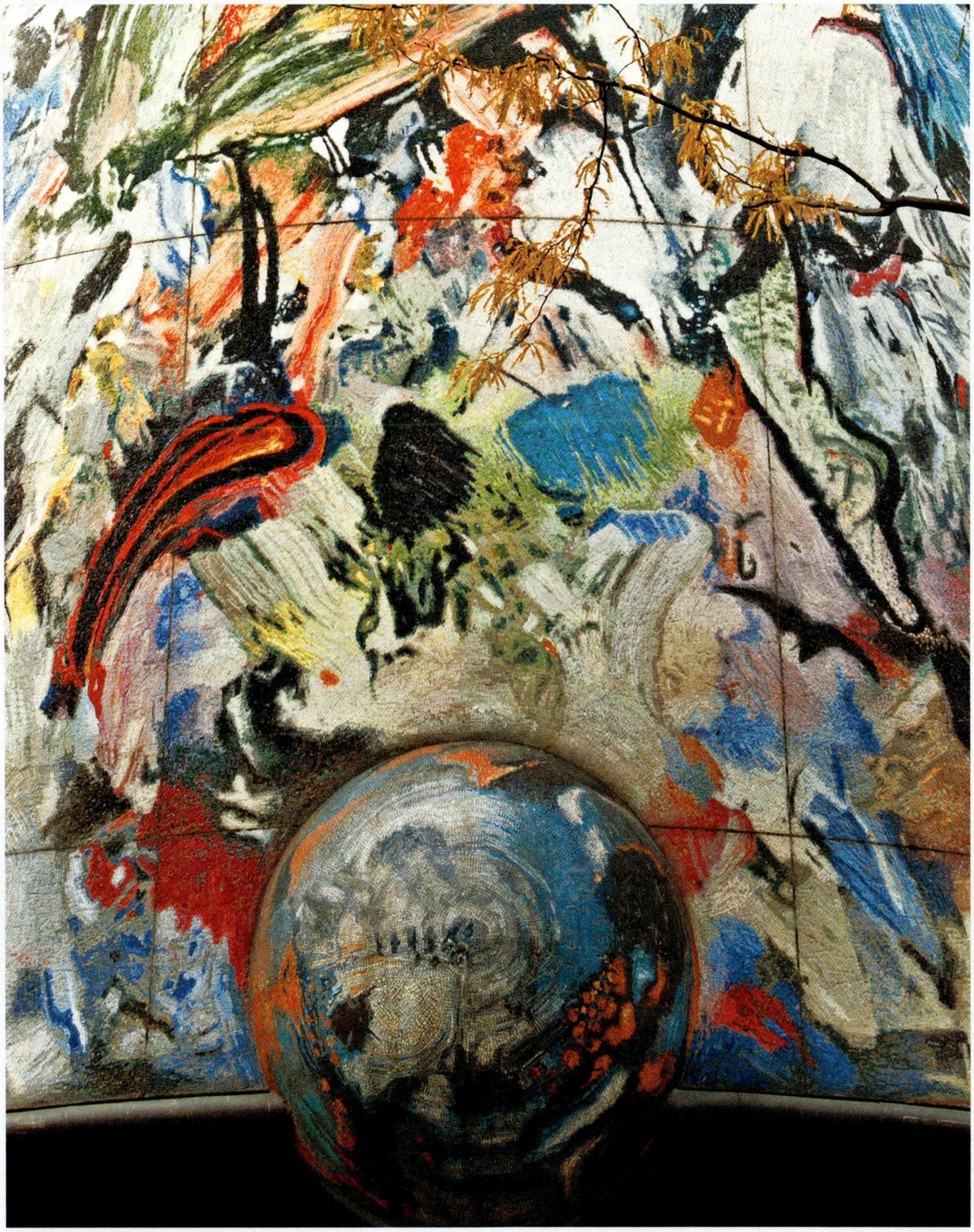

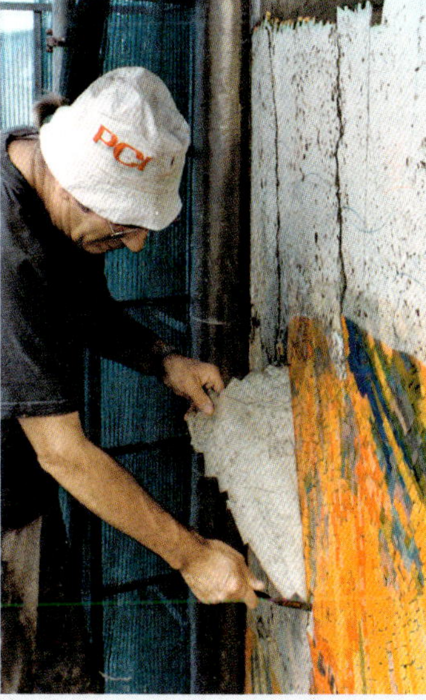

Ansicht des unteren Drittels des Wetterhändler-Mosaiks mit der Erdkugel und ihren Attersee-Erdteilen.

Nach der Anbringung der nummerierten Mosaikteile zu einem Ganzen wird das zusammenhaltende Papier mit Wasser abgelöst und dann die Oberfläche gereinigt, um es strahlen zu lassen.

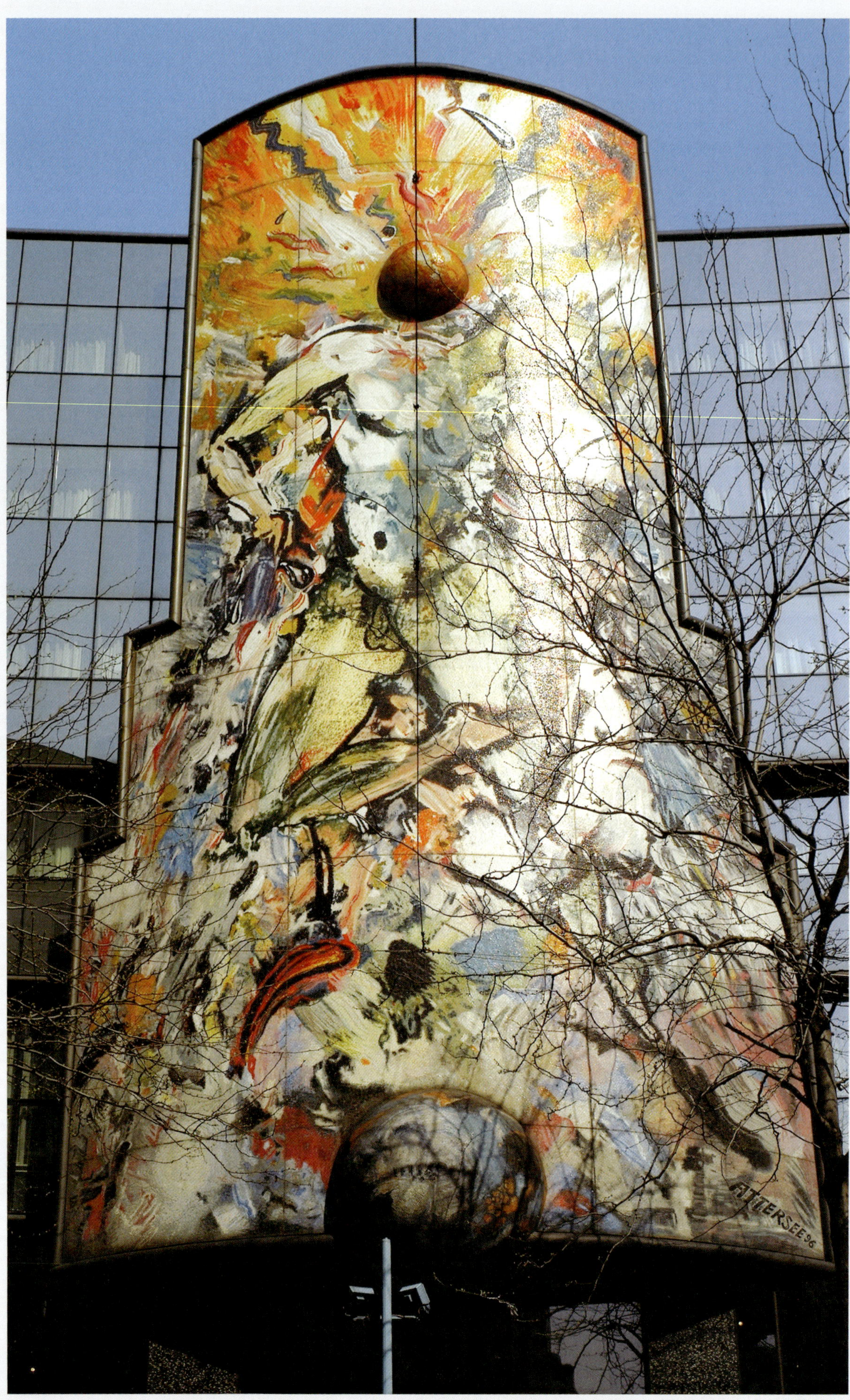

Das über 100 qm große Mosaikbild in seiner Wirkung bei verschiedenen Tages- und Jahreszeiten auf den folgenden Abbildungen.

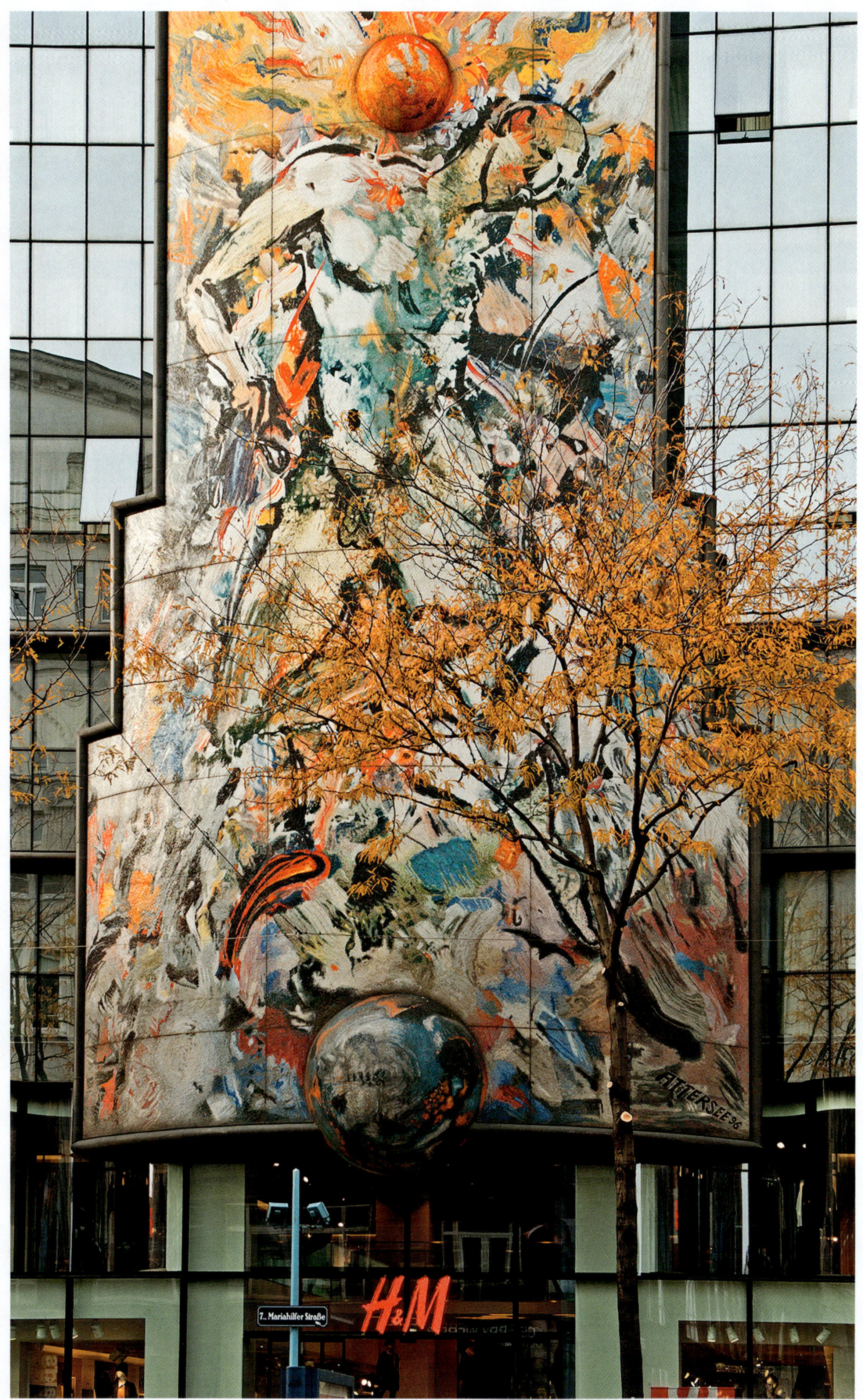

Das Gebäude Mariahilfer Straße 78–80 wurde im Jahre 2014 von der Generali-Versicherungsgruppe erworben und modernisiert. Auch das Mosaik wurde wieder in ursprünglichen Glanz gebracht und mit einer LED-Beleuchtung ins richtige Licht gesetzt.

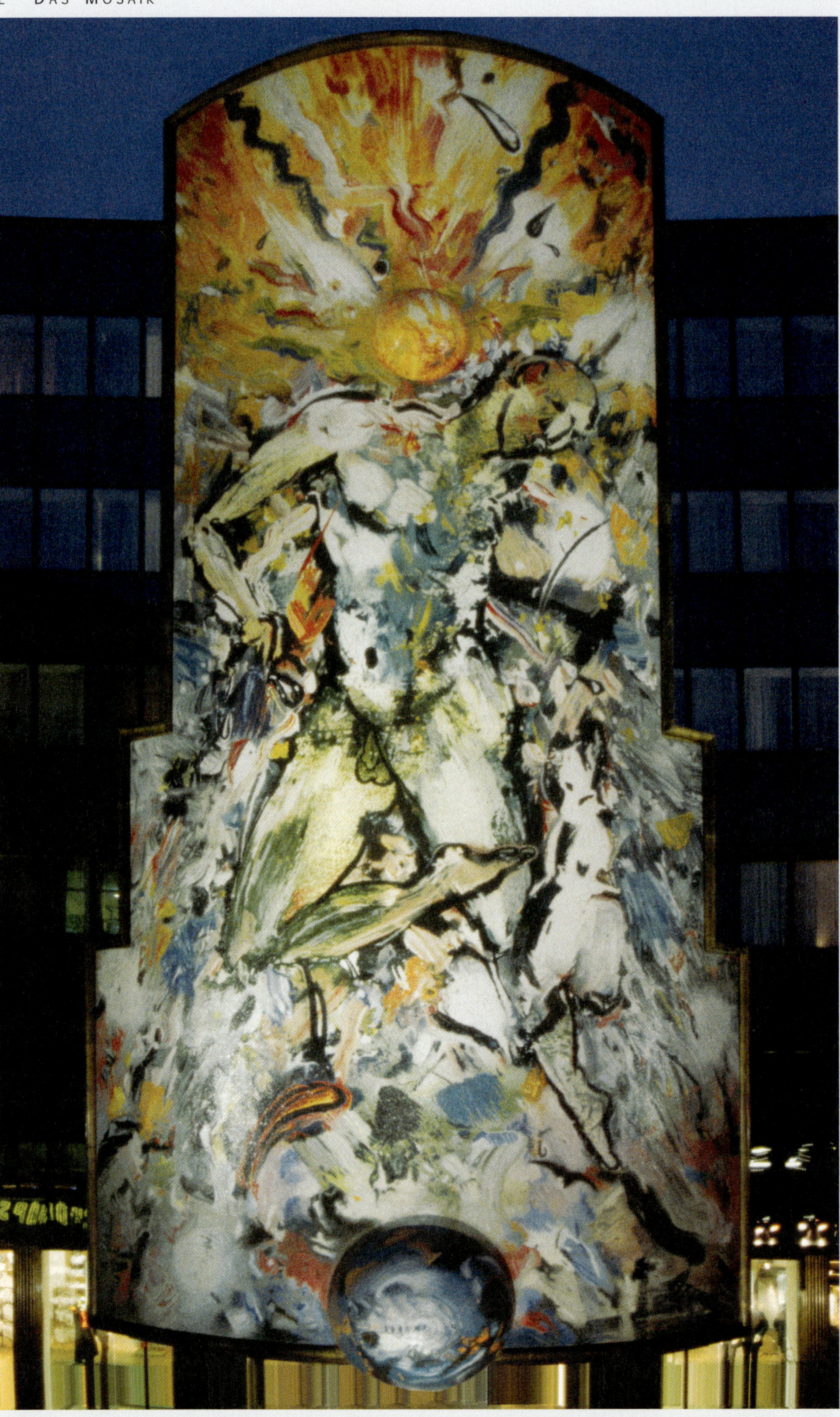

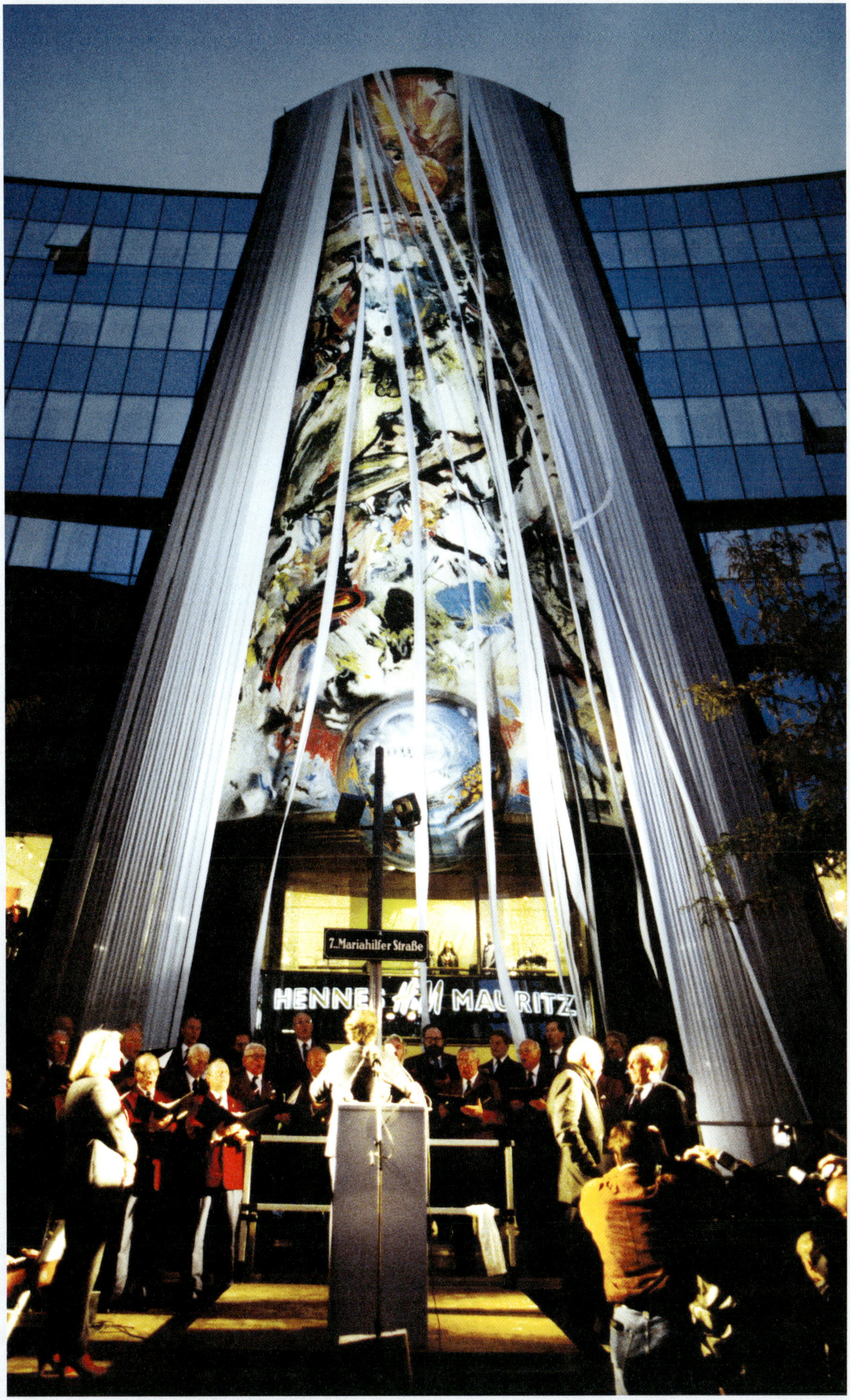

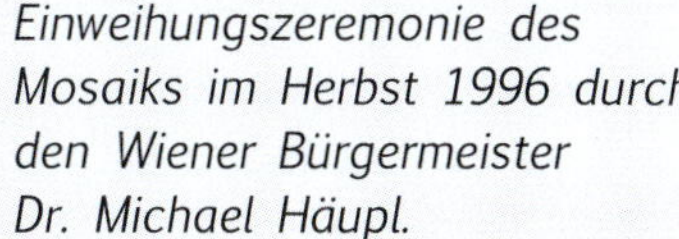

Einweihungszeremonie des Mosaiks im Herbst 1996 durch den Wiener Bürgermeister Dr. Michael Häupl.

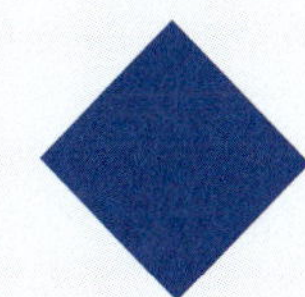

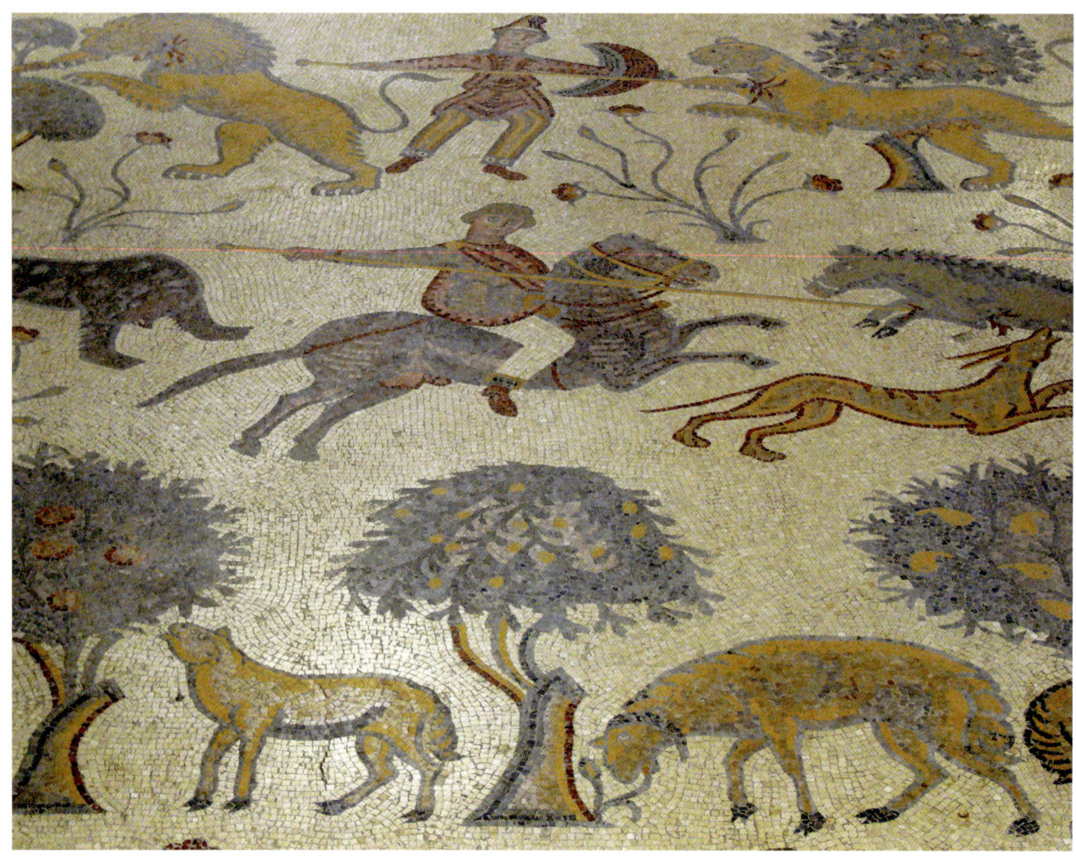

Mosaikboden mit Tierszenen aus dem 6. Jh. im Franziskanerkloster auf dem Berg Nebo, Jordanien, am Toten Meer.

Geschichte des Mosaiks

Franz Hofbauer

Die Anfänge

Die Mosaikkunst ähnelt in ihrer geschichtlichen Entwicklung einem großen Fluss, der eine karstige Ebene durchströmt. Über lange Zeiträume bahnte sie sich in breiten Mäandern weithin sichtbar ihren Weg. Zwischendurch verschwand sie immer wieder aus dem Blickfeld, schien versiegt. Früher oder später jedoch kam sie jedes Mal in neuer Gestalt und kraftvoller denn je wieder zum Vorschein, um die Fantasie der Menschen weiterhin zu befruchten.

So rätselhaft bis heute manch unterirdischer Verlauf der »musivischen Kunst« anmutet (ihr Name stammt vom griechischen mousa alias Muse ab), so unklar ist selbst für Experten auch ihre Quelle, das heißt, jener Ort, an dem das erste Mosaik entstand. Gemeinhin gilt als Urheimat das antike Griechenland, da dort erstmals Bilder, figürliche Darstellungen, in Mosaikform auftauchten. Folgt man freilich der Definition des Mosaiks als »künstlerische Dekoration einer Fläche«, deren »malereiähnliche Wirkung sich der Addition verschiedenfarbiger, kleinteiliger Einzelelemente aus dauerhaftem Material wie Stein, Glasfluss oder Ton« verdankt, so hat bereits der Homo erectus der Altsteinzeit vor etwa 400 000 Jahren mosaizierte Flächen fabriziert. So fanden Archäologen etwa in Bilzingsleben im heutigen Thüringen einen kreisrunden Platz mit rund neun Meter Durchmesser, in dessen Lösserde ortsfremde Steine und Knochen eingedrückt sind.

Eine andere Frühform dieser Kunstgattung ist das mesopotamische Tonstiftmosaik, wie es vor mehr als 4000 Jahren schon in Ur, Uruk und Babylon Wände und Tempelfassaden zierte. Seine vier bis fünfzehn Zentimeter langen, farbigen Stifte aus gebranntem Ton dienten, in Lehmmauern gedrückt, zugleich zur Dekoration und Festigung des Baugefüges. Ebenfalls im Zwischenstromland, nämlich an einer sumerischen Säule aus dem Ninchursag-Tempel in Ur, stießen Archäologen auch auf eines der ersten Plättchenmosaike. Es bestand aus teils quadratischen, teils keilförmigen Steinchen aus schwarzem Kalk, Perlmutt und rötlichem Sandstein, die an einer Unterschicht aus Erdpech befestigt waren. Jene sehr früh an den Gestaden von Euphrat und Tigris von den Sumerern entwickelten Techniken des Mosaizierens fanden bald auch im Nilland Verbreitung. Die alten Ägypter liebten es, Säulen, Kapitelle und Wände ihrer Tempel, aber auch Sarkophage und Grabbeigaben – man denke an Howard Carters berühmte Funde im Grab Tutanchamuns – mit Plättchen aus Keramik, Glas, Gold, Elfenbein und Lapislazuli zu schmücken.

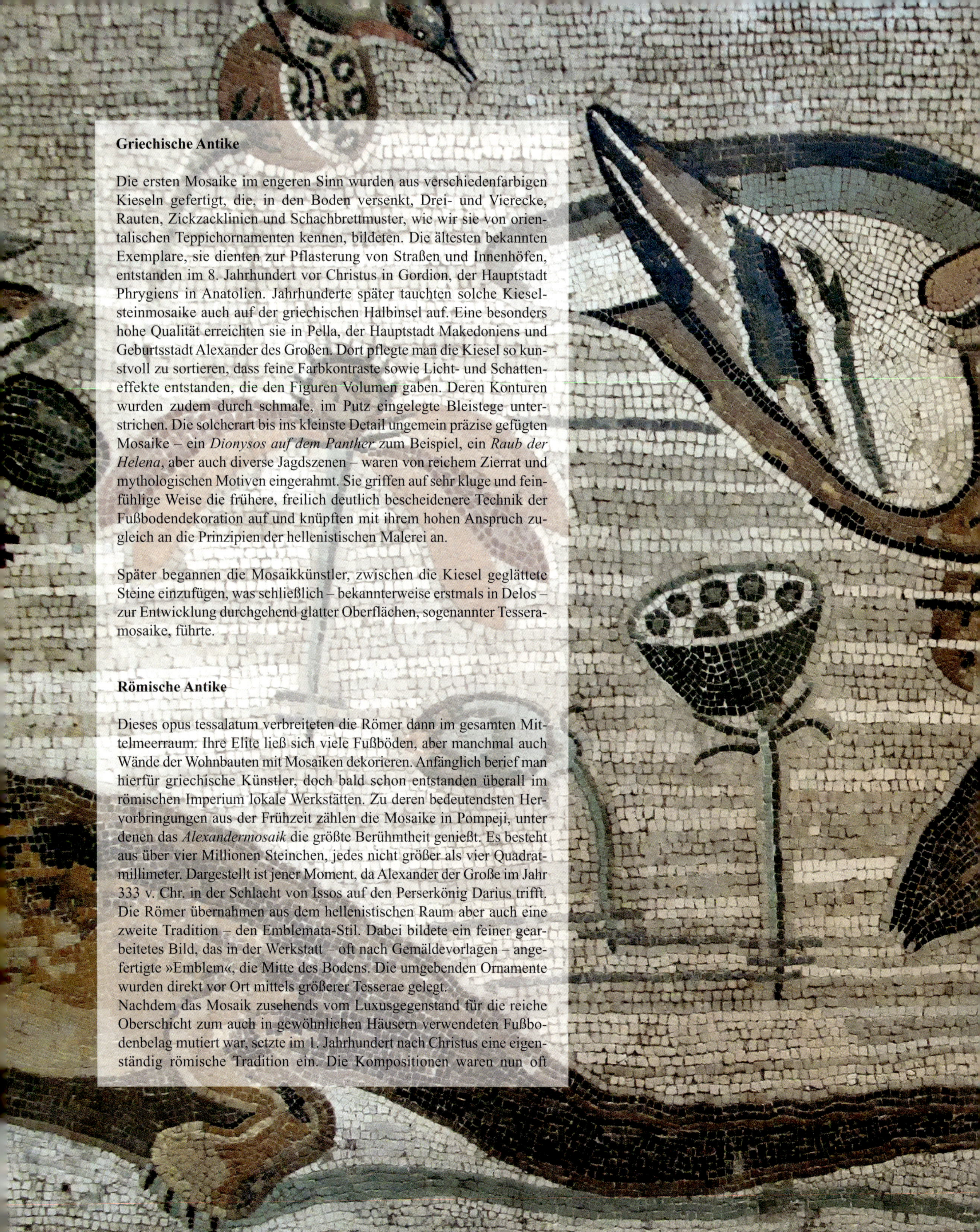

Griechische Antike

Die ersten Mosaike im engeren Sinn wurden aus verschiedenfarbigen Kieseln gefertigt, die, in den Boden versenkt, Drei- und Vierecke, Rauten, Zickzacklinien und Schachbrettmuster, wie wir sie von orientalischen Teppichornamenten kennen, bildeten. Die ältesten bekannten Exemplare, sie dienten zur Pflasterung von Straßen und Innenhöfen, entstanden im 8. Jahrhundert vor Christus in Gordion, der Hauptstadt Phrygiens in Anatolien. Jahrhunderte später tauchten solche Kieselsteinmosaike auch auf der griechischen Halbinsel auf. Eine besonders hohe Qualität erreichten sie in Pella, der Hauptstadt Makedoniens und Geburtsstadt Alexander des Großen. Dort pflegte man die Kiesel so kunstvoll zu sortieren, dass feine Farbkontraste sowie Licht- und Schatteneffekte entstanden, die den Figuren Volumen gaben. Deren Konturen wurden zudem durch schmale, im Putz eingelegte Bleistege unterstrichen. Die solcherart bis ins kleinste Detail ungemein präzise gefügten Mosaike – ein *Dionysos auf dem Panther* zum Beispiel, ein *Raub der Helena*, aber auch diverse Jagdszenen – waren von reichem Zierrat und mythologischen Motiven eingerahmt. Sie griffen auf sehr kluge und feinfühlige Weise die frühere, freilich deutlich bescheidenere Technik der Fußbodendekoration auf und knüpften mit ihrem hohen Anspruch zugleich an die Prinzipien der hellenistischen Malerei an.

Später begannen die Mosaikkünstler, zwischen die Kiesel geglättete Steine einzufügen, was schließlich – bekannterweise erstmals in Delos – zur Entwicklung durchgehend glatter Oberflächen, sogenannter Tesseramosaike, führte.

Römische Antike

Dieses opus tessalatum verbreiteten die Römer dann im gesamten Mittelmeerraum. Ihre Elite ließ sich viele Fußböden, aber manchmal auch Wände der Wohnbauten mit Mosaiken dekorieren. Anfänglich berief man hierfür griechische Künstler, doch bald schon entstanden überall im römischen Imperium lokale Werkstätten. Zu deren bedeutendsten Hervorbringungen aus der Frühzeit zählen die Mosaike in Pompeji, unter denen das *Alexandermosaik* die größte Berühmtheit genießt. Es besteht aus über vier Millionen Steinchen, jedes nicht größer als vier Quadratmillimeter. Dargestellt ist jener Moment, da Alexander der Große im Jahr 333 v. Chr. in der Schlacht von Issos auf den Perserkönig Darius trifft. Die Römer übernahmen aus dem hellenistischen Raum aber auch eine zweite Tradition – den Emblemata-Stil. Dabei bildete ein feiner gearbeitetes Bild, das in der Werkstatt – oft nach Gemäldevorlagen – angefertigte »Emblem«, die Mitte des Bodens. Die umgebenden Ornamente wurden direkt vor Ort mittels größerer Tesserae gelegt.
Nachdem das Mosaik zusehends vom Luxusgegenstand für die reiche Oberschicht zum auch in gewöhnlichen Häusern verwendeten Fußbodenbelag mutiert war, setzte im 1. Jahrhundert nach Christus eine eigenständig römische Tradition ein. Die Kompositionen waren nun oft

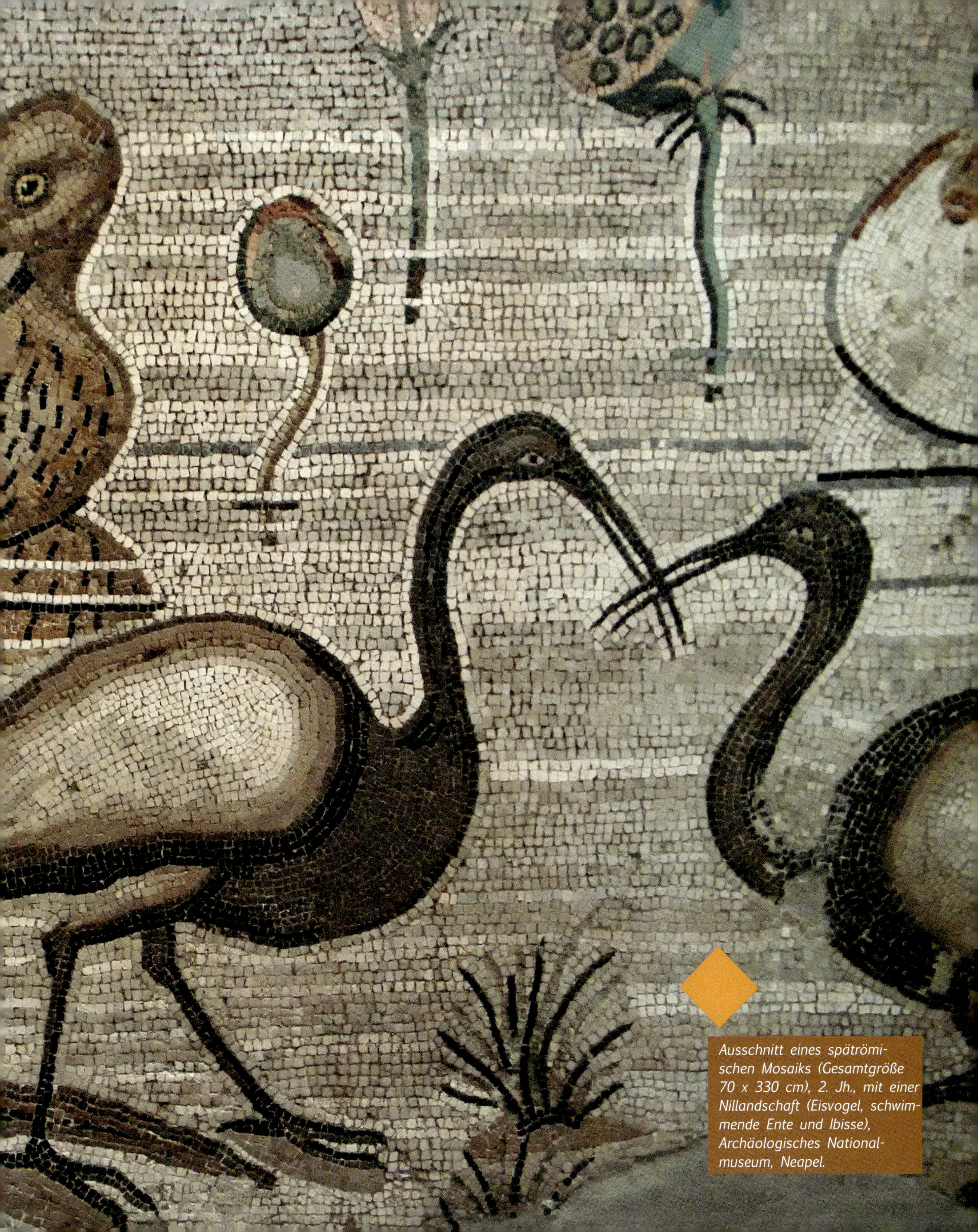

Ausschnitt eines spätrömischen Mosaiks (Gesamtgröße 70 x 330 cm), 2. Jh., mit einer Nillandschaft (Eisvogel, schwimmende Ente und Ibisse), Archäologisches Nationalmuseum, Neapel.

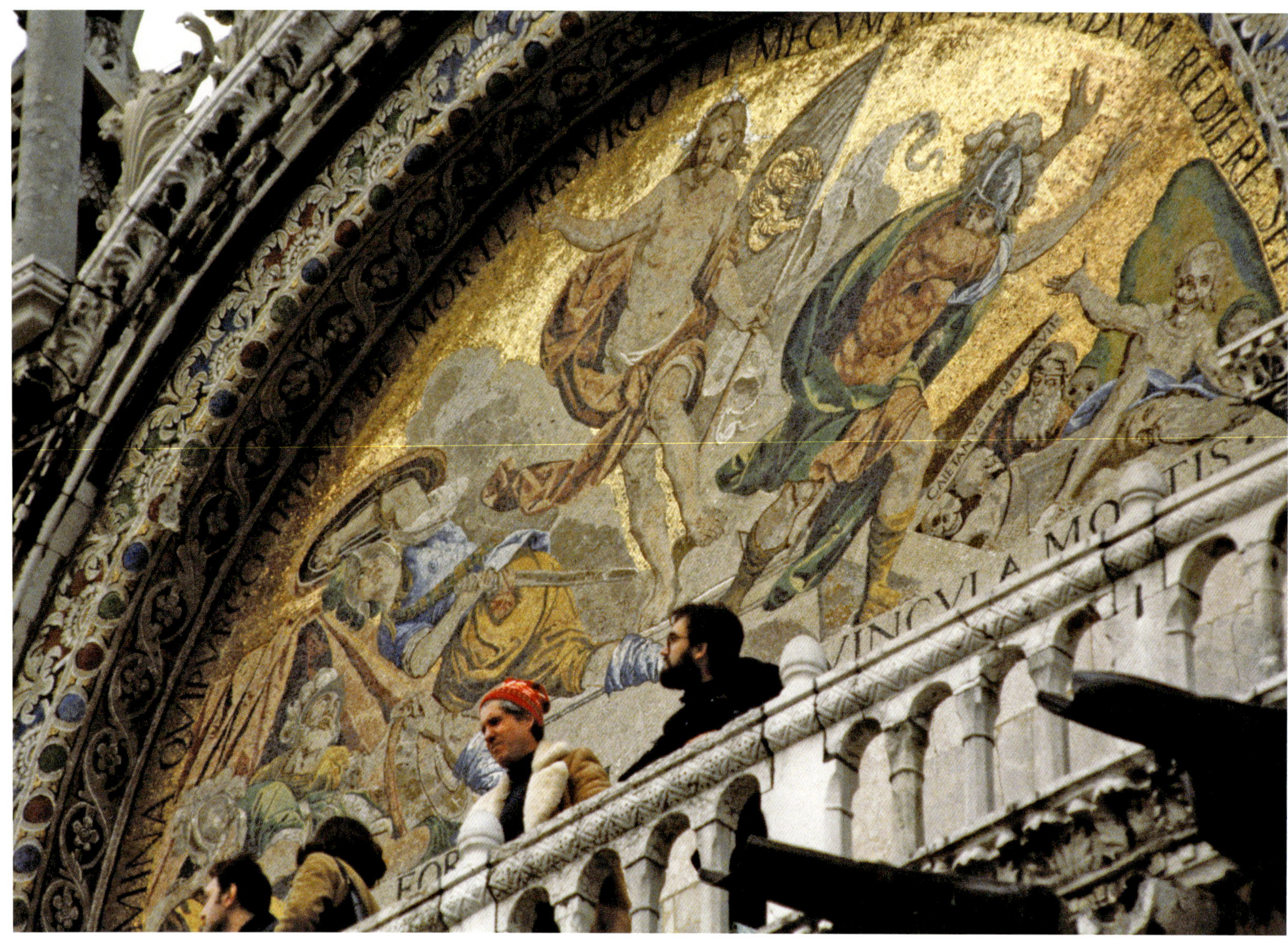

Mosaik über ursprünglichem Fresko an der Außenfassade vom Markusdom in Venedig.

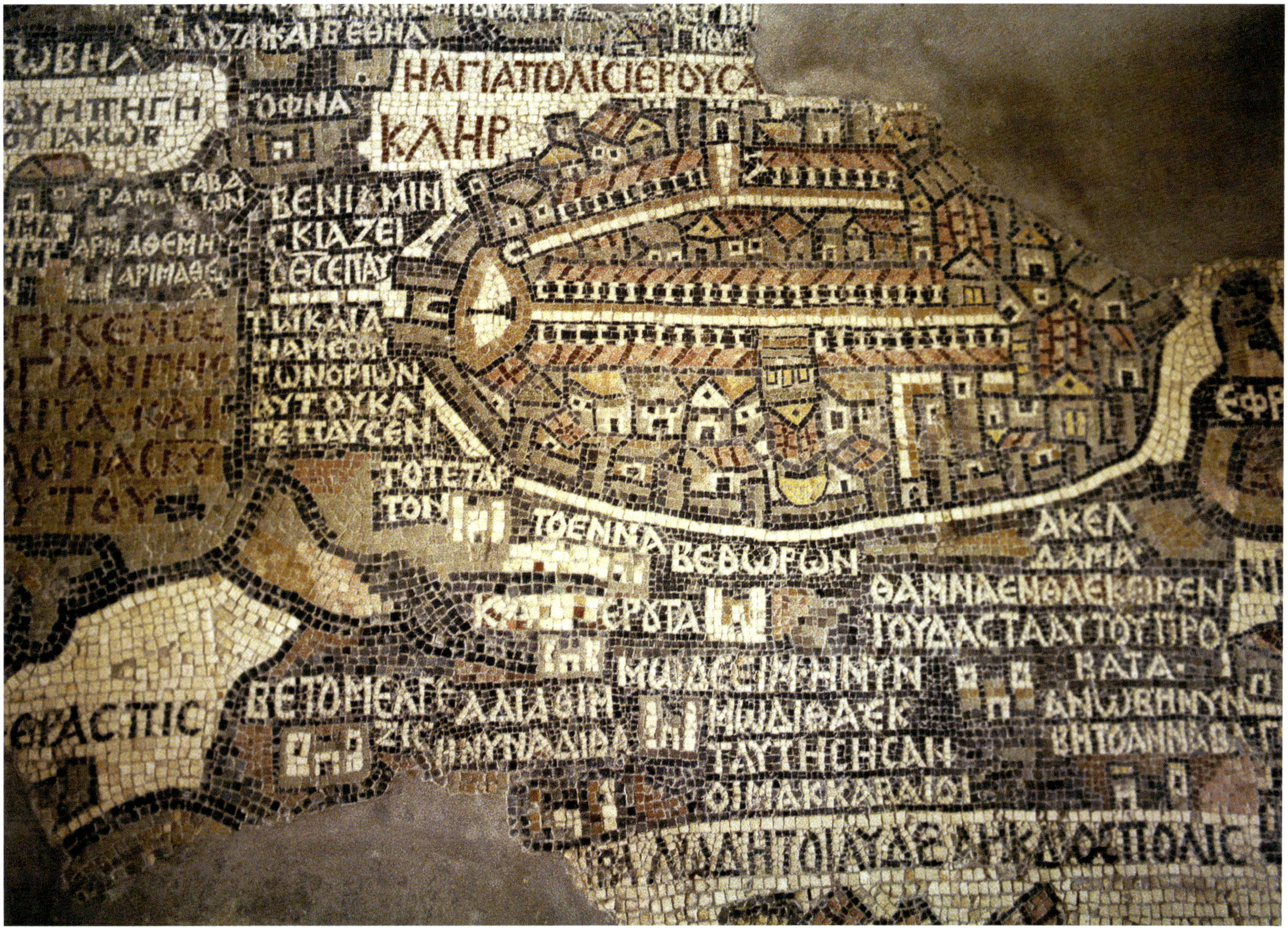

Byzantinische Landkarte vom Heiligen Land mit Jerusalem als Bodenmosaik in der St. Georgskirche in Madaba, Jordanien, 6. Jh.

großflächig und in Schwarz-Weiß gehalten. Das schwarze Bildmotiv hob sich, wie etwa beim Neptunmosaik in Ostia, vor dem hellen Hintergrund kontrastreich ab. Freilich pflegten römische Mosaizisten vielerorts auch weiterhin die Mehrfarbigkeit. Grandiose Schöpfungen wie zum Beispiel jene der Villa del Casale in Piazza Armerina auf Sizilien, im Bardo Museum in Tunesien oder in den Ruinen des Kaiserpalastes von Konstantinopel legen davon bis heute eindrücklich Zeugnis ab. Eine spezielle Variante polychromer Gestaltung markierte das Asaraton genannte Mosaik, das einen »weißen, ungefegten Fußboden« (so die buchstäbliche Bedeutung seines griechischen Namens) darstellte, auf dem die Überreste eines reichen Mahls verstreut lagen.

Frühes Christentum und Byzanz

Mit dem Auftreten des Christentums als staatstragende Macht setzte im frühen 4. Jahrhundert parallel zur spätrömischen Kunst der explizit frühchristliche Kunststil ein. Er diente, wenig verwunderlich, der Bearbeitung von für die neue, noch junge Religion typischen Thematiken und leitete stilistisch vom Naturalismus der spätrömischen zur deutlich abstrakteren byzantinischen Darstellungsweise über. Deren Mosaike waren geprägt von Stereotypien und zeitloser Transzendenz. Räumliche Perspektiven sucht man weitgehend vergebens. Neu in der frühchristlichen

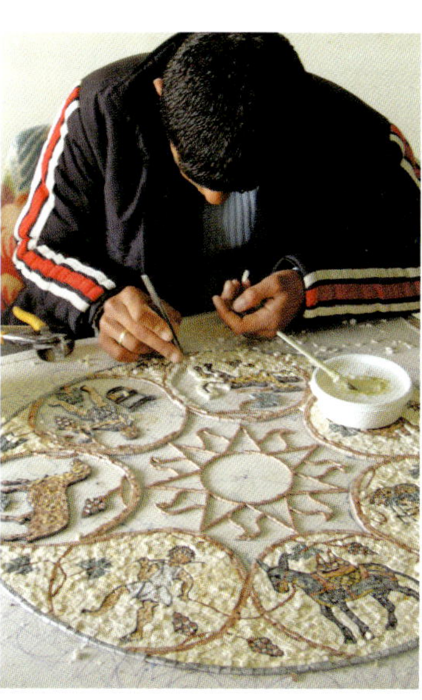

In den heutigen Mosaikschulen orientieren sich die Studenten an historischen Vorlagen.

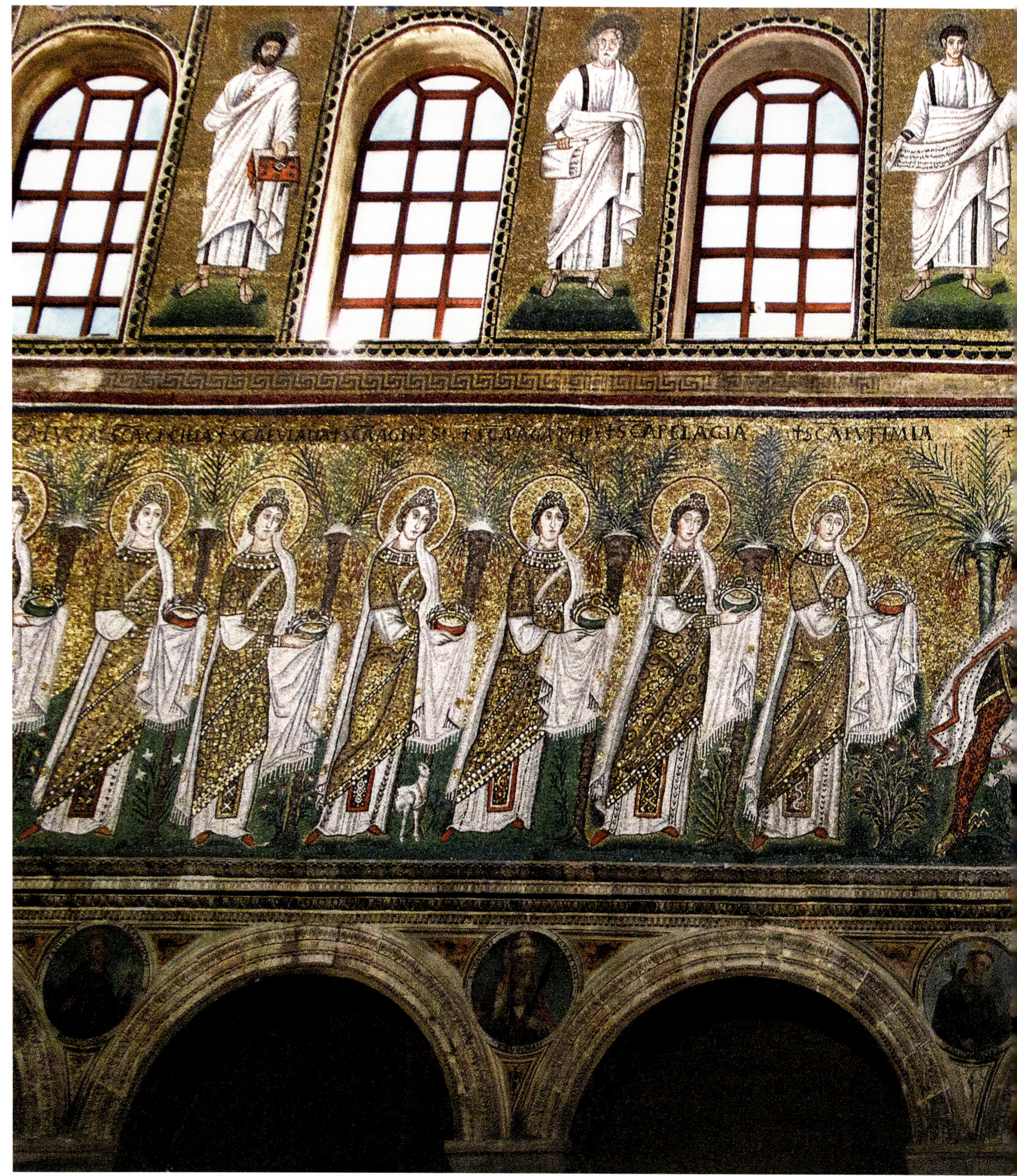

Die Nordwand der Kirche Sant'Apollinare Nuovo in Ravenna zeigt die Heiligen Drei Könige bei ihrer Audienz der von Engeln flankierten Maria

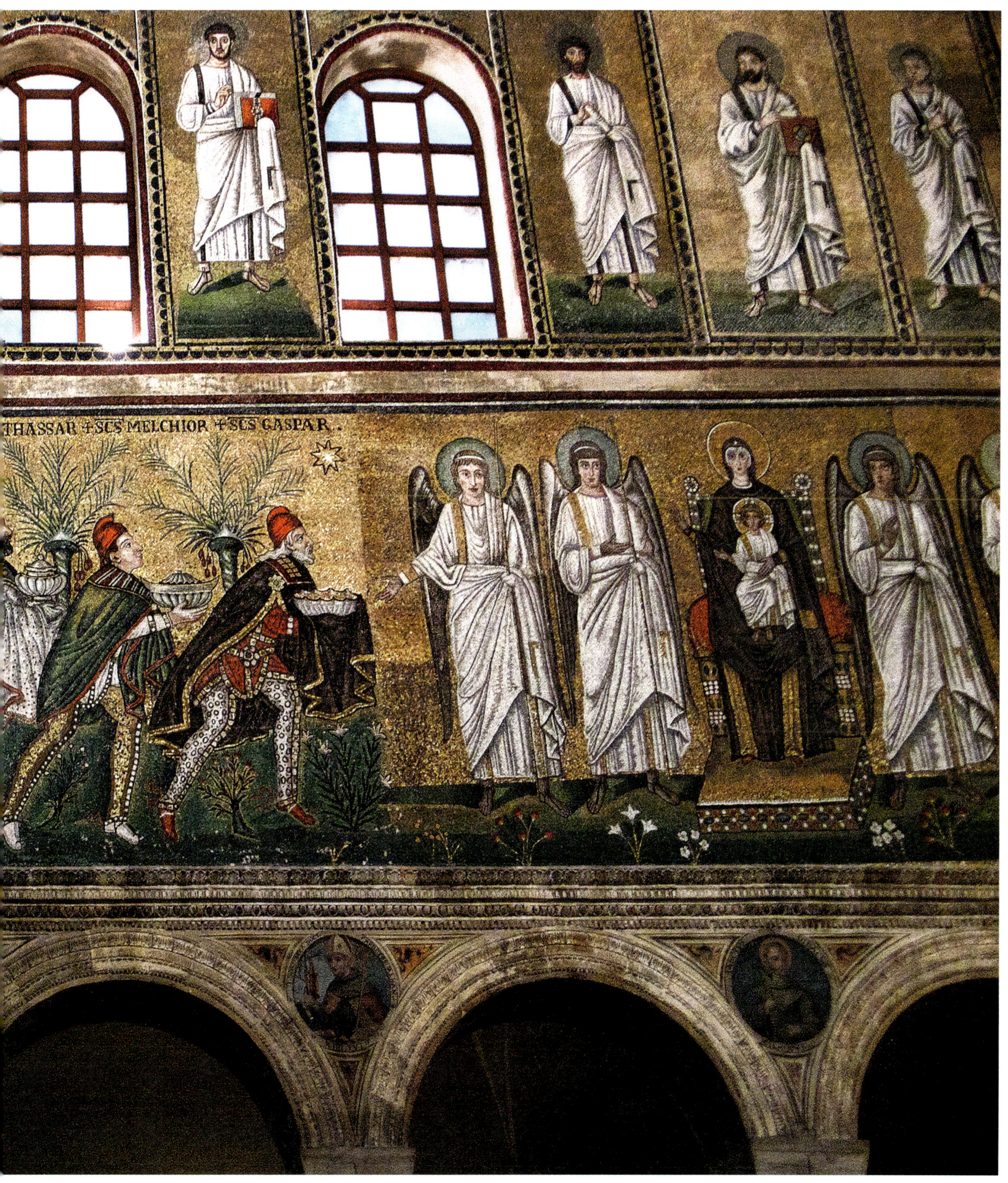

n Jesusknaben. In einer Prozession schließen sich die 22 Jungfrauen an.

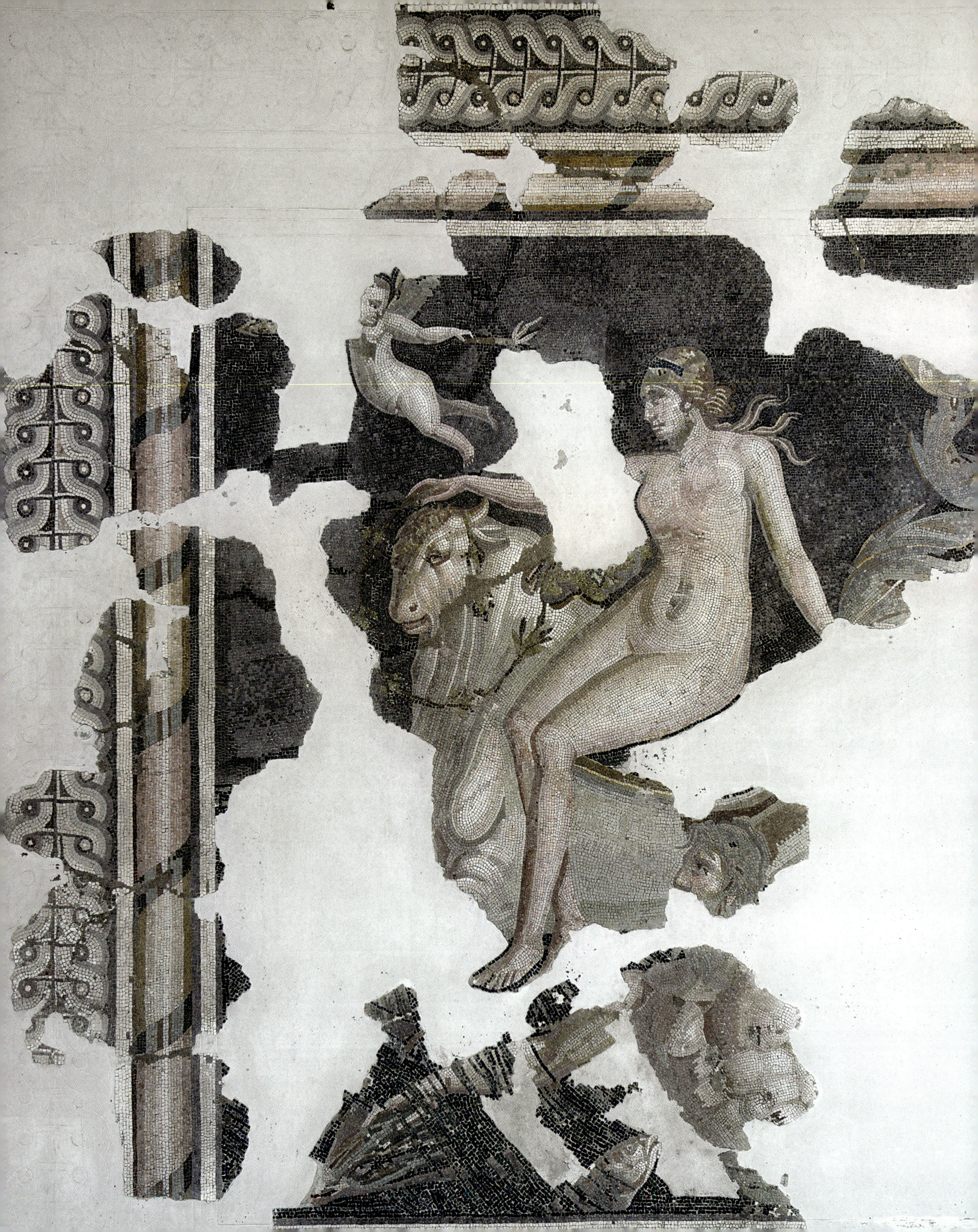

Mosaikkunst war die Verwendung von Glas- und Goldtesserae, genannt Smalten, wobei durch unterschiedliches Neigen der Steine und verschieden große Zwischenräume irreale Lichteffekte erzeugt wurden. Diese stark lichtreflektierenden Glasstückchen waren das ideale Medium, um Kirchenräumen eine besonders weihevolle Atmosphäre zu verleihen. Auch die fast unendliche Farbpalette, die durch die Smalten ermöglicht wurde, bedeutete eine entscheidende Weiterentwicklung. Anderseits büßte der Hintergrund bei der Gestaltung der Szenen an Wichtigkeit ein, und die Figuren verharrten in vordergründigeren Posen.

Ein Ort, an dem sich die Entwicklung vom frühchristlichen zum byzantinischen Stil beispielhaft nachvollziehen lässt, ist die südlich der Po-Mündung gelegene Stadt Ravenna. Einerseits erhebt sich dort ein schlichter Backsteinbau wie das Mausoleum der Galla Placidia, dessen Mosaike aus der ersten Hälfte des 5. Jahrhunderts in ihrem räumlichen Naturalismus und mit den sehr plastischen Figuren noch voll an die römische Tradition gebunden sind. Anderseits findet sich ganz in der Nähe mit der Basilika von Sant'Apollinare Nuovo ein Kirchenbau, in dem, nur hundert Jahre später, ein völlig neuer Mosaikstil zu voller Blüte gelangte – ein Stil, der auf Schattierungen und damit jegliche Plastizität verzichtet, dafür voll auf die Wirkung purer Farben und den Glanz der Steine setzt. Hier befinden sich die Figuren auf derselben Ebene wie der goldene Hintergrund und ihre Wiederholung suggeriert Zeitlosigkeit – Charakteristika eines Stils, wie er abseits von Ravenna etwa in der Hagia Sophia in Istanbul und der Kathedrale in Monreale, im Dom von Cefalù auf Sizilien, in manchen Kirchen Salonikis und natürlich im Markusdom in Venedig zu höchster Entfaltung gelangte.

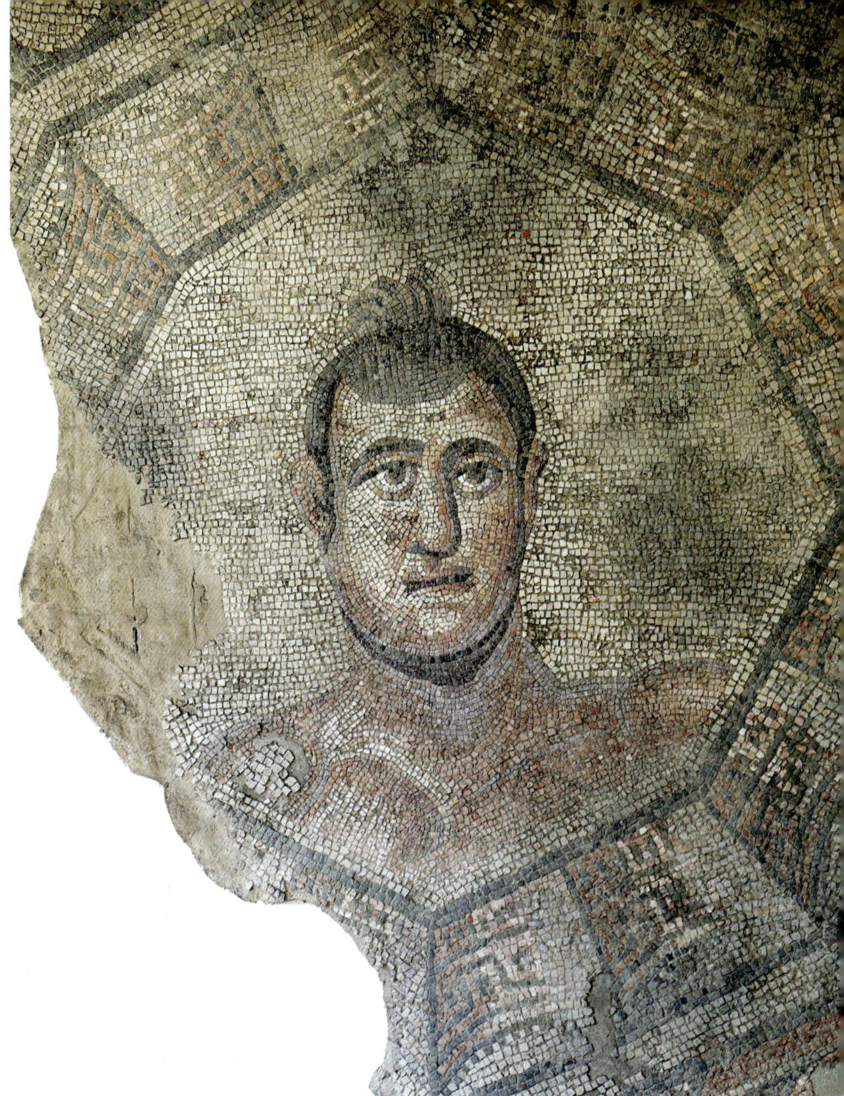

Mittelalter

Im 12. Jahrhundert setzte der Niedergang der byzantinischen Kunst ein. Die Mosaiktechnik wurde von schneller ausführbaren Wandfresken abgelöst, blieb jedoch als Bodenbelag beliebt. Einen Übergang von der Spätantike zu den Neuschöpfungen des romanischen Mittelalters markieren manche Mosaikfußböden, die in Rom, Ravenna und Venedig sowie Otranto und Trani in Süditalien erhalten blieben. Sie illustrieren die mittelalterlichen Vorstellungen von Kosmos und Geografie – mit Szenen des Alten Testaments, Darstellungen der zwölf Tierkreiszeichen und vier Jahreszeiten, mit Allegorien der Himmelsrichtungen, Winde, Planeten und den personifizierten Monaten. Ihr Stil ist flächig und linear. Die Figuren sind mit knappen Strichen skizziert, auf Details und Farbabstufungen wurde verzichtet. Es ist offensichtlich, dass zu dieser Zeit Form und Ausführung unwichtig waren. Was zählte, war allein der dargestellte Inhalt.
In Rom entstand damals ein spezieller Mosaikboden-Typus, der in Beziehung zu dem teilweise ebenfalls mit Mosaiken dekorierten, steinernen Kirchenmobiliar stand. Ihre Schöpfer waren die sogenannten Kosmaten, eine Gruppe von Künstlerfamilien, die über lange Zeit die Stilentwicklung am Tiber entscheidend prägten, indem sie eine Brücke zwischen Kunst und Handwerk, Bildhauerei und Mosaizierkunst schlugen. Ihre bunten, fast ausschließlich geometrischen Schöpfungen basierten auf der Aneinanderreihung verschieden großer Scheiben. Auch anderswo in Europa, vor allem auf Sizilien, in Südfrankreich und Katalonien, entstanden damals grandiose Mosaikfußböden (deren Blüte freilich durch die Verwendung der neuartigen und ungleich kostengünstigeren glasierten Keramikplatten bald schon endete). Wandmosaike hingegen blieben, man denke etwa an den Markusdom, das Baptisterium von Florenz oder die Fassade des Doms von Orvieto, eine weitgehend auf Italien beschränkte Kunstform.

Im Innenhof des Archäologischen Museums von Aquileia (unten) befinden sich unter vielen Mosaiken die Bodenmosaike mit der Darstellung des Raubs der Europa (links) aus dem Schlafgemach eines römischen Hauses aus Aquileia sowie die Büste eines Athleten (oben). Beide 1. Jh.

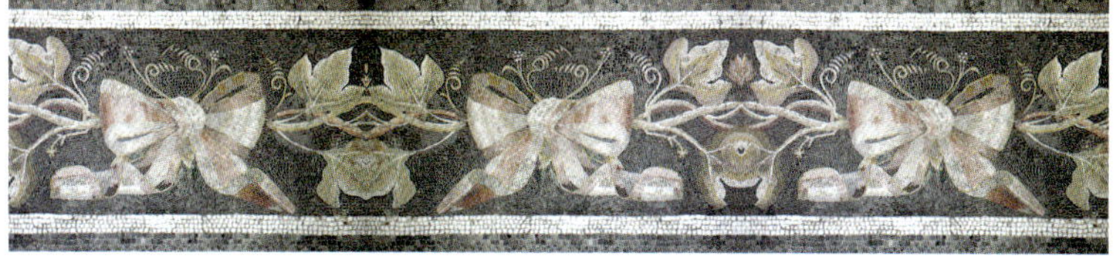

Bodenmosaik als Fries (oben) mit Rebstöcken, 1. Jh.

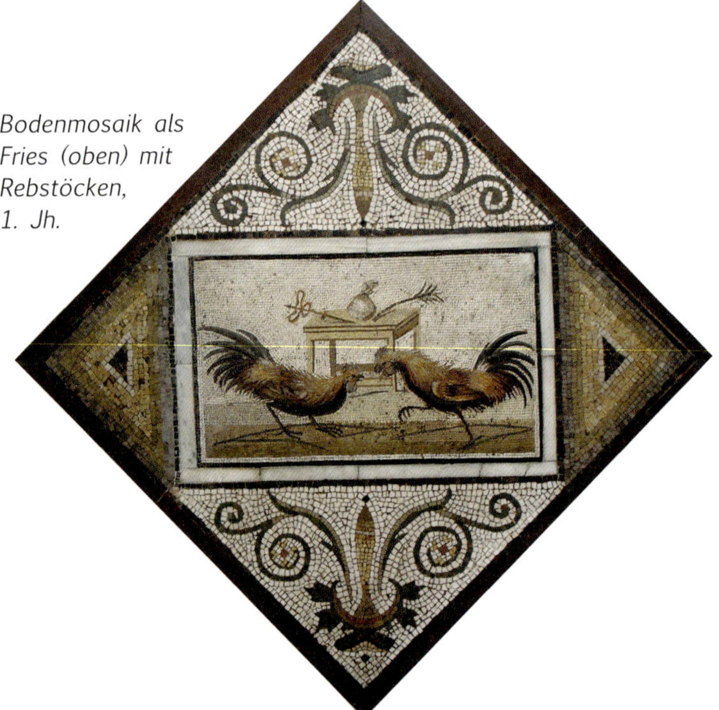

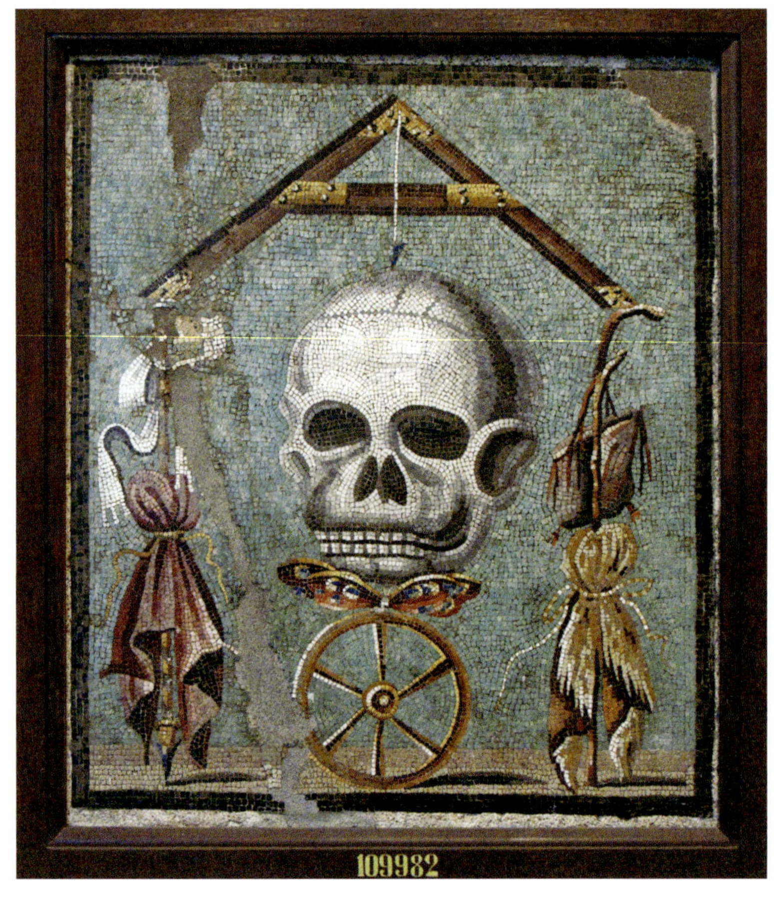

Mosaikemblem mit der Darstellung eines Hahnenkampfes (oben), ca. 80 x 80 cm, 1. Jh., Sammlung Santagelo. Mosaikemblem als Memento mori mit Totenkopf und Setzwaage (rechts) aus Pompeji, 47 x 41 cm, 1. Jh., ebenso die Mosaikminiatur (unten), Archäologisches Nationalmuseum, Neapel.

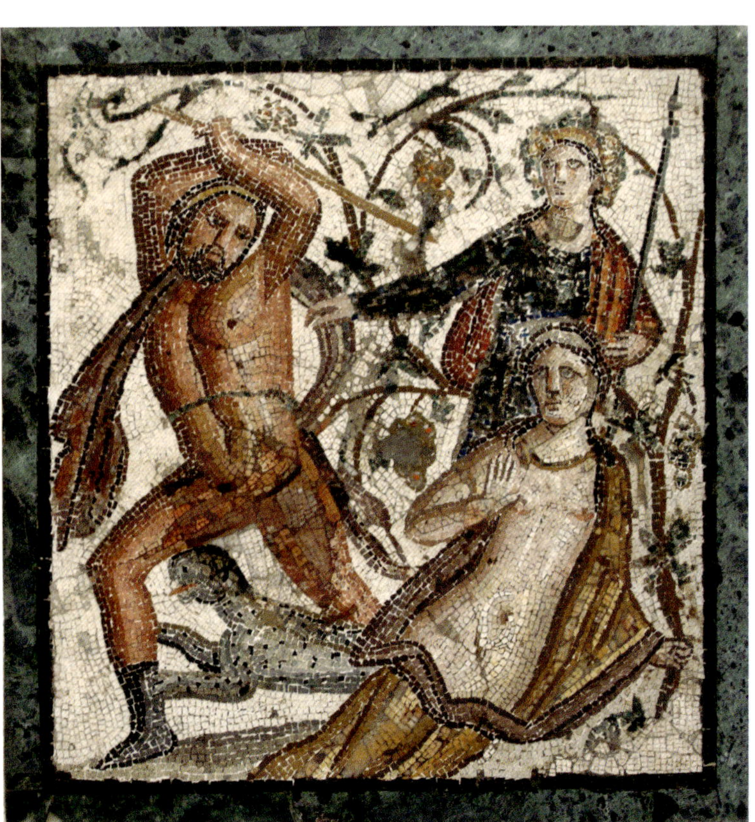

Jüdische, islamische und präkolumbianische Welt

Die Mosaikkunst florierte im Laufe der Zeit allerdings keineswegs nur im christlichen Europa. Schon im 5. und 6. Jahrhundert etwa erlebten die jüdischen Gemeinden Palästinas einen Boom im Synagogenbau, und auch dabei fanden Mosaikfußböden vielfach Verwendung. Ein eindrückliches Exempel: die große Mosaiktafel mit der Menora, dem siebenarmigen, von reichem Figurenschmuck umrahmten Leuchter, aus der Synagoge von Bet Schan, die sich heute im Jerusalemer Israel Museum befindet.

In der islamischen Welt entfaltete die Mosaikkunst unter der Herrschaft der Omaijaden, also vom 7. bis ins 10. Jahrhundert, eine erste, große Blüte. Felsendom und Al-Aqsa-Moschee in Jerusalem, die Omaijaden-Moschee in Damaskus oder im fernen Westen die berühmte Moschee von Cordoba: Sie alle besitzen herrliche Wandmosaiken. Auf jenen des Felsendoms ranken sich aus Vasen und Akanthusbüschen schlanke Zweige himmelwärts. Im Portikus der Omaijaden-Moschee finden sich zwischen großen Bäumen detailreiche Ansichten von Landschaften, Städten und kleinen Dörfern, die, in der islamischen Kunst ohnegleichen, ihren hellenistischen, genauer: alexandrinischen Einfluss nicht leugnen können. Auch die profane Architektur jener Epoche – imposante Beispiele sind die Fußböden der Wüstenschlösser im heutigen Jordanien, allen voran Khirbat al-Mafdschar – wurde mit Pflanzen- und Tiermotiven reich bedacht.

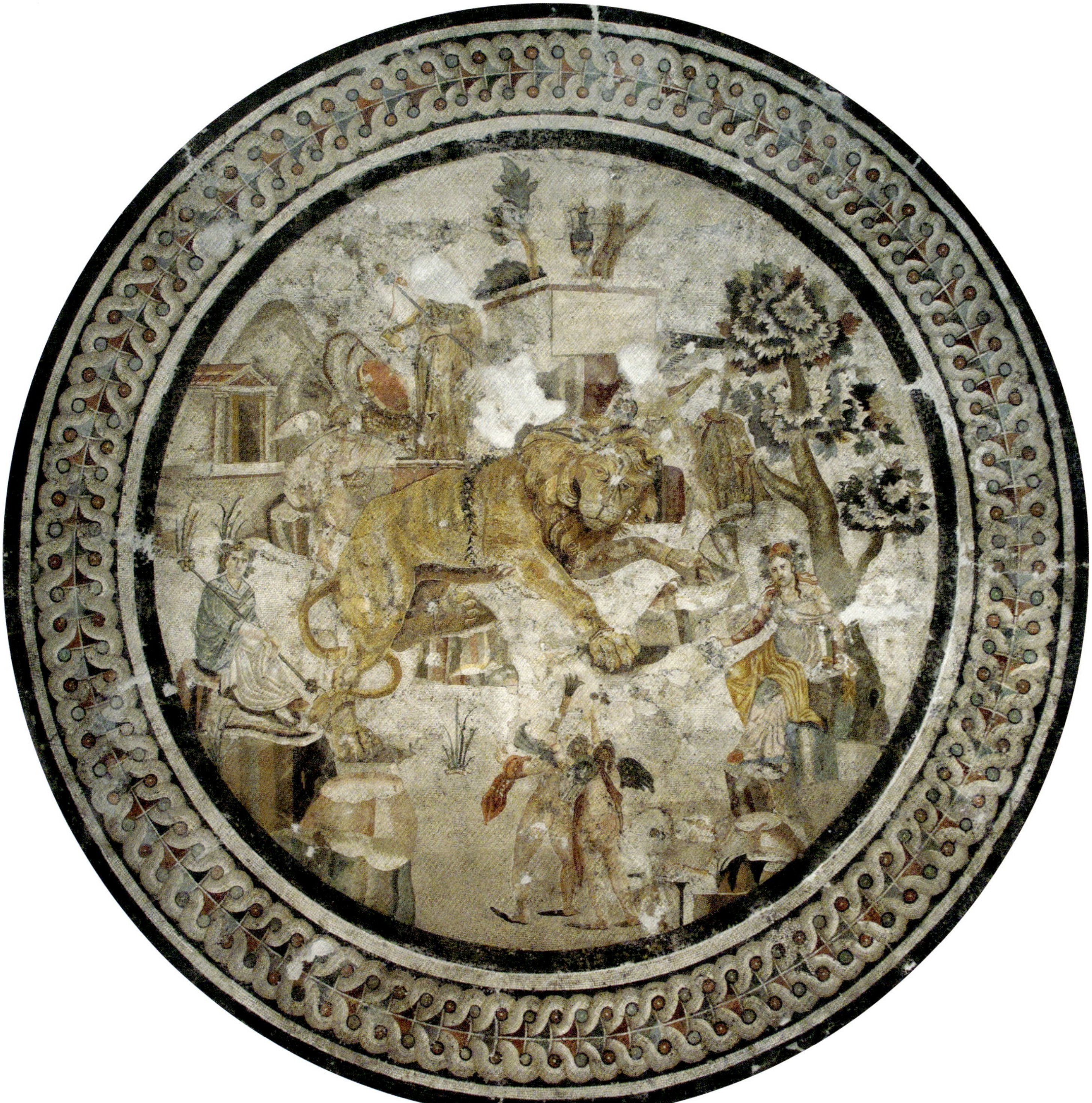

Löwe, von Eroten bedrängt, zwischen Dionysos und zwei sitzenden Mänaden, Rundmosaik aus Pompeji, 1. Jh. v. Chr., Archäologisches Nationalmuseum, Neapel.

Islamische Kunst der Kachelmosaike: die Kuppel der Lotfallah-Moschee Isfahan (großes Bild) und unten ein Beispiel aus dem Basar der Stadt für Wandmalereien, Zierkacheln und einen Silej (Kachelmosaik) aus der Zeit zwischen 1603 und 1613.

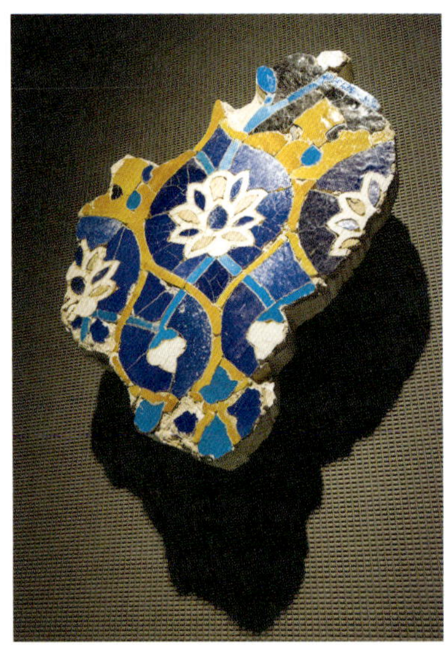

Bruchstück einer Moscheekuppel aus Usbekistan im Museum für Islamische Kunst, Doha (rechts).

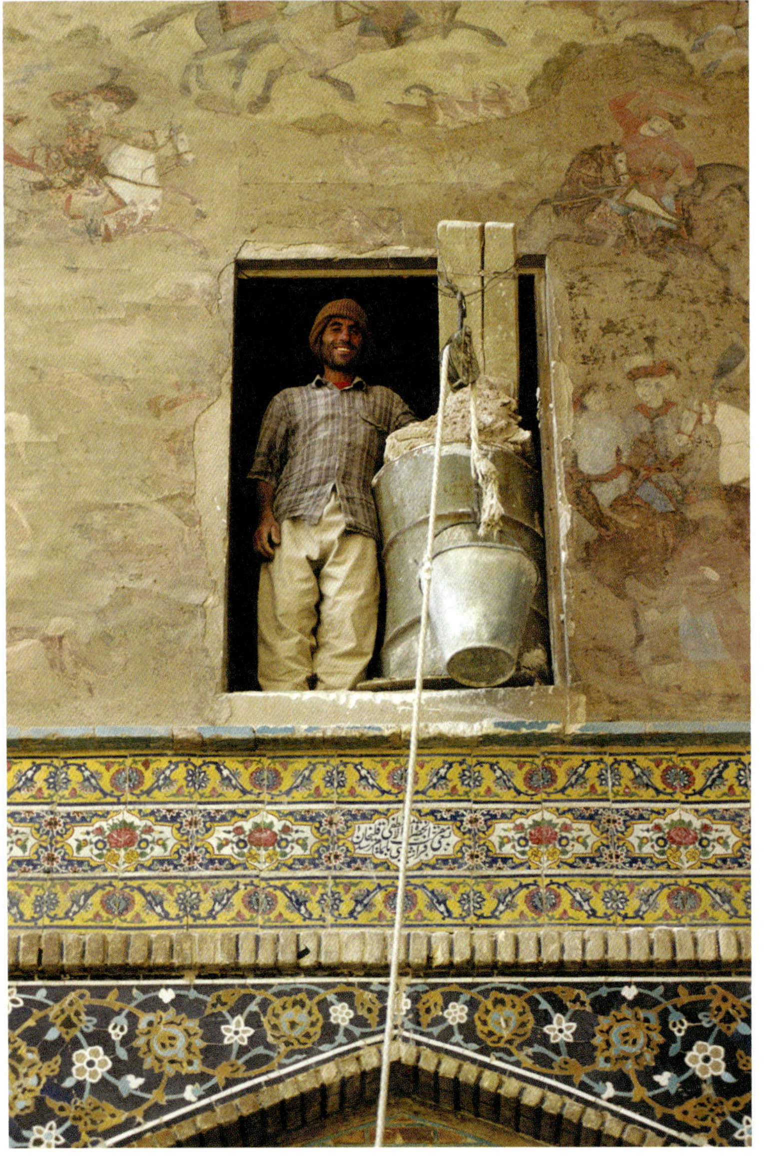

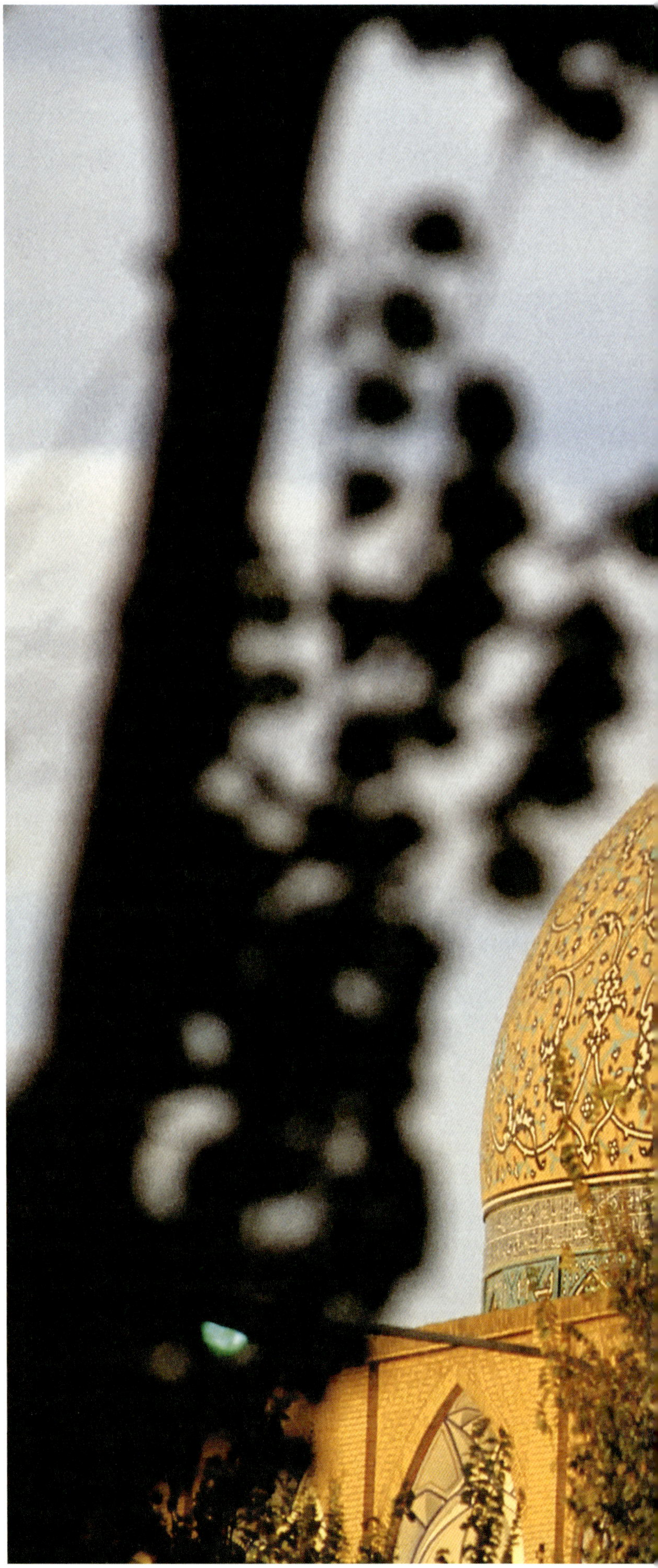

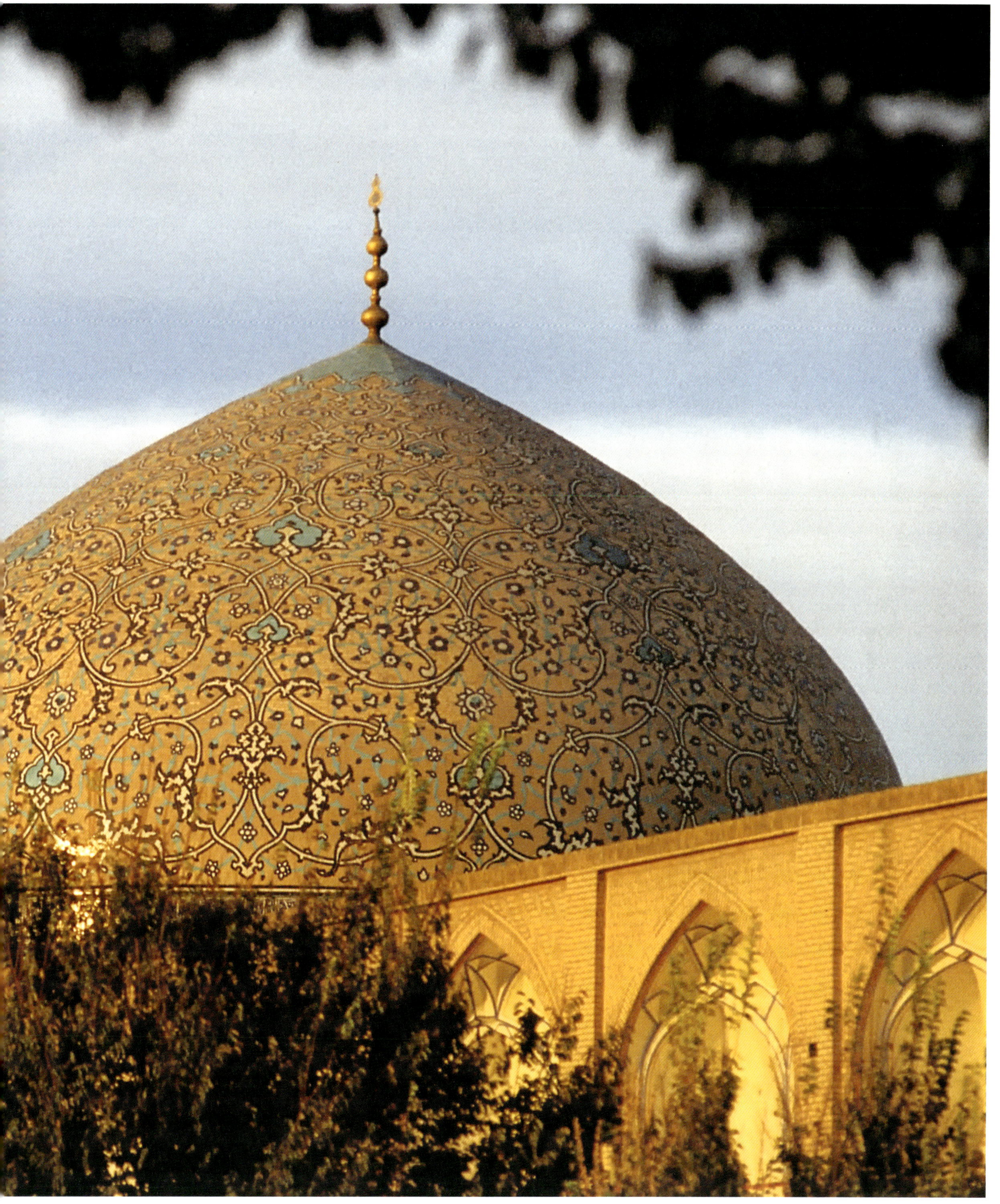

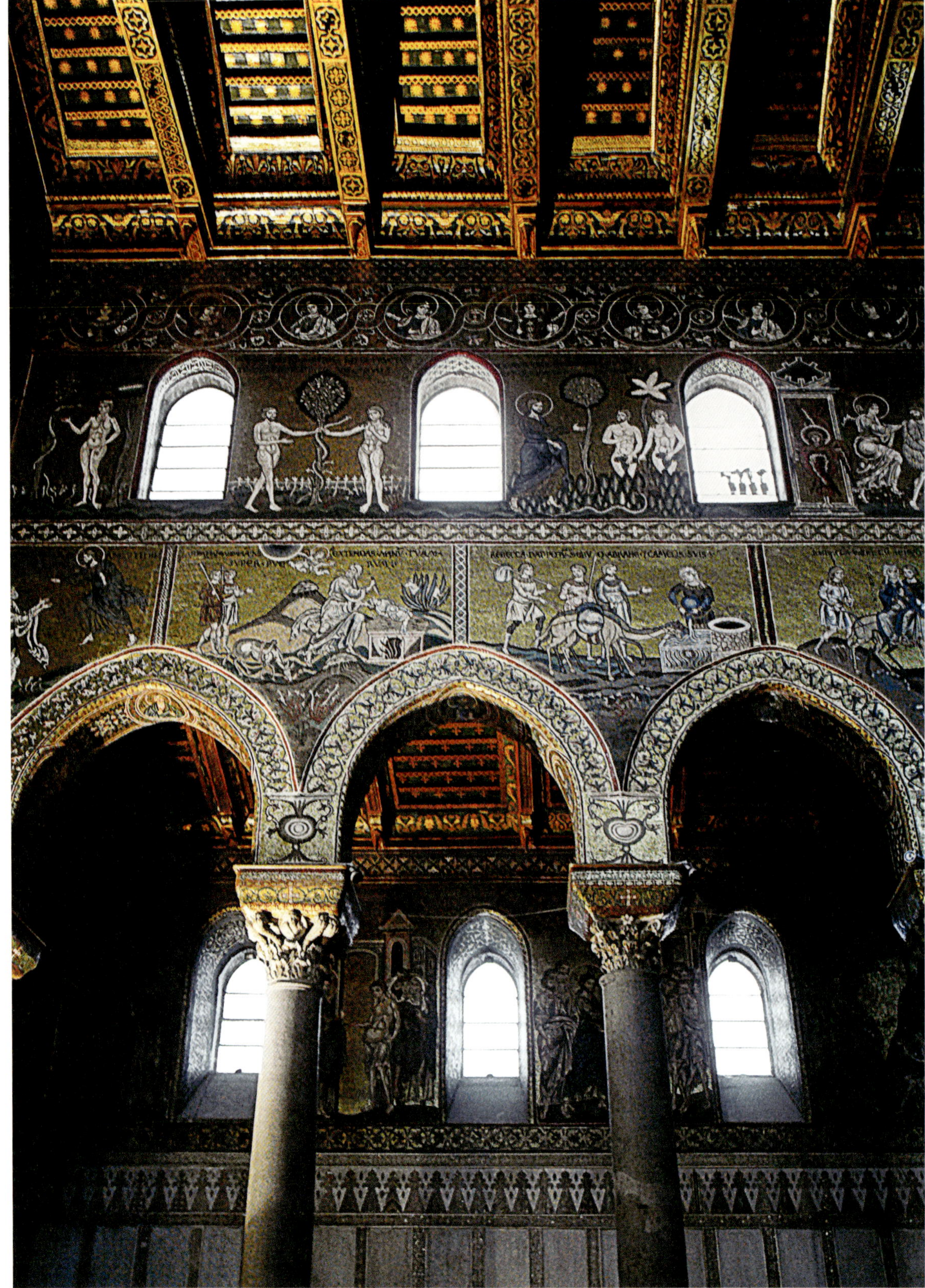

Hauptschiff der Kathedrale von Monreale bei Palermo, 12. Jh. Diese wohl umfassendste musivische Ausstattung aus der Zeit des Mittelalters bedeutet sogleich eine wichtige Quelle für die byzantinische Malerei der Jahre 1180 bis 1190. Der Bau ist das bedeutendste Werk König Wilhelms II.

Klosterkreuzgangssäulen in der Kathedrale von Monreale mit Mosaikeinlagen, 12. Jh.

Unten: Bodenmosaik mit der Darstellung des Fangs eines Nashorns (Ausschnitt), 4. Jh., Villa Romana del Casale bei Piazza Armerina, Sizilien.

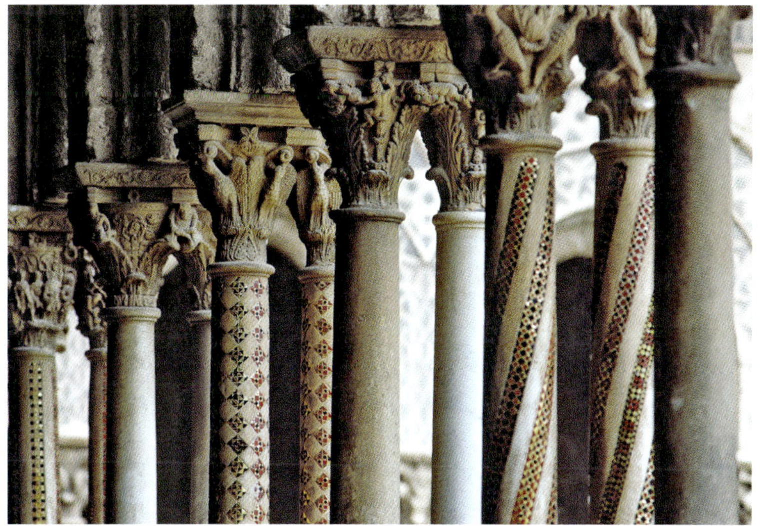

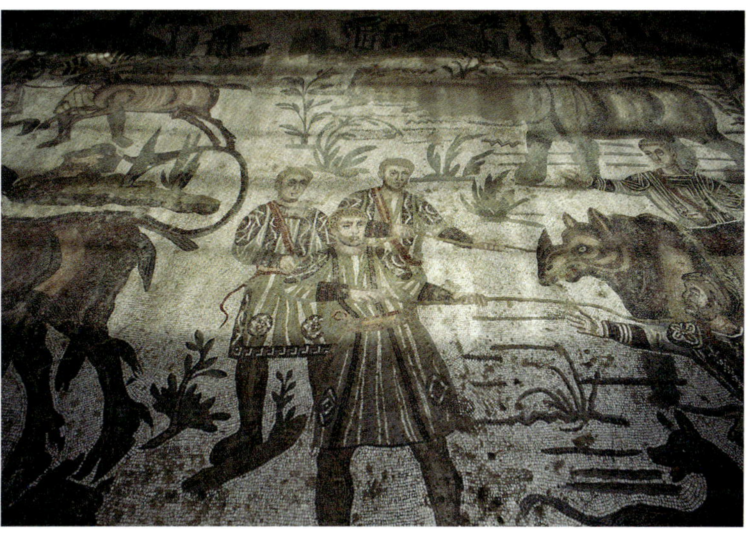

Die bei Mosaiken angewandte Polychromie wurde von den Künstlern der islamischen Welt bald auf Keramikkacheln übertragen. Diese stellte man in Serie her, um mit ihrer Hilfe identische geometrische Motive unendlich oft zu wiederholen – eine Reverenz an die Unvergleichlichkeit und Grenzenlosigkeit der göttlichen Schöpfung; und ein gestalterisches Prinzip, das die bildende Kunst vom Mittelmeerraum bis nach Zentralasien über Jahrhunderte prägte.

Aber auch bei den alten Kulturen Amerikas war das Mosaik schon immer ein unverzichtbares Element des Kunstschaffens. In Peru verkleidete man beispielsweise kleine Gegenstände mit Mosaiken, die aus Materialien wie Gold, Knochen, Muscheln und Elfenbeinstückchen bestanden. Die Ausgrabungen von La Venta in Mexiko brachten Fußböden aus dem ersten Jahrtausend vor Christus ans Licht, in deren Stuck Jaguarmasken aus Serpentinplatten und kolorierte Keramiken eingelegt sind. Und in der Stadt Mitla fand man gleichfarbige Steinbänder, die in Summe ein geometrisches Muster formen. Besonders die Maya und Azteken erwiesen sich als Meister in der Verzierung von Messern, Holzmasken und menschlichen Schädeln mit Tesserae aus Halbedelsteinen.

Neuzeit

Der Triumphzug der Tafel-, Fresken- und Glasmalerei hatte im Spätmittelalter und in der Renaissance die Mosaikkunst weitgehend verdrängt. Erst mit der Ausschmückung des Petersdoms wurde Rom erneut zu einem Zentrum dieser ruhmreichen Kunstgattung. Erklärte Absicht: an die uralten Traditionen anzuknüpfen. 1727 wurde die bis heute aktive vatikanische Mosaikwerkstatt gegründet. Nach und nach gewann das Mosaik neue Wertschätzung – sowohl seiner im Vergleich zu Gemälden größeren Haltbarkeit wegen als auch dank der Lebhaftigkeit und Beständigkeit seiner Farben. Besonders geschätzt waren großformatige, aus Glasmosaiksteinen gefügte Kopien berühmter Gemälde oder Fresken. Ein Beispiel unter vielen: die von Napoleon in Auftrag gegebene, in der Wiener Minoritenkirche

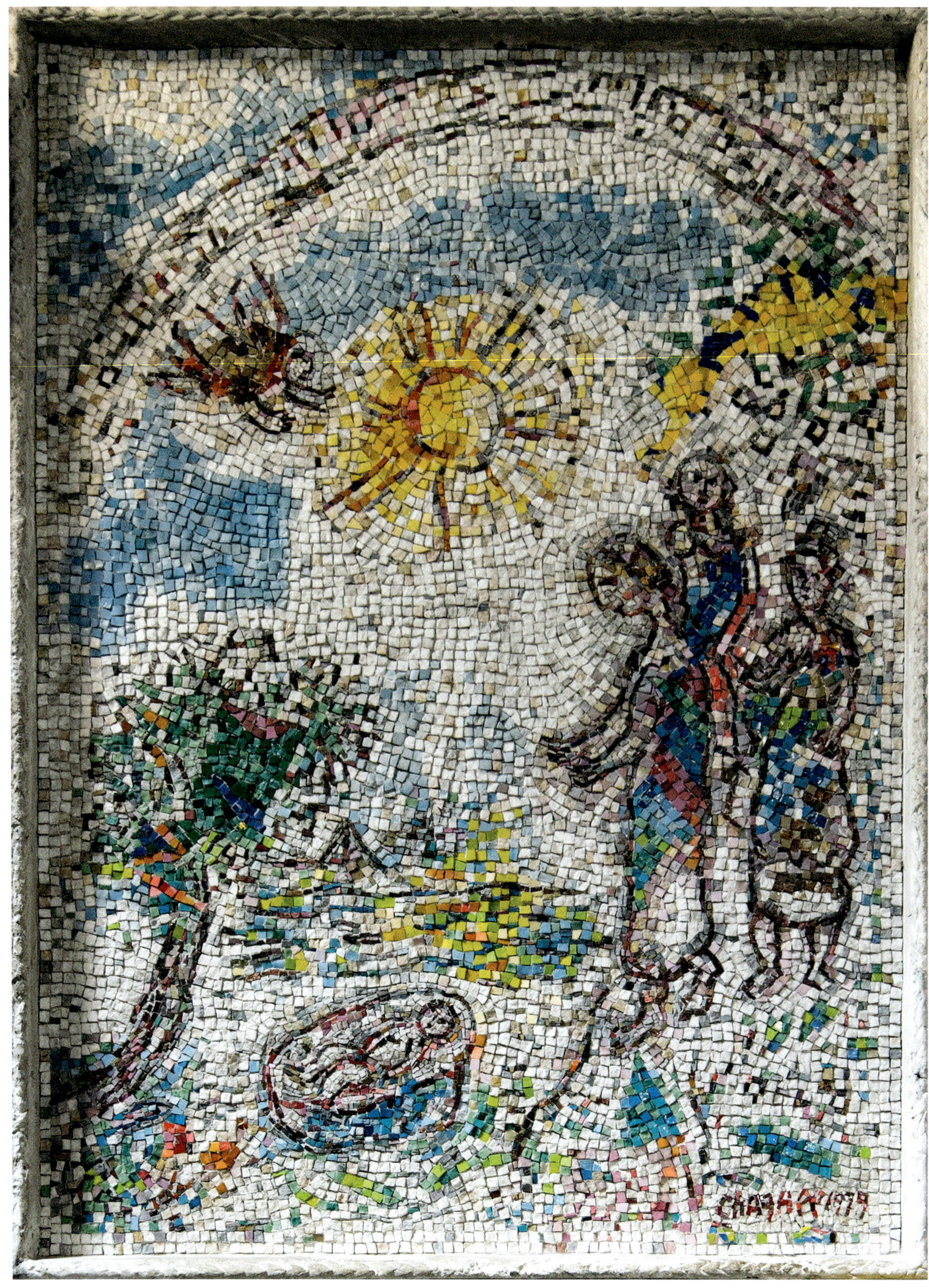

befindliche Mosaikkopie von Leonardo da Vincis *Letztem Abendmahl*, die der Nachwelt Zeugnis gibt von den im Original längst verloren gegangenen Partien heutiger Fehlstellen und Farbeffekten. Ein – kaum minder faszinierendes – Gegenstück zu solch großflächigen Bildnissen stellt das aus Würfelchen von einem Millimeter Seitenlänge geformte Miniaturmosaik dar, das man gerne zur Dekoration von Möbeln oder kostbaren Gebrauchsgegenständen verwendete.

Eine Neubelebung großen Stils verdankt die Mosaikkunst dem Historismus und dessen kunstgeschichtlichen Forschungen ab der zweiten Hälfte des 19. Jahrhunderts in ganz Europa. Auch die notwendig gewordene Restaurierung antiker Mosaike führte zu einer intensiven Beschäftigung mit diesem Genre. Nach dem Vorbild Roms gründete das South Kensington Museum um 1850 eine eigene Mosaikwerkstatt. In der Folge wurden auch in St. Petersburg, Paris, Wien, Darmstadt und Venedig einschlägige Schulen ins Leben gerufen. Jugendstil und Sezession entdeckten das Mosaik wieder als eigene Kunstform und brachten den Typus des Mosaikkünstlers hervor, der in Personalunion entwirft und ausführt. Eine diesbezüglich herausragende Rolle spielte der Katalane Antoni Gaudí. Mit seinen aus Bruchkeramik gestalteten Mosaiken bedeckte er in seiner Heimatstadt Barcelona schuppenartig zahlreiche Wände, Dächer, Kuppeln und geschwungene Bänke und erschloss der Mosaikkunst damit die dritte Dimension. Gustav Klimt schuf mit seinem Mosaik *Der Lebensbaum* für das Palais Stoclet in Brüssel ein exemplarisches Werk dieser Gattung im Jugendstil. Etwas später, 1922 bis 1925, entwickelte in Mailand Angiolo d'Andrea, indem er für die Herstellung seiner Mosaike anstatt quadratischer asymmetrische Steine verwendete, die in Form und Größe den spezifischen Anforderungen entsprachen, eine unter technischen Gesichtspunkten neue Stilrichtung. Ebenfalls in den frühen 1920er-Jahren wurden in Spilimbergo und 1969 dann auch in Ravenna Mosaikschulen nach vatikanischem und venezianischem Vorbild gegründet mit dem Ziel, die antike Mosaikkunst von Venedig, Aquileia und Ravenna wiederzubeleben. Diese Schulen beziehungsweise Werkstätten sind, wie auch jene in Venedig und im Vatikan, bis heute in Betrieb.

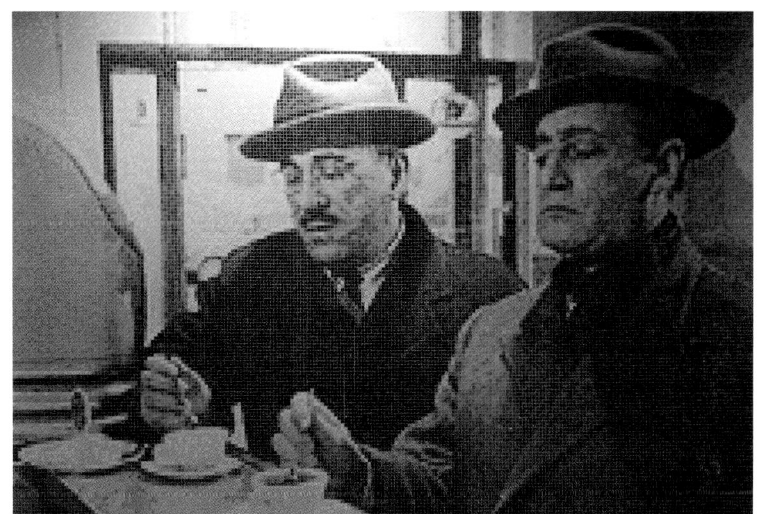

Eine berühmte Szene aus dem neapolitanischen Film: Die Bande der Ehrlichen, *1956, von Camillo Mastrocinque, umgesetzt als industriell erzeugtes Wandmosaik in einer Bar des Flughafens von Neapel, 2012.*

Links: Ein Mosaik von Marc Chagall aus dem Jahr 1979 in der Kathedrale von Vence.

Neueste Entwicklung

Das 20. und 21. Jahrhundert schwelgt geradezu in Mosaiken, denn sie finden sich nun fast überall – auf Flughäfen, in Schwimmbädern, Krankenhäusern, Fußgängerunterführungen … Als größtes Europas gilt mit sieben Metern Höhe und 125 Metern Länge der Bildfries *Unser Leben*, den Walter Womacka 1964 aus 800 000 Steinen für das Haus der Lehrer am Berliner Alexanderplatz schuf. An ihm, aber überhaupt vielerorts wird deutlich, dass solche industriell als Massenware hergestellten Werke gerade jenen Glanz und Zauber vermissen lassen, der dem Mosaik in seiner vieltausendjährigen Geschichte erst seinen herausragenden Rang als kostbares Schmuck- und Dekorationsmaterial verlieh. Nicht ohne Grund hat der französische Kunsthistoriker Adrien Blanchet schon

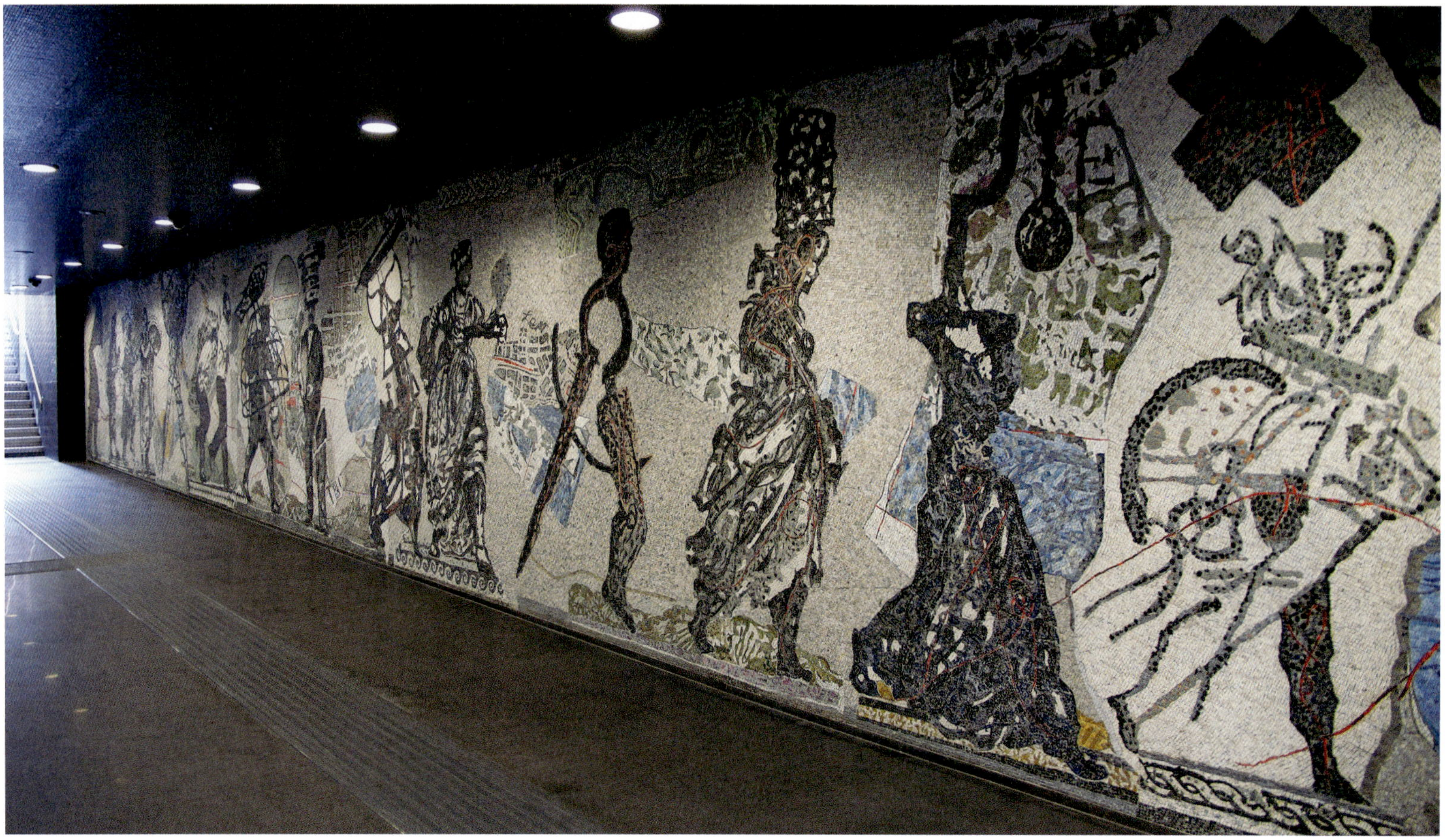

Città di Napoli *(oben; Ausschnitt), Mosaikwand von William Kentridge in der U-Bahn-Station Toledo, 2012, Neapel.*

Rechte Seite oben: Parc Güel, *1900 bis 1914 von Antoni Gaudí in Barcelona gestaltet. Die Mosaike bestehen aus Keramiktesserae sowie aus Bruchstücken von Tassen und Tellern.*

Rechte Seite unten: Straßenmosaik von Joan Miro auf der Rambla in Barcelona.

in seinem 1928 erschienenen Standartwerk *La Mosaique* auf die Tatsache hingewiesen, dass die riesigen, modernen Kompositionen für gewöhnlich wenig befriedigend seien.

Ungeachtet dieser industriellen Verflachung ist allerdings festzustellen, dass sich vereinzelt immer wieder Künstler sehr wohl der großen, alten handwerklichen Tradition besinnen und dem Mosaik als Medium zeitgemäßer Kunst neue Impulse geben. Einer dieser abseits des Mainstream aktiven Protagonisten für eine Renaissance hochwertiger Mosaizierkunst ist ohne Zweifel Christian Ludwig Attersee. Er hat, wie dieses Buch eindrücklich illustriert, mit seinen beiden über 200 Quadratmeter großen Mosaiken in der Geologischen Bundesanstalt und an dem Geschäftshaus in der Mariahilfer Straße in Wien, aber etwa auch mit jenem in der Verwaltungszentrale der Firma Würth in Böheimkirchen Werke geschaffen, die seinen Malstil perfekt in ein neues Medium transponieren und dem Mosaik neue, bisher ungeahnte Qualitäten verleihen. An ihnen zeigt sich (was übrigens auch für die Wandmalerie gilt): Monumentale Mosaike dürfen der Architektur nicht bloß nachträglich hinzugefügt werden, sondern müssen von Anbeginn als integraler Bestandteil eines Gebäudes konzipiert sein, wenn sie vor dem Auge einer kritischen Nachwelt bestehen sollen.

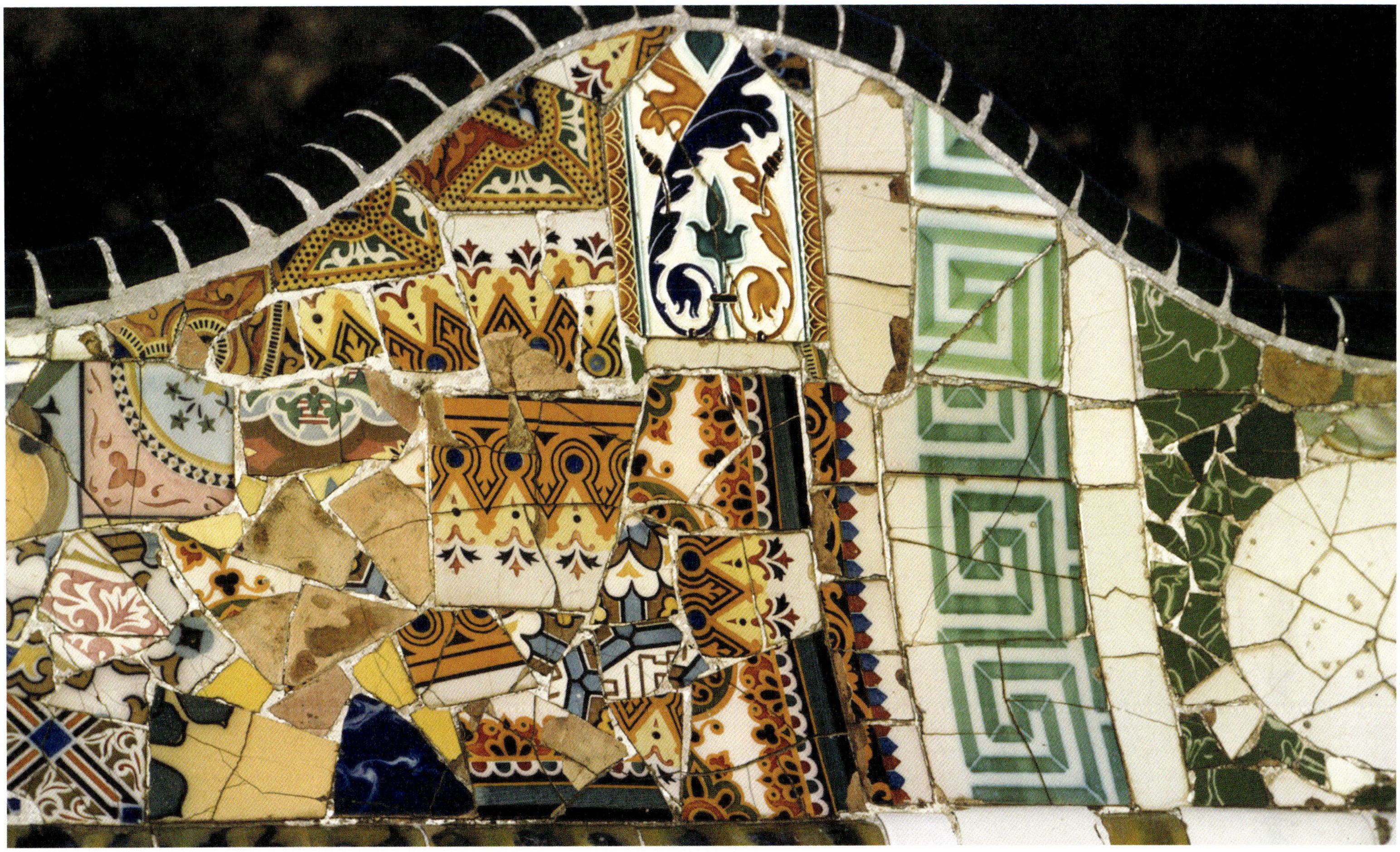

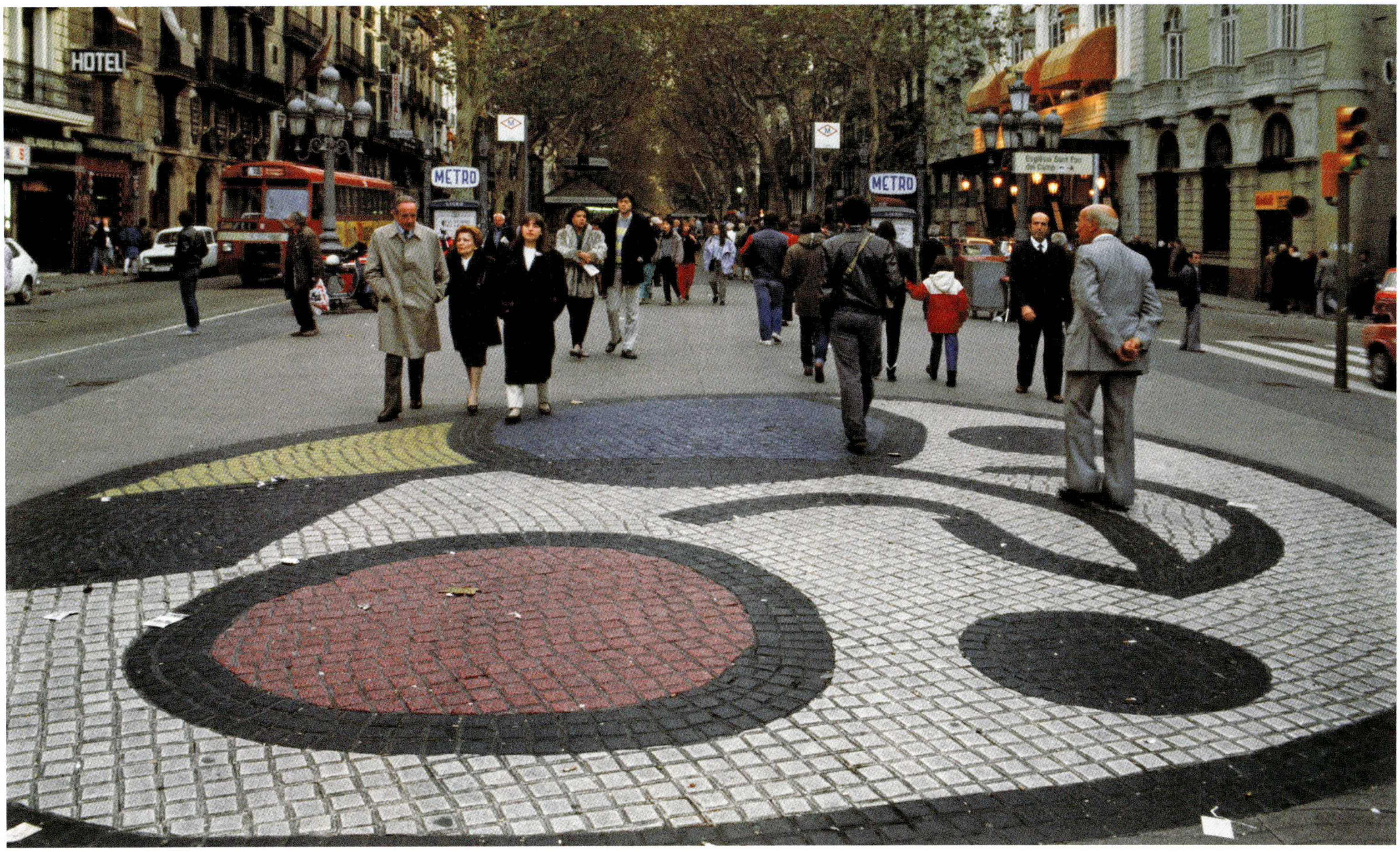

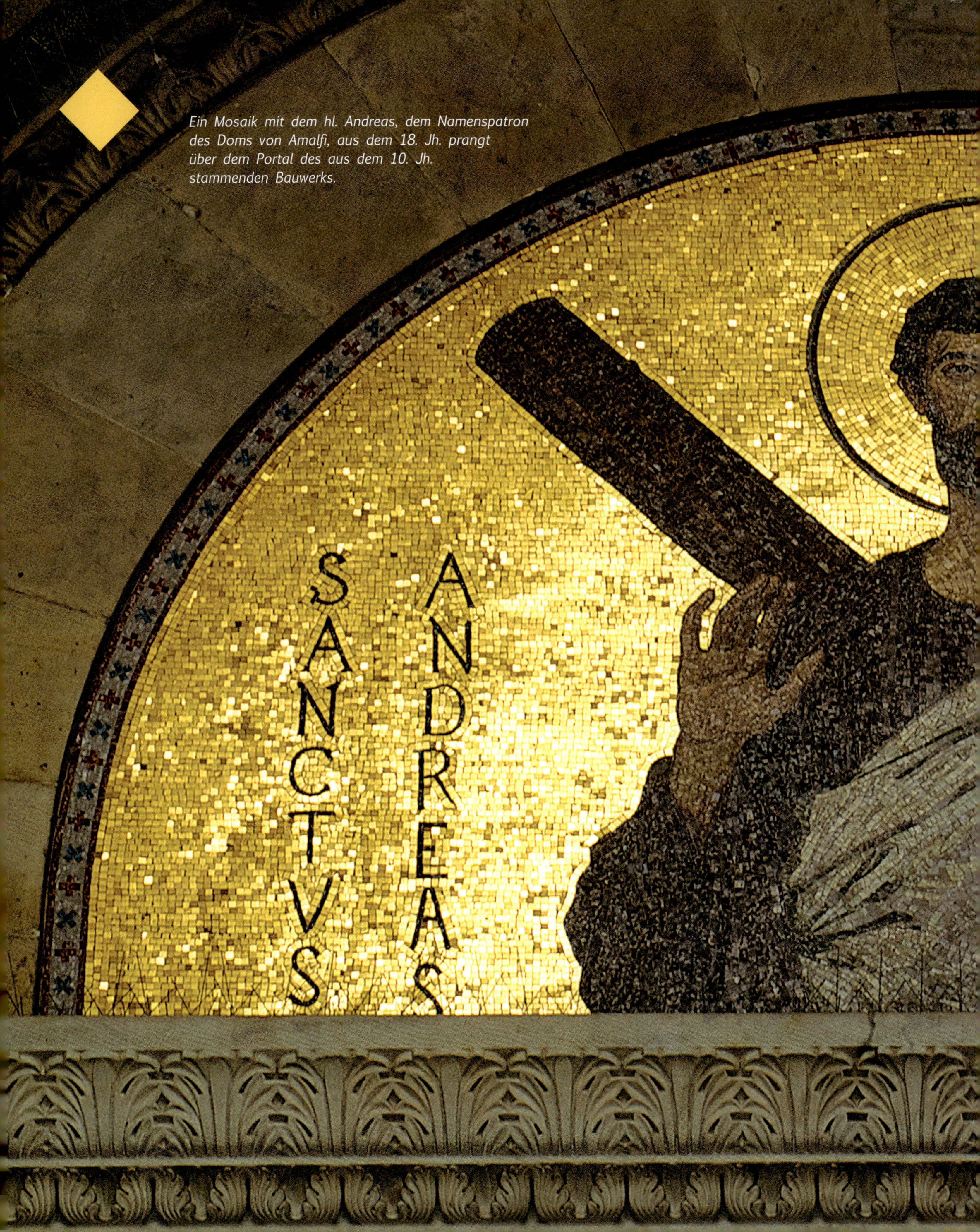

Ein Mosaik mit dem hl. Andreas, dem Namenspatron des Doms von Amalfi, aus dem 18. Jh. prangt über dem Portal des aus dem 10. Jh. stammenden Bauwerks.

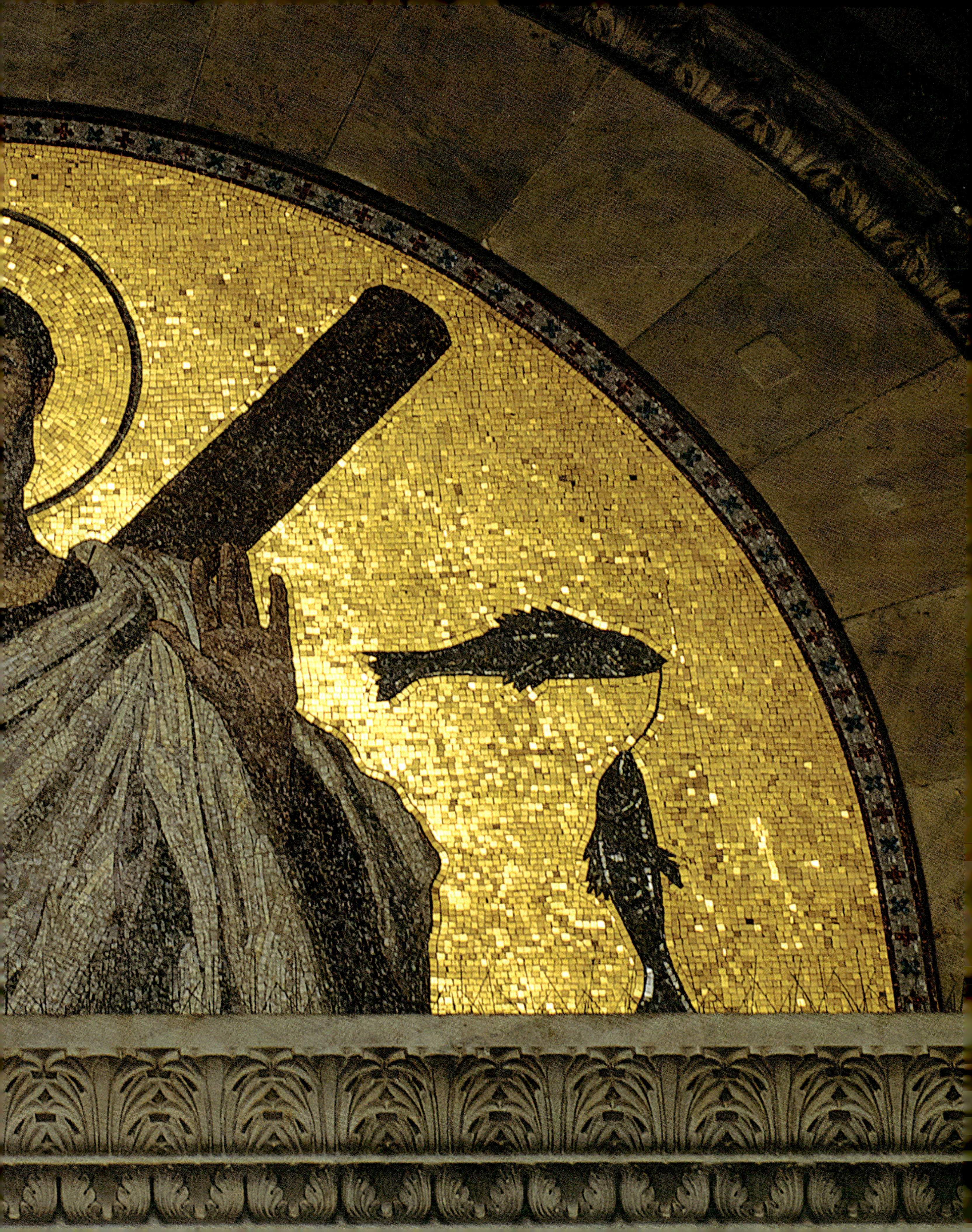

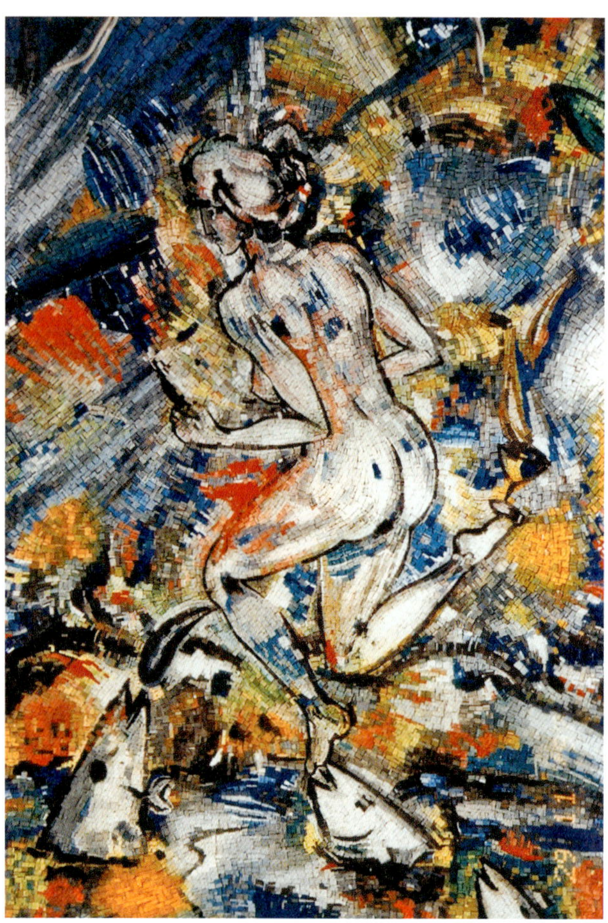

Detail aus Christian Ludwig Attersees Mosaik Evas Reise *von 1996.*

Badmosaik einer Wiener Stadtvilla

Ernst Huss

In einer großzügigen Villa auf einem der schönsten Anhöhen Wiens wünschte sich der Bauherr vom Architekten einen Wellnessbereich mit Ausblick in die Natur über der Stadt. Ernst Huss entwarf diesen im Kellergeschoss so, dass man aus dem Whirlpool in das anregende Umfeld sehen kann.

Die Rückwand des halbkreisförmigen Raumes wurde komplett verspiegelt und so entstand optisch, in Anlehnung an die Antike, eine kreisförmige Säulenhalle.

Die Wand zwischen dem sich gartenseitig öffnenden Glastor und der Spiegelwand des halbkreissegmentförmigen Baderaumes gestaltete Attersee hinter den vorgelagerten Säulen ganzflächig mit Mosaikbildern.

Die glitzernden Wände mit ihren vielfältigen Motiven und den Titeln *Adams Weg* sowie *Evas Reise* boten dem Bauherrn, speziell vom im Mittelpunkt angeordneten Whirlpool aus, eine Augenweide dieser spezifischen Attersee-Welt.

Die Bildvorlagen und deren Umsetzung in Wandmosaike wurden im Jahr 1996 gefertigt.

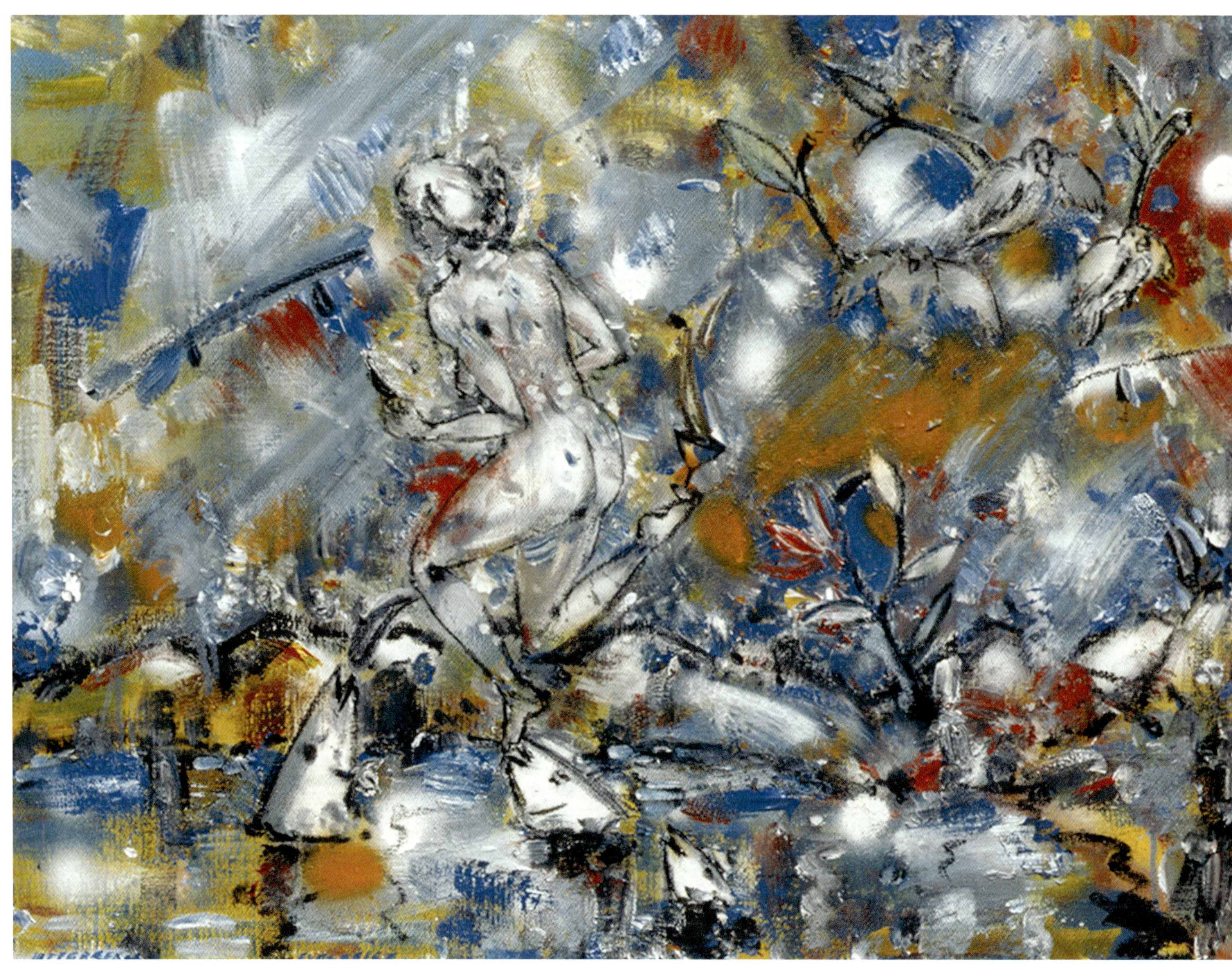

Das Gemälde Evas Reise, *57 x 155 cm, Acryl, Lack und Farbkreide auf Leinwand, von 1966 zeigt Evas Lauf über Fische hinweg in einem Atterseehimmel. Es ist die Vorlage für ein Mosaik des Bades.*

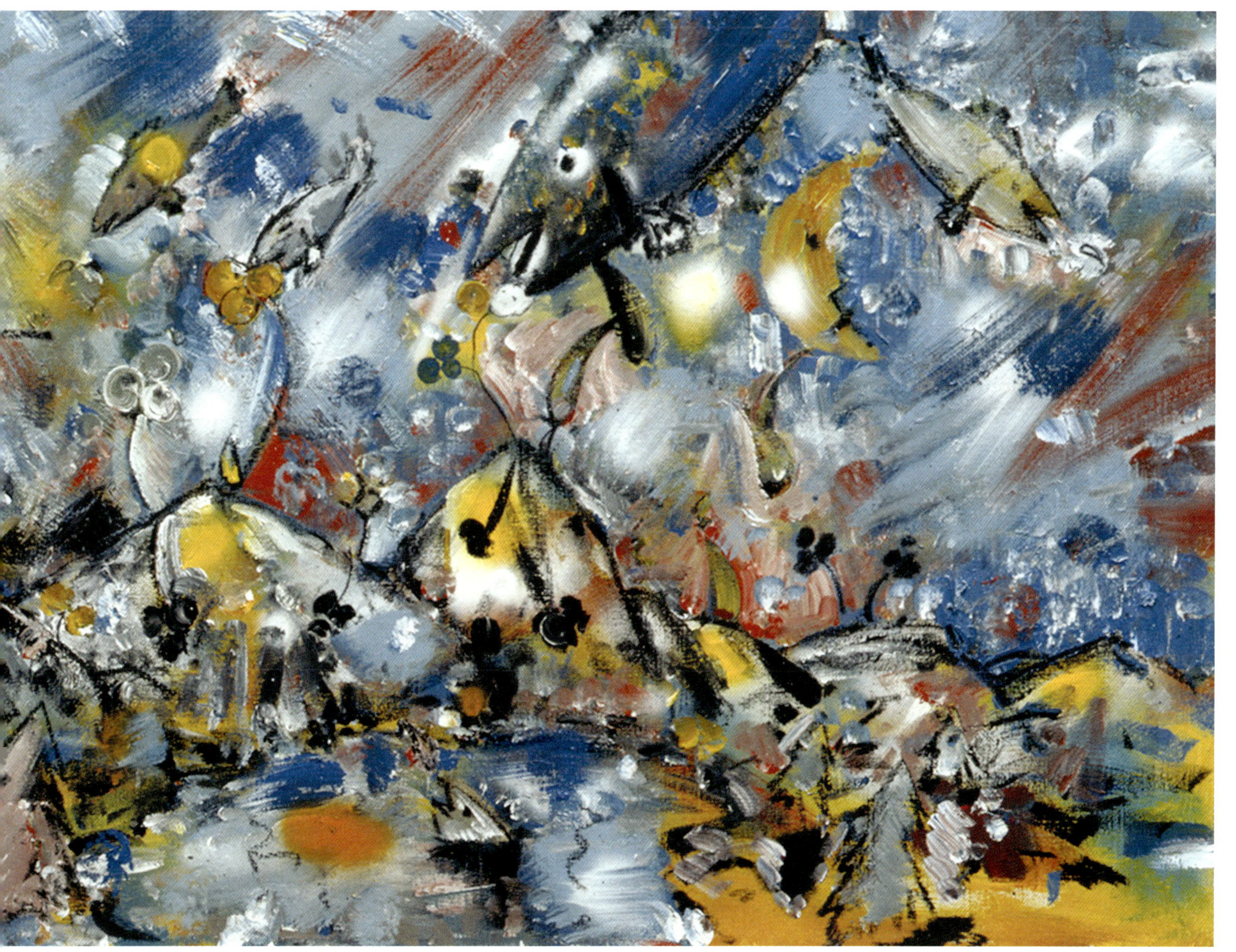

Blick in die halbkreisförmige Säulenhalle des Bades. In der Mitte der Personengruppe steht der Künstler Attersee, an seiner linken Seite der Architekt Ernst Huss.

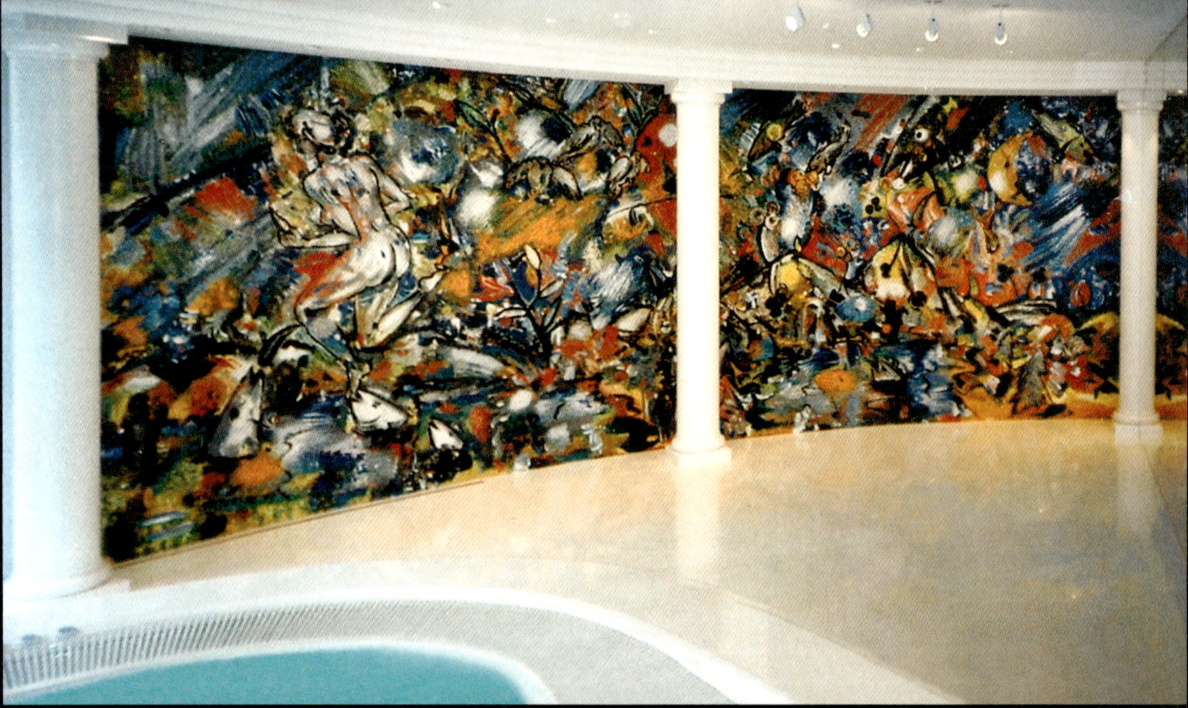

Die Bildvorlage für Adams Weg *auf dem Mosaiklegetisch in der Werkstatt von Luciano Petris in Codroipo.*

Rechts: Entstehungsstadien des Mosaiks Evas Reise.

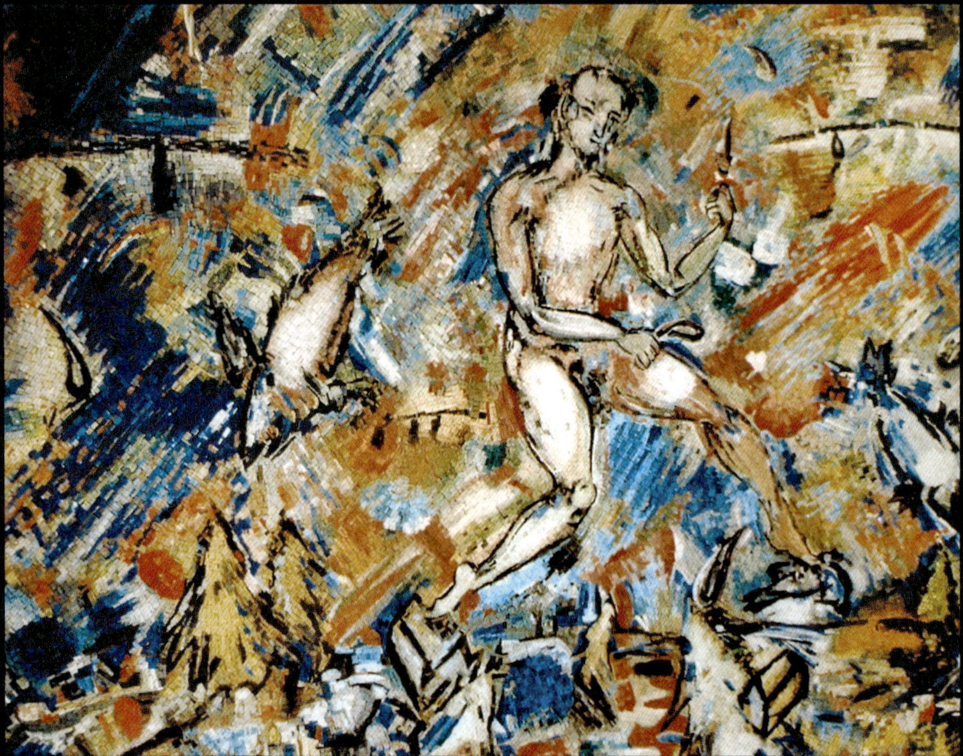

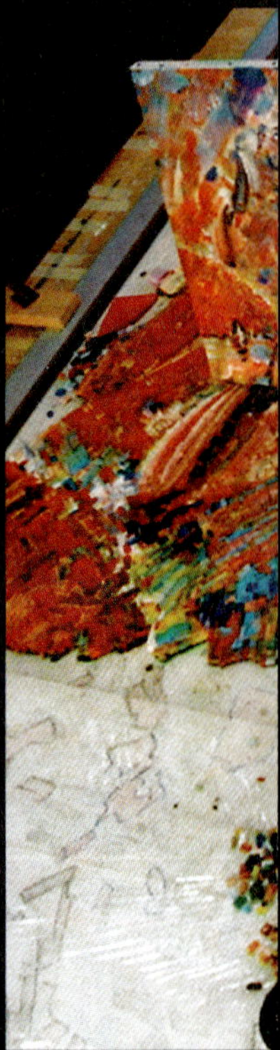

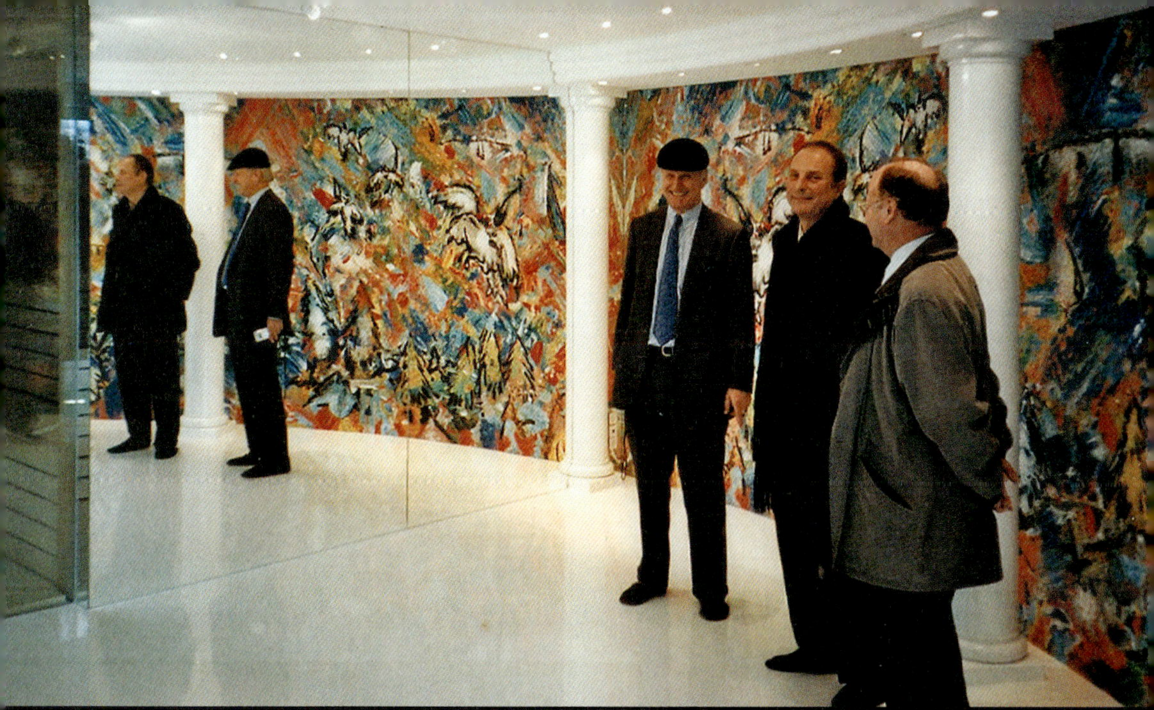

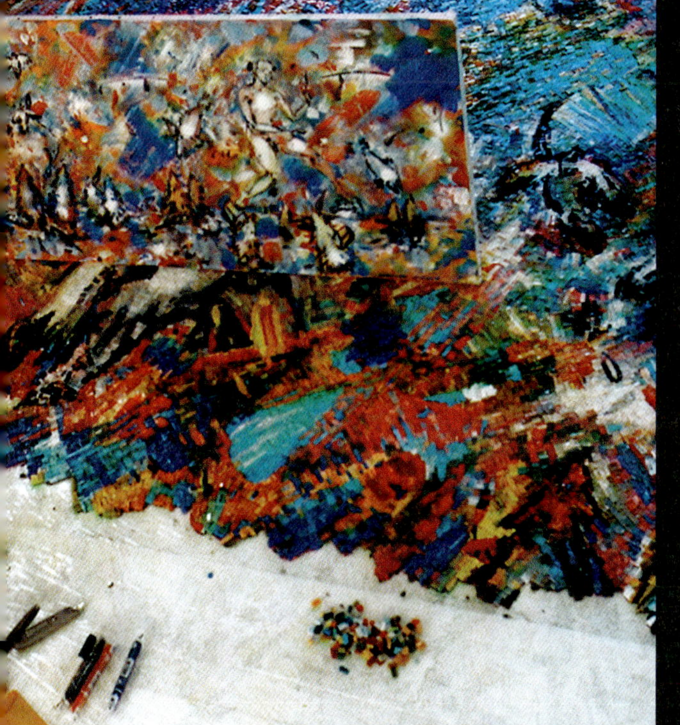

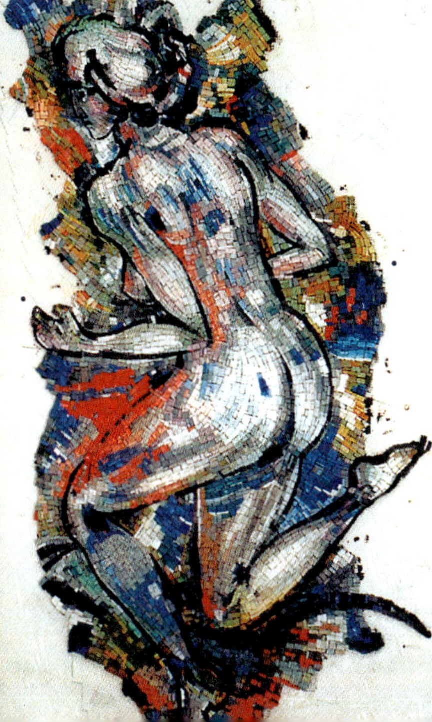

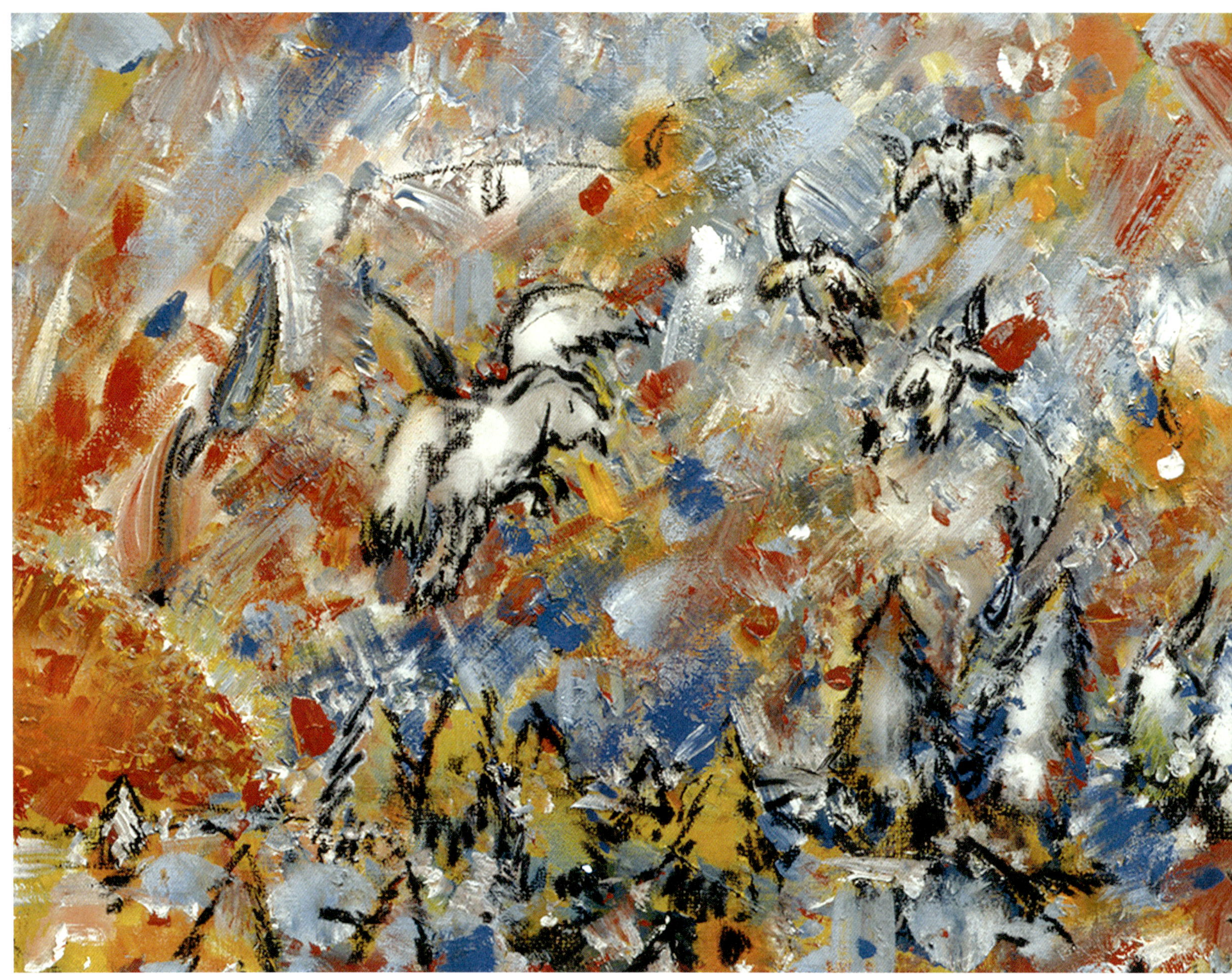

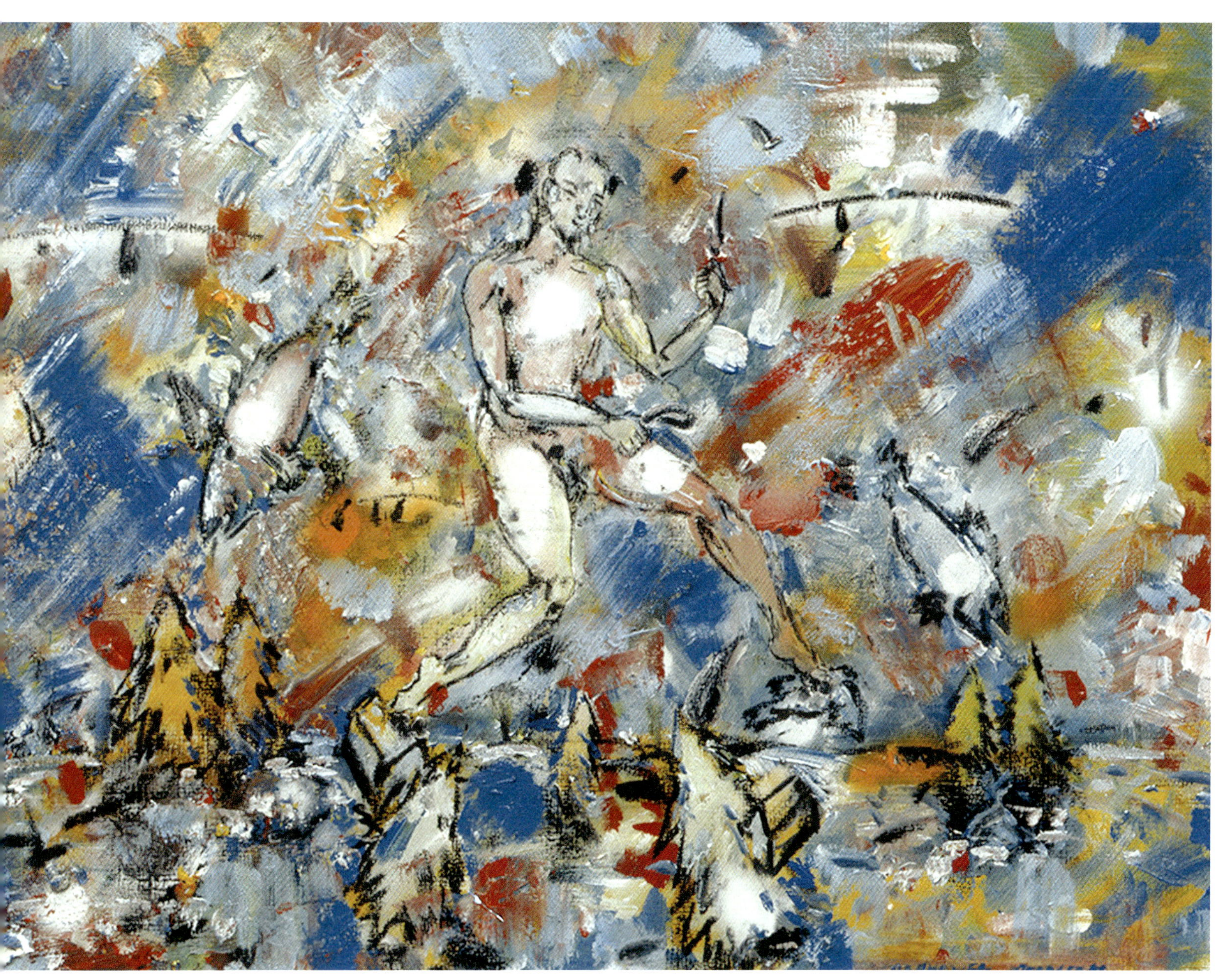

Adams Weg, *57 x 155, Acryl, Lack und Farbkreide auf Leinwand, 1966, ist die Vorlage für das gleichnamige Bodenmosaik.*

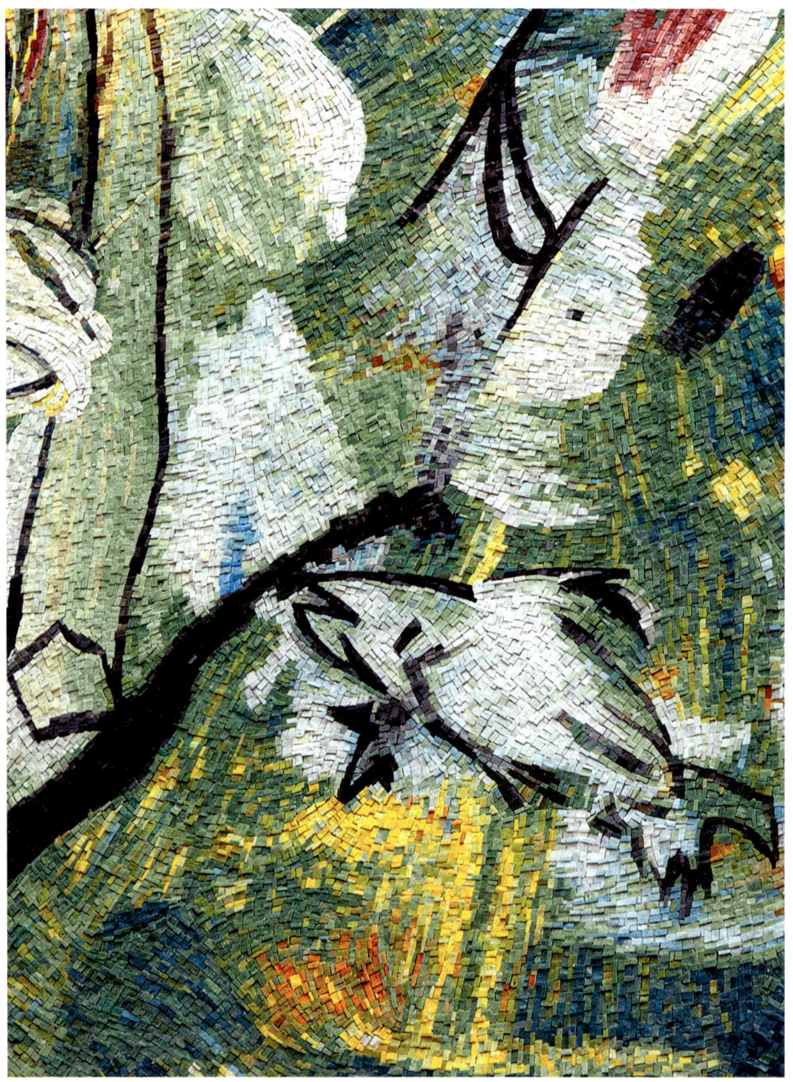

Ausschnitt des Mosaiks Blumenschieber *von Christian Ludwig Attersee, 1997.*

Das Lied der Äpfel poetischer Zuruf

Christian Ludwig Attersee

Im taghellen Licht in den Wegbiegungen meiner Pinselstriche fand ich einen kleineren duftenden Tierhals über Berge und Flüsse hinweg in meinem Daumenballen, dunkelrot mit blutig hellen Stellen in seinem Fell, gleich jung geschlüpfter Blumenblätter, abgestreift von Tau-benetzten Hirtenwaden am Weg zu Frauenfleisch.
Eine Blume ist ein Laufrad, eine Blume ist ein Ast mit Flügeln, eine Blume ist eine Scheibe mit grünen Tupfen. Eine Blume wildert Schatten im ersten Schnee, ja, eine Blume ist eine fauchende Sau – das ist die meine, nur ein einziges Bild, durch das ich dich kennenlernen könnte.

Gesalzener Fisch in Zuckerwatte, am Handrücken zwei behauste Schnecken beim Liebesakt; ohne Wasser, ohne Labung schreite ich zum Werkbeginn, tragt euer Kreuz und folgt mir! Folgt mir in Spielzeuggewehr und Heißwasserhahn, folgt mir zur Kreuzung des Lichts, folgt mir ins Zündschloss von Schöpfung und Selbst.

Und jetzt zu meiner heiligen Patrone: Heute heißt sie »Blumenschieber«. Wohlgefälliges Herz, dir zuliebe suche ich den Thron der Farben, suche ich den Schlenker, den Spaziergang zwischen Hagebutten- und Brombeersträuchern zu den Pinsel fragenden Libellen, Kiesweg und Zaun sind meine Kleider zu den Oasen in Bilderweiß, zu noch weißen Himmeln. Libellenfragen: Wir löffeln Mutter Erde, bürstet ihr spiegelverkehrt?

Ich muss immer an Esel denken, will aber Blumen und Fische malen, ich will Kaninchen streicheln, soll aber Grün an neapelgelbe Flächen setzen. In Zipfeln von Müllsäcken sind meine Wünsche versenkt. Über meine Zungen sind verschiedenfarbige Handschuhe gezogen, im Lippenallerlei und Zahnreihenkunterbunt stiegenauf, stiegenab steckt der Findungsschutt meines Bildbeginns. Eine starke Hand, ein guter Griff, auch gekochte Fingernägel, ja, der erste Farbtropfen fällt – ein Scheiterhaufen wächst.

In mir schreien Kadaver, alte Bildideen; ist dieser Farbfleck ein neues, zartes Geschöpf? Vielleicht ein Mädchen? Das Muttermal eines verschwitzten Soldatennackens quadratet, Malerei beginnt.

Ich wühle im Farbtubengold, jage mit Pinselzickzack Erzählungsfrische, säge mein eigenes Blut in das Weiß der zu gestaltenden Flächen, suche eigene Gewächse, eigene Tierschöpfungen, suche die Wärme nächtelang getragenen Hüftschmucks, warte auf frisches Heu, ja, wo bleiben meine blauen Bildgründe, wo bleiben Wasser und Wetter, Tag und Nacht?

Ich wälze mich in Stolz und Scham, bis endlich durch meinen Brustzaun Behauptung klingt: Der Himmel ist weiß oder grau, ja schwarz oder blau; schnappe das Jetzt!

Beim Bildermalen fühle ich mich anfangs immer wieder wie ein Heckenröschen in der Gewalt von Beton, ich versuche, dieses rechts und links mit Himmelsbögen zu einen. Zuletzt steige ich herab von meiner brennenden Kerze, mit präziser Technik und taumelnder Romantik, werde selbst zum Pinselstrich, schreie Lockrufe zum Malerglück.

Einen »Blumenschieber« heißt es zu malen, langsam beginnt ein Dutzend Äpfel in meinen Händen zu singen. Gelb-rosa Lippen zwischen Apfelwangen drängen trällernd mein Gedankenkarussell in die Welt feuchter Nixen, in die Welt feuchter Musen: seit meiner Jugend wohl die Architektur eines Seglerwunsches, Prägungen gesprungen und geleimt.

Unterbewusstes eilt wie Knallfrösche ins Schöpfungsnetz, freilich wird nicht alles verraten; doch plötzlich male ich Fische, die langsam Blumen nach links ins Himmelsgewölbe schieben –
Applaus für den Mann im Jetzt!

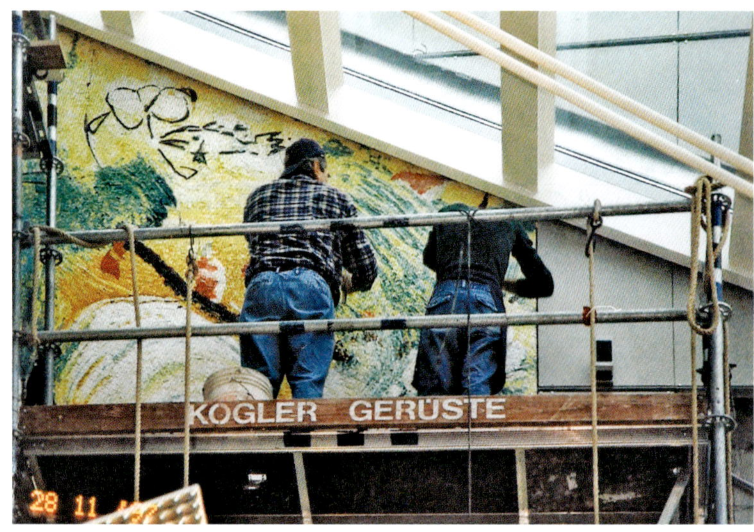

Details der Mosaiklegung in der Werkstatt von Luciano Petris in Codroipo sowie der Montage in der Empfangshalle der Onkologie des Wiener Wilhelminenspitals.

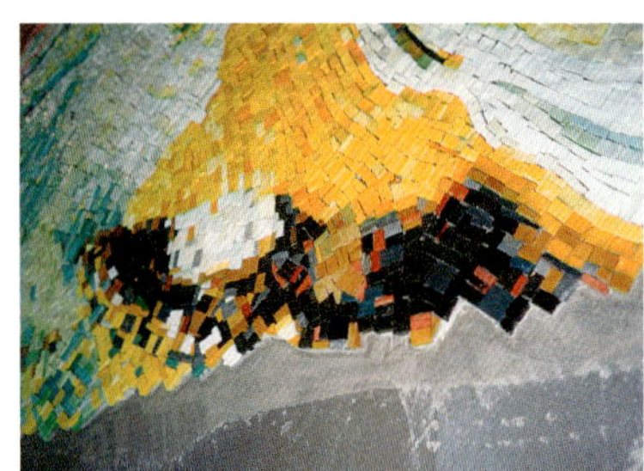

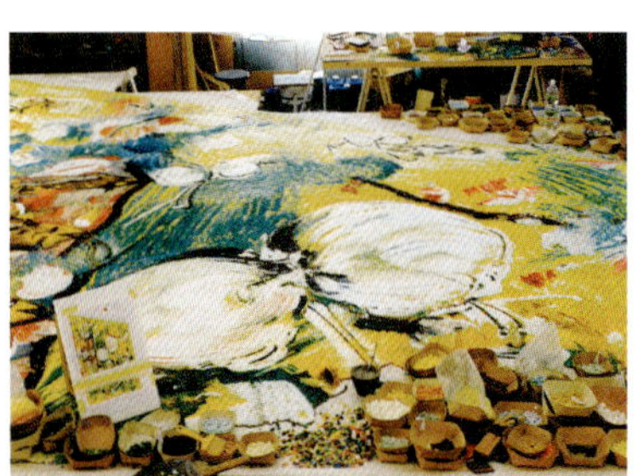

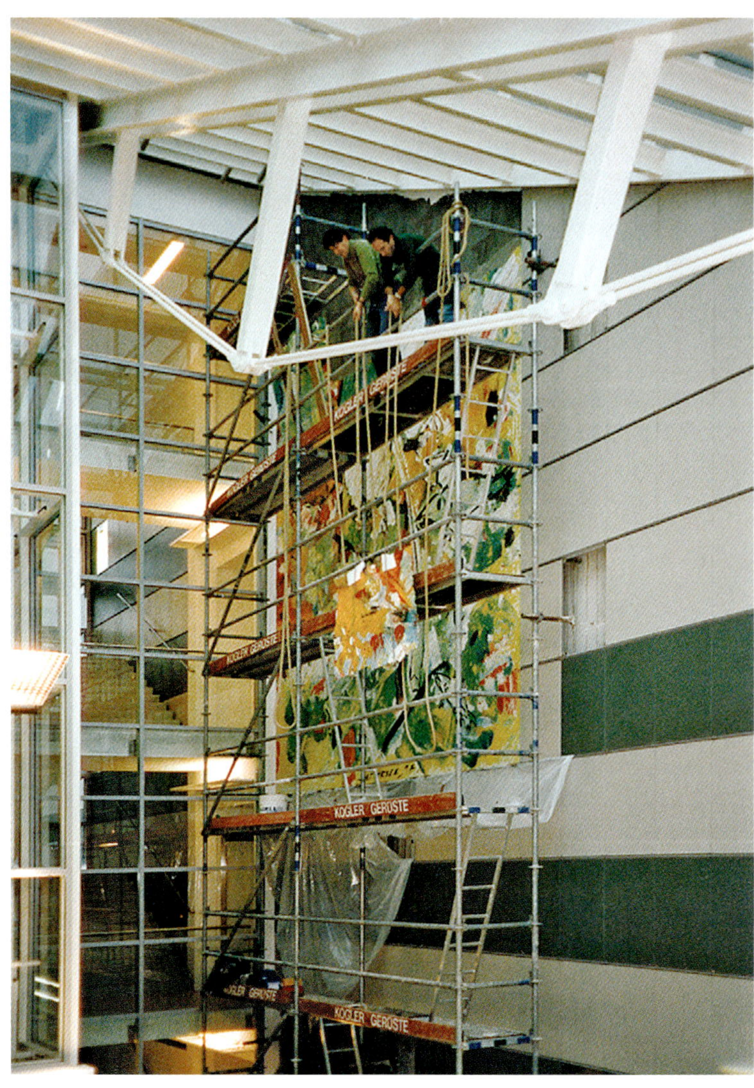

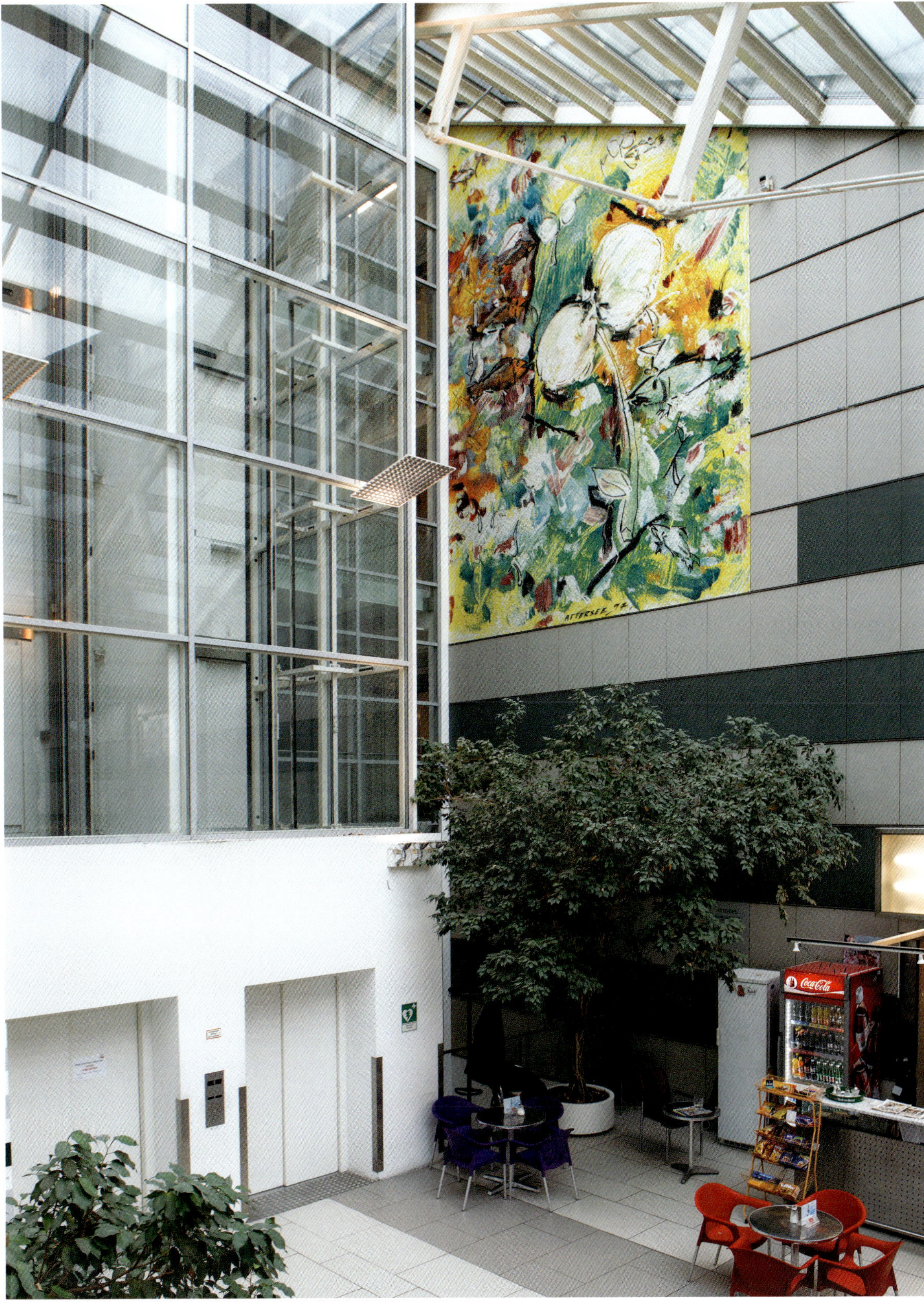

Wilhelminenspital in Wien, Pavillon 23, Onkologie-Empfangsraum mit dem Atterseemosaik Blumenschieber, *1997.*

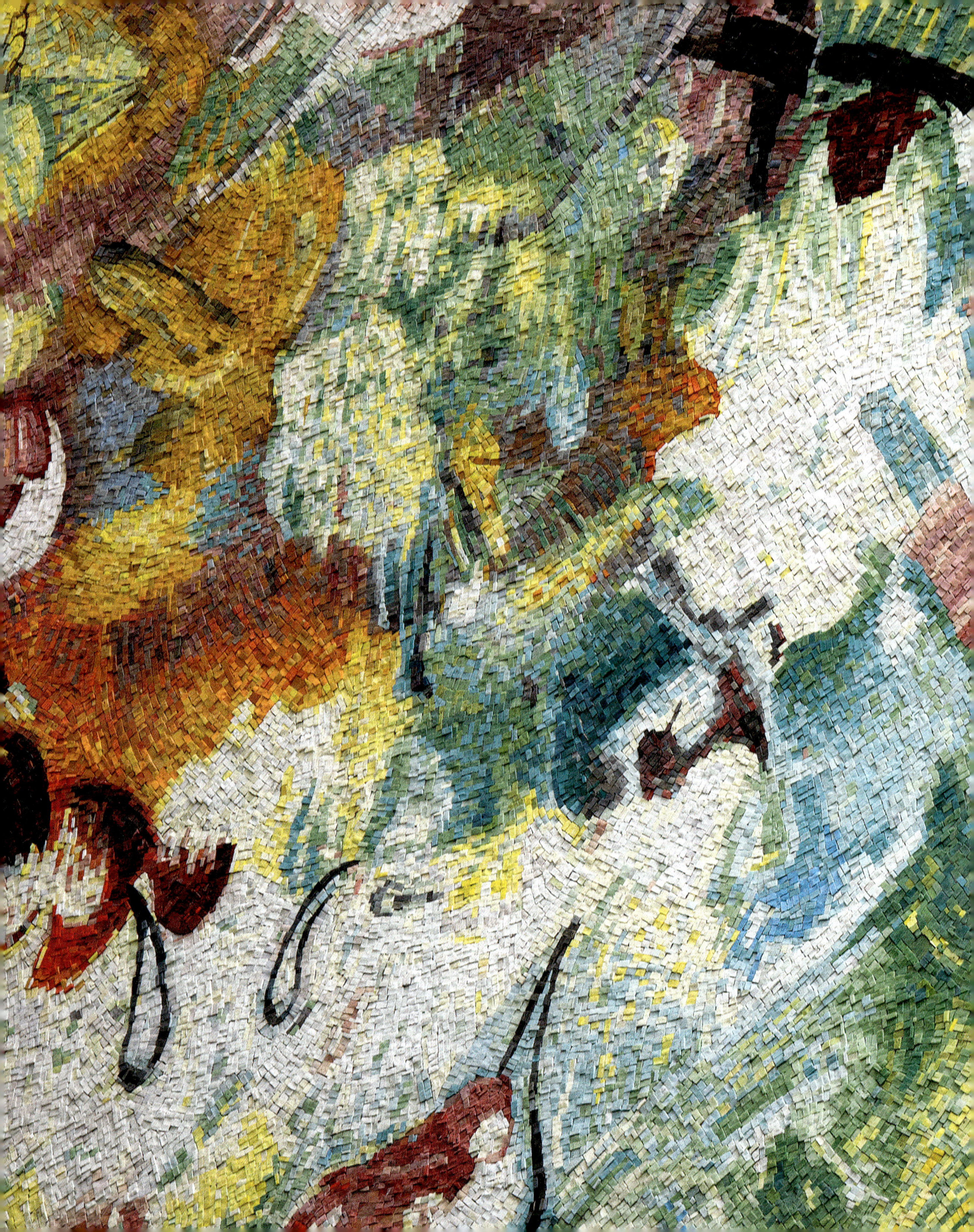

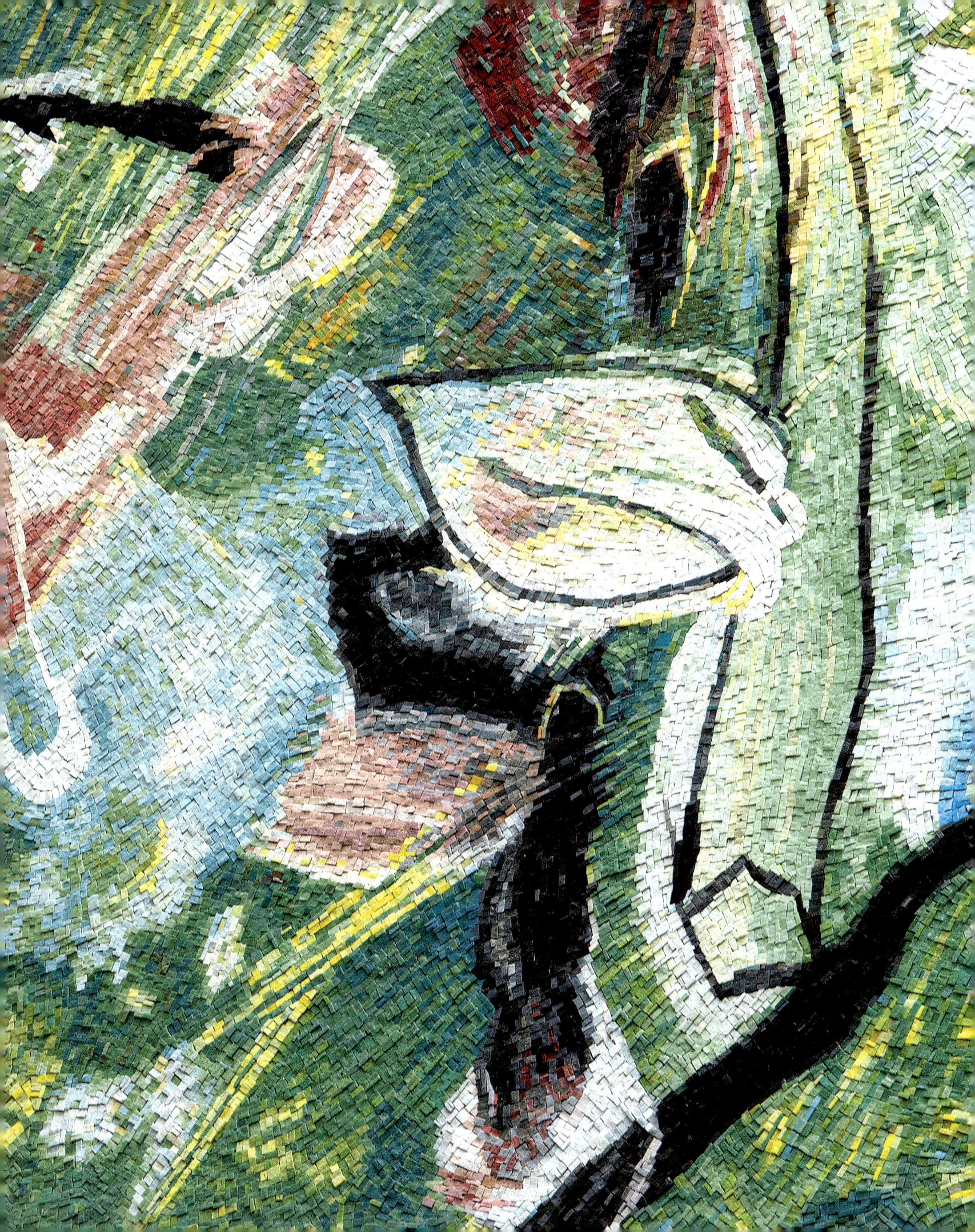

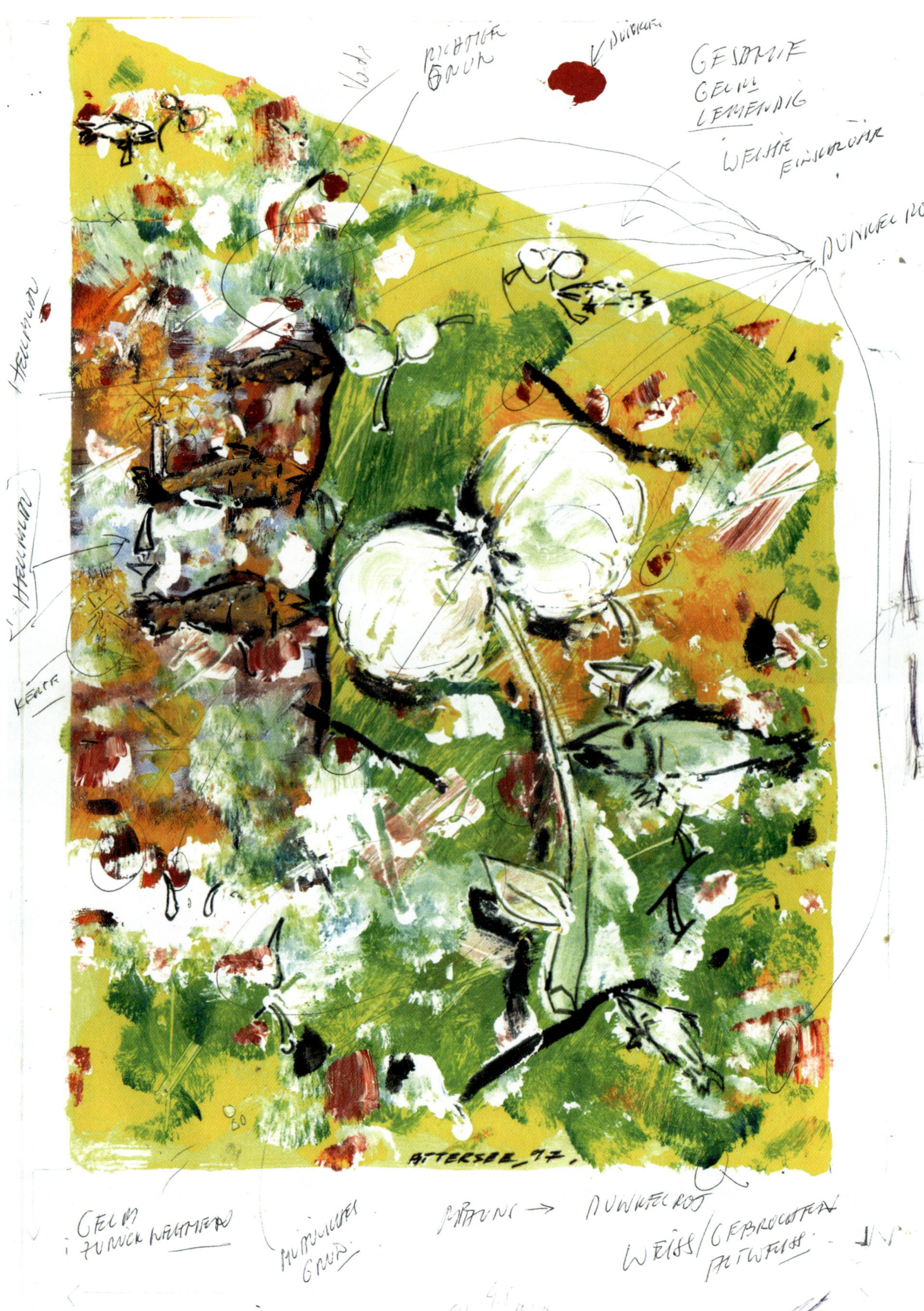

Entwurf für das Wandmosaik Blumenschieber, *Mischtechnik auf Karton, 35 x 23 cm, entstanden auf Mallorca, Mai 1997.*

Gegenüberliegend dessen Umsetzung als Mosaik.

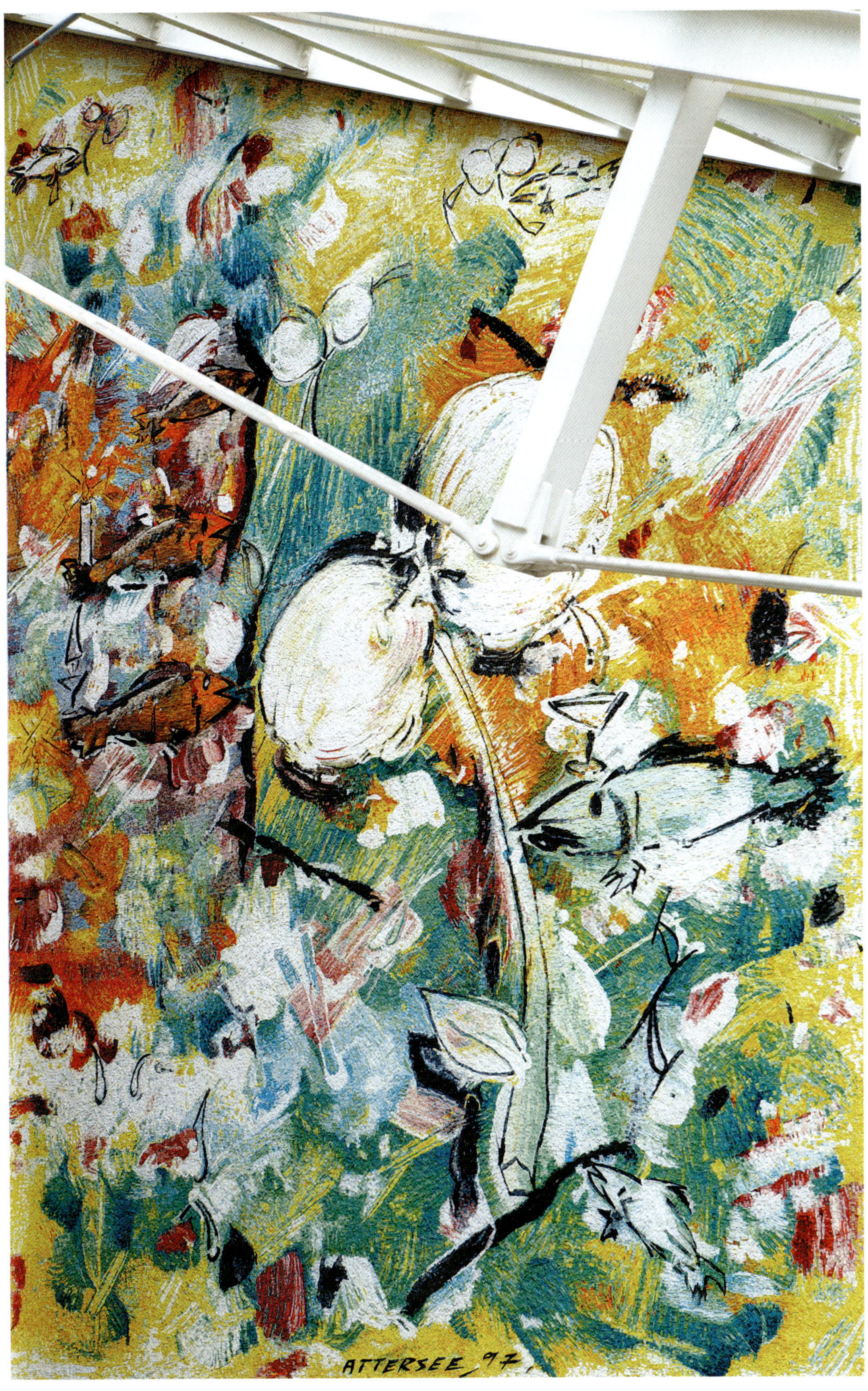
ATTERSEE 97

Blumenschieber-*Einweihung in der Empfangshalle der Onkologie des Wiener Wilhelminenspitals im Frühjahr 1998.*

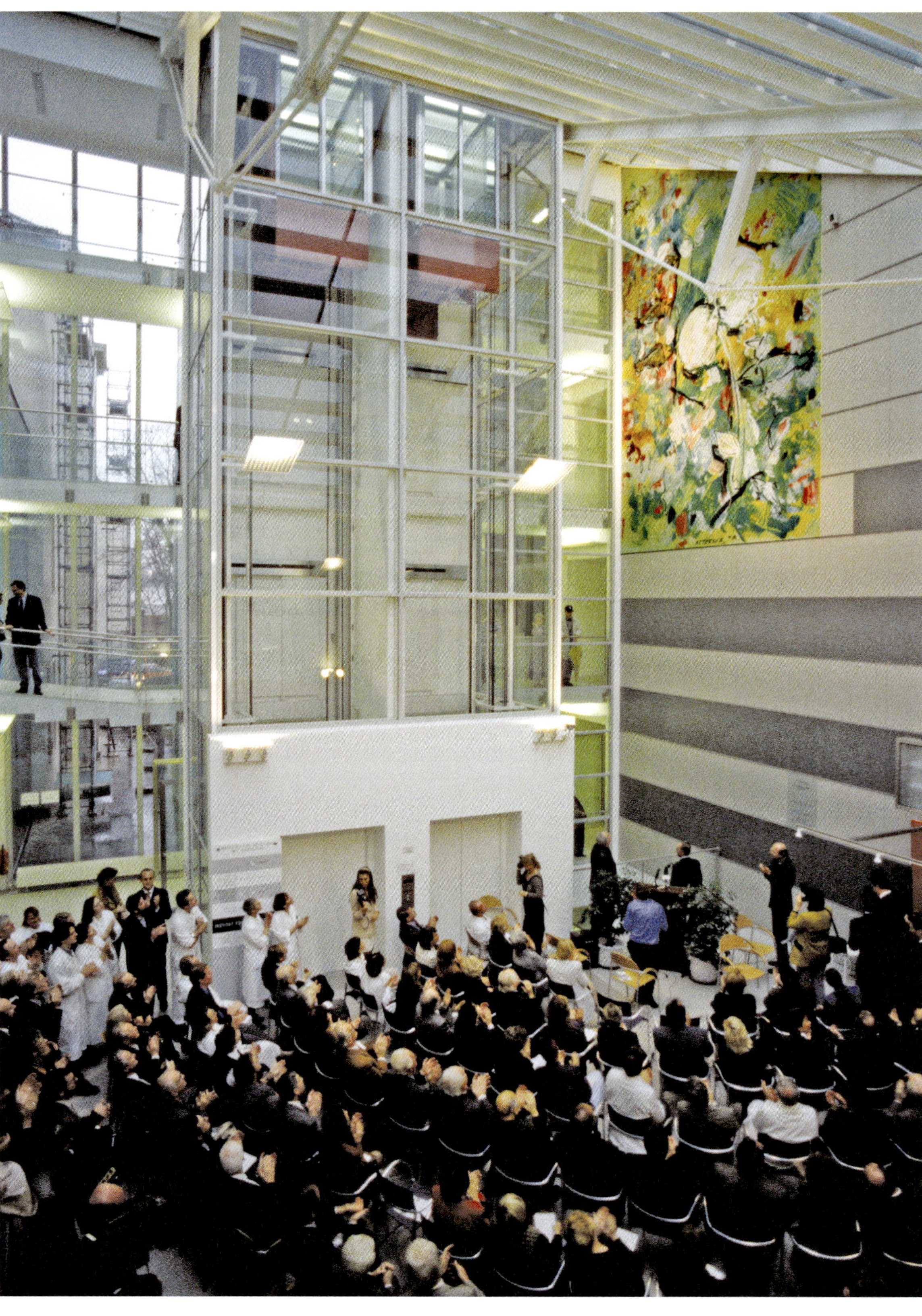

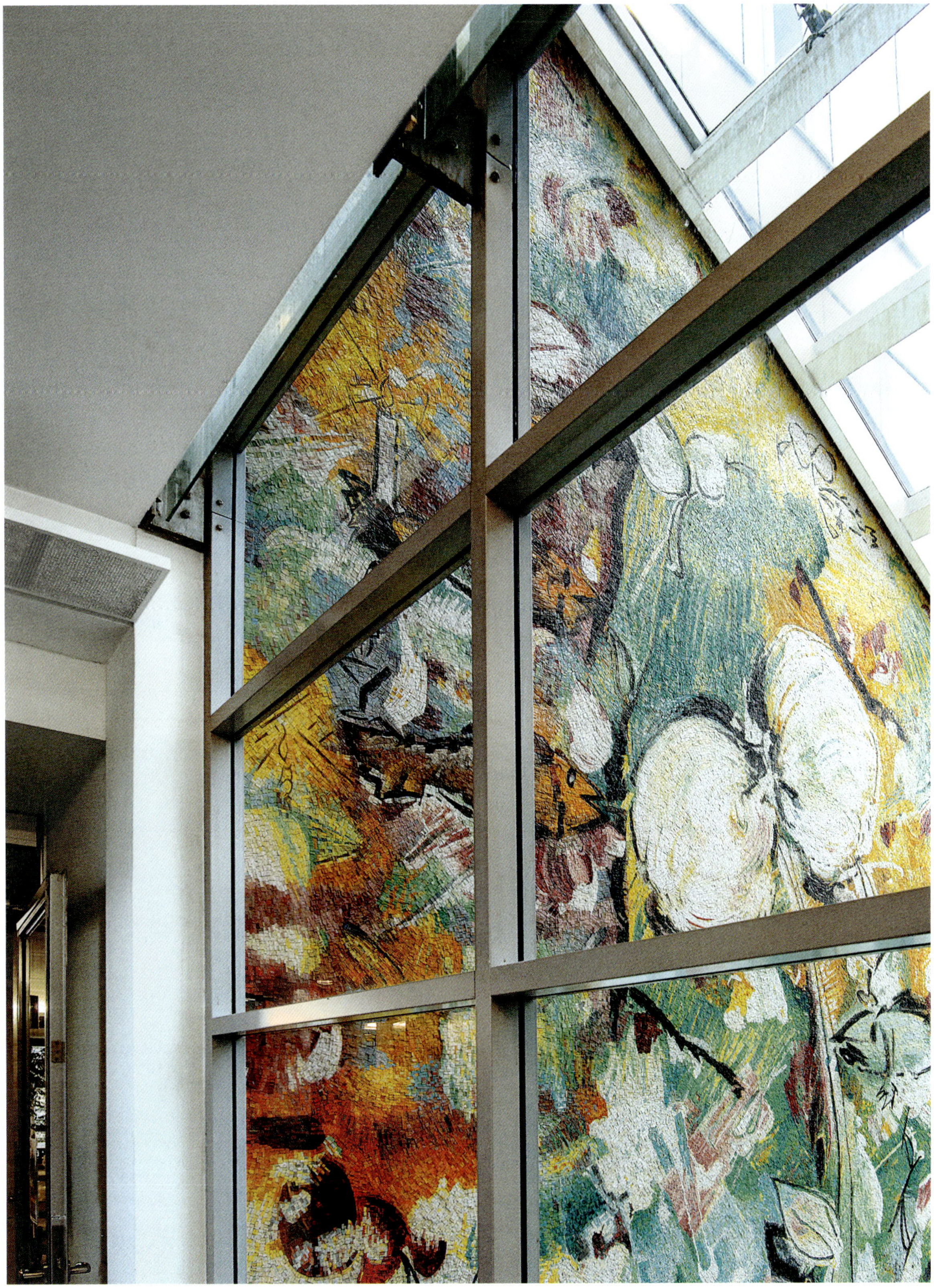

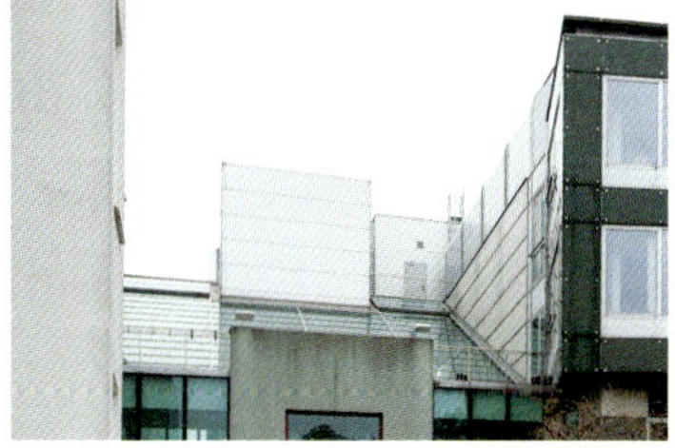

Außenansicht des Pavillon 23 des Wilhelminenspitals.

Links: Der Blick aus der Onkologie auf das Mosaik im oberen Stockwerk.

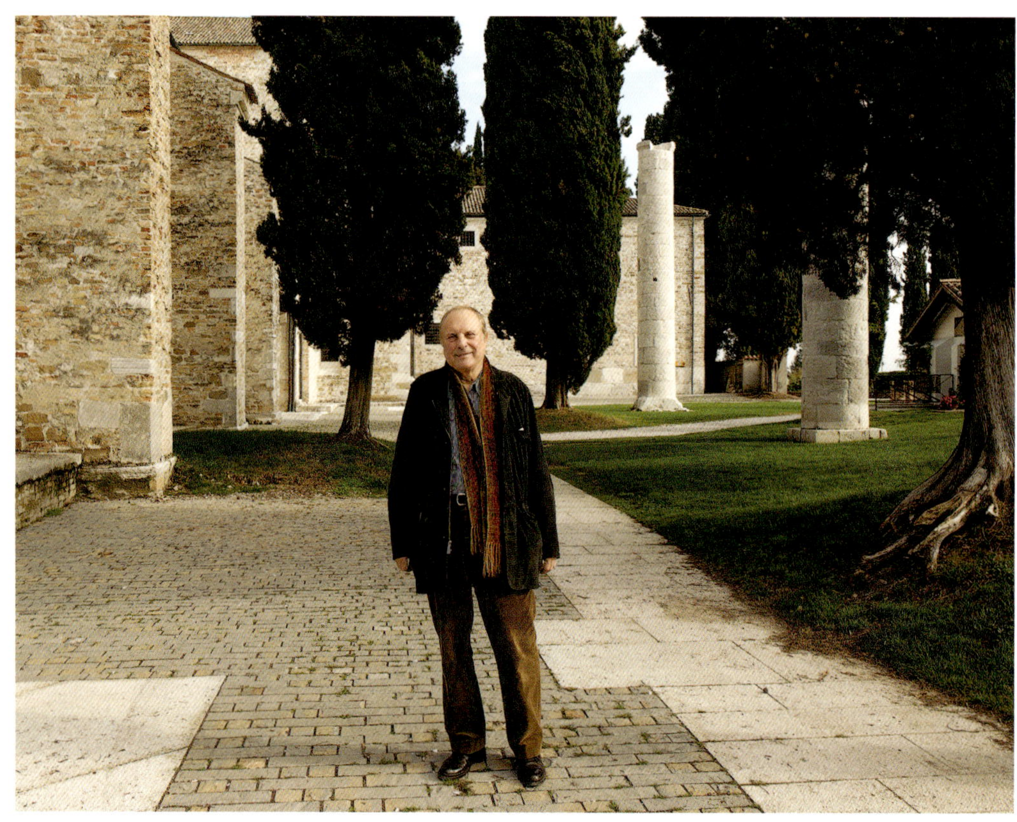

Attersee im Park neben der Basilika von Aquileia, 2013.

AQUILEIA – archäologischer Park und Basilika

FRANZ HOFBAUER

Aquileia, heute eine Kleinstadt mit 3800 Einwohnern, zählte in der Antike und im frühen Mittelalter zu den bedeutendsten Städten der Apenninhalbinsel. Das Suffix »eia« weist vielleicht auf eine keltische Vorgängersiedlung, (vgl. Celeia, Noreia) hin. Die antike Etymologie wollte den Namen vom Adlerflug (Aquila = Adler) ableiten, was aber sicher nicht stimmt. Vermutlich trug der Fluss, an dem Aquileia liegt, früher den Namen Aquilis (heute Natisone). Nach dem Sieg über Karthago hatte Rom das Bestreben, sein Herrschaftsgebiet nach Norden und Osten auszuweiten. In diesem Zusammenhang steht auch die Gründung von Aquileia im Jahre 181 v. Chr. Einerseits sollte die Stadt Bollwerk gegen die Kelten sein, andererseits strategische Ausgangsbasis für die Erweiterung der Herrschaft. Da von Aquileia aus Feldzüge unternommen werden sollten, waren die Kolonisten aktive Krieger. Sehr bedeutend war Aquileias günstige Lage am Wasser. Die Stadt lag an der Mündung des Torre in den Natisone. Sie entwickelte sich zu einer Handels- und Hafenstadt; der heute noch sichtbare Flusshafen zählte bald zu den wichtigsten des Römischen Reiches. Hier lag ein Endpunkt der Bernsteinstraße. Der römische Schriftsteller Plinius der Ältere berichtet, dass Bernstein von der Ostsee bis nach Aquileia transportiert wurde. Die Stadt lag zudem auf dem Weg in die Provinz Noricum (heute v. a. Kärnten, Steiermark, Salzburg), die durch den Bergbau für Rom wichtig war. Unter Kaiser Augustus wurde Aquileia zur Hauptstadt der Region Venetia et Histria, die einen großen Verwaltungsbezirk umfasste (heutiges Veneto, Friaul, Teile der Lombardei, Sloweniens und Istriens). Dadurch entwickelte sich die Stadt zu einer bedeutenden Handelsmetropole. Neben Bernstein war Aquileia vor allem für seine Glasindustrie bekannt, eine wichtige Voraussetzung für die Herstellung von Mosaiken. Auch die Eisenverhüttung und die Produktion von Amphoren blühten. Die Lage Aquileias am Fluss und nahe dem Adriatischen Meer zog viele Kaufleute und Sklaven aus dem Orient dorthin. So dürfte auch das Christentum nach Aquileia gekommen sein, da diese Einwanderer neben ihrem materiellen Gut auch ihre Religion mitbrachten. Der Legende nach soll Petrus den hl. Markus zur Mission nach Aquileia entsandt haben. Dieser soll den hl. Hermagor (Namensgeber einer Stadt in Unterkärnten) zum Bischof erwählt und durch Petrus geweiht haben.

Belegt ist das Christentum aber erst 314 durch Erwähnung des Bischofs Theodorus als Teilnehmer des Konzils von Arles. Aus der Größe der frühchristlichen Kirchen, ihrer ständigen Erweiterung und der Errichtung weiterer religiöser Bauten lässt sich die wachsende Bedeutung Aquileias erschließen. Der Bischof der Stadt wurde zum Patriarchen, das heißt Oberhaupt mehrerer Bistümer und somit zu einem der wichtigsten Würdenträger der katholischen Kirche. Ausonius weist darauf hin, dass Aquileia die neunte Stelle unter den Städten des Römischen Reichs und die vierte in Italien einnimmt (nach Rom, Mailand und Capua).

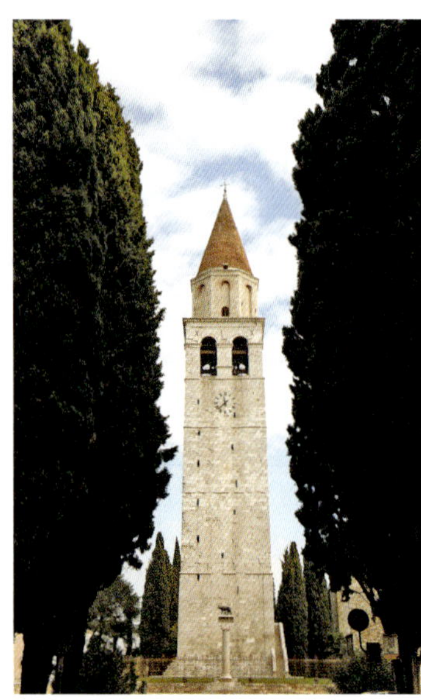

Der Campanile der Basilika von Aquileia. Ihre Entstehung reicht bis in das frühe 11. Jh. zurück.

Sein religiöses Verwaltungsgebiet erstreckte sich im Westen bis zum Mincio, im Norden bis zu Iller und Donau und im Nordosten bis zum Plattensee und Istrien. Jedoch fiel die Stadt in der Völkerwanderungszeit sowohl Naturkatastrophen als auch kriegerischen Auseinandersetzungen zum Opfer und verlor dadurch an wirtschaftlicher Bedeutung. Die Flüsse Natisone und Torre veränderten im 4. Jahrhundert ihren Lauf und münden heute in den Isonzo. Geblieben ist nur ein dritter Wasserlauf, der jetzt das Bett des Natisone einnimmt, aber aufgrund der geringen Wasserführung nicht schiffbar ist.

Besonders kriegerische Einfälle bereiteten der ehemals bedeutenden Stadt ein Ende. Ihre Lage in der Ebene, nahe den leicht zu überschreitenden Julischen Alpen, erleichterte Invasoren den Vormarsch – Aquileia war stets das erste Ziel für Angreifer aus dem Nordosten. Die schlimmsten Zerstörungen kamen durch die Hunnen, die im Jahre 452 die Stadt plünderten und in Brand steckten. Der damalige Bischof Secundus floh daraufhin nach Grado, kehrte nach dem Einfall jedoch wieder nach Aquileia zurück. So sollte es noch öfter geschehen, wenn Feinde in die Stadt einmarschierten. Obwohl die Langobarden sich in Aquileia niederließen, wählten sie nicht die ehemalige Handelsstadt als Sitz ihrer Verwaltung, sondern das etwas höher gelegene Cividale, wohin auch der Patriarch folgte. Somit verlor Aquileia endgültig seine politische, wirtschaftliche und religiöse Bedeutung.

Karl der Große jedoch ließ dem Patriarchen Maxentius die notwendigen Mittel zum Wiederaufbau der Kirche zukommen. Im 11. Jahrhundert bemühte sich der bedeutende Patriarch Poppo, Aquileia wieder ein Stück seines alten Glanzes zurückzugeben: Er ließ den Dom wiederaufbauen und einen neuen Bischofspalast errichten, wo er auch zeitweise residierte. Doch all seine Bemühungen konnten die ehemalige Bedeutung der Stadt nicht mehr zurückbringen: Seine Nachfolger zogen wieder Cividale vor. Später residierten sie in Udine. 1751 wurde schliesslich auch das Patriarchat aufgehoben, und Aquileia verlor auch noch seine nominelle Bedeutung

.

Was die Mosaikkunst anbelangt, so ist Aquileia eines ihrer Zentren. Hier kann man die Entwicklung der Mosaiktechnik und ihres figürlichen Repertoires vom ersten vorchristlichen Jahrhundert und fünf weiterer Jahrhunderte anhand von Meisterwerken nachvollziehen.

Rechts: Ausschnitt aus dem Asaroton-Mosaik – auch ungefegter Boden genannt – aus dem 2. Jh. v. Chr. stammt von dem Mosaizisten Soso da Pergamo. Heute ist es im nahegelegenen Archäologischen Nationalmuseum von Aquileia zu sehen.

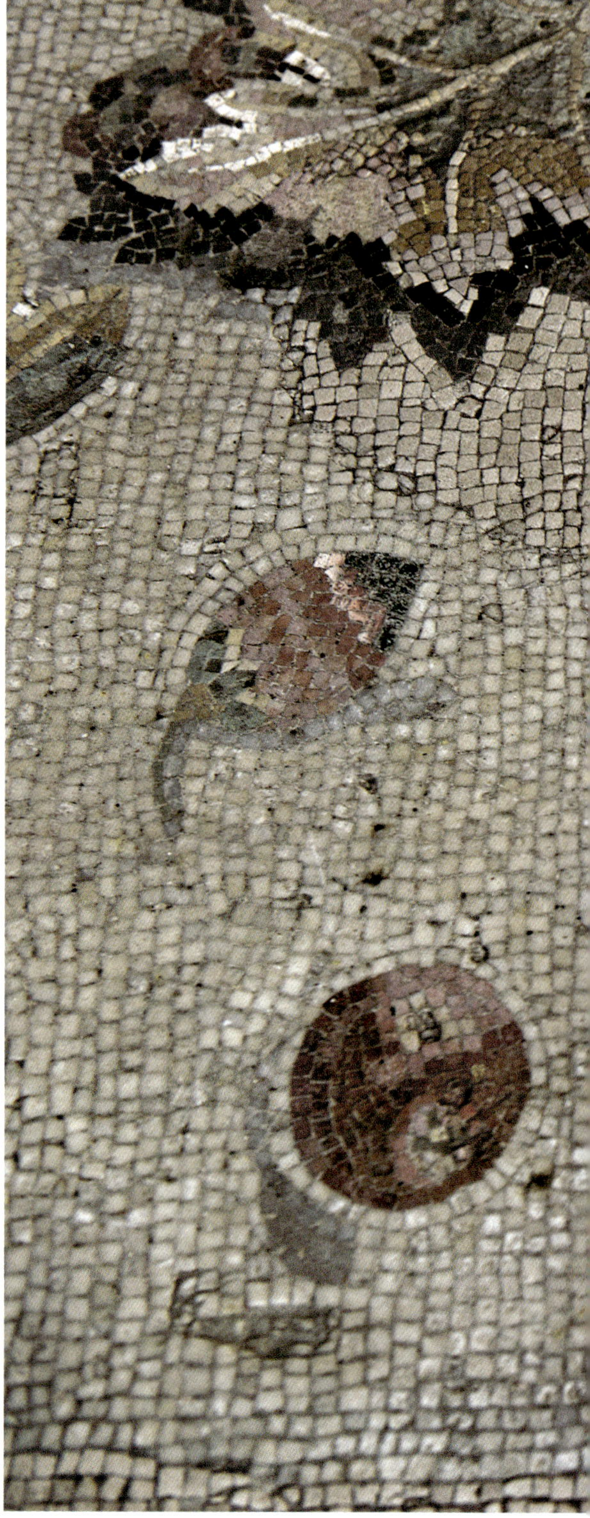

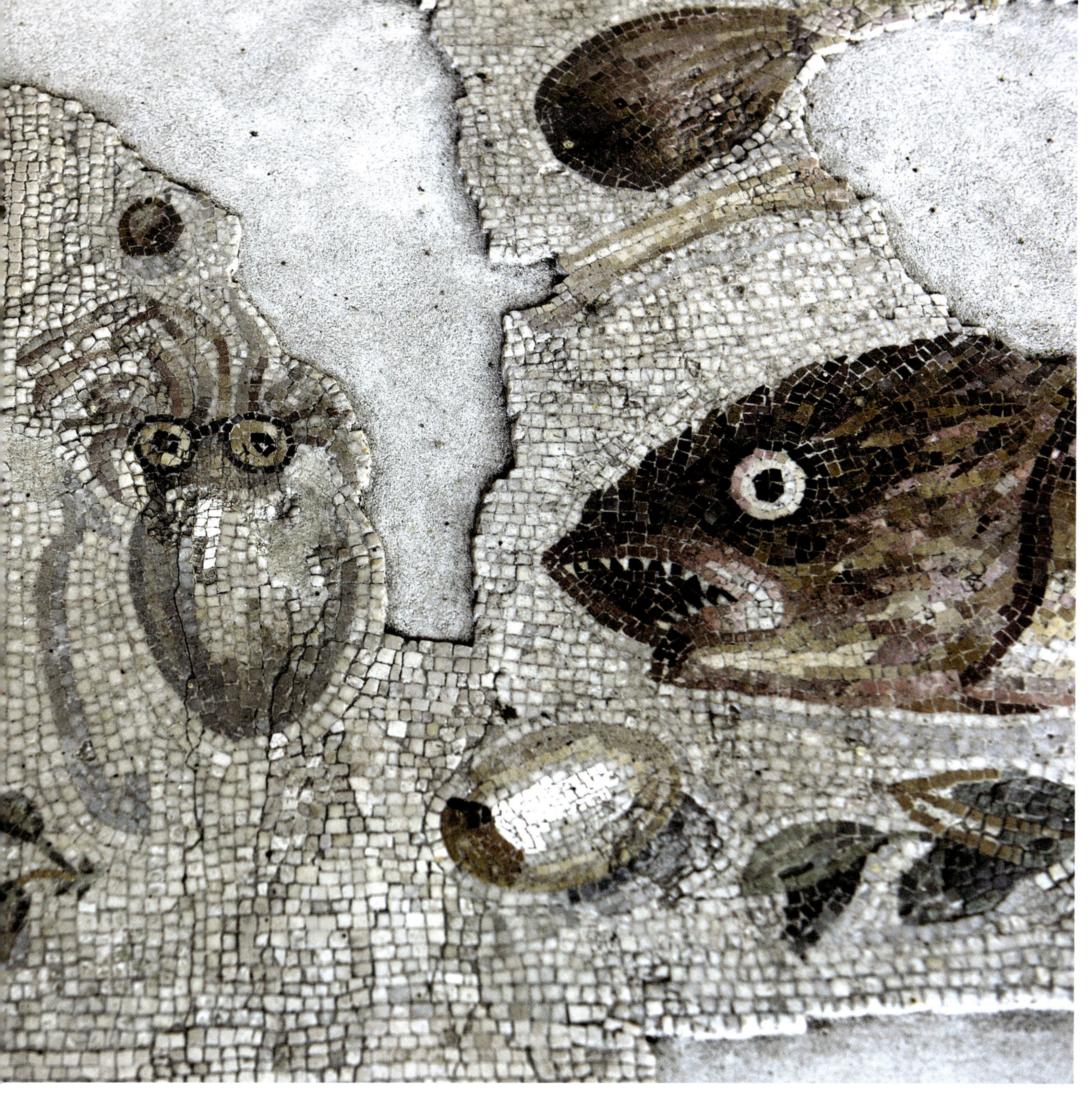

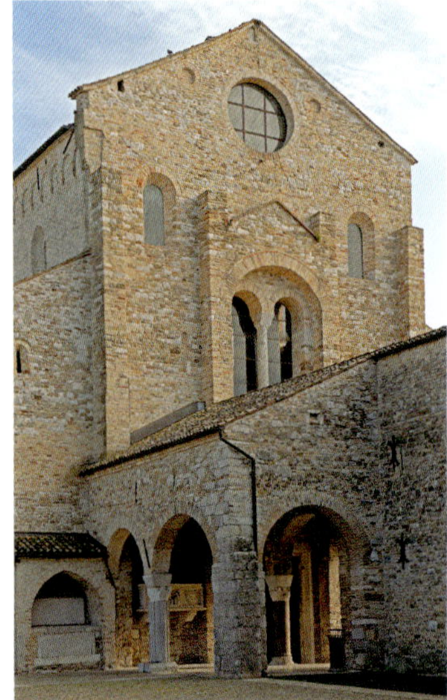

Beide Bilder dieser Seite und ganz rechts nebenstehend zeigen die Basilika von außen und innen aus beiden Sichtrichtungen mit dem prächtigen Mosaikboden im Hauptschiff, der wie die korinthischen Kapitelle der Säulen aus dem 4. Jh. stammt.

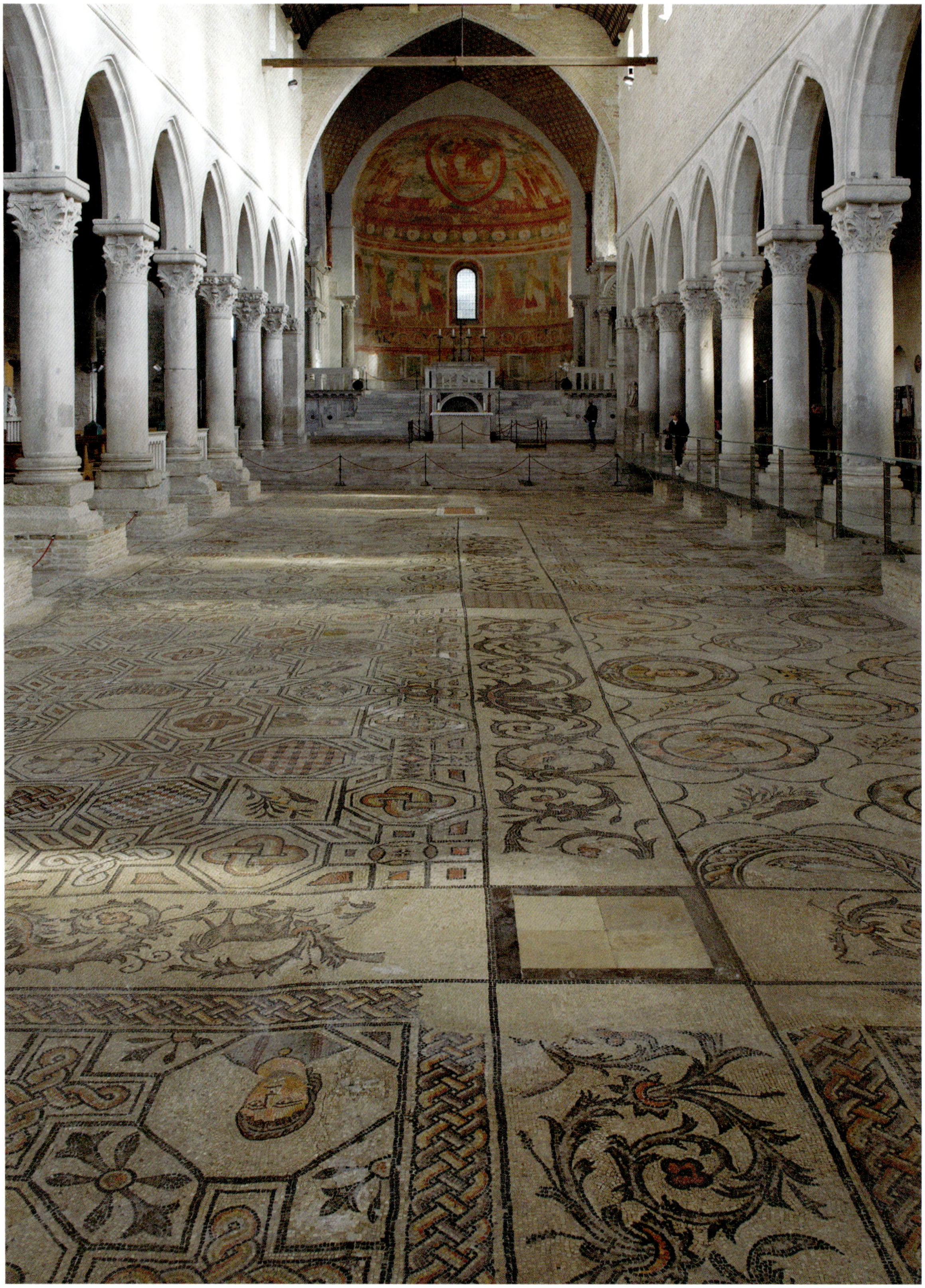

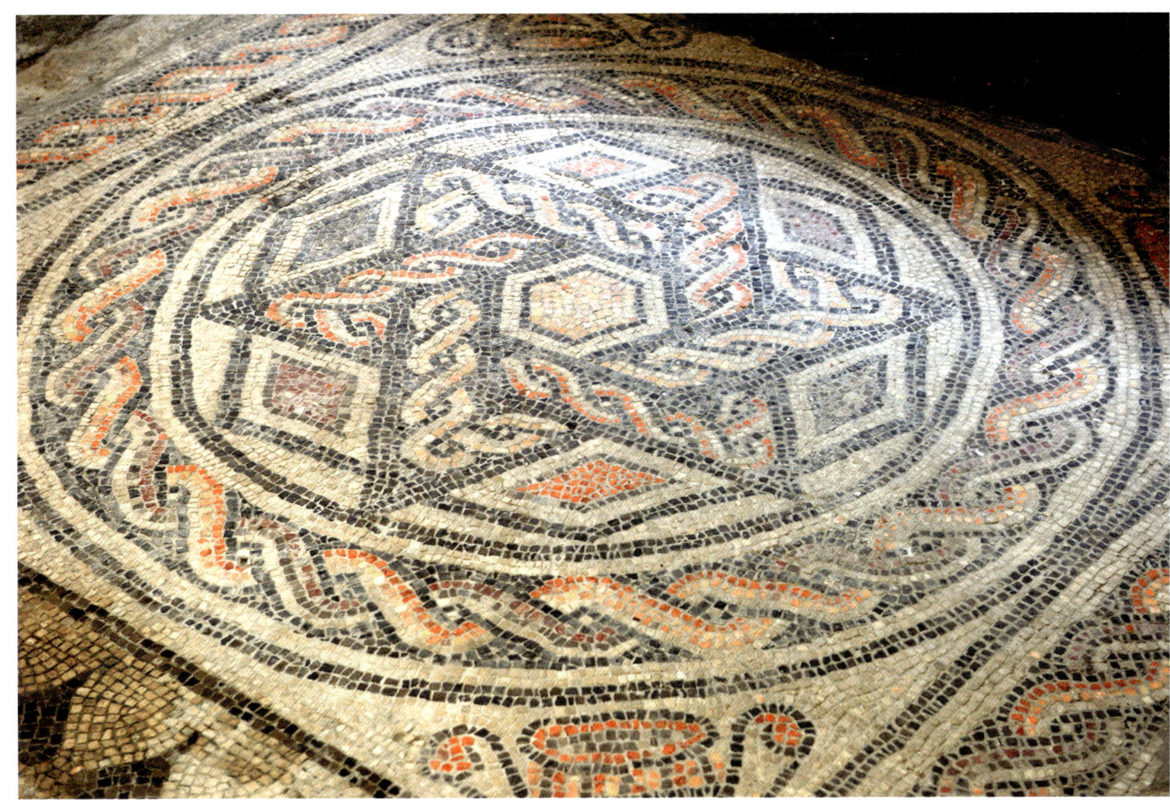

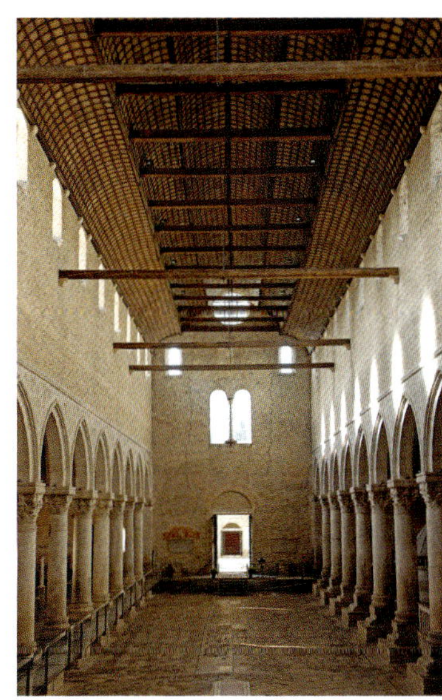

Ziermosaik vom Boden des Nordsaals (oben) und ein Schmuckfragment aus dem Archäologischen Nationalmuseum Aquileia (unten).

Ganz am Anfang steht das »Asaroton« oder »ungefegter Boden«-Mosaik. Es stammt aus dem Triclinium oder Speisezimmer eines Wohnhauses. Nach römischer Sitte wurden Speisereste auf den Fußboden geworfen. Da weder Teller noch Besteck verwendet wurden, landeten die Abfälle eines Festmahls unweigerlich auf der Erde. So gibt es auf unserem »ungefegten« Fußboden Fische, nur noch aus Kopf und Gräten bestehend, Krustentiere, Austern, abgenagte Knochen, Früchte (Nüsse, Kastanien und Granatäpfel), Blätter und Weinranken, aber auch kleine Blumensträuße.

Auch das frühe Christentum ist in Aquileia so präsent wie in kaum einer anderen Stadt. In der Kathedrale befindet sich das bedeutendste frühchristliche Fußbodenmosaik der westlichen Welt. Es wurde erst in den letzten Tagen der österreichisch-ungarischen Monarchie, zu der Aquileia 200 Jahre lang, bis 1918 gehörte, zwischen 1893 und 1915 freigelegt.

An der Stelle, an welcher sich heute der mittelalterliche Dom befindet, ließ der bereits erwähnte Bischof Theodorus eine dreiteilige Kirchenanlage bauen. Der Nordsaal, in welchem sich die ältesten Mosaike befinden, war der Messraum, in dem die Liturgie gefeiert wurde. Der Fußboden ist in Felder gegliedert, die von einem Ornamentband mit Pflanzenmotiven begrenzt werden. In den Feldern ist eine herrliche figürliche Vielfalt von Tieren zu bewundern, die ihren Raum mit naturgetreuer Beweglichkeit und großem Detailreichtum ausfüllen. So sieht man eine Rebhuhnfamilie, eine Ziege vor einem Korb mit zwölf Eiern oder Steinen sitzend und sogar einen

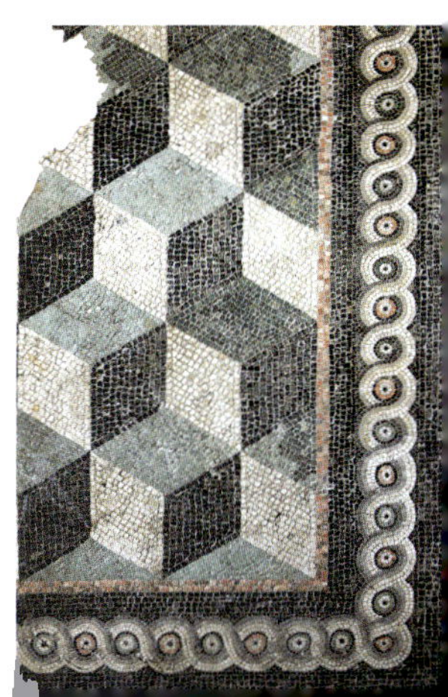

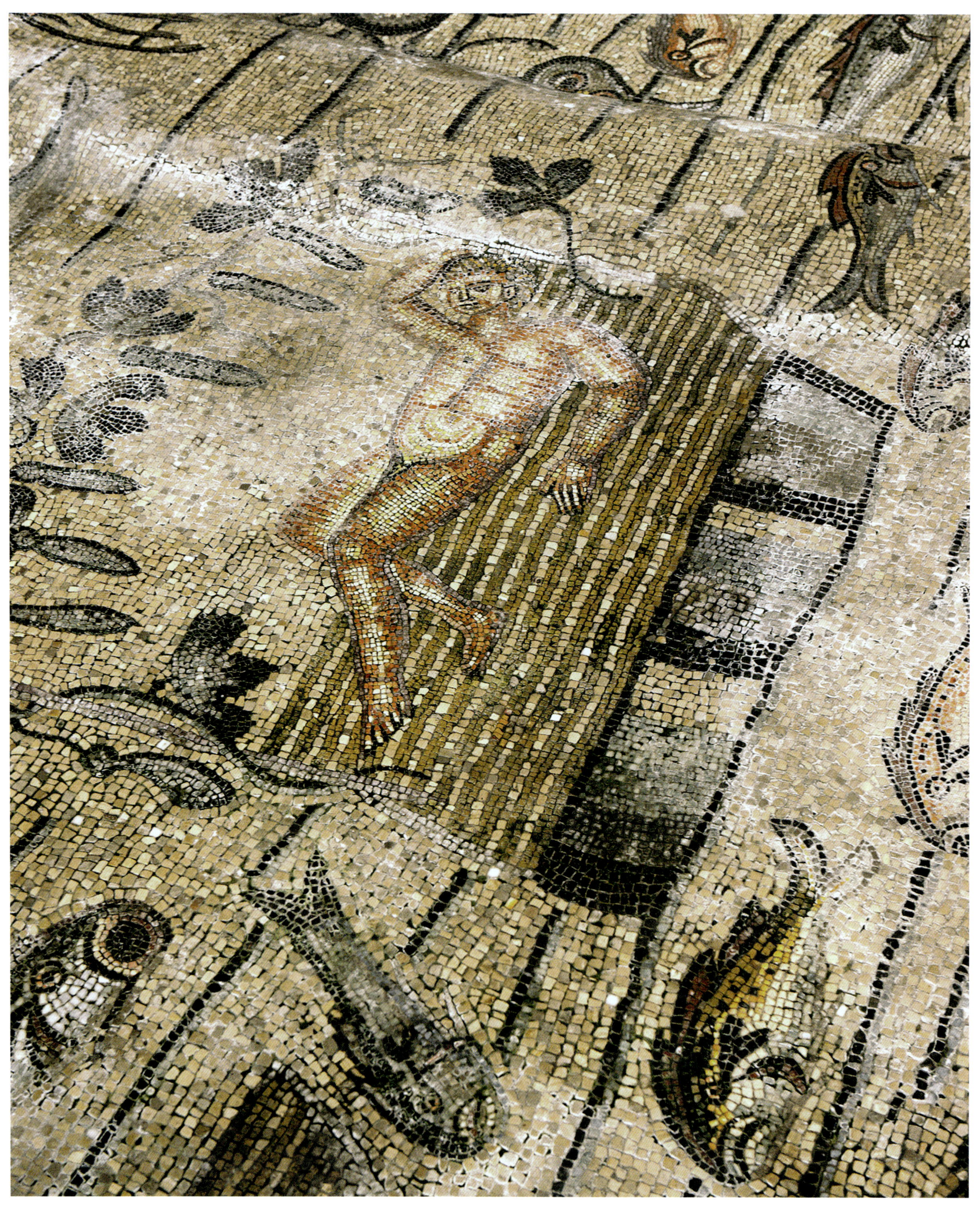

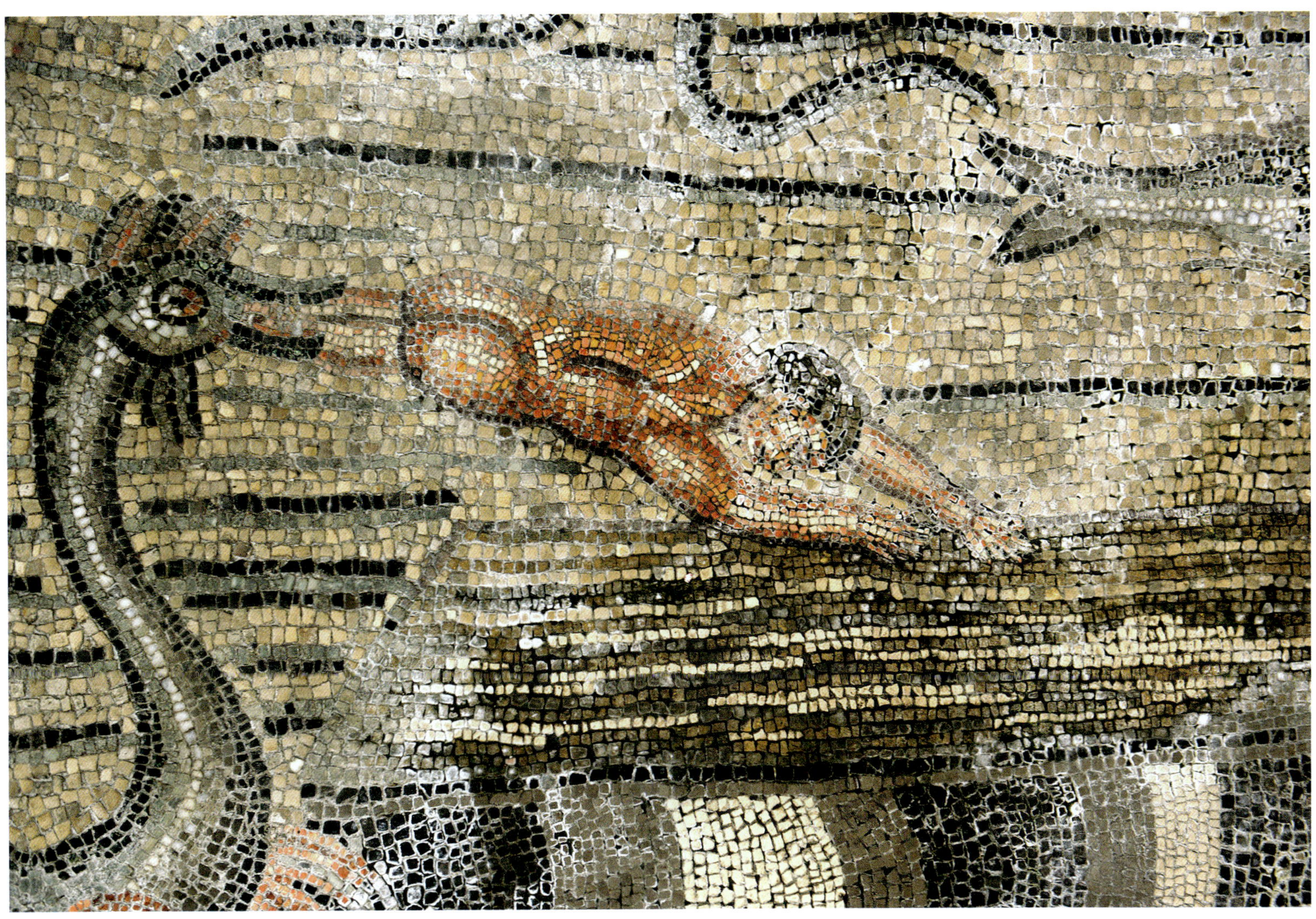

Hummer. Figuren, deren Sinn umstritten ist, die aber als Auswahl aller im Paradies (in der Kirche) lebenden Arten gedeutet werden könnten.

In der heidnischen Antike ist die Vorstellung eines Tierfriedens durchaus geläufig. So finden wir in den Reliefzonen der Ara Pacis in Rom üppige Ranken, in denen Vögel sitzen. Zweimal stoßen wir in Aquileia auf die Darstellung eines Kampfes zwischen Hahn und Schildkröte. Hinter den beiden steht ein Pfeiler mit einer Amphore als Siegespreis. Der Hahn als Lichttier kämpft gegen die Schildkröte als Tier der Unterwelt und der Finsternis. Die Schildkröte heißt im Griechischen »Bewohnerin des Tartaros«, der tiefsten Unterwelt; davon leitet sich die italienische Bezeichnung »tartaruga« ab.

Auch dieser Bildtyp ist nicht allein auf das Christentum beschränkt, er findet sich schon im Mithraskult. Als Katechumeneon, das heißt als Raum für die Unterweisung der Taufschüler, war wohl der zum Nordsaal parallel verlaufende Südsaal vorgesehen, mit der Darstellung einer Meereslandschaft mit fischenden Eroten.
In dieses dichte Bild von Fischen und sonstigen Meerestieren ist die alttestamentarische Erzählung von Jonas mit drei markanten Episoden eingefügt. Zunächst sieht man Jonas in weißer Tunika, betend auf einem Boot. Da er aber den Sturm nicht besänftigen kann, wird er von einem Matrosen ins Meer gestürzt und von einem Seeungeheuer mit langem, geringeltem Schwanz verschlungen. Nach drei Tagen im Bauch des Ungeheuers wird er an Land gespien. Schließlich legt er sich im Schatten einer

Verschiedene Episoden der Jonas-Legende sind in ein fantasievolles Meeresbild-Mosaik im Boden der Basilika von Aquileia eingebunden – und damit zentrale christliche Motive wie Tod, Auferstehung und Himmelfahrt.

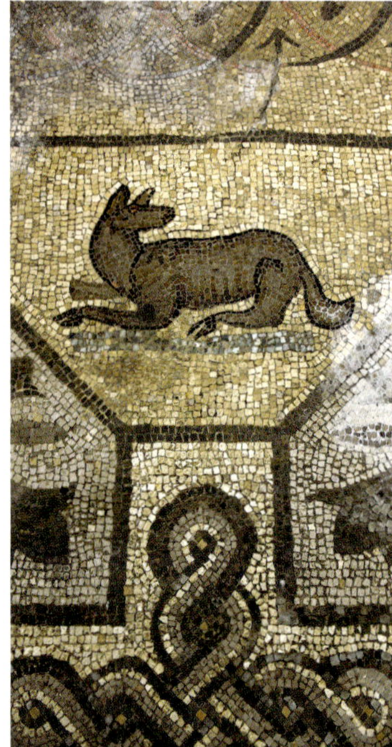

Die theodorischen Mosaike aus der Zeit Bischofs Theodorus um 300 sind flächenmäßig die größten von Aquileia und erstrecken sich über den Bereich der heutigen Basilika hinaus. Der Nordsaal am Campanile zeigt auf über 600 qm geometrische Ornamente und unterschiedlichste Tiere, die in ihrem friedlichen Miteinander den Geist des Christentums symbolisieren sollen.

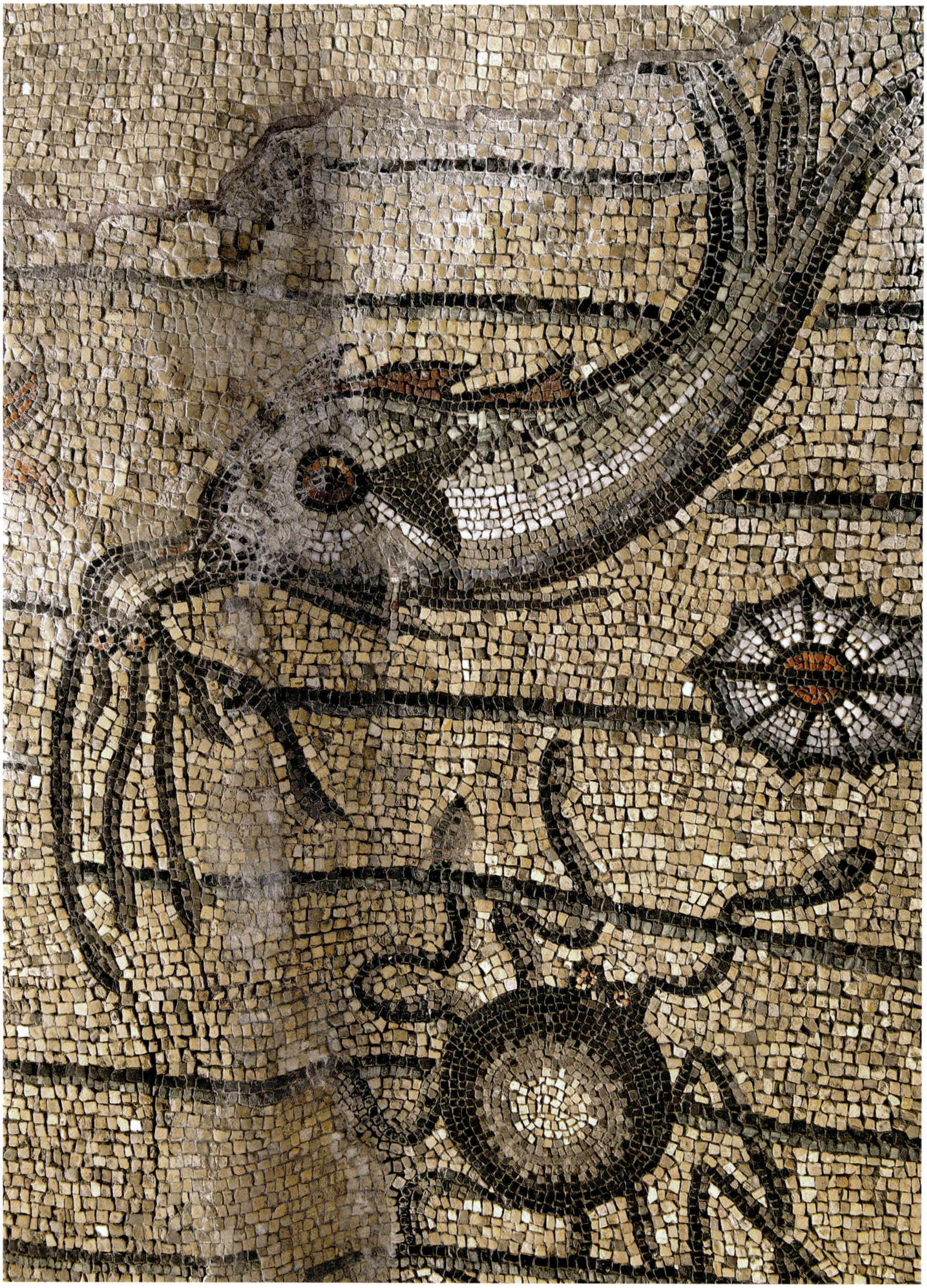

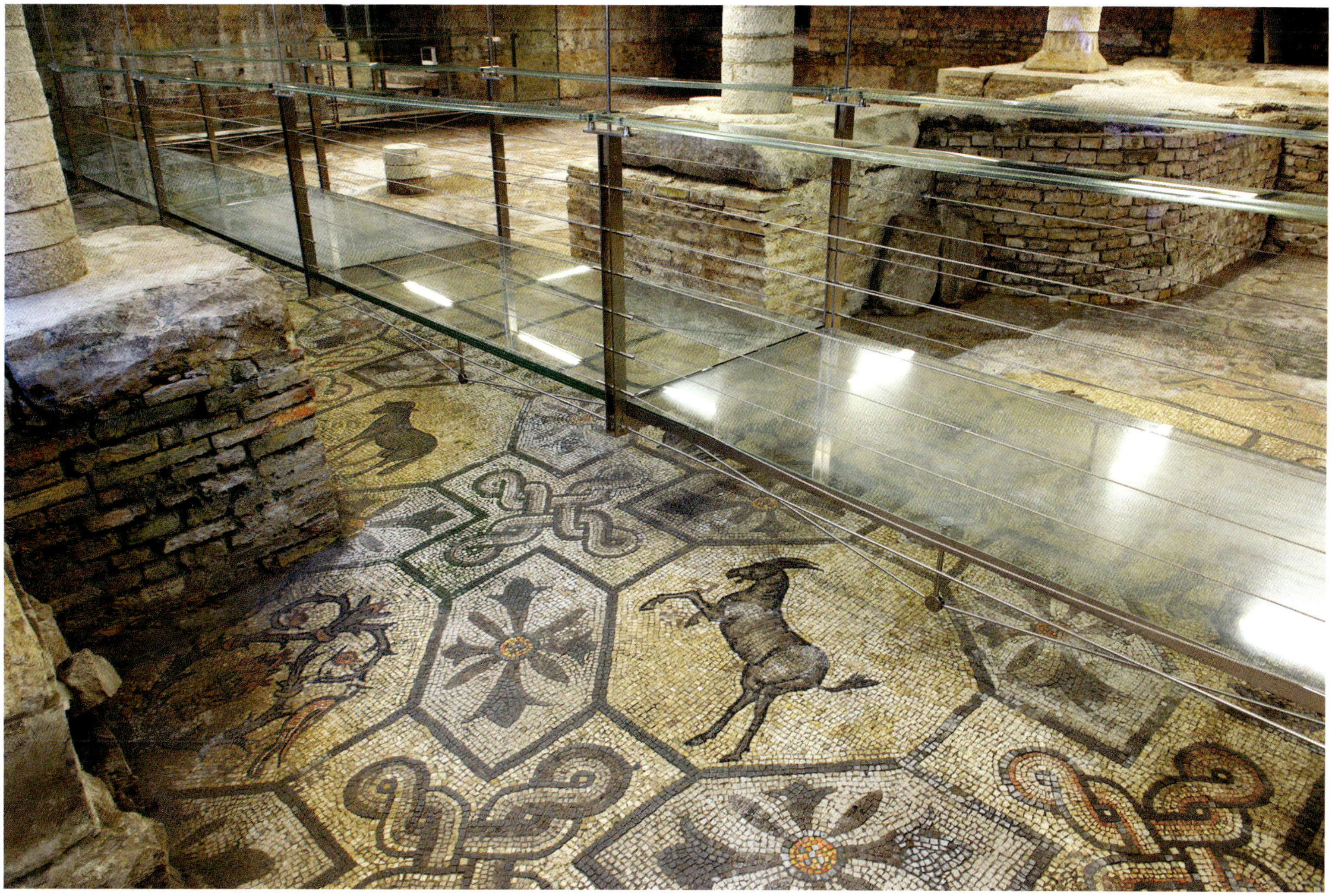

Kürbislaube zur Ruhe. Diese Episoden Jonas' dienen als Symbol für Christus, genauer noch für seine Auferstehung.

Der Mosaikboden des Saales ist in neun rechteckige Flächen geteilt, die mit breitem Rankenwerk voneinander getrennt sind. In einem der Felder finden wir Kreise, darin abwechselnd die Darstellungen von Köpfen und Fischen. Der in den Mosaiken immer wiederkehrende Fisch ist ein zentrales Motiv des Christentums aus der Zeit, als die Christen im griechischen Wort »ichthys« ein Akronym für Jesus Christus, Gottes Sohn, den Erlöser sahen. Apostel sind »Menschenfischer«, der Gläubige wird symbolisch zum Fisch.

Von den Frauenbüsten trägt eine mehrere Kornähren im Haar, eine andere Weintrauben als Kopfschmuck, eine dritte hat den Mantel über den Kopf gezogen. Die Attribute lassen an Allegorien der Jahreszeiten denken. Andere Männer- und Frauenbüsten weisen zeitgenössische Kleidung auf, die sie als Angehörige der Oberschicht ausweisen. Daher denkt man heute,

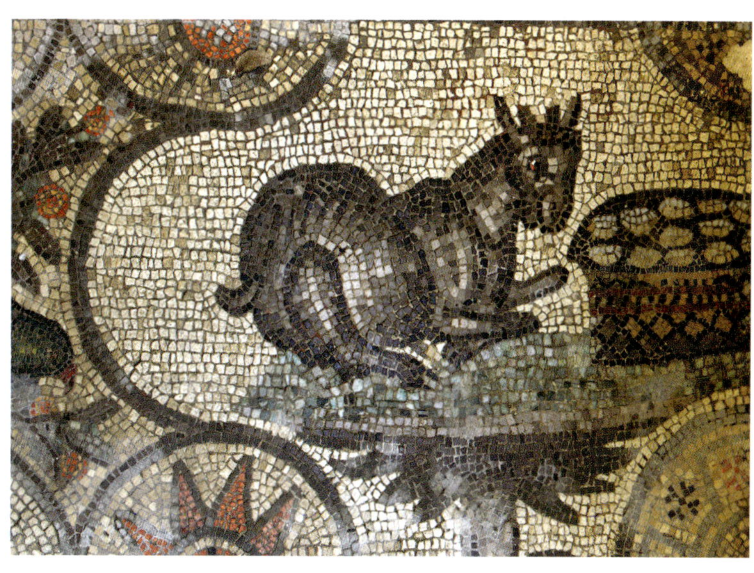

Weitere Tierdarstellungen aus dem theodorischen Nordsaal der Basilika. Unten die Kampfszene zwischen Schildkröte und Hahn, als Symbol für den nicht endenden »Kampf« zwischen Licht (Hahn) und Schatten (Schildkröte).

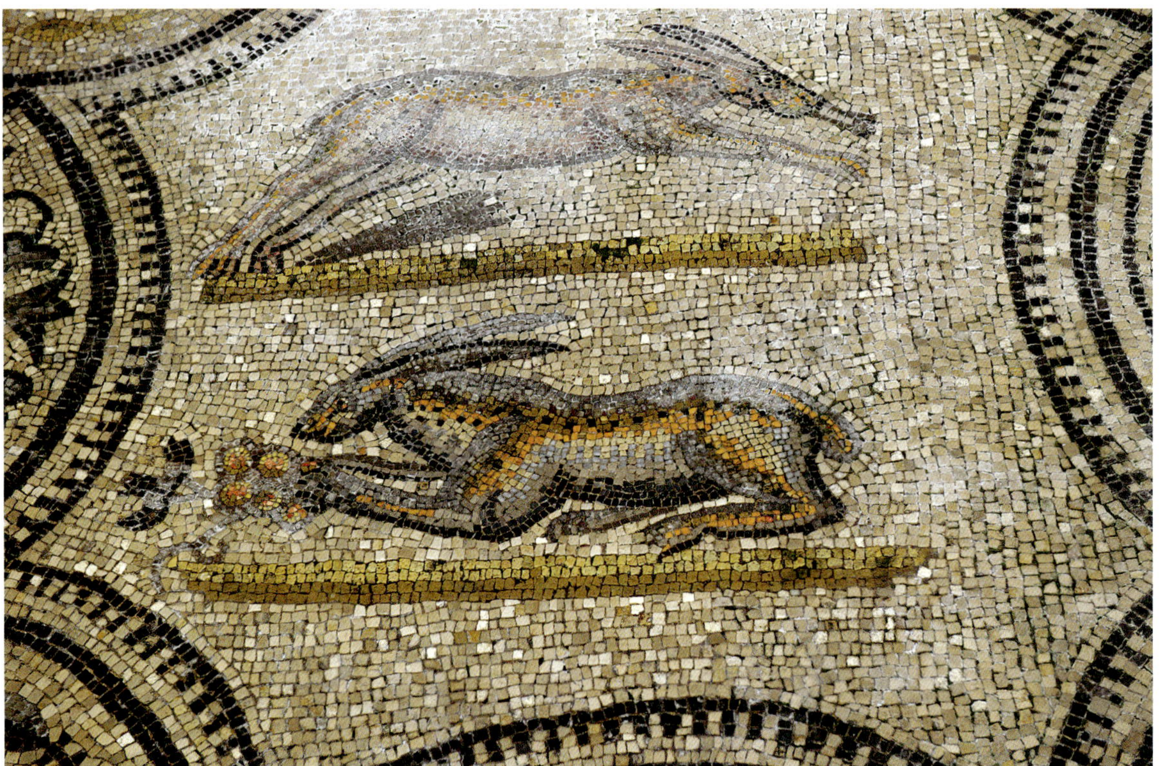

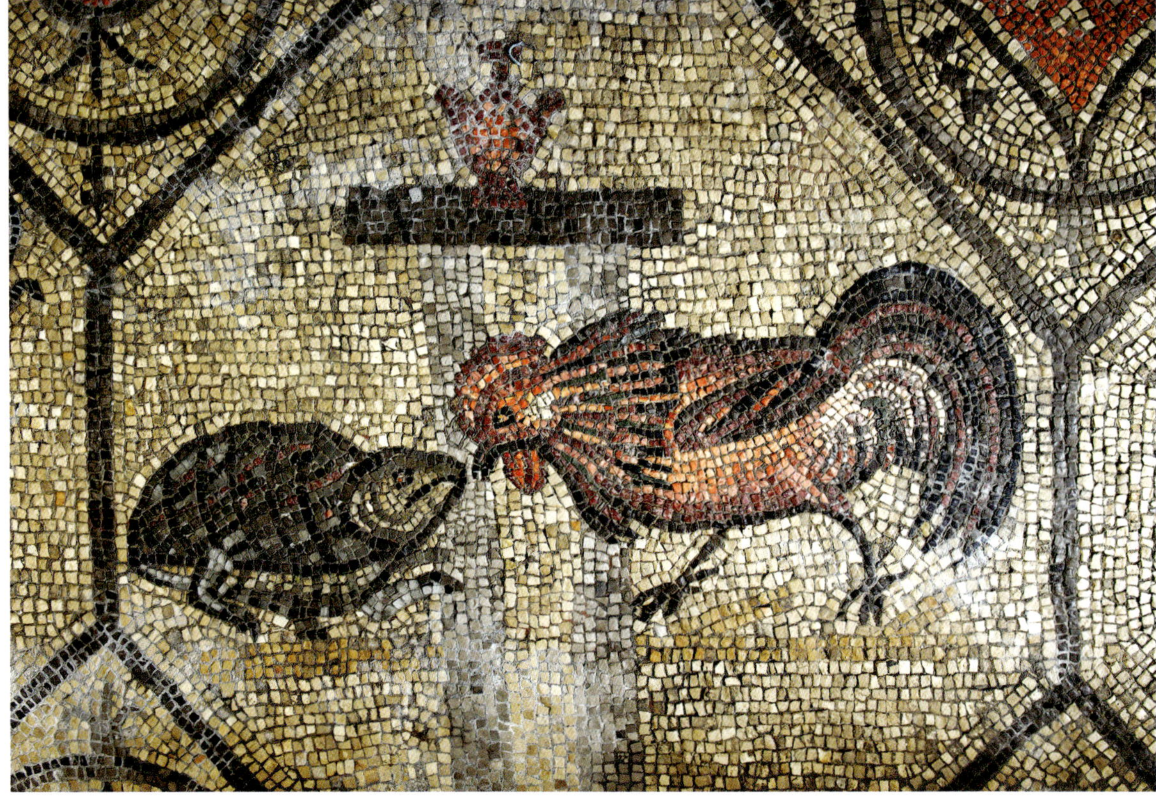

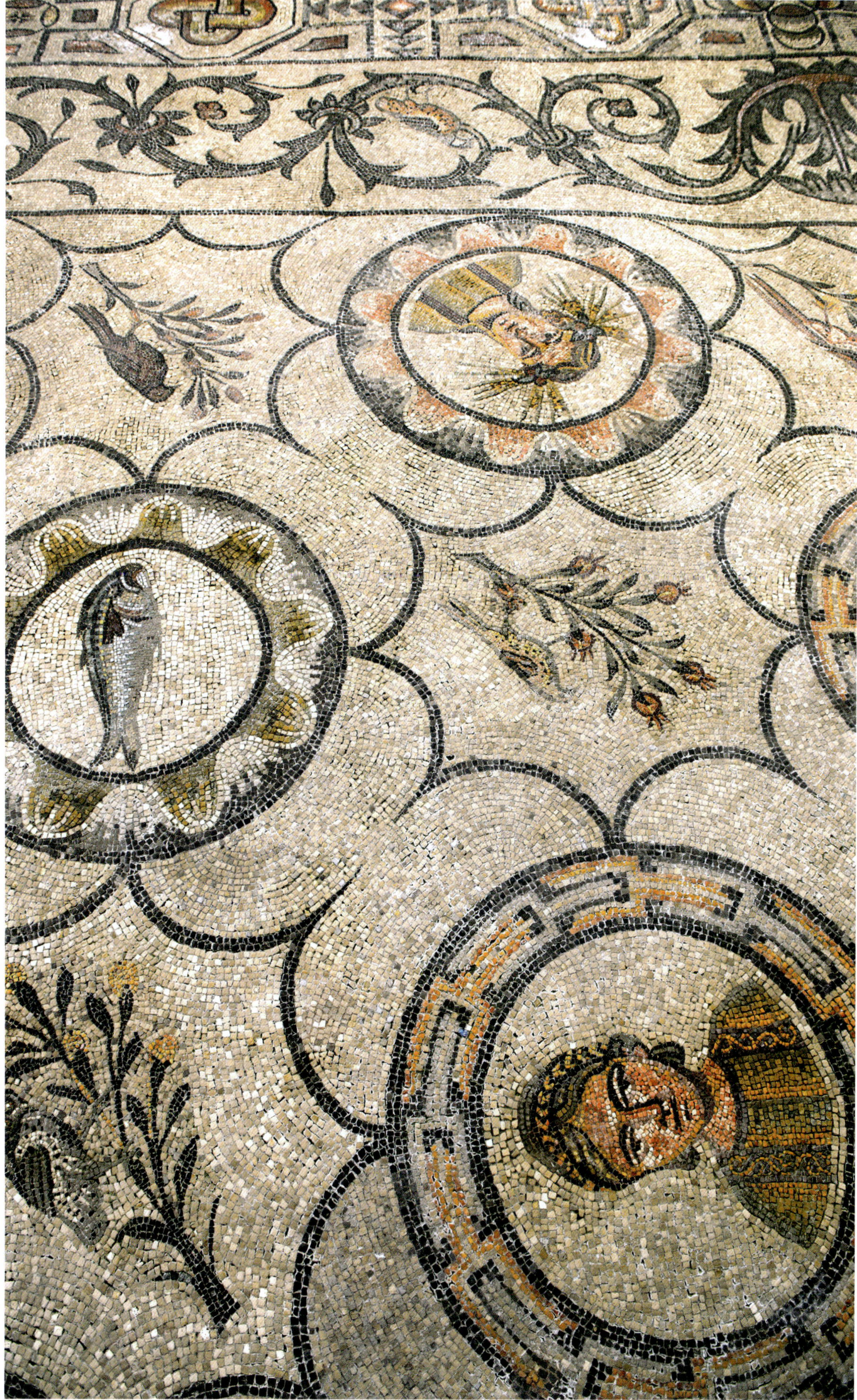

Bei einigen Medaillon-»Porträts« im Mosaikboden des theodorischen Südsaals handelt es sich vermutlich um Mitglieder der Familie Kaiser Konstantins. Vögel auf Zweigen beleben die Bodenfläche, die mit pflanzlichen und ornamentalen Friesen gerahmt ist.

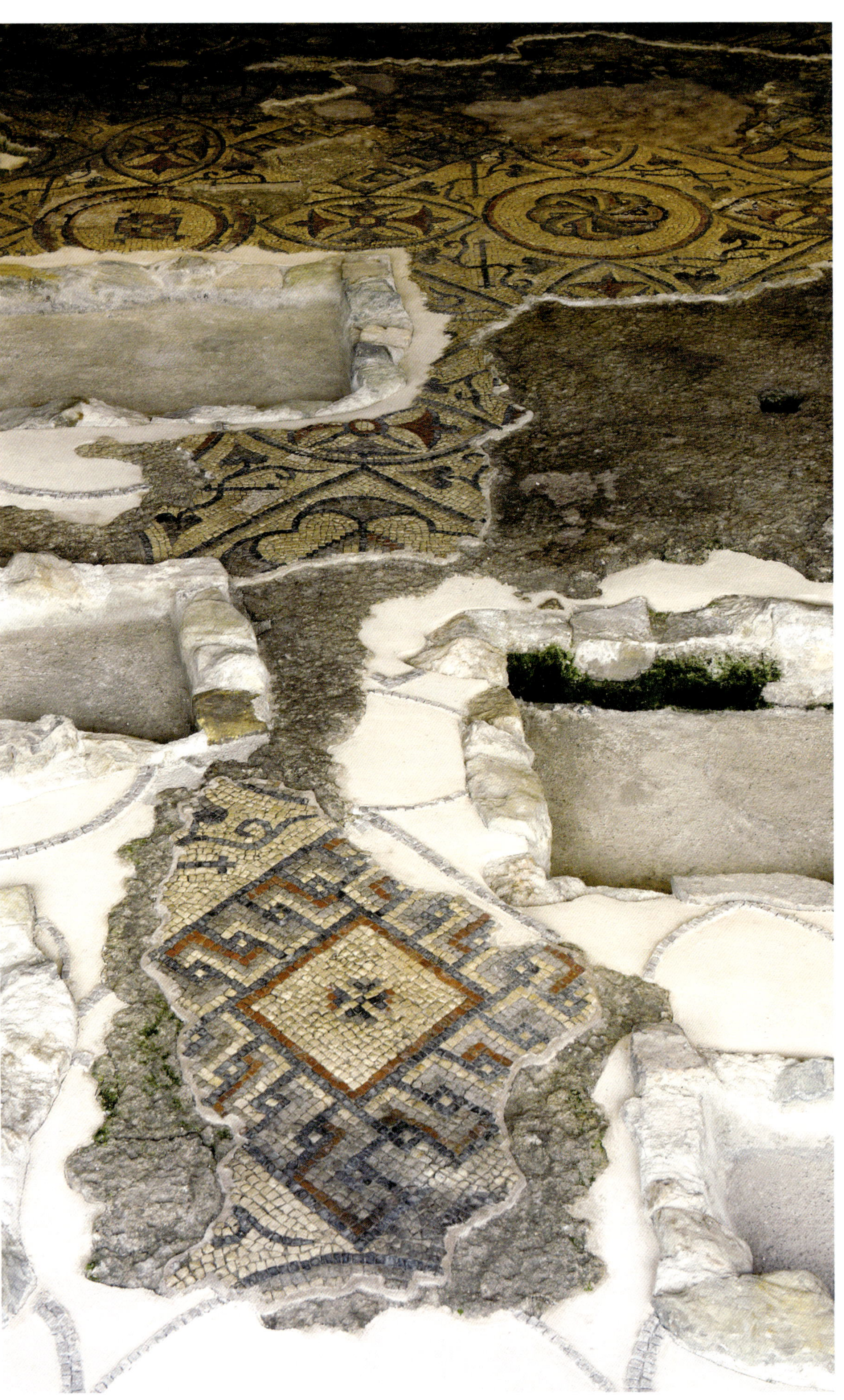

Freigelegtes Bodenmosaik im Baptisterium der Basilika von Aquileia.

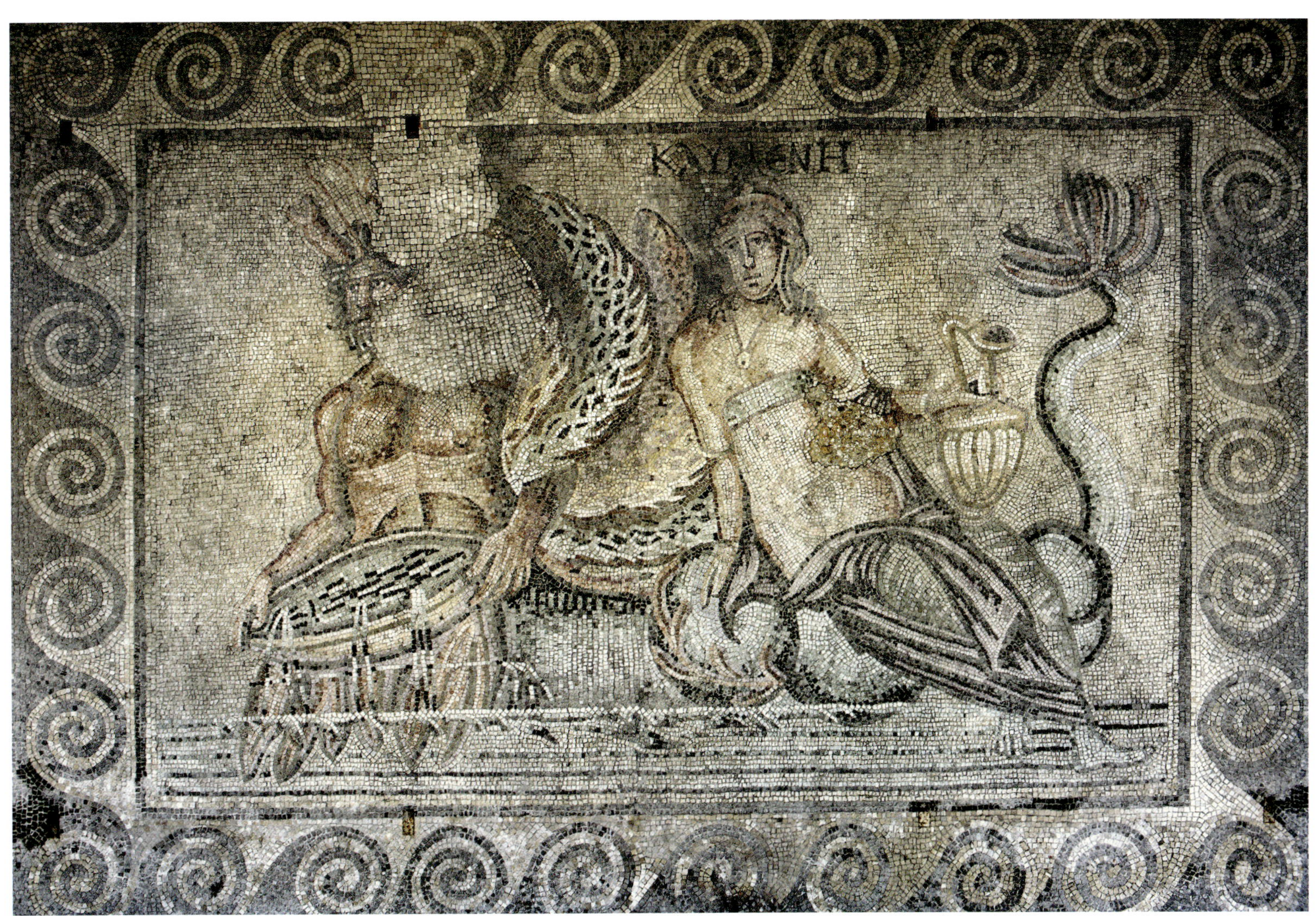

dass sie zum Kreis der Stifter gehörten, die der Bauinschrift zufolge Bischof Theodorus unterstützt haben: »Glücklicher Theodorus! Mit der Hilfe des allmächtigen Gottes und der vom Himmel dir anvertrauten Herde hast du alles ausgeführt und glorreich eingeweiht.«

Wer zwischen Venedig und Grado Zeit findet, sollte seine Reise unbedingt unterbrechen und den archäologischen Park von Aquileia sowie die Basilika San Cazian besichtigen; dort finden sich die wichtigsten spätrömischen Mosaikfunde in Norditalien.

Pomp und Pathos sind typisch für die erste Hälfte des 4. Jh., aus der das Mosaik mit Triton und Nereide stammt. Heute im Archäologischen Nationalmuseum von Aquileia, stammt es vermutlich aus den großen Thermen oder dem ehemaligen Kaiserpalast.

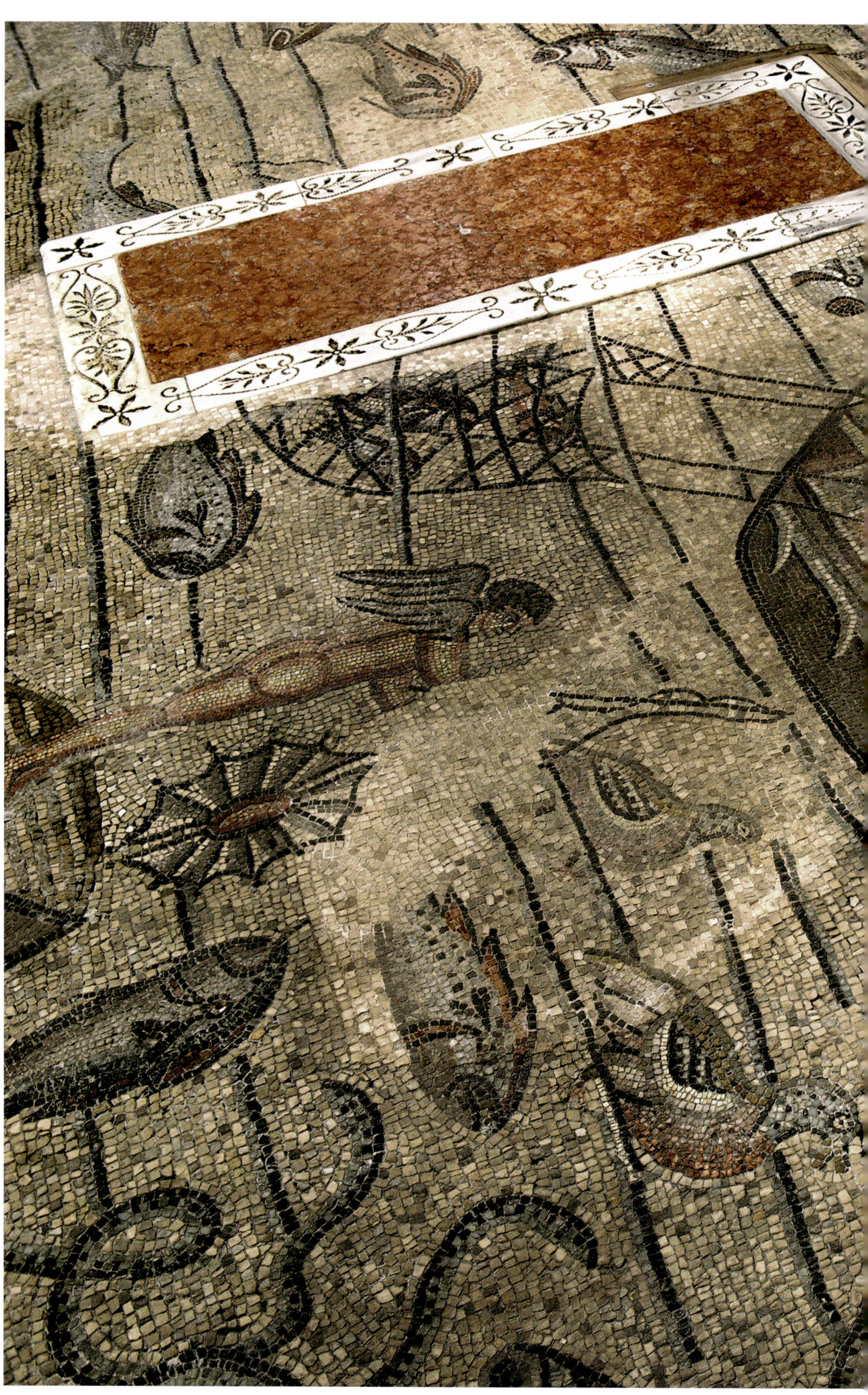

Ausschnitt aus dem theodorischen Bodenmosaik aus dem Südsaal der Basilika. Man könnte es als Bilderkatechismus bezeichnen, denn jede Zeichnung, jede Szene veranschaulicht detailliert, lebhaft und fantasievoll die Wahrheit des Glaubens. Das gesamte Mosaik ist annähernd 700 qm groß.

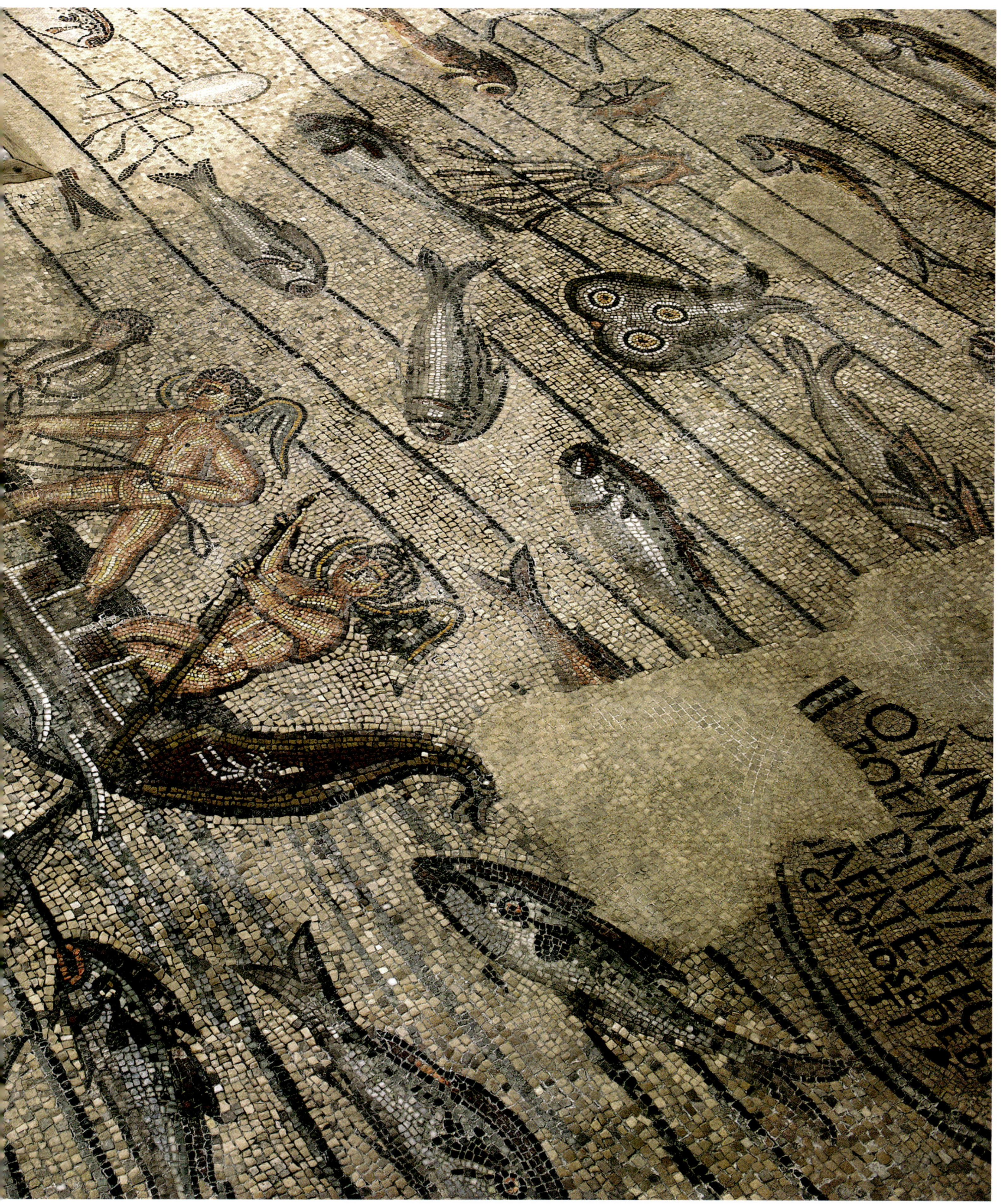

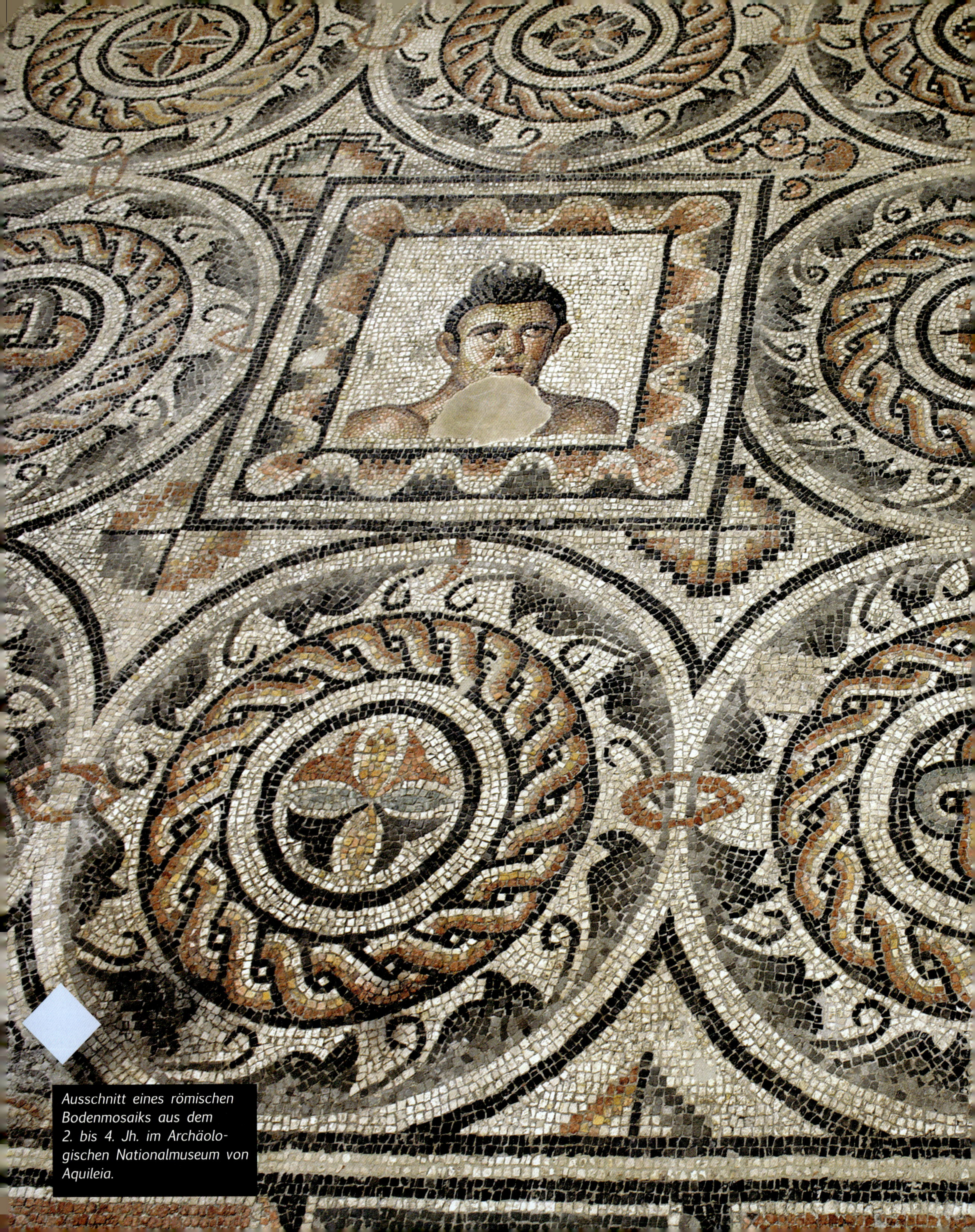

Ausschnitt eines römischen Bodenmosaiks aus dem 2. bis 4. Jh. im Archäologischen Nationalmuseum von Aquileia.

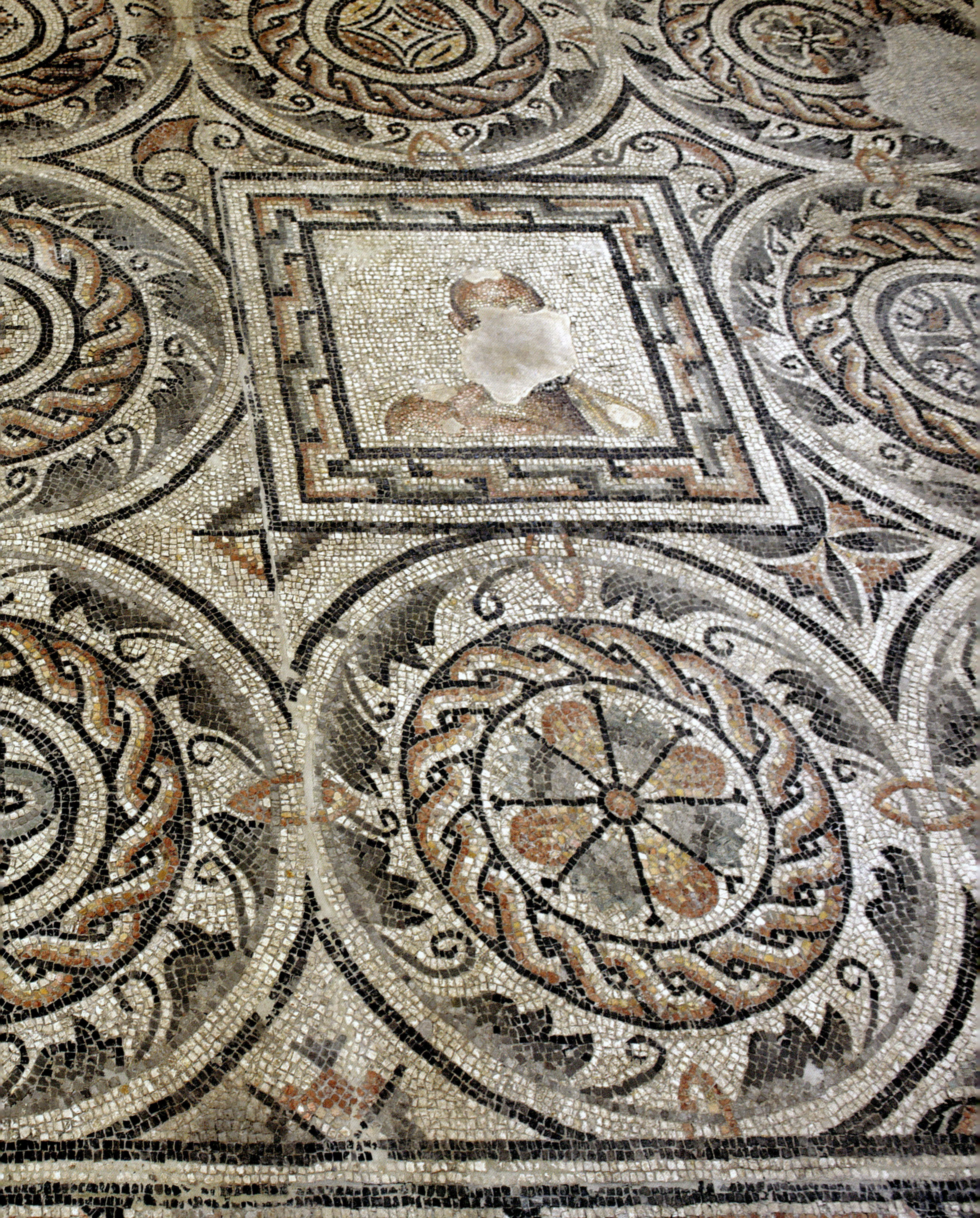

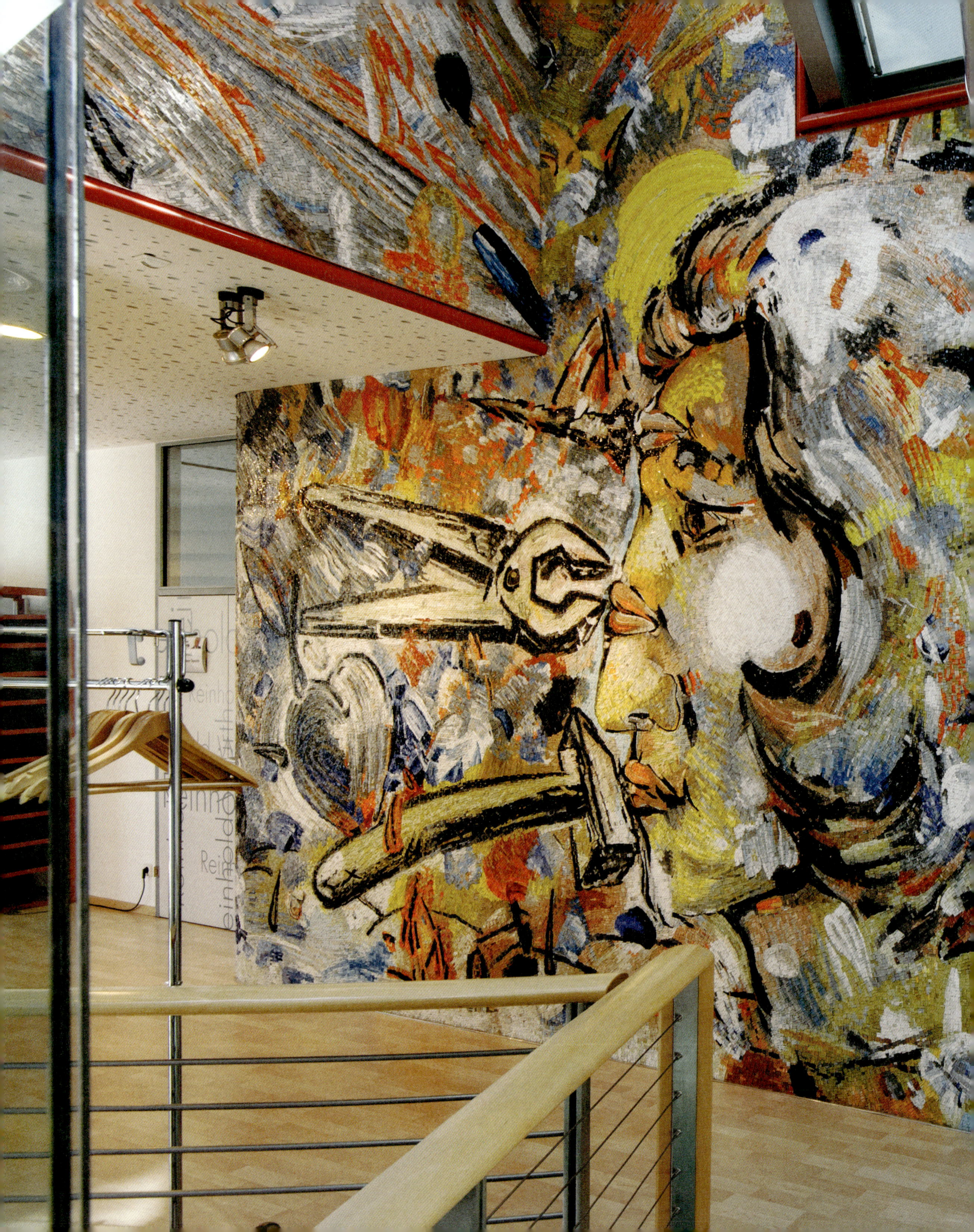

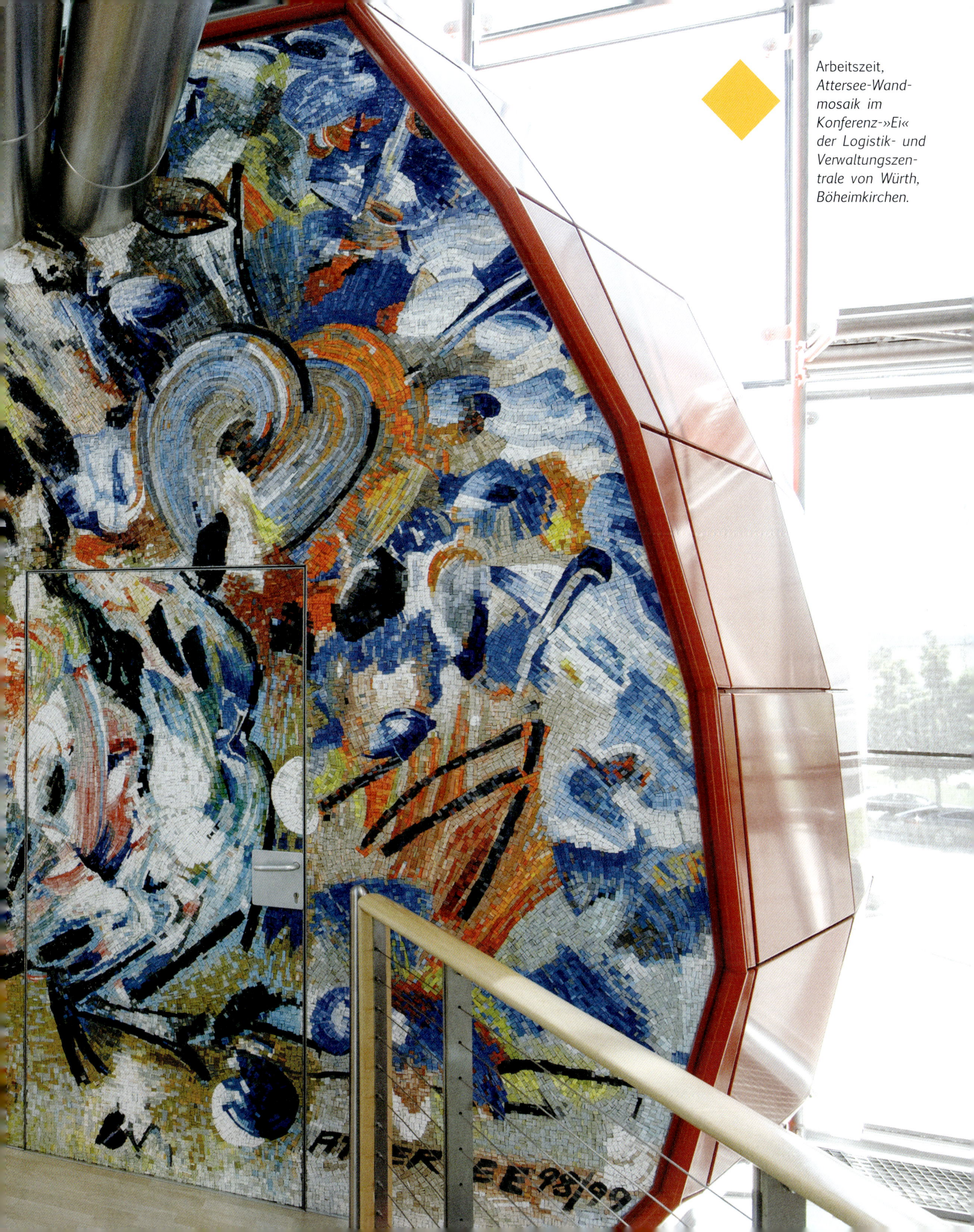

Arbeitszeit, *Attersee-Wandmosaik im Konferenz-»Ei« der Logistik- und Verwaltungszentrale von Würth, Böheimkirchen.*

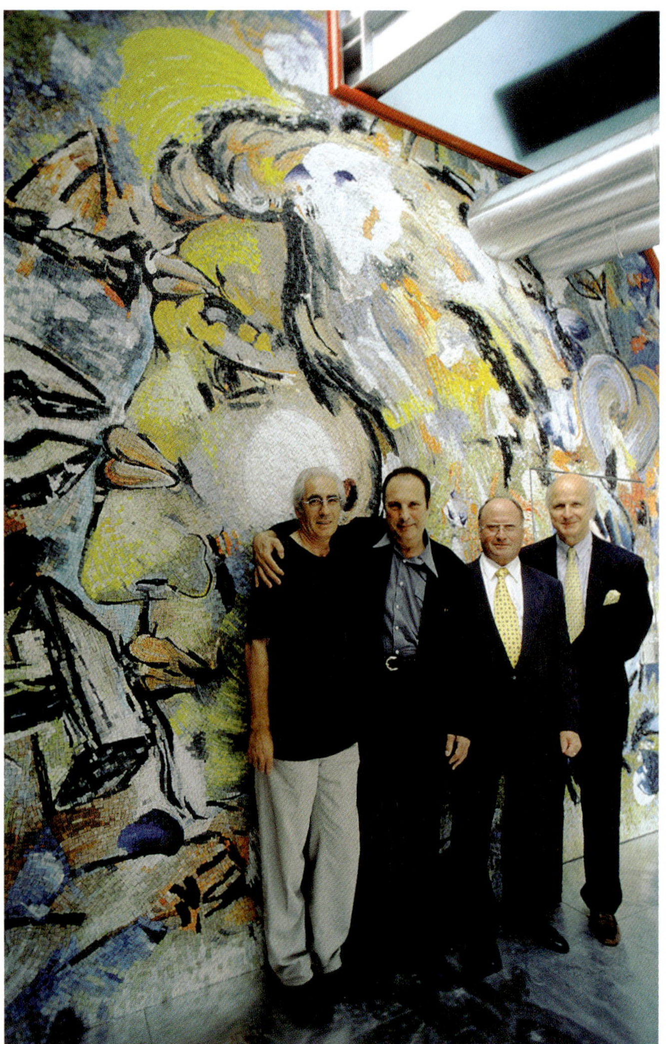

Elio Macoritto, der Mosaizist, Christian Ludwig Attersee, der ehemalige Direktor Josef Laister und der Architekt Ernst Huss vor dem Mosaik
Arbeitszeit, *1999.*

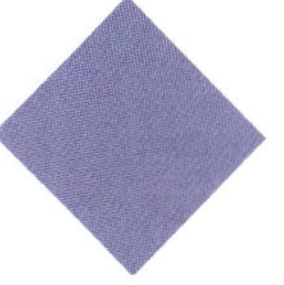

Mosaike in Industriebauten der Würth-Zentrale Böheimkirchen/NÖ

Ernst Huss

Im Auftrag des international bedeutenden Kunstsammlers Reinhold Würth entwarf ich als dessen Architekt das 1999 fertiggestellte Gebäude der Firmenzentrale von Würth Österreich.

In diesem Gebäude der Logistik- und Verwaltungszentrale von Würth Österreich werden die Eckpfeiler der Firmenkultur architektonisch umgesetzt. In deren Mittelpunkt steht die Motivation und Förderung der Mitarbeiter. Konsequent wurde das Ziel verfolgt, für diese qualitativ hochwertige Arbeitsbedingungen zu schaffen.
Das Gebäude mit der markanten Silhouette ist ein in den Würth-Farben Rot und Silber akzentuierter Industriebau. Einer Skulptur gleich soll der Bau mit immer unterschiedlichen Einblicken und Ansichten überraschen. Die einem Luftschiff ähnelnde Kapsel im Innenhofbereich birgt die Konferenzräume des Unternehmens. Dieser Innenhof und die angrenzenden Räume sind so angeordnet, dass Begegnung und Interaktion gefördert werden. Auch die selbstverständliche Symbiose von Architektur und Kunst wurde baulich geschaffen. Für ein programmatisches Bekenntnis zur österreichischen Kunst sorgt die Innengestaltung mit zwei monumentalen Glasmosaiken von Christian Ludwig Attersee.

Die einzelnen Gebäudeteile mit ihren speziellen Funktionen sind plastisch ineinander verschachtelt. Die Durchdringung der einzelnen Gebäude mit der zentralen Halle bietet an den Schnittflächen mit der Fassade die Möglichkeit, neben dem Blick durch das gesamte Ambiente die Kunst und Natur mit einzubeziehen.
Hier realisierte Christian Ludwig Attersee die Themen der spezifischen Aufgaben bei Würth in Form der beiden Mosaike mit den Titeln *Arbeitswelt* und *Schraubengarten*, die den Geist der Menschen zur Interaktion mit diesen Bildern anregen sollen.
Die beiden Attersee-Mosaike befinden sich im ersten Stock des Firmengebäudes. Sowohl tagsüber als auch in den Abend- und Nachtstunden beleben die Farben des Materials und der Glanz der Glassmalten die Atmosphäre der Raumstrukturen.

Weiters gibt es in dem Gebäudekomplex den Art Room Würth Austria, der eine kleinere Kunstdependance der Würth-Gruppe ist. Dennoch bietet die als Wandelgang angelegte 400qm-Fläche einen wirkungsvollen Raum für wechselnde Ausstellungen als ständig bestehendes Konzept.

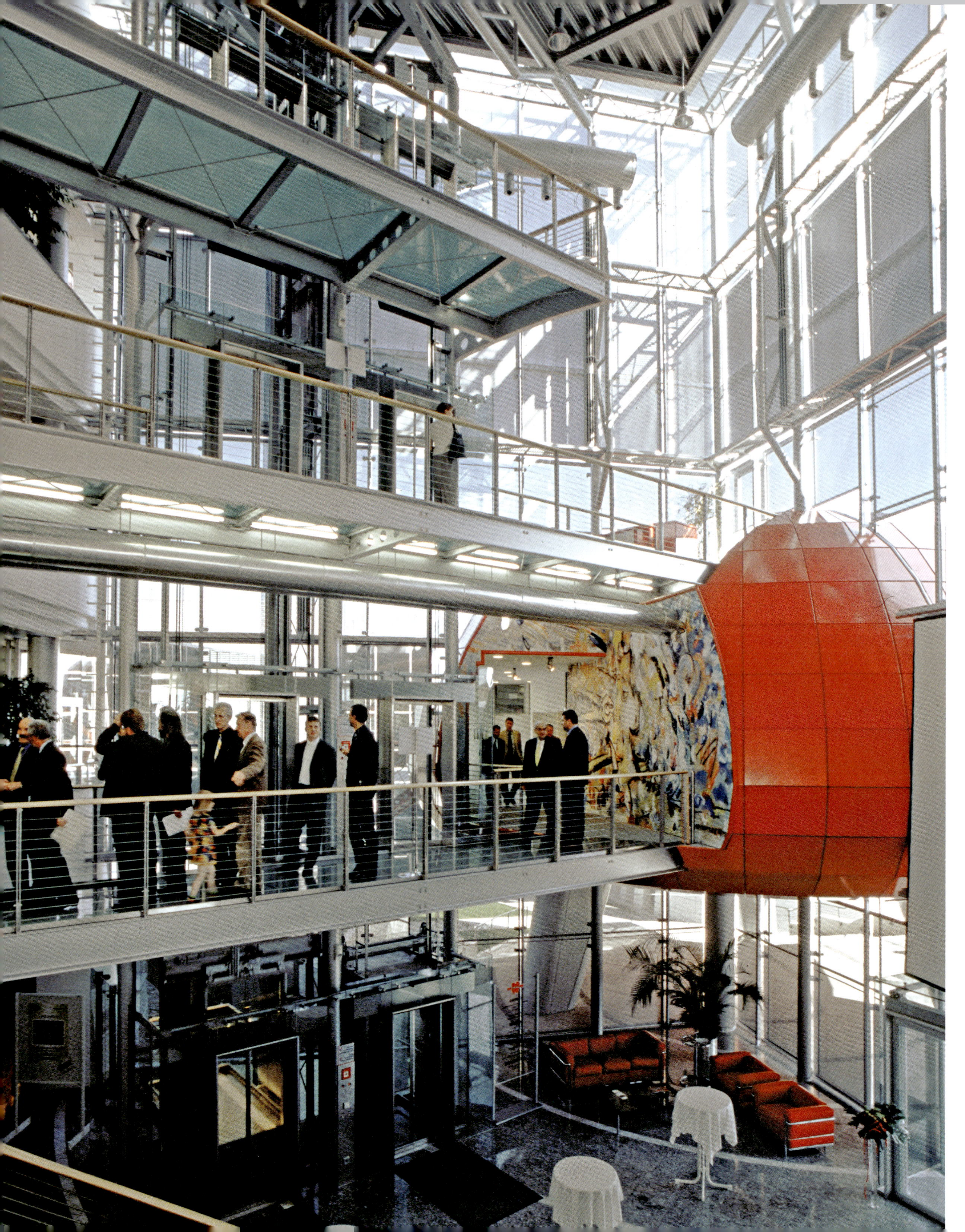

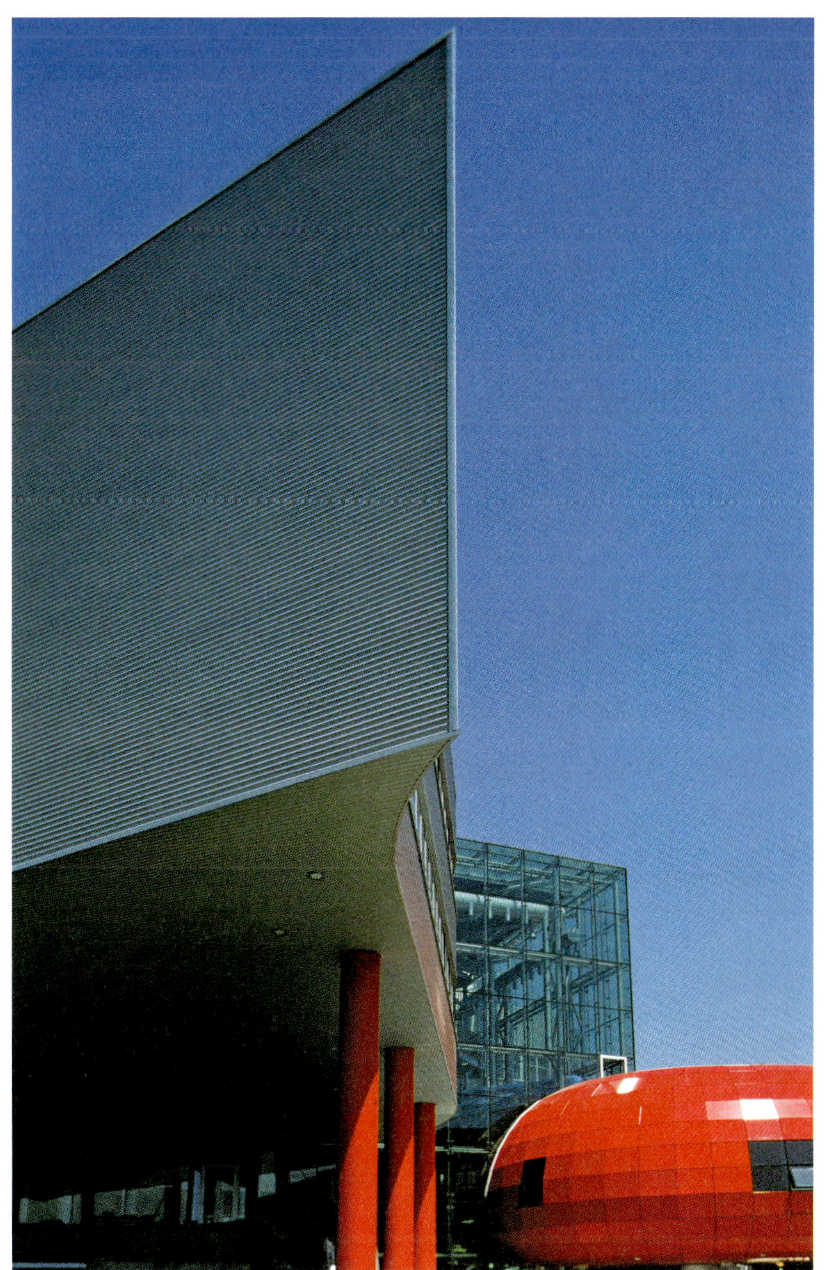

Das österreichische Logistik- und Verwaltungszentrum der Firma Würth in Böheimkirchen.

Innen- und Außenansicht: das Konferenz-»Ei« bei der Einweihung des Industriegebäudes 1999.

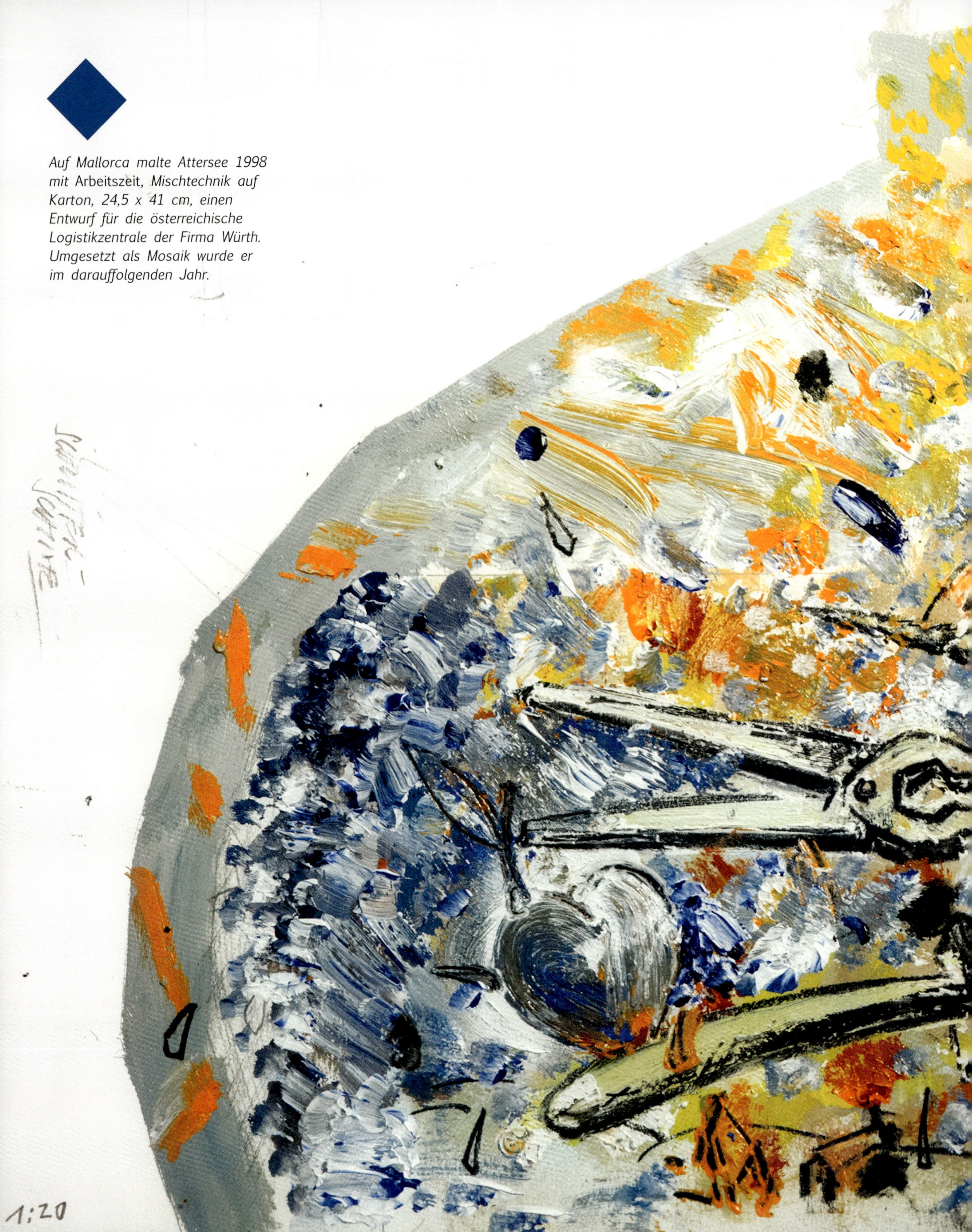

Auf Mallorca malte Attersee 1998 mit Arbeitszeit, Mischtechnik auf Karton, 24,5 x 41 cm, einen Entwurf für die österreichische Logistikzentrale der Firma Würth. Umgesetzt als Mosaik wurde er im darauffolgenden Jahr.

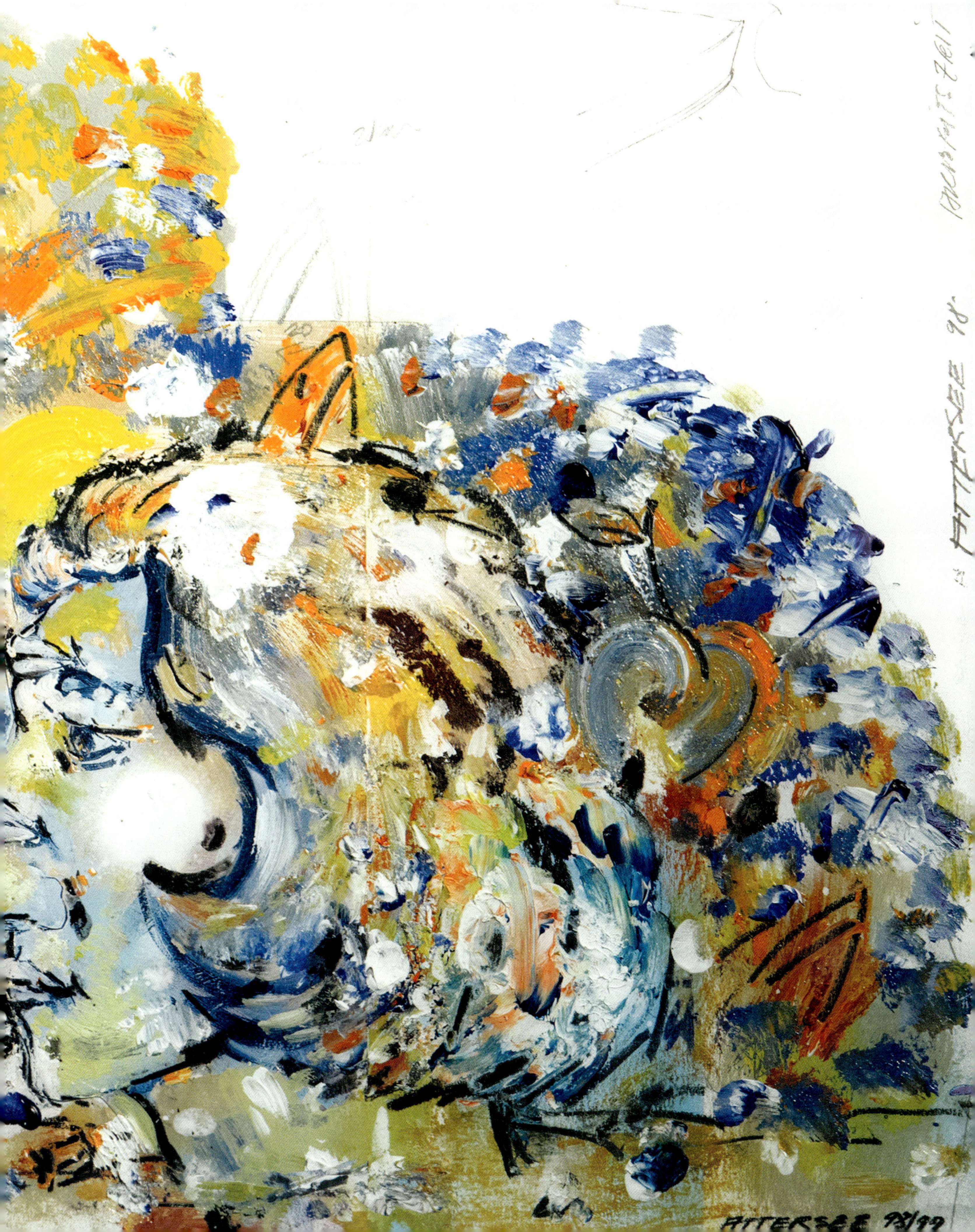

Blick in das Konferenz-»Ei« mit dem Mosaik Arbeitszeit *(links) und Detailansicht (rechts).*

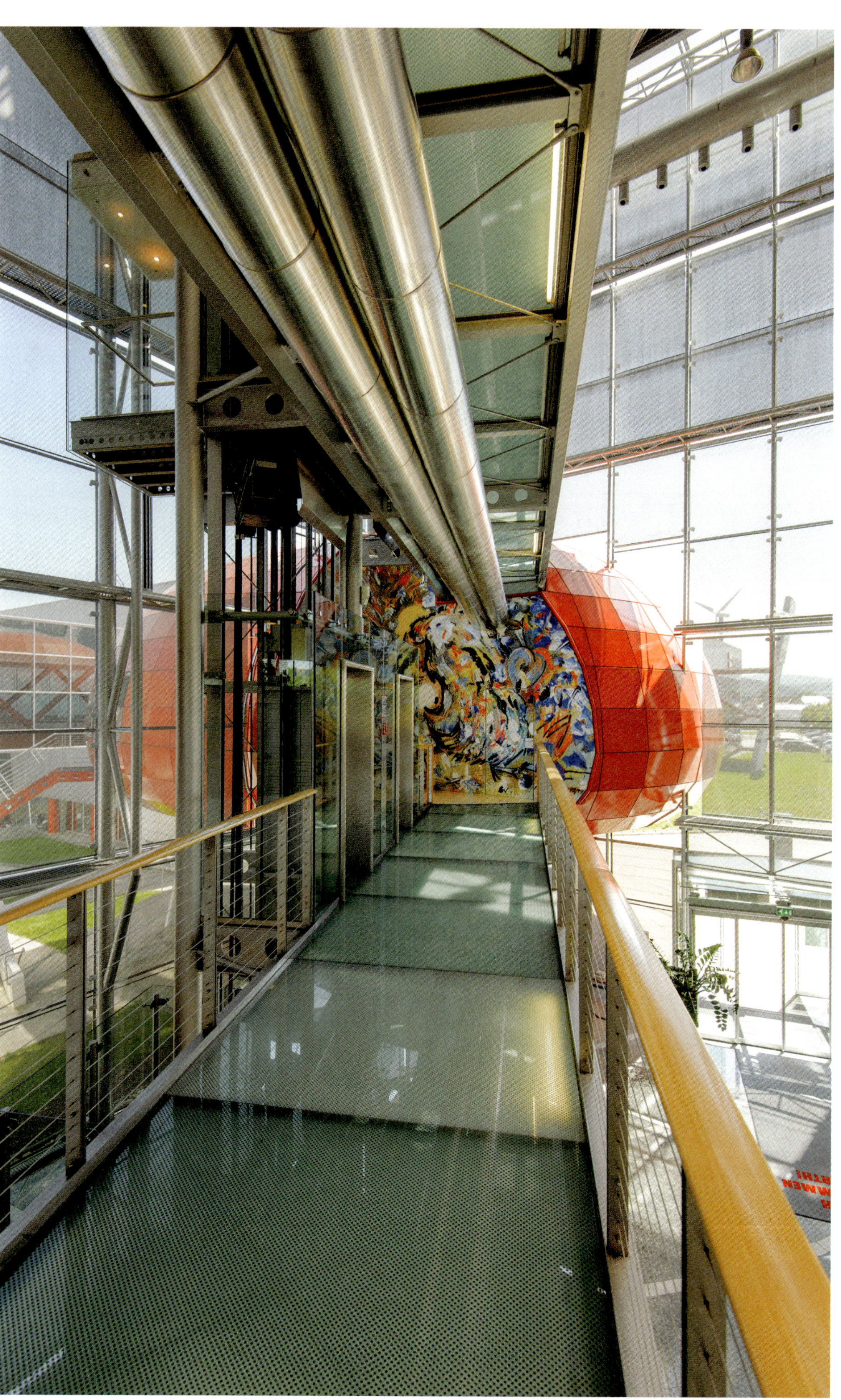

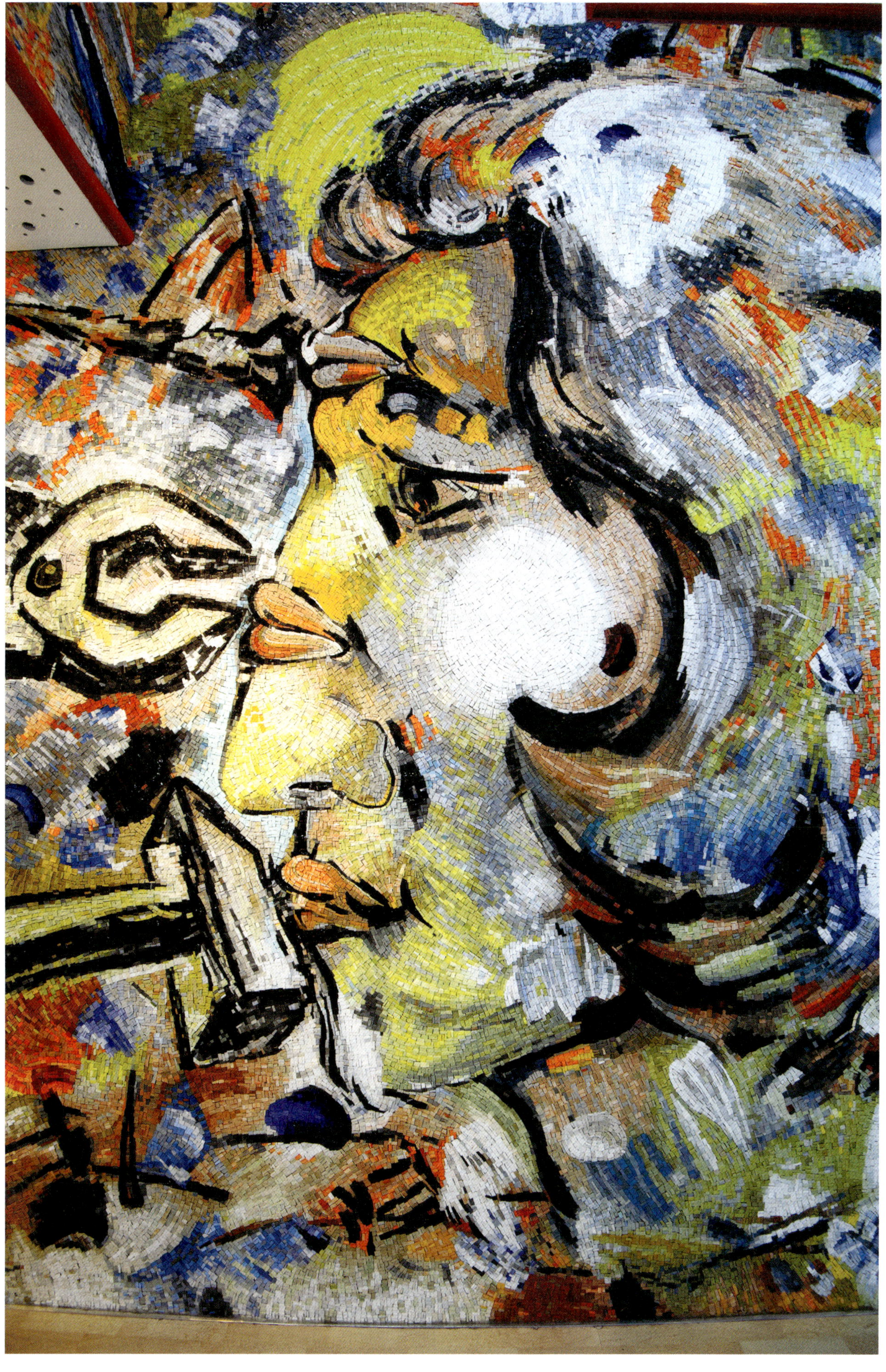

108

Attersee vor dem Mosaik Schraubengarten *von 1999.*

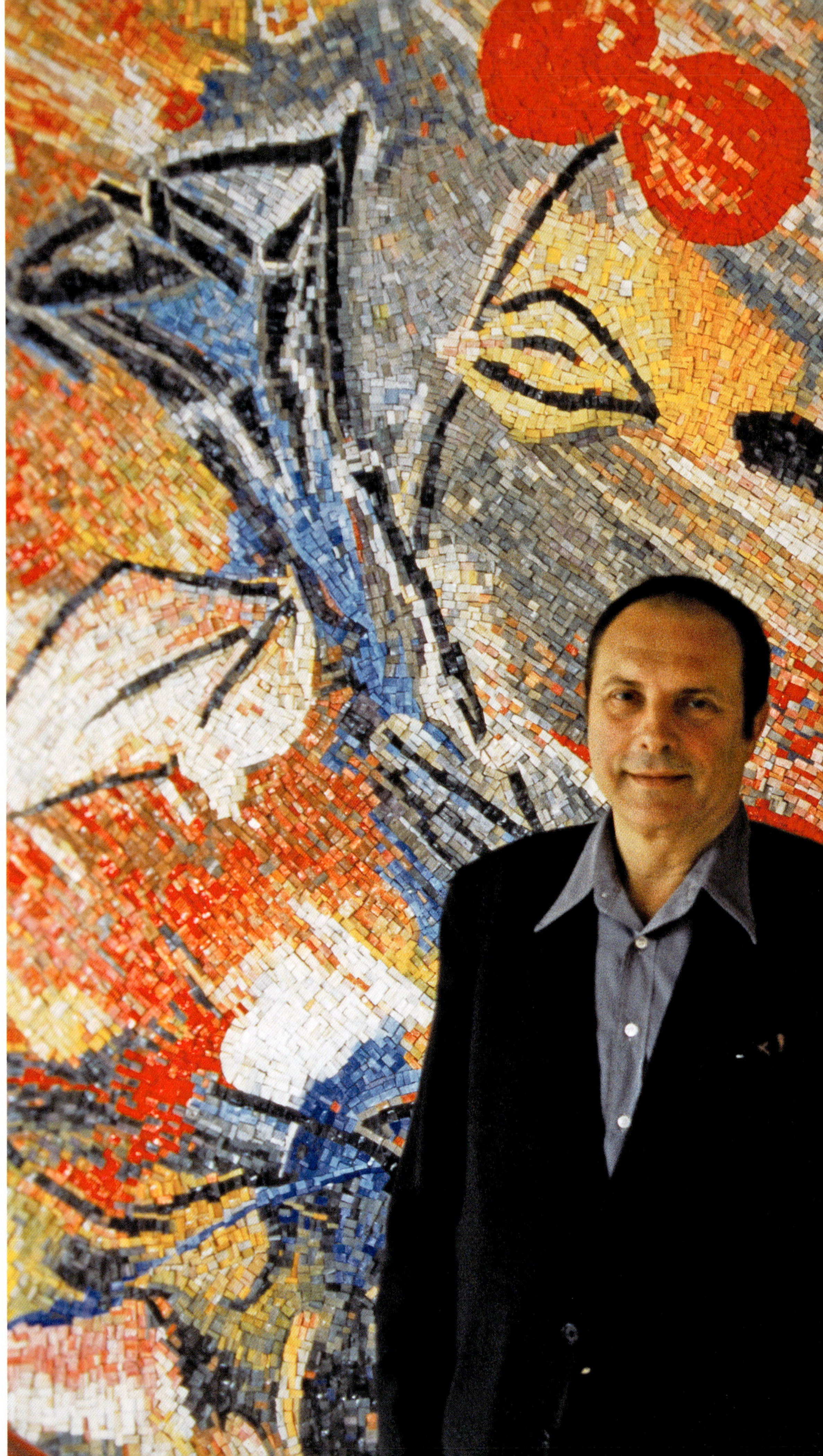

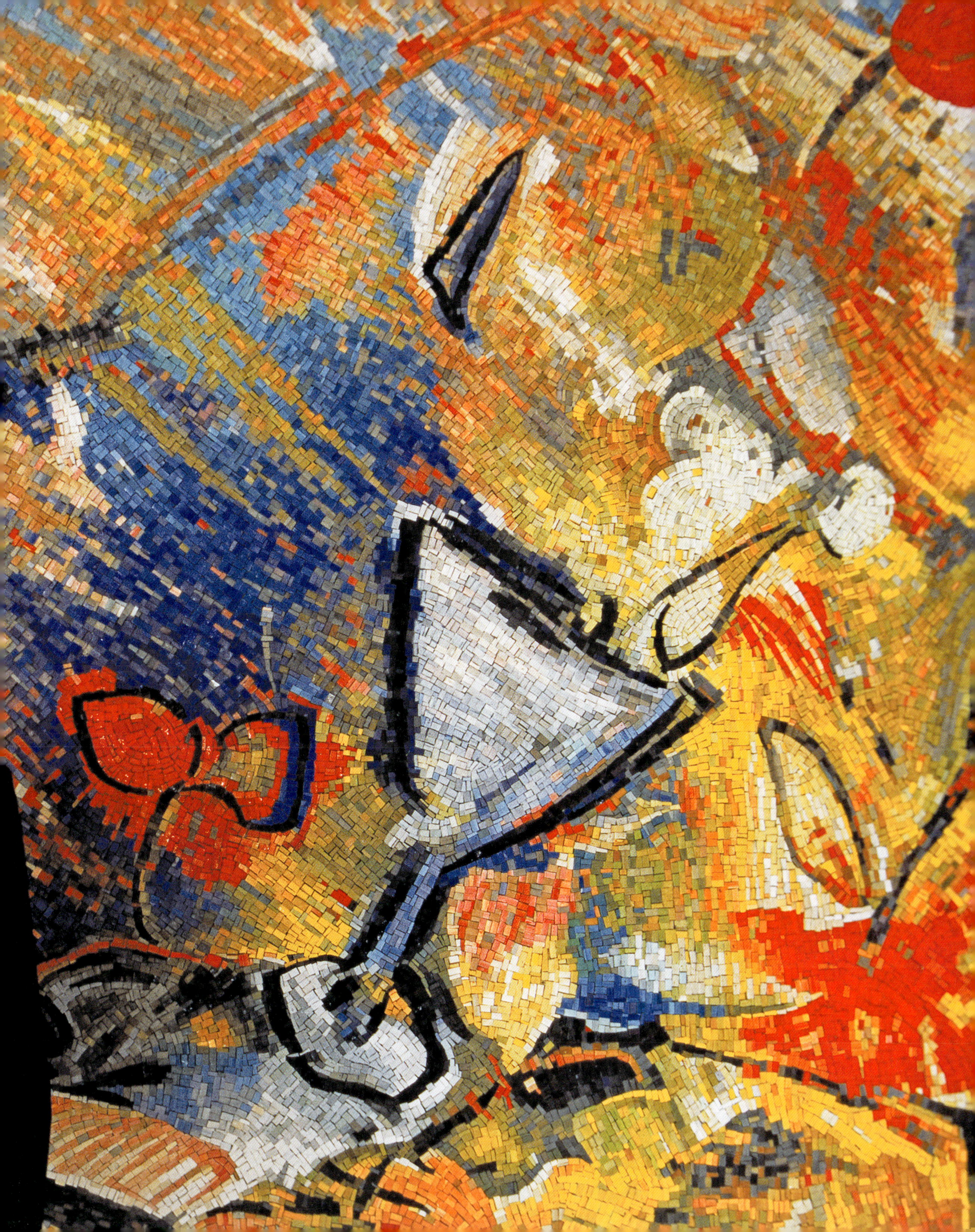

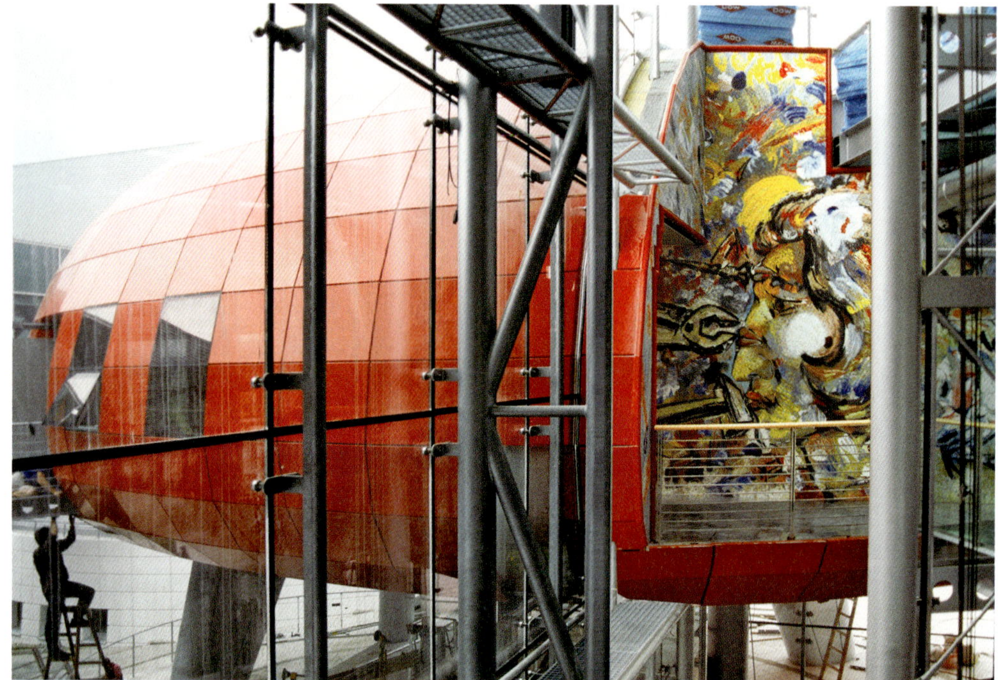

Außen-, Innen-An- und Durchsicht des Konferenz-»Eis« der Verwaltungszentrale der Firma Würth, 1999, Böheimkirchen, Niederösterreich mit Blick auf das Attersee-Mosaik Arbeitszeit.

Attersee-Mosaik – Deutung in Raum und Inhalt

Titus Leber

Eine Selbstfindung in Form einer alchemistisch-thermodynamisch-orgasmischen Zersplitterungs-Symbiose

Worin liegt die machtvolle Ausstrahlungskraft, die von Attersees »Fließenden Mosaiken« ausgeht, jener atterseeisierten Form des Mosaiks, als deren Erfinder und Vervollkommner der berühmte Maler gilt?
Sie mag im alten Mysterium der zersplitternden Zerstückelung des schöpferischen Prinzips und seiner durch Wiederzusammenfügung erfolgenden Wieder-Auferstehung begründet liegen, wie wir ihr im altägyptischen Osiris-Kult begegnen: Schöpfung als Widerspiegelung ihrer selbst durch ihr fragmentiertes Abbild!

Attersee-Mosaiken sind die facettenhafte, »bigger than life«- Widerspiegelung ihres ursprünglichen Entwurfes, vergleichbar jener leicht verzerrten und doch machtvollen Neu-Zusammenfügung des Spiegels der Schöpfung, wie wir sie in Andersens Märchen von der *Schneekönigin* erleben, nachdem ebendieser Spiegel den Dämonen, die ihn aus dem Himmel entführten, entglitten war, dabei in tausend Stücke zerberstend: Ein schöpferischer Akt des Neu-Zusammenfügens von dem, was im Augenblick des (Sünden-)Falls erlebt worden, aber auch zu Bruch gegangen war, ein Akt, der in jahrelanger penibelster Kleinstarbeit ein Abbild jenes orgasmisch-kreativen Augenblicks der Schöpfung wiederzugeben und festzuhalten unternimmt, auf dass dieser Augenblick in einer explodierenden Momentaufnahme aus geborstenem Glas auf alle Zeiten fixiert werde.

Doch um was für Momente es sich hier im atterseeischen Universum handelt! Ihrer Natur nach mögen diese Augenblickserfahrungen jenen kleinsten Zeiteinheiten vergleichbar sein, welche die buddhistische Lehre des Abhidhamma als »Citta-Momente«[1] bezeichnet, allerkürzesten Bewusstseinsmomenten, aus deren positiv, negativ oder neutral geladener Folge sich die Qualität des illusorischen Ablaufs unseres karmischen Daseins ableitet.

Oftmals gleichen Attersees Kompositionen diesen Citta-Momenten insofern, als es sich um wahrhaftige »Moment-Bestandsaufnahmen« seines persönlichen Erlebens handelt, zu flüchtig, um einer völlig realistischen Ausgestaltung genügen zu können, jedoch zugleich gerade dauerhaft genug, um in ihrer assoziativen Evokation einer Reihe synchronistischer Bildgedanken, einer atterseeischen Symbolanordnung, einer farbigen Flächigkeit oder eines »Erzählstückes«, gerecht werden zu können.

Ihrem Anspruch auf Unvergänglichkeit, dem Attersee ab einem gewissen Zeitpunkt seiner Laufbahn zunehmende Bedeutung beimisst, können solche Momente jedoch erst dann gerecht werden, wenn sie von Medien

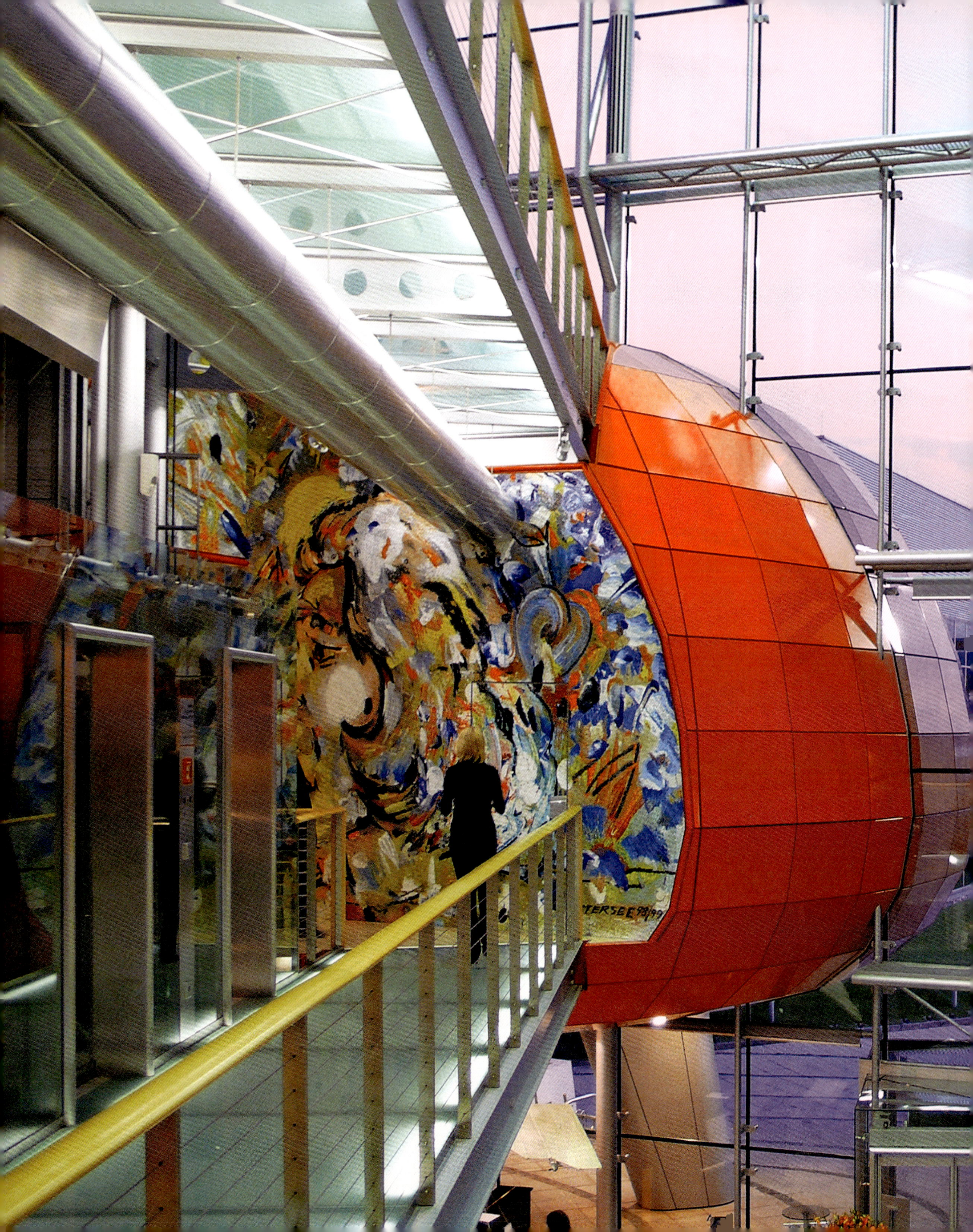
TERSEE 98/99

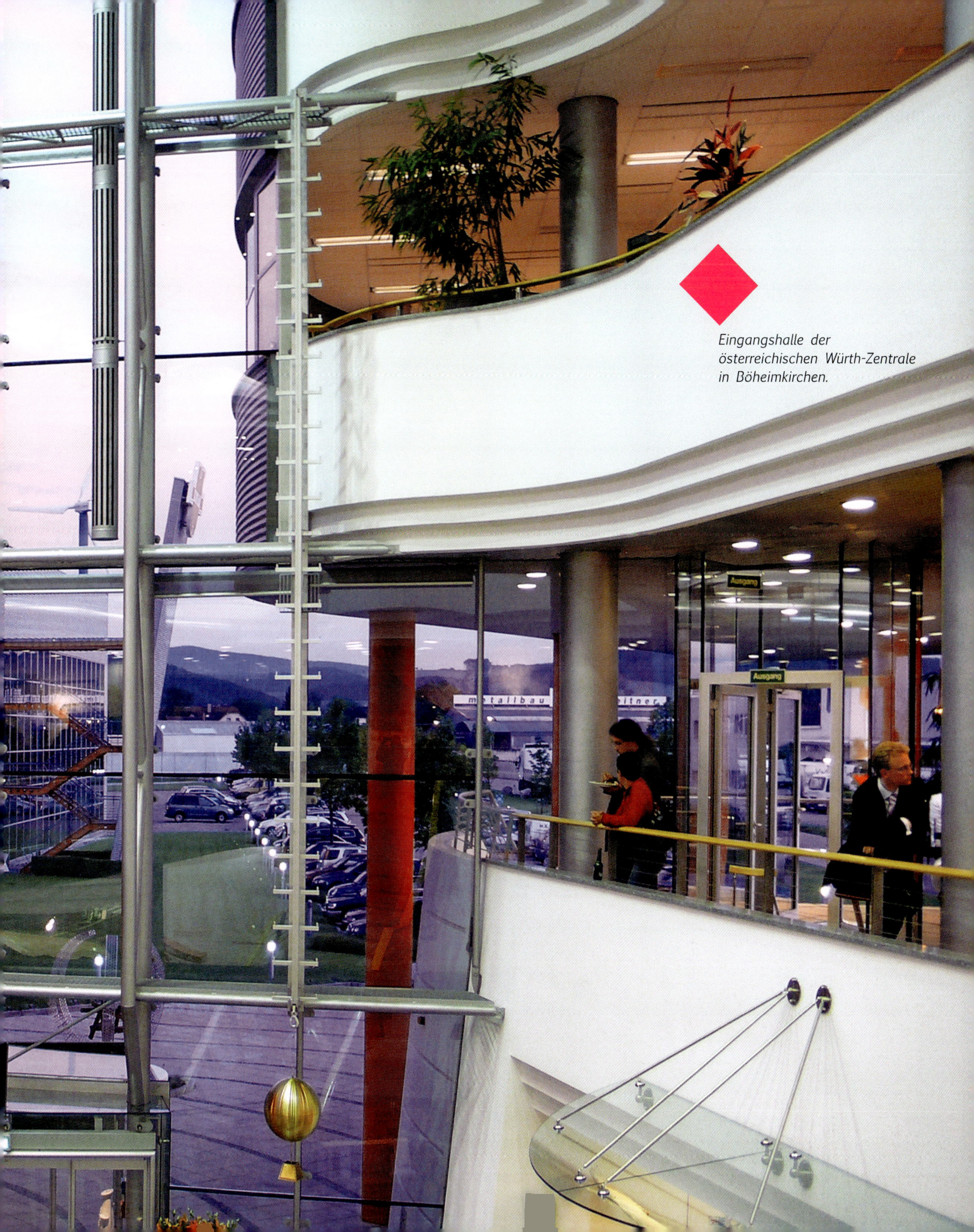

Eingangshalle der österreichischen Würth-Zentrale in Böheimkirchen.

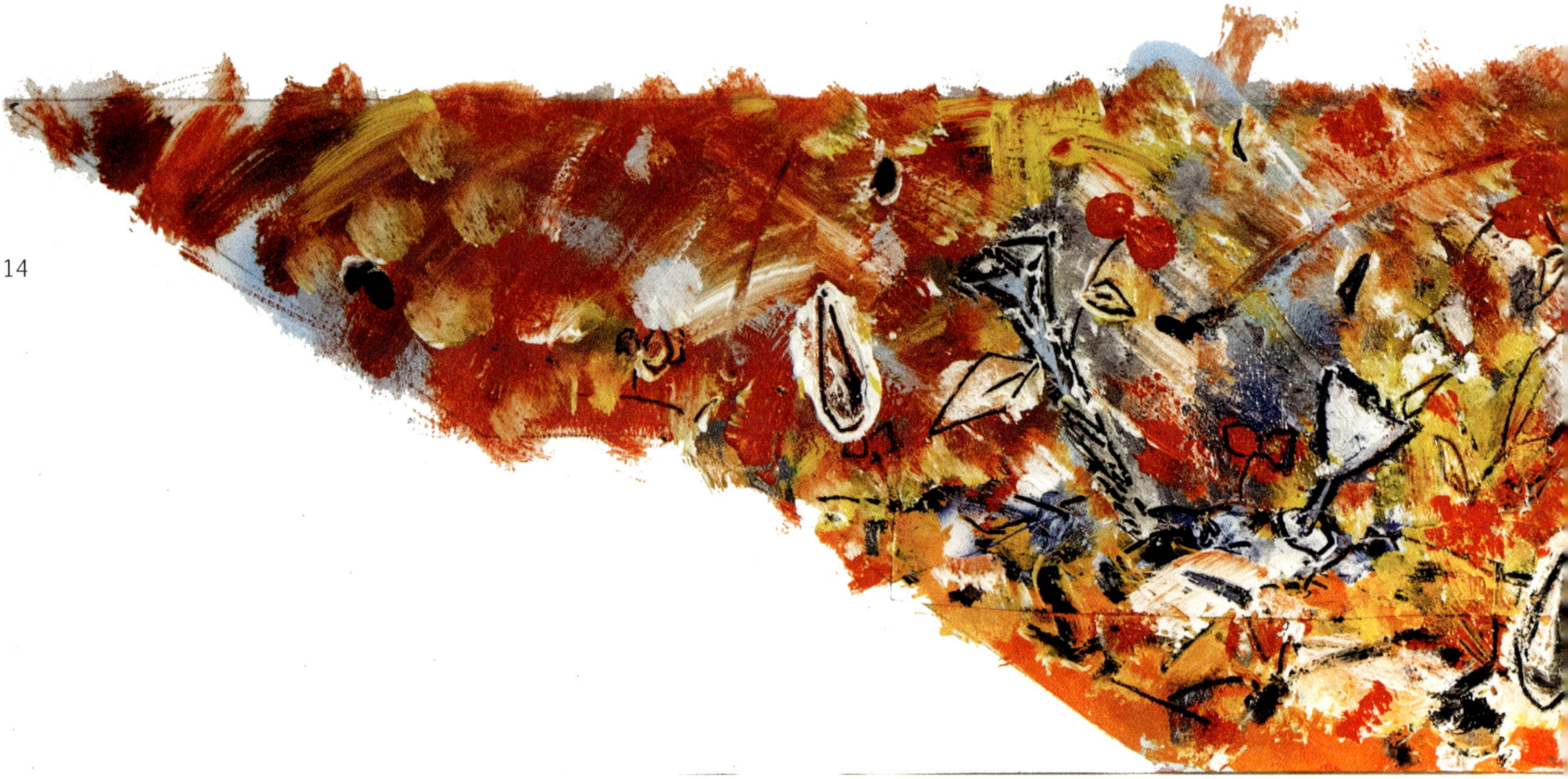

der Vergänglichkeit – verbleichenden, abblätternden, verwitternden Leinwänden – transponiert werden in ein Medium von quasi unbegrenzter Dauerhaftigkeit: Glas!
Der Übergang von der einen in die andere Form vollzieht sich nach subtilen Regeln der Purifikation, wobei die »Atterseeisierung« auf die Kunst der Mosaikgestaltung – die »Königin der Handwerke«, wie der Künstler sie bezeichnet – übertragen, dem Durchlaufen eines geradezu alchemistischen Wandlungsprozesses zwischen den drei thermodynamischen Aggregatzuständen zu gleichen scheint: vom himmel-wetter-wolken-mäßig luftigen frei und locker ineinander-Übergehens visualisierter Klang- und Sinnschöpfungen als erstem Stadium in das akryl-ölig-farbig Fließende des Pinselstrichs, der sich in das magma-glasig-glühend Flüssige von Murano- und Smaltenglas verwandelt, im zweiten Zustand, schlussendlich erstarrend, um zuletzt als geschnitten-, gebrochen-kristallin-zersplittertes Festes seine apotheosenhafte Wieder-Zusammenführung in ein »Fließendes Mosaik« zu erfahren.

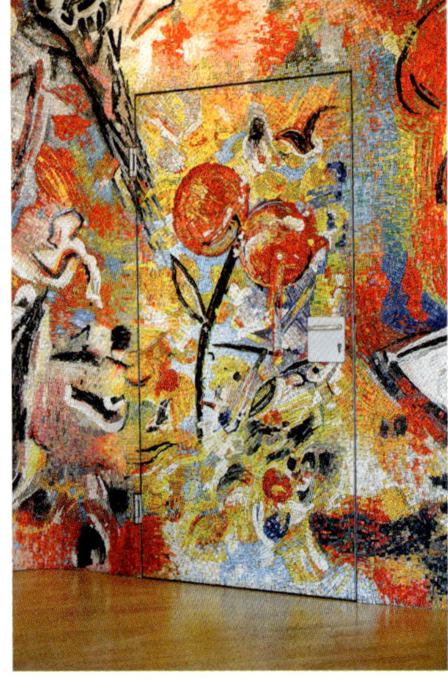

Ein faszinierender Prozess der Fragmentierung, welcher in Zehntausenden kleinster Facetten, von denen nicht eine einzige der anderen in Größe oder Kantigkeit gleicht, den Übergang von dem gewährleistend, was ein Gemälde grundlegend vom Mosaik unterscheidet: von der Art, in welcher ein auf Leinwand gebannter »Moment der Vergänglichkeit« durch das Mosaik in einen »Augenblick gläserner Ewigkeit« verwandelt wird.

Aus dem Maler wird ein »Großer Leger« oder, besser noch, ein »Großer Füger«: Dynamik und Nuancierung von Strich, Farbigkeit und Fläche müssen über zeitweilige Zersplitterung der »Urmaterie« (materia prima) in erstarrtem Glas zurückgeführt werden zur großen Symbiose eines Gesamteindruckes, der das widerzuspiegeln vermag, was seinem Schöpfer ursprünglich als visionäres Augenblickserlebnis vorschwebte. Aus bacchantisch-orgiastischer Raserei muss jene fließend anmutende disziplinierte Rigidität erwachsen, in der sich das Licht des Universums zu brechen vermag wie einstmals in einem gotischen Kirchenfenster.

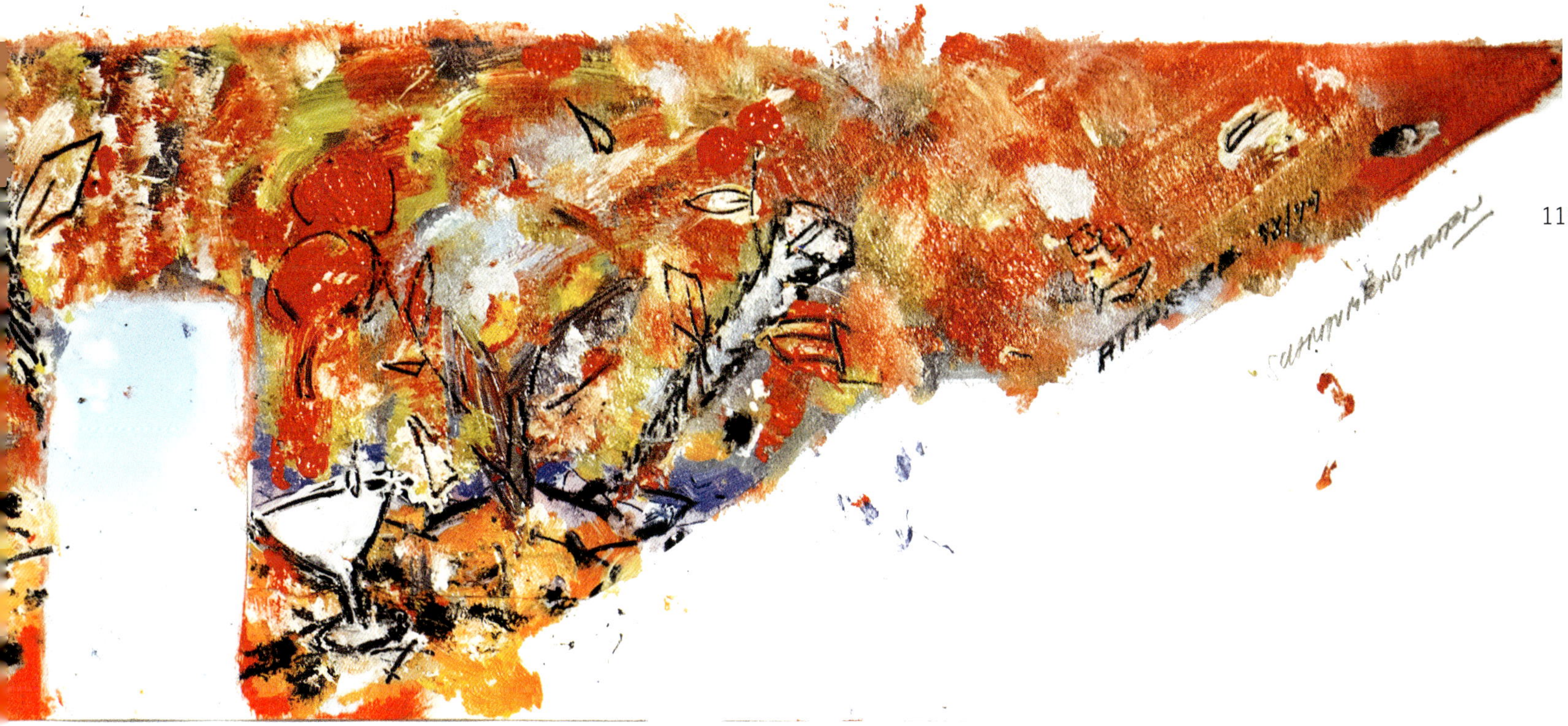

Ist Attersee nun eher als »Glasperlenspielmeister« zu sehen oder doch eher als Gesamtkunstwerksschöpfer im Wagner'schen Sinne? Beiden Formen des Umgangs mit der künstlerischen materia prima liegt ja ihr Ursprung im Geiste der für Attersee so wichtigen Auffassung einer collageartigen Musik des Universums zugrunde, stumm nachtönend in den Gesetzen einer dem Künstler eigenen Farbenlehre. In ihrer frühen Entstehungsphase, in der das Glas noch ungebrochen in einer Bibliothek gläserner Folianten seiner mosaikhaften Zersplitterung harrt, fühlt man sich förmlich an das famose Glasperlenspielarchiv Kastaliens[2] erinnert; ebenso sind die strengstens überwachten Selektions- und Legevorgänge von ihrer Kombinatorik her eher der spielerischen Kompositionstechnik eines Magister Ludi – eines Spielmeisters des Glasperlenspiels – verwandt; wenn aber dann der ursprüngliche élan vital in seiner orgasmischen Spontaneität eines eher inner-klanglichen Bauch- oder Lendengefühls sich zur letztendlichen Glasfläche zusammenzufügen beginnt, wird man doch eher jener im Gesamtkunstwerk so gut zum Ausdruck kommenden mystischen Wandlung gemahnt, die Richard Wagner in seinem *Parsifal* so treffend als »Zum Raum wird hier die Zeit« bezeichnet hat.

In diesem Sinne erinnern uns die riesigen Mosaike Attersees, deren Entstehung sich oft über Monate, ja sogar Jahre erstreckte, zugleich aber noch an ein anderes Medium, in dem sich der Künstler ebenfalls wiederfand und das er sogar unterrichtete: den Zeichentrickfilm, heute besser bekannt als Animation. Auch diese besteht, ähnlich wie das eingangs erwähnte »Citta-Moment-Prinzip«, aus einer Aneinanderreihung statischer, sich von Bild zu Bild oft nur geringfügig verändernden Einzelaufnahmen, die durch die Trägheit unserer Wahrnehmung zur Illusion eines bewegten Ablaufes werden; Attersees Mosaike lassen sich insofern als Umkehrungen von Animationen verstehen, als sie die Illusion eines zeitlichen Ablaufes durch das über einen langen Zeitraum erfolgende flächenmäßige Anordnen kleinster farbiger Bausteine zurück zu einem synchronistisch gestalteten großen Ganzen sind, das man auf einen einzigen Blick wahrnehmen kann, eben als räumlichen Ausdruck der Zeit.

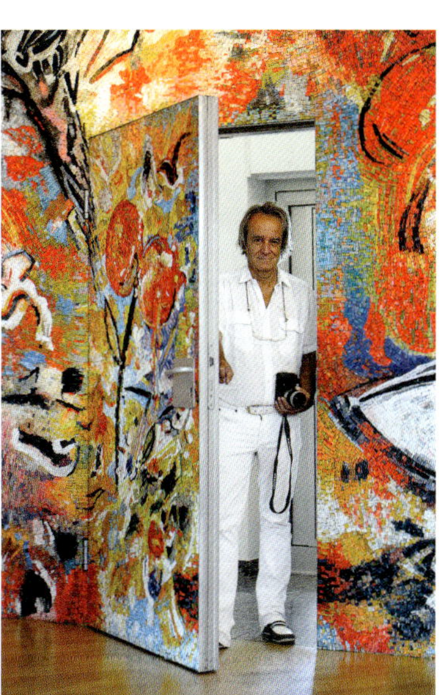

Schraubengarten, *16 x 78 cm, Mischtechnik auf Karton, 1998/99, Entwurf für die Rückwand des Betriebscafés im ersten Stock des Verwaltungsgebäudes der Firma Würth, Böheimkirchen.*

Rechts und links: Tür mitten im Mosaik zu den Lagerräumen des Cafés. Der Autor Dr. Titus Leber als Bildtortester.

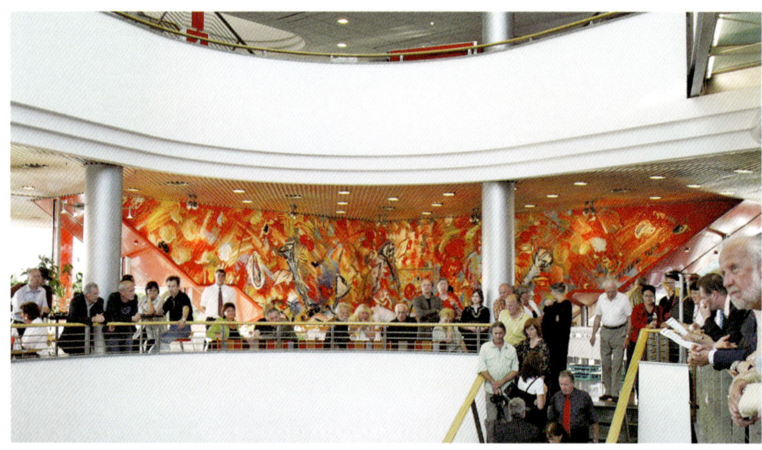

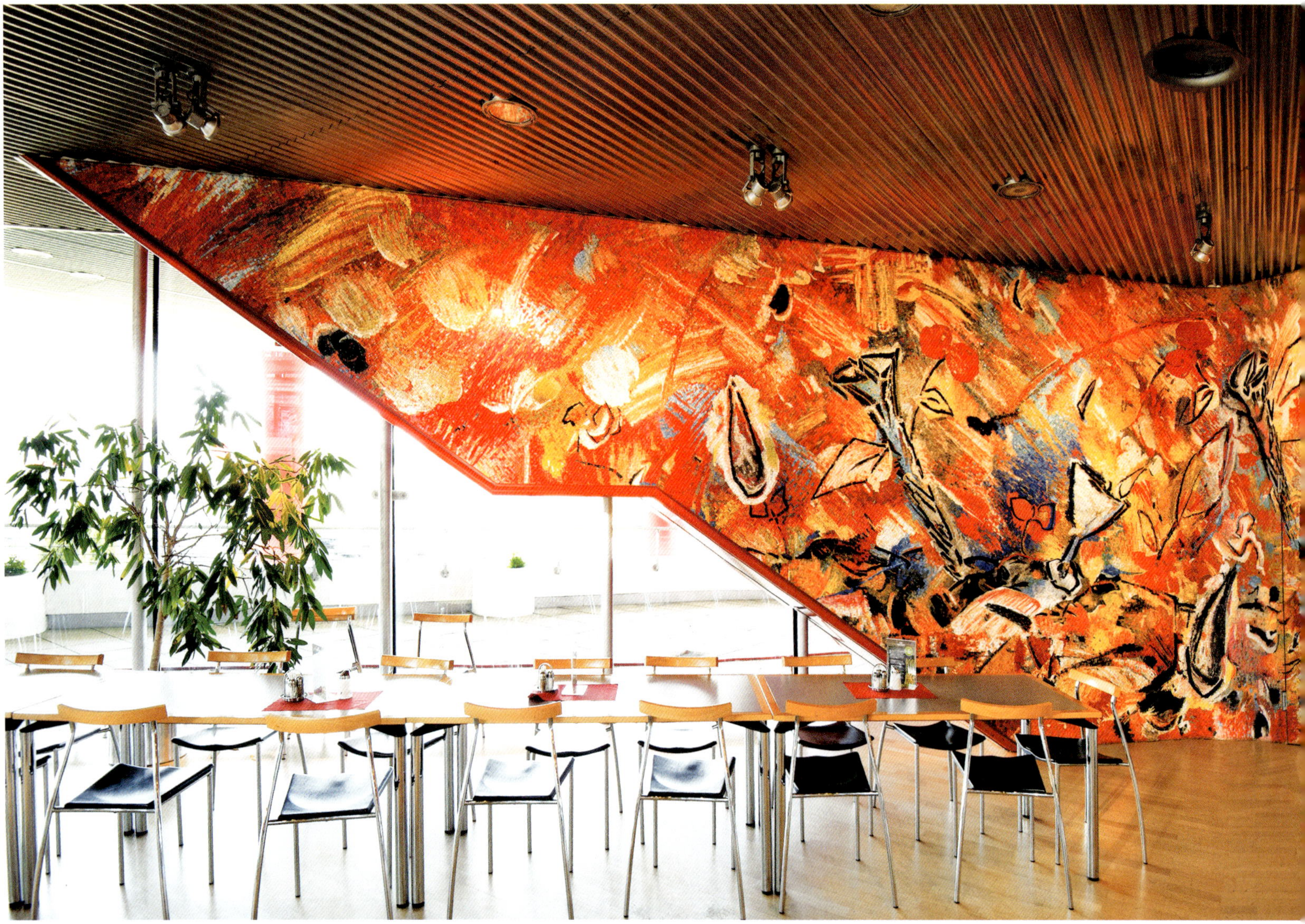

Bezeichnenderweise schließt sich hier der Kreis zu einem sehr frühen Entwicklungsschritt des Künstlers: dem Studium von »Vitrinenbau, Kirchenfenster und dem Umgang mit Mosaiksteinen und Schmelzungen«, das er in den Jahren seiner Hochschulzeit erfolgreich abgeschlossen hatte. Aber es hat ein halbes Menschenleben gedauert, bis der Maler Attersee, als gereifter Mensch, zu diesen, seinen Ursprüngen zurückfand.
Unter diesem persönlichkeits-entwicklungsgeschichtlichen Gesichtspunkt erscheint es als gerechtfertigt, die Attersee'sche Mosaikwelt einerseits als ein Universum für sich, eine in sich abgegrenzte Welt zu betrachten, charakterisiert durch das gläserne Medium, für dessen Gesetzlichkeiten es ganz spezifisch konzipiert wurde, zum anderen seinen Werdegang jedoch als Weg zu betrachten, als Entwicklungspfad auf dem Wege zur Selbstfindung, als »Individuations-Prozess« in Jung'schem Sinne.
Dieser Betrachtungsweise folgend, ist es sicherlich kein Zufall, dass Attersees erstes Mosaik, *Der Wetterhändler*, erst im Spätwerk des Künstlers zu seiner Ausführung gelangend, von der Thematik her Merkur, dem »Gott der Händler und Diebe« gewidmet, zugleich auch auf Mercurius, einen der zentralen Archetypen der Alchemie anspielt:

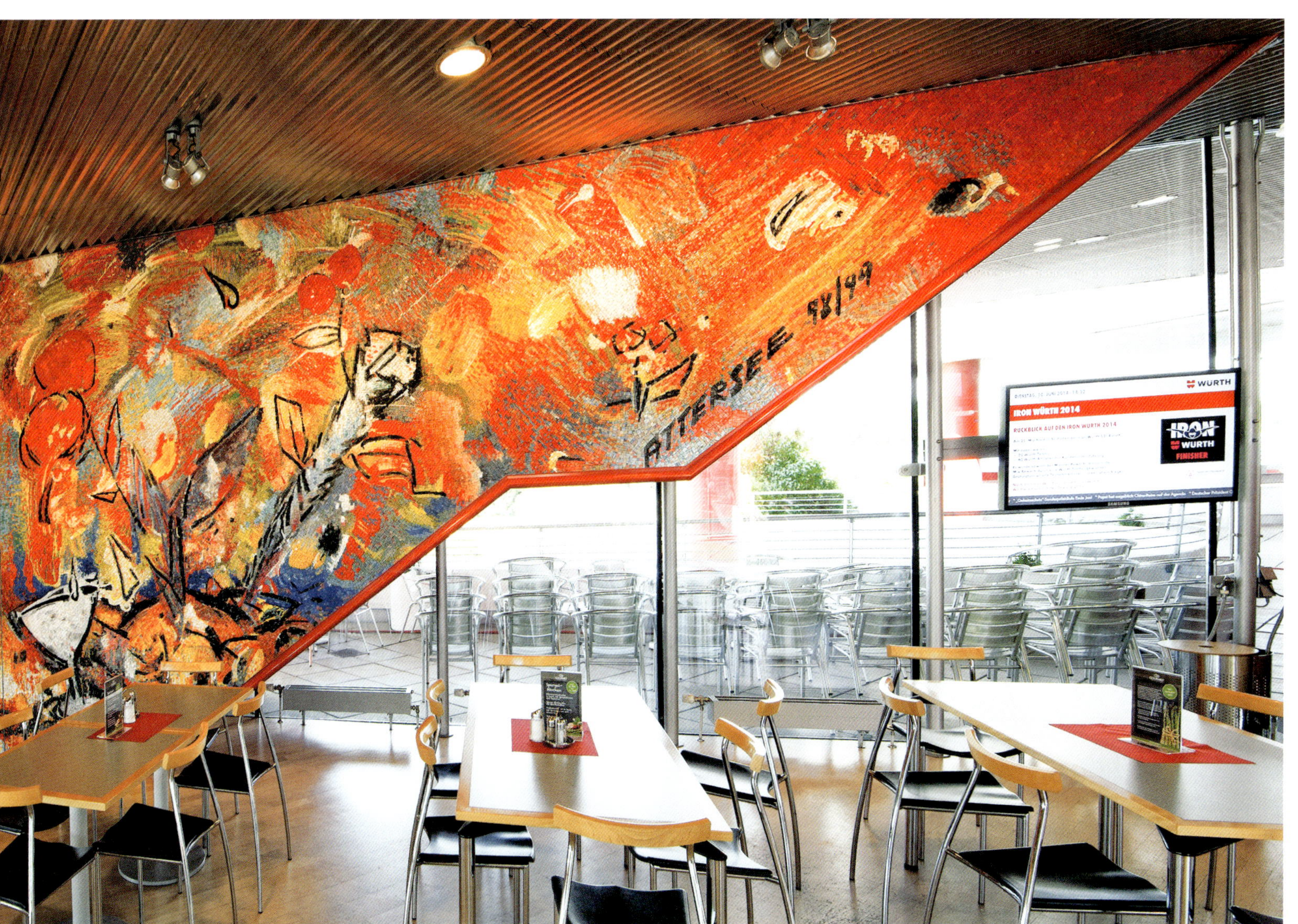

Arbeitszeit, *flügelartiges Mosaik in rot-lackiertes Metall gefasst. Café im ersten Stock der Industriezentrale der Firma Würth, Österreich, 2014.*

In geradezu archetypisch anmutender Form wird in diesem Riesenmosaik mit seinen zwei polar einander gegenübergestellten Halbkugeln des blau reflektierenden Wasser-Luftbereiches und des feurigen Bereiches auf die noch nicht vollzogenen coniunctio oppositorum[3] (die »Vereinigung der Gegensätze«) angespielt, wie sie, unbewusst angestrebt, einer zukünftigen Vereinigung der Gegensätze entspricht und wie sie bereits in der Bildersprache alter alchemistischer Handschriften, etwa dem *Rosarium Philosophorum*[4] visuell ausgestaltet worden war.

Nur ahnungshaft umkreisen Tröpfchen des jeweils anderen Elements hier die jeweils entgegengesetzte Sphäre Das vorerst noch dramatisch übersteigerte männliche Prinzip mit seinem zentral im Bildgeschehen angebrachten Phallus dominiert vorläufig noch das Bildgeschehen.

Attersee bezieht sich in dieses Aufeinanderprallen der Gegensätze voll mit ein, im Sinne der vom Psychologen Remo F. Roth unter Bezug auf besagte Handschrift beschriebenen »bildlichen Vorlage eines Schöpfungsmythos, in dem im Gegensatz zu den meisten archaischen Mythen der Mensch als verantwortlich handelnder Mitgestalter einbezogen ist«: Attersees eigener, oft betonten psychosexuellen Ambivalenz und künstlerisch-sexueller Androgynität entsprechend spiegelt Mercurius, ein ausgesprochen ambivalentes Wesen im Spannungsfeld zwischen den Polaritäten, hier die »Zweiheit von physisch-psychischer und geistig-psychischer Energie« wider. Zugleich deutet die sich hier bereits ankündigende Wandlung in ihrer symbolischen Konstellation darauf hin, dass es sich beim Attersee'schen Schöpfungsmythos um einen energetischen Transformationsvorgang handeln wird:

Bezeichnenderweise vollzieht sich die Begegnung zwischen den beiden Gegensätzen in der zuvor zitierten Handschrift dann ja via einer dreifach gekreuzten Anordnung von Blumen, und genau dies lässt sich thematisch ebenfalls in Attersees Mosaik-Individuationsprozess über seine nächsten drei Mosaiken hin nachvollziehen: hier die dem Wasser zuordenbare Ausschmückung eines privaten Bades, das sich in narzisstischer Form vorerst einmal selbst in einem großen Spiegel reflektiert; in ihr sind das männliche und das weibliche Prinzip bereits differenziert, gelangen jedoch noch nicht zur Symbiose; und außerdem beginnt es, von Fischen zu wimmeln; dort der in glühendem Rot gehaltene *Schraubengarten*, welchen der Künstler als eines der beiden Mosaike für den Firmensitz der Firma Würth im Kantinenbereich konzipiert hat.

Zwischen diesen beiden Mosaik-Welten das von floralen Motiven dominierte *Blumenschieber*-Mosaik für das Wilhelminenspital, in seiner duftig-ätherischen Leichtigkeit konzipiert, um todkranken Patienten Trost zu spenden.

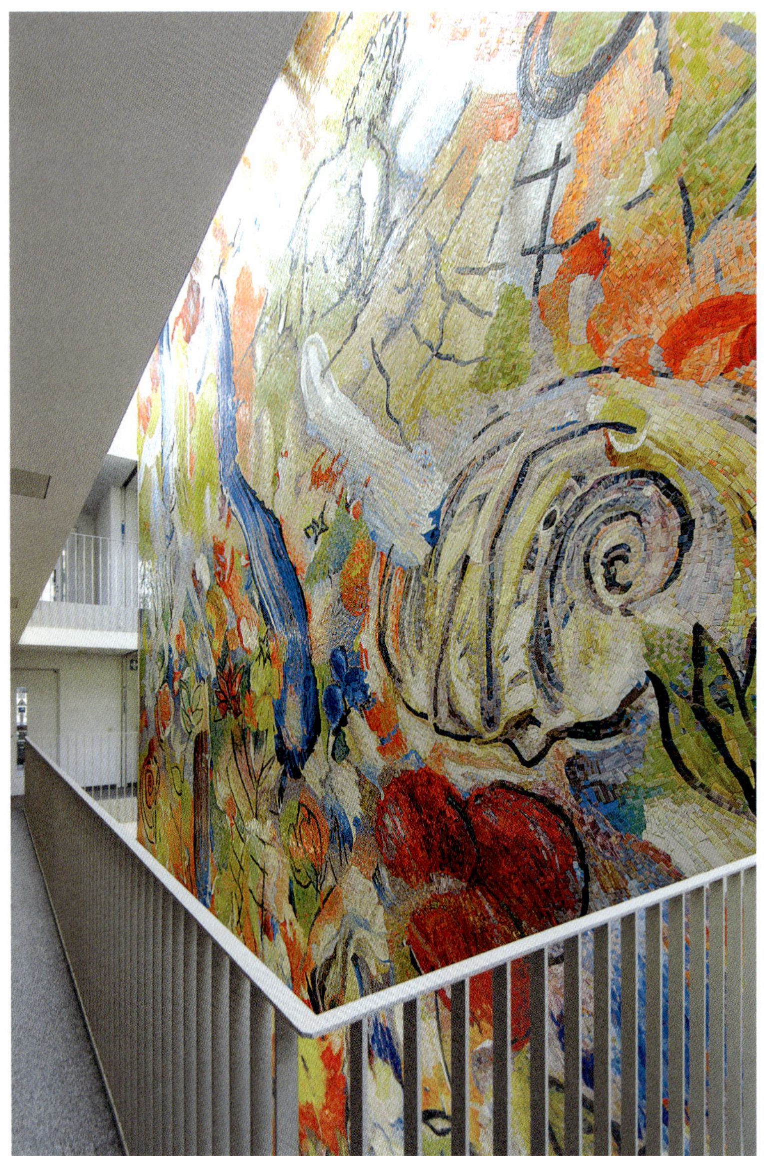

Rechts und links:
Blicke auf das Attersee-Innenraummosaik Reichtum Erde, *Wien, 2008.*

Sieht man sich des Künstlers Anmerkungen am Rande des Originalentwurfes für dieses Mosaik an, so vermeint man, es mit den nuancierenden Tempi-Anweisungen eines hochsensiblen Dirigenten zu tun zu haben. Im Gegensatz zur Malerei können ja Farben hier nicht ineinander verfließend gemischt werden, sondern müssen ihre Gesamtwirkung ähnlich der Technik der Impressionisten aus dem Nebeneinander der Farbpunkte erzielen, auch wenn es sich um ein breiteres Spektrum als jenes der »reinen Farben« der impressionistischen Farbenskala handelt. Akkorde also, aus Wort und Klangverbindungen, die zu Farbkompositionen werden, welche zum Charakterbild einer atterseeisierten Sicht des »Mannes ohne Eigenschaften« passen, dessen »Aneinanderreihen der Eigenschaften nur funktioniert, wenn sie eben nicht als Gewebe konzipiert sind«.[5]

(Dieter Ronte hatte übrigens in einer Festrede den Künstler Attersee einmal sehr treffend mit diesem »Mann ohne Eigenschaften« Musils verglichen, was uns angesichts Attersees schillernder Androgynität wiederum an den schönen Satz in diesem Roman denken lässt, wenn Ulrich gegen eine von Männern geschaffene Welt aufbegehrt, indem er sagt: »… und ich würde eine Frau sein wollen, wenn nicht – die Frauen die Männer liebten.«[6]

Zwischen den Blumen auch hier überall das Leitmotiv der Fische, ein beinahe allgegenwärtiges Motiv im Mosaik-Universum Attersees.

Aus dem Eden-Garten der Schrauben tritt nun jener »homo faber« (»Schaffende Mensch«) als angedeutete coniunctio oppositorum hervor, wie er sich im anderen, für Würth konzipierten Mosaik *Arbeitszeit* manifestiert: zunächst noch androgyn, in Gestalt eines die ganze Wand bedeckenden, schreiend gelben Götter- oder Heldenprofils mit drei sinnlichen Lippenpaaren und mit Wangen, die aus Brüsten zu bestehen scheinen, umgeben von »tools«, von Werkzeugen, die der Formung einer mechanisierten Welt dienen, die zu beherrschen er, der Heros, sich berufen fühlt.

Dem Abschluss dieser Art von elementarer »Werdensphase« fügt sich nach diesen Mosaiken das quasi seine bisherige Schöpfung im Gesamtüberblick zusammenfassende Monumentalmosaik *Reichtum Erde* für die Geologische Bundesanstalt in Wien an: so gewaltig und umfassend konzipiert, dass es nicht mehr möglich ist, es mit einem einzigen Blick zu erfassen: Dieses Mosaik muss man abschreiten, über viele Stockwerke hin … Wasserhorizonte … Feuerhorizonte … So verstörend dieses Konzept mit seinen drei, den vier Stockwerksebenen nicht entsprechenden Horizontebenen am Anfang auch wirken mag, so nahtlos schließt es an die ersten Ansätze im *Wetterhändler* an, nur eben auf erdzeitalterliche Dimensionen ausgeweitet: Aus den umeinander gravitierenden Halbkugeln des ersten Mosaiks, über den sich im Blumenmotiv des *Blumenschieber*-Mosaiks anbahnenden Vereinigungsprozess bis hin zu dem sich im Zentrum von *Reichtum Erde* vollziehenden Fusionsprozess dreier glühend roter Sphären und den erneut auseinanderstrebenden Polaritäten von Mann und Frau anstatt der Halbkugeln des ersten Reliefs hat der Weg zur Individuation seinen folgerichtigen Weg genommen.

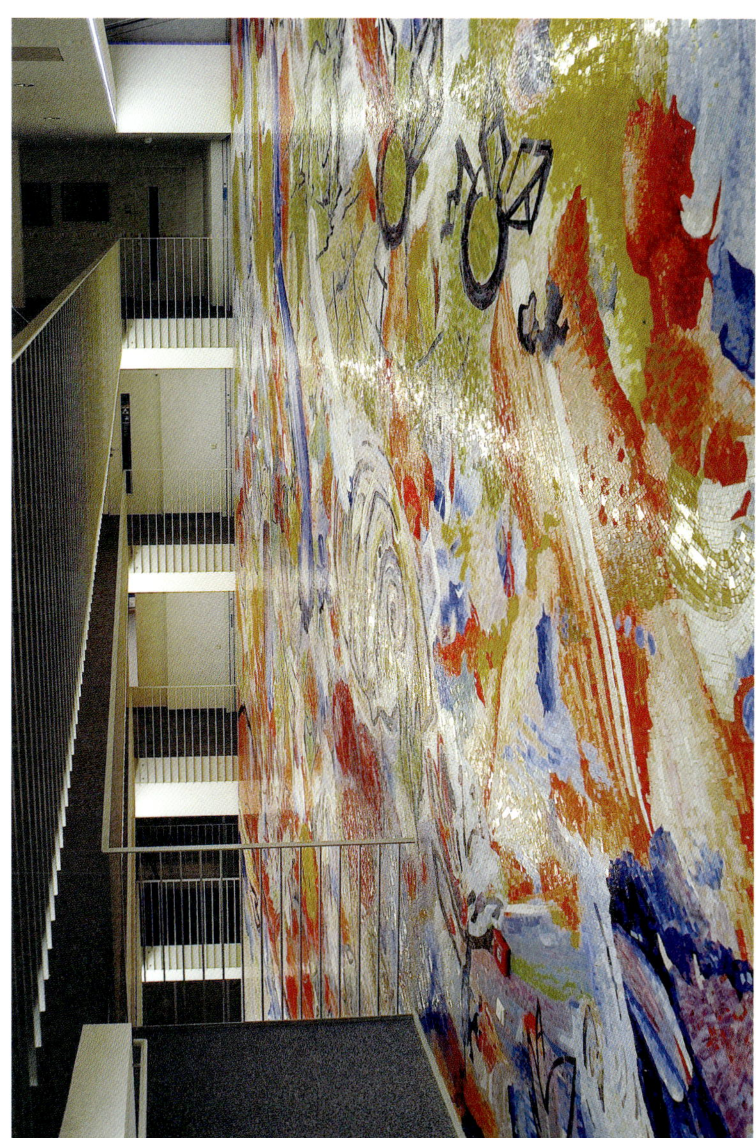

Eine Reihe von Motiven in *Reichtum Erde* kündigt bereits die nächste thematische Auseinandersetzung mit dem Grundthema polarisierter Spannungsfelder an – diesmal ist es das Gegensatzpaar Tag und Nacht, das die Auseinandersetzung des »Malers Attersee« mit dem »Attersee-Mahler« bestimmt, welches, ergänzt durch eine dritte Mosaikwand, die mit einer Orgie symbolisch schwerstbeladener Attersee-Chiffren aufwartet (Diptychon *Gustav-Mahler-Tag-Nacht* im neuen Gebäude des Dorfzentrums von Steinbach am Attersee): Da ist zunächst die Fortführung des Naturmotivs, das der Musiker Attersee vom Musiker Mahler, speziell von dessen vierter Symphonie her, geradezu wie eine See-Seelenverwandtschaft empfindet; da sind die omnipräsenten Fische, die hier zu Mahlers »Fliege« werden, die Blumenwiesen, die prallen roten Früchte, welche die beiden Porträts des komponierenden Dirigenten umfluten. Warum diese in Schwarz-Weiß gehalten sind? Einerseits, weil sie mit geradezu fotorealistischer Schärfe jene beiden berühmten Aufnahmen von Mahler aufgreifen, die sich in der Privatsammlung Kaplan befinden; andererseits aber auch, weil es Christian Ludwig anhand dieser Schwarz-Weiß-Aufnahmen als unmöglich empfand, seiner Darstellung des Komponisten eine der Wirklichkeit entsprechende Hautfarbe zu ersinnen. Da ist die in ihrer an die metaphysische Beunruhigung von de Chiricos pittura metafisica erinnernde Attersee-Chiffre des nicht-geöffneten Briefumschlages, eines Motivs, das den Maler mit geradezu obsessioneller Besessenheit verfolgt, weil »man nie weiß, was so ein Kuvert in Wirklichkeit beinhaltet: es kann ein Vogelnest sein oder eine Todesanzeige, ein Liebesbrief oder vielleicht auch nur eine unbezahlte Rechnung, alles oder gar nichts!«[7] Es könnte natürlich – warum auch nicht! – auch eine Anspielung auf jenen ominösen Liebesbrief sein, den Walter Gropius an Alma Mahler richtete, ihn aber dann »versehentlich« an ihren Mann, Gustav Mahler, adressierte, was diesen wiederum zu seiner geheimnisumrankten Kurzbegegnung mit Sigmund Freud in Leyden trieb, bei der alles – oder vielleicht auch nichts – ausgesprochen wurde.

Der große Psychoanalytiker selbst hätte sicherlich seine Lust an der Steigerung des Briefumschlag-Enigmas in diesem Glasrelief gehabt: tränendes, noch ungeöffnetes Kuvert, blutendes, düstere Vorahnung verheißendes Kuvert, Todes- und Grabes-Kuvert, letztendlich doch unter der Last seiner Verzweiflung und Hoffnungslosigkeit geborsten! Eine unentrinnbare Schicksalshaftigkeit, die in einem Rausch von Blut ahnend vorweggenommen wird: eine blutende Scheune, ein gespaltener Schädel, aus dem – gleich einer Kopfgeburt – ein blutender Ast entspringt, das Kuvert, aus dem Blut quillt! Inmitten dieses Rausches von Blut und Tod wird aus

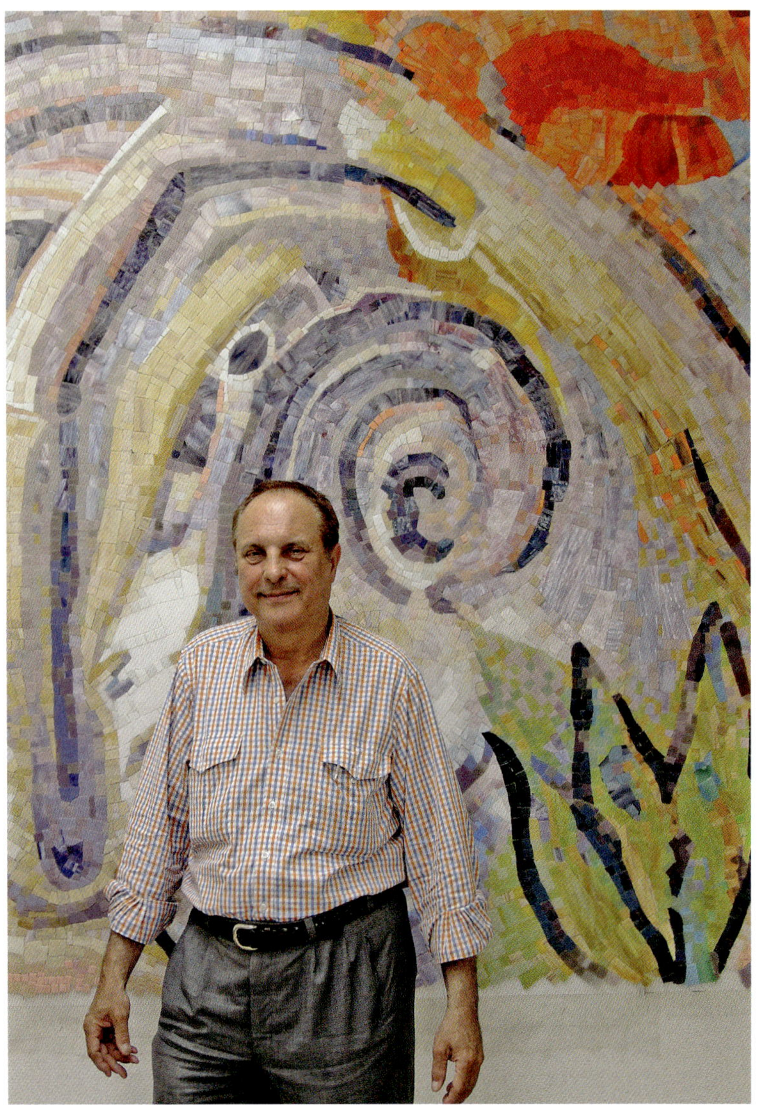

Attersee in der Mosaikwerkstatt von Wilhelm Kocian vor einem Teil des Werks Reichtum Erde *in Wien, 2006.*

dem Komponisten eine männliche Daphne, aus deren Hirn und Gliedern, neuerwachsender Hoffnung gleich, organisch runenhafte Zweige entsprießen, Zweige, die wiederum gekappt sind wie zugrundegegangene Hoffnungen, gleichzeitig in ihrer »Y-förmigen Gabelung« aber doch auch wieder der »gespreizten weiblichen Lenden« gemahnend, die, wie der Erotomane Attersee es ausführt, »letztendlich unser aller primäre Präokkupation bleiben«, ob wir nun Christian Ludwig heißen oder Gustav, in den Christian Ludwig einzudringen versuchte.

Dem attersee-blauen Mahler-Mosaik folgt das Mosaik *Blauhändler*: Schon wieder ein Händler! Diesmal mit »Blau«, dem anderen Grundinspirationsmotiv Attersees neben dem »Wetter«, handelnd! Vom *Wetterhändler* schließt sich der Kreis zum *Blauhändler*; aus dem alles dominierenden Über-Mann des ersten Mosaiks ist eine alles dominierende blaue, weibliche Gestalt geworden. Die Gegensätze haben sich demnach vereint, sind ineinander aufgegangen. Was im Mariahilfer-Straßen-*Merkur*-Mosaik noch ein kleiner Phallus war, ist im *Blauhändler* zu einem mächtigen phallusartigen Auswuchs aus der das Bildgeschehen dominierenden weiblichen Gestalt geworden, auf dem ein männliches Hampelmännchen reitet; aber in Wirklichkeit ist dieses Glied zugleich ein flaschenartiges Gebilde, einem Uterus gleichend, wieder jene für Attersee charakteristische Tropfen vergießend, von denen man nie so recht weiß, ob sie Wasser-tropfen, Sperma oder Tränen sind.

1) Der Abhidhamma ist der dritte Teil des buddhistischen Pali-Kanons, in dem die Lehren des Buddha einer Systematisierung unterzogen werden. In ihm wird das als »Fließen des Geistes wahrgenommene Kontinumm« als eine Sequenz extrem kurzer Geistesmomente – man könnte auch sagen Geistesblitze – beschrieben, die nur dank der Trägheit unserer Wahrnehmung als Kontinuum wahrgenommen werden.
2) In Hermann Hesses Roman *Das Glasperlenspiel* (1943) bezeichnet Kastalien jene vergeistigte Provinz, in der das Glasperlenspiel in seiner gediegensten Form betrieben wird. Dieses versteht sich als eine spielerische Kombinatorik der codierten Quintessenz aus den Bereichen der Wissenschaft, der Kunst und der Esoterik, frei nach den Regeln der Musik und der Mathematik zu neuen Sinnesketten zusammengefügt.
3) C. G. Jung: *Mysterium Coniunctionis*, Gesammelte Werke, Bd. 14.
4) Das *Rosarium Philosophorum* (Rosengarten der Weisen) ist ein alchemistisches Werk aus dem 13. Jahrhundert, das Arnaldus de Villanova (1235–1315) zugeschrieben wird.
5) Kommentar des Künstlers in einem Interview mit dem Autor.
6) Robert Musil, *Der Mann ohne Eigenschaften.*
7) Anmerkung des Künstlers in einem Interview mit dem Autor.

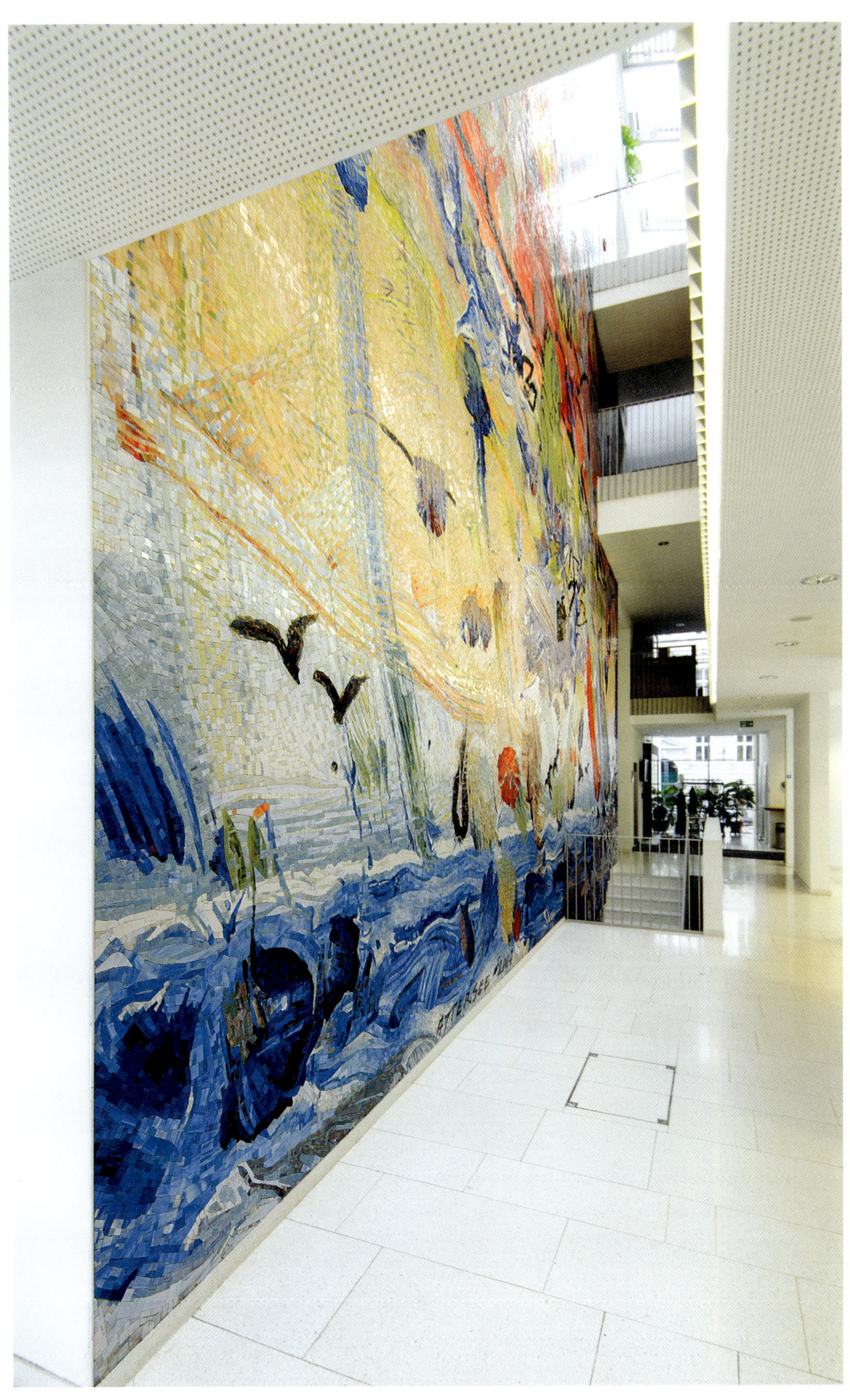

Gesamtansicht des Attersee-Mosaiks Reichtum Erde, *2008, im Neubau der Geologischen Bundesanstalt in Wien.*

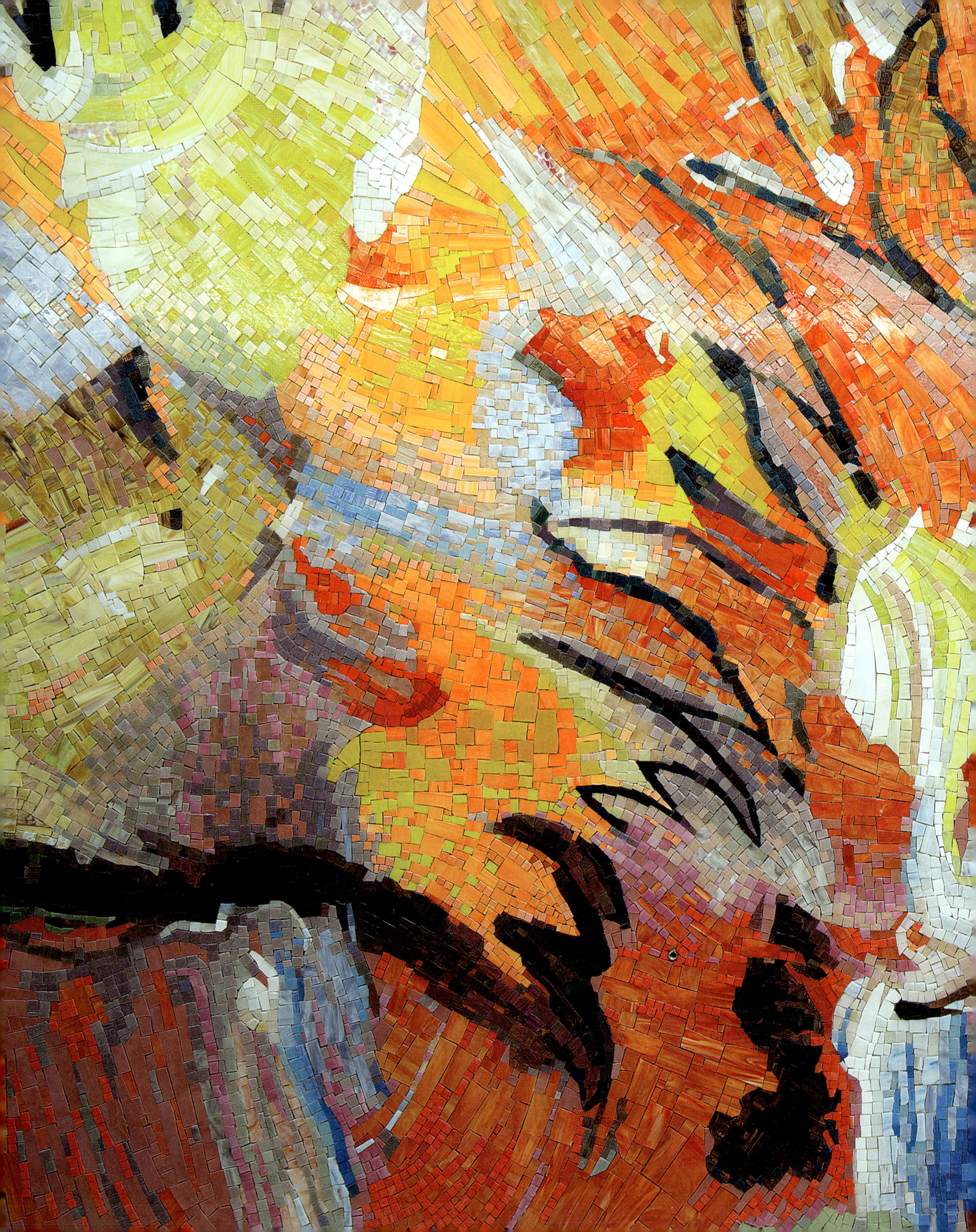

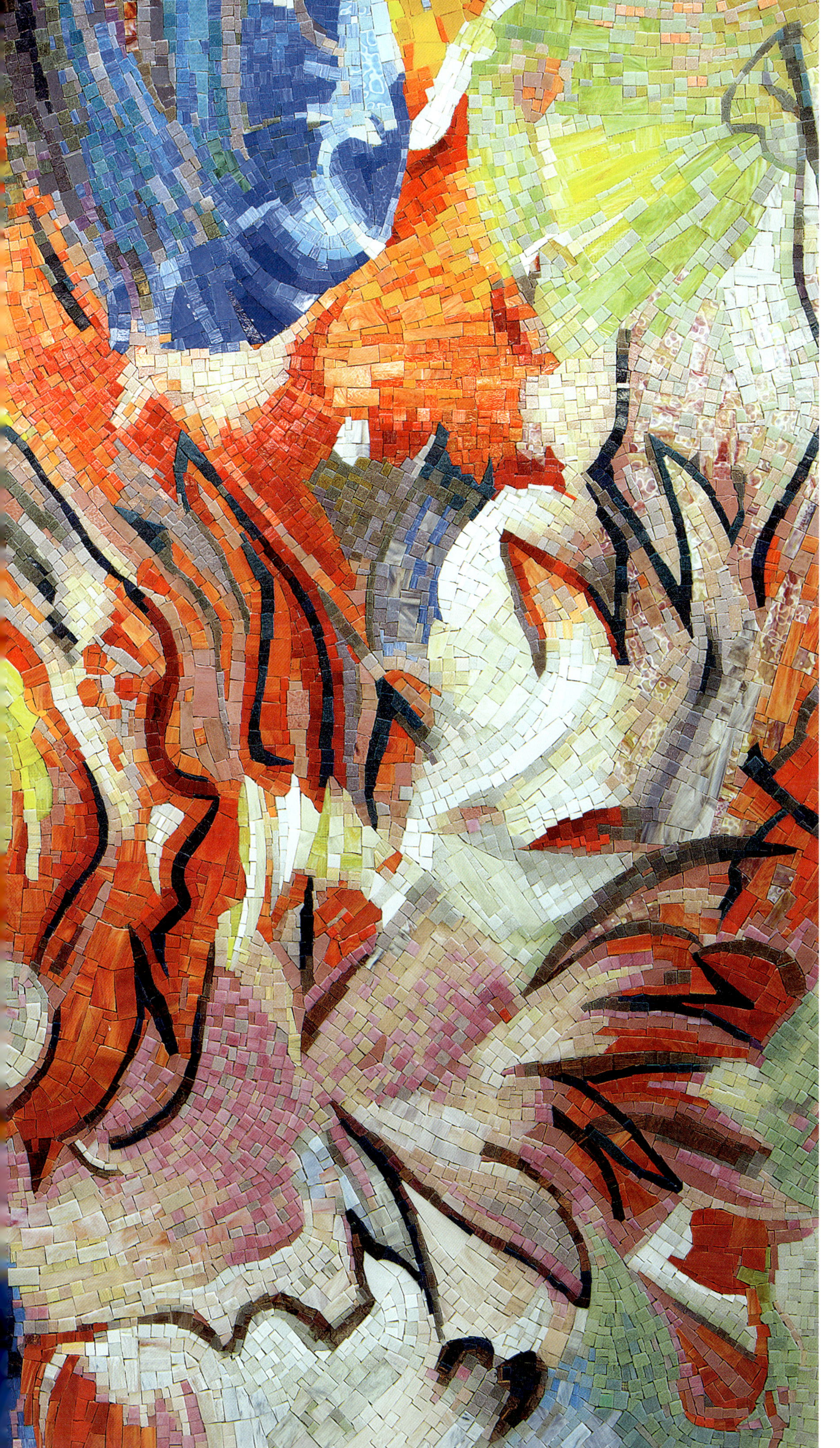

Detailansicht des Attersee-Mosaiks Reichtum Erde, *2008.*

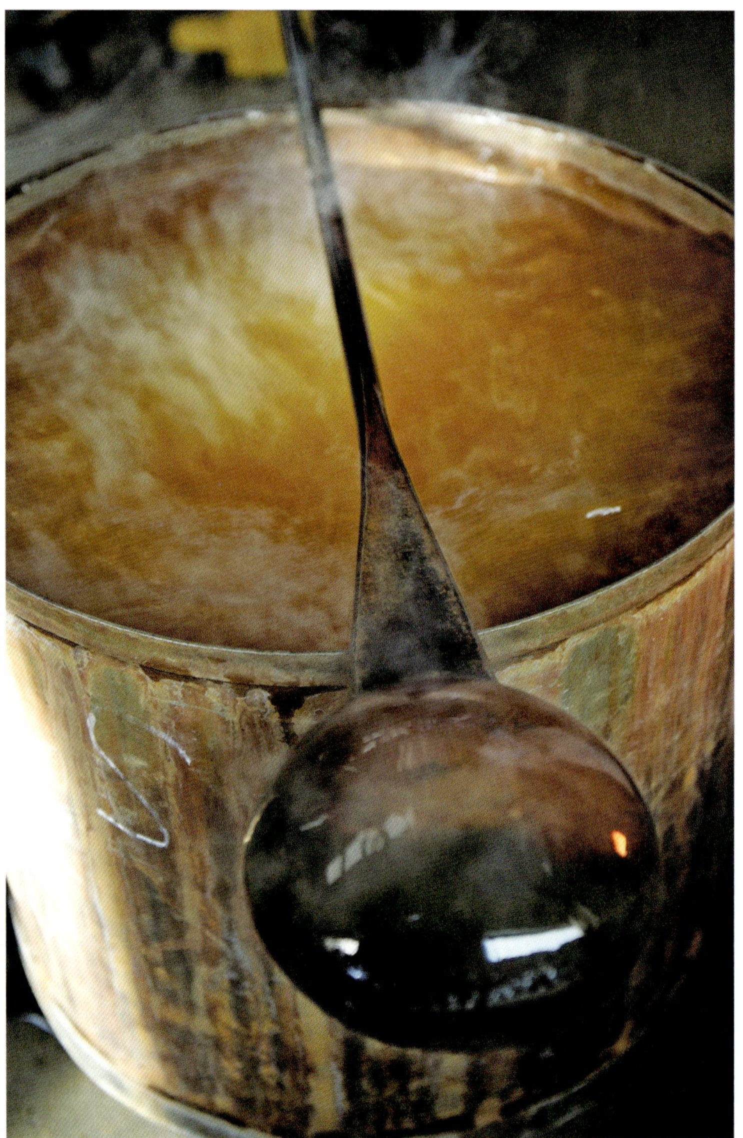

Smaltenglas-Herstellung in der Firma Donà in Spilimbergo, Oberitalien. Die flüssige Glasmasse im Portionsschöpfer auf dem mit Kühlwasser gefüllten Bottich.

Venezianische Smalten – Glaswerkstätten am Festland

FRANZ HOFBAUER

Einleitung

Mosaiksteine (Tesserae), die durch Schmelzen hergestellt werden und deshalb glasig sind, bezeichnet man auch als Smalten. Der Begriff leitet sich vom italienischen Wort für Emaillieren (smaltare) ab, womit der Vorgang zur Herstellung von Glas gemeint ist. Der auch anderweitig gebrauchte Begriff, nämlich als Bezeichnung für ein Pigment, rührt daher, dass mit Cobaltoxid gefärbte blaue Smalten in fein gemahlener Form eine entsprechende Verwendung finden.
Jahrhundertelang war die Smaltenherstellung ein Privileg venezianischer Glasmacher und galt als hohe Kunst. Nach langer Forschungsarbeit, die kaiserlich gefördert wurde, konnte die Berliner Mosaikanstalt im späten 19. Jahrhundert das italienische Monopol brechen und selbst Smalten herstellen.

Eigenschaften

Smalten besitzen eine gute Lichtbeständigkeit, sind säure- und alkalibeständig und mit allen Pigmenten verträglich. Es wird gemahlen als blaue Farbe genutzt, wobei sich hier nach der Feinheit folgende Arten unterscheiden:
Streublau (auch Streusand): gröberes, eckiges Pulver.
Coleur: mittelfeines Pulver.
Eschel (auch Aeschel): feinstes Pulver.

Die Intensität der Farbe ist vom Kobaltgehalt abhängig. Eine kobaltreiche Smalte wird als Königsblau, die dunkelste Smalte als Azurblau bezeichnet.

Zusammensetzung

Smalten bestehen aus einem Glas, das aus den Rohstoffen Sand (SiO2), Kalk (CaO) und Soda (Na2CO3) oder Pottasche (K2CO3) und gelegentlich auch Mennige (Pb3O4) erschmolzen wurde. Als Trübungsmittel können Arsen- oder Antimonoxid, mitunter auch Kryolith verwendet worden sein.
Quarzsand ist ein fast reiner SiO2-Träger zur Netzwerkbildung. Wichtig ist, dass der Sand nur einen geringen Anteil an Fe2O3 besitzen darf (<0,05 %), da sonst bei Weißglas störende Grünfärbungen auftreten. Dieser Rohstoff macht mit über 70 % massenmäßig den größten Teil des Gemenges aus und ist eine der Hauptquellen für Verunreinigungen.
Soda (Na2CO3) dient als Natriumoxidträger, das als Netzwerkwandler (verändert Struktur und Eigenschaften des Glases) und als Flussmittel dient und den Schmelzpunkt des SiO2 senkt. In der Schmelze wird Kohlenstoffdioxid frei und löst sich als Gas aus dem Glas. Soda ist im

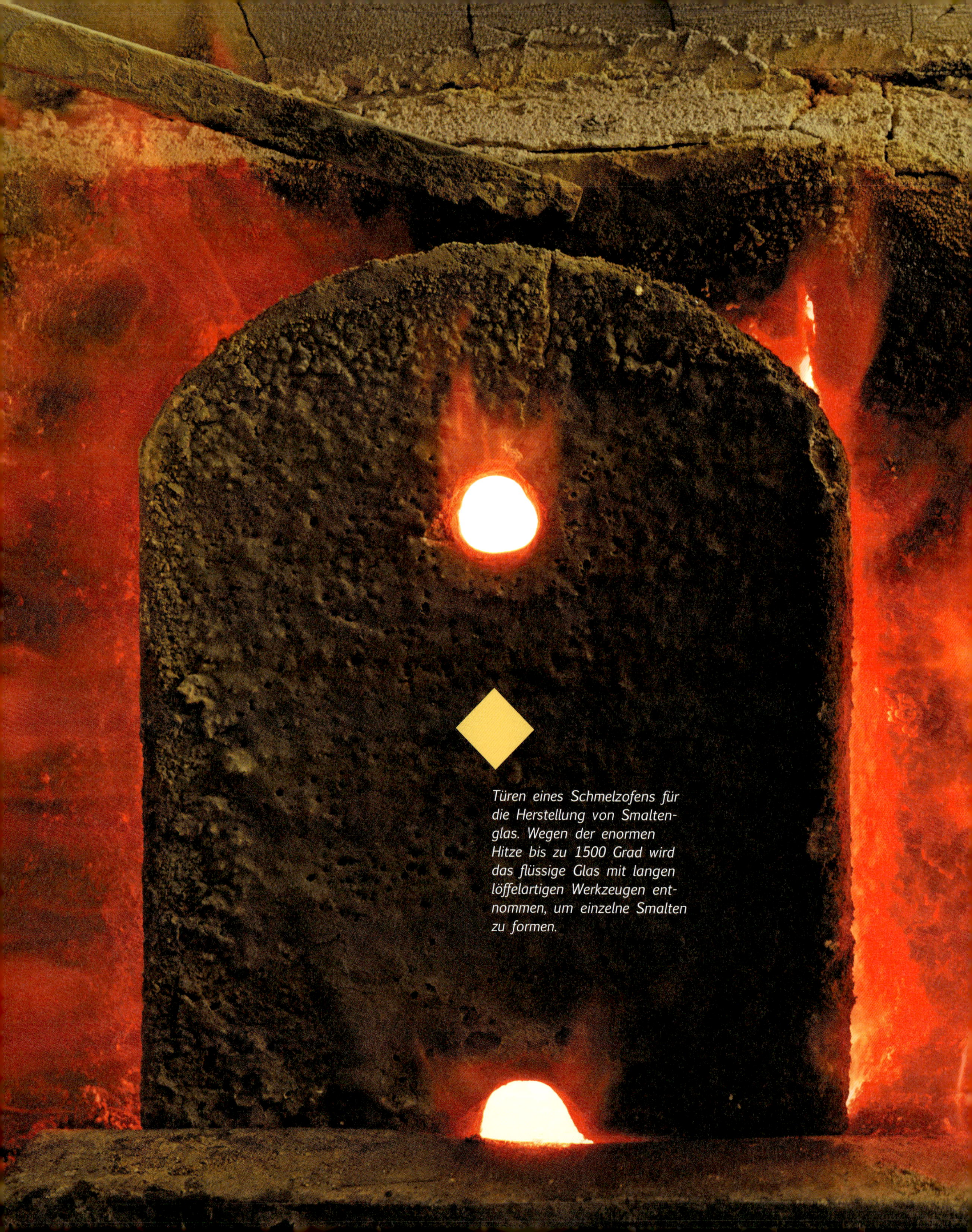

Türen eines Schmelzofens für die Herstellung von Smaltenglas. Wegen der enormen Hitze bis zu 1500 Grad wird das flüssige Glas mit langen löffelartigen Werkzeugen entnommen, um einzelne Smalten zu formen.

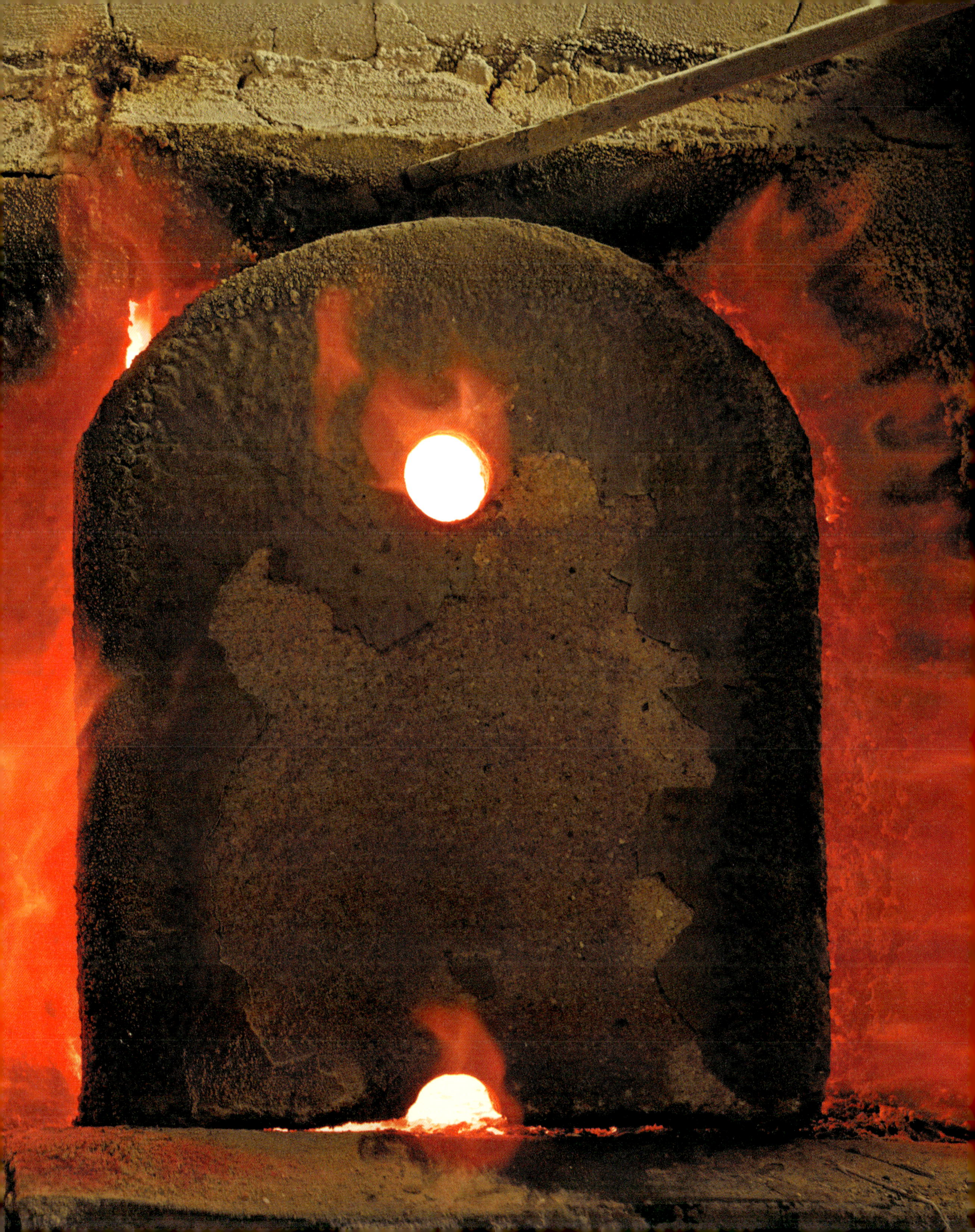

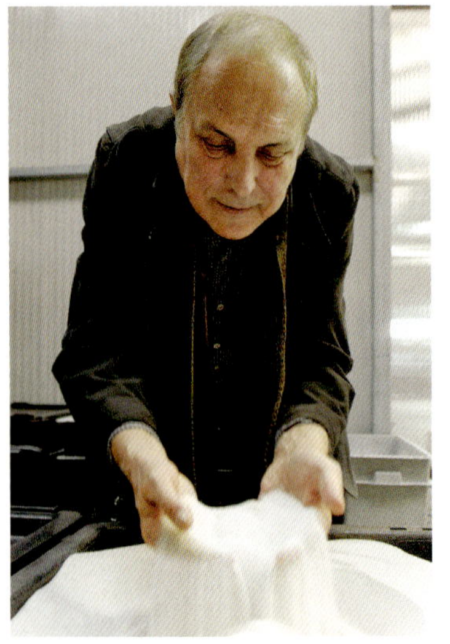

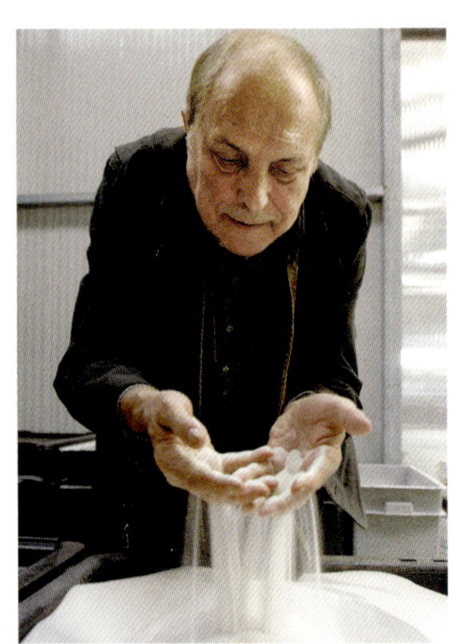

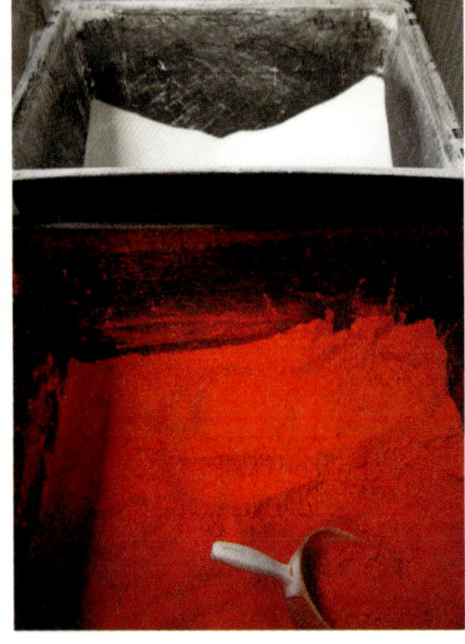

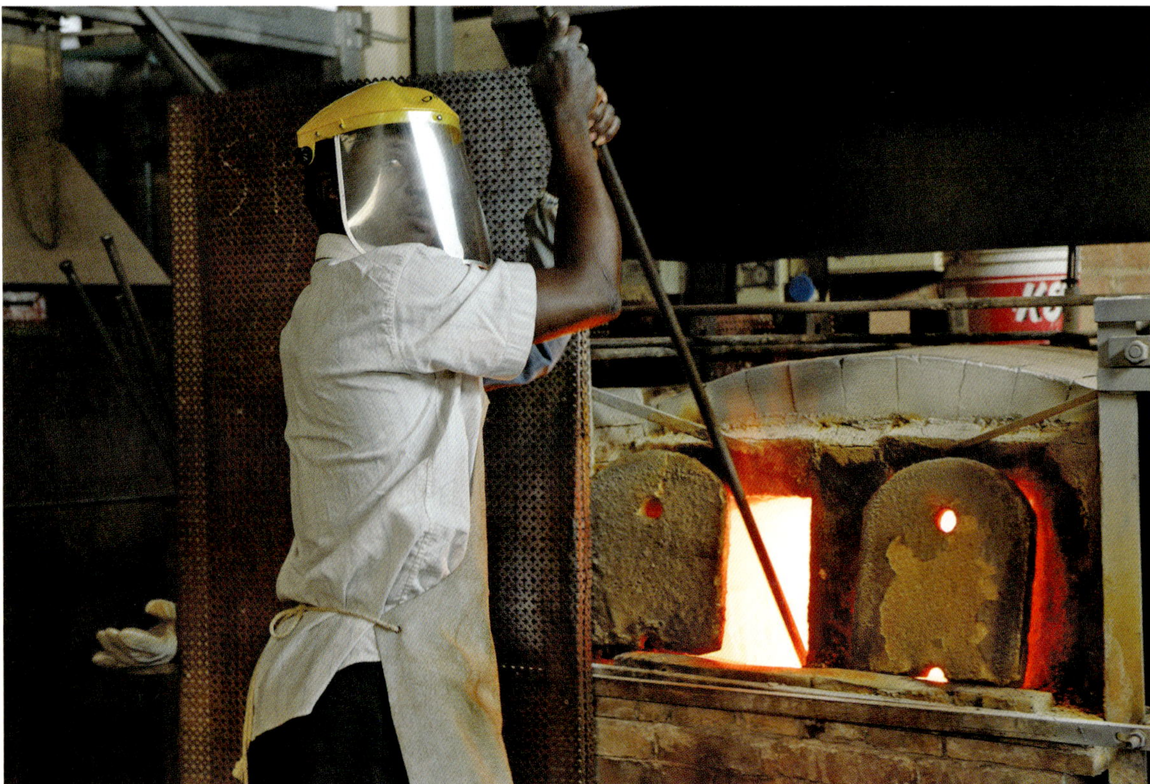

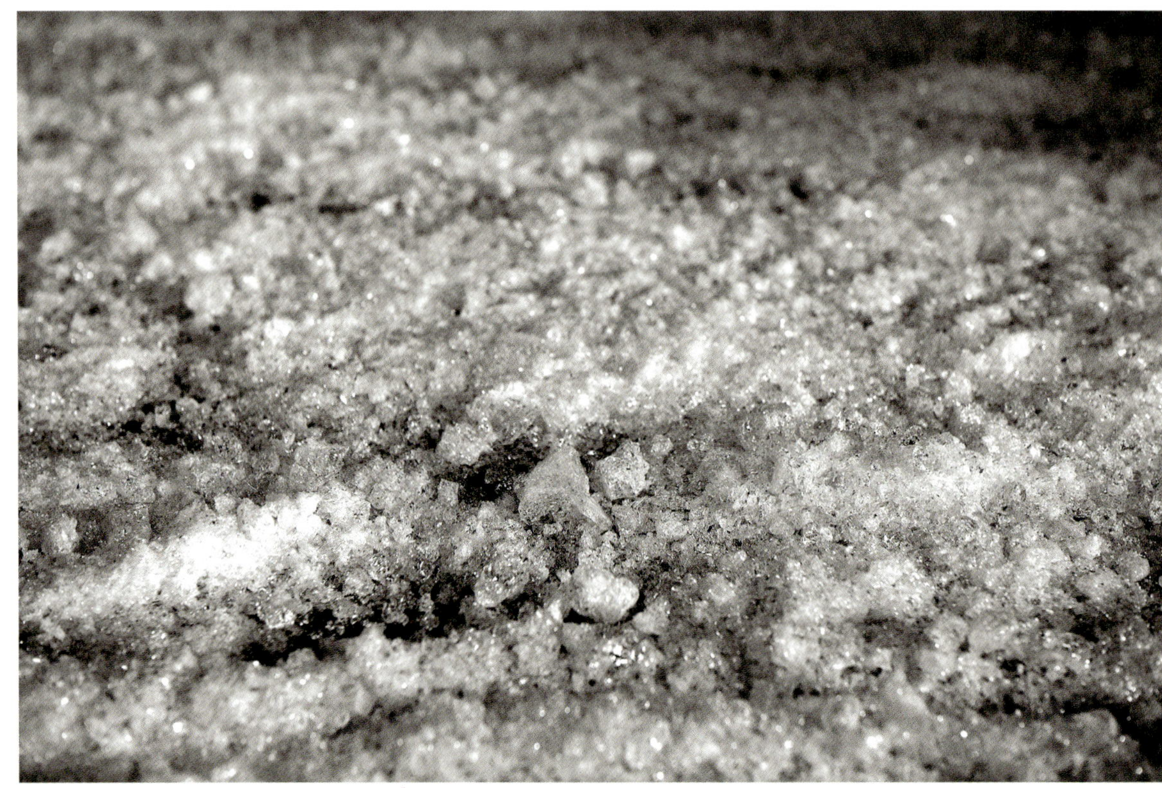

Bereich der Massengläser der teuerste Rohstoff, da er kaum als natürlich vorkommendes Mineral verfügbar ist. Natrium kann der Schmelze auch als Nitrat oder Sulfat zugeführt werden (Natriumsulfat ist Läutermittel zur Reduzierung des Blasengehaltes).

Pottasche (K2CO3) liefert Kaliumoxid für die Schmelze, das wie Natriumoxid als Netzwerkwandler und Flussmittel dient.
Feldspat (NaAlSi3O8) trägt neben SiO2 und Na2O Tonerde (Al2O3) in das Gemenge ein. Diese führt zu einer Erhöhung der chemischen Beständigkeit gegenüber Wasser, Nahrungsmitteln und Umwelteinflüssen. Kalk dient ebenfalls als Netzwerkwandler. Während der Schmelze zersetzt es sich zu Kohlendioxid und Calciumoxid. CaO erhöht in mäßiger Zugabe von 10–15 % die Härte und chemische Beständigkeit des Endproduktes.

Farbmittel

Ihre Farbe erhalten die Smalten durch Zugabe von farbgebenden Komponenten unterschiedlichster Art, wobei sowohl vom Prinzip der Ionen-Färbung als auch von der kolloidalen Anlauffärbung Gebrauch gemacht wird.

Ionenfärbung

Als färbende Substanzen in Gläsern werden Metalloxide, sehr häufig 3-D-Elemente, eingesetzt.
Die tatsächliche Färbung eines Glases ist von einer Vielzahl von Parametern abhängig. Neben der Konzentration der farbgebenden Ionen sind auch deren Koordination und die umgebende Glasstruktur von entscheidender Bedeutung. Beispielsweise erhält man mit Cobalt(II)-oxid in einem Silikatglas einen anderen Blauton als in einem Phosphatglas. Um einen speziellen Farbton zu erhalten, können die verschiedenen farbgebenden Oxide miteinander kombiniert werden, jedoch müssen dabei eventuell auftretende Wechselwirkungen beachtet werden.

Anlauffärbung

Zu den Anlaufgläsern gehören die durch Chalkogenide gefärbten Gläser, die hauptsächlich in silikatischen Gläsern mit hohen Zink- und Kaliumoxidgehalten Anwendung finden. Am häufigsten wird hierfür Cadmiumsulfid oder Cadmiumselenid in geringen Prozentbereichen zugegeben, aber auch andere Metallchalkogenide sind denkbar. Das Glas wird unter reduzierenden Bedingungen erschmolzen, wobei man zunächst farbloses Glas erhält. Erst eine anschließende Temperung (Der Begriff Tempern beschreibt allgemein das Erhitzen eines Materials über einen längeren Zeitraum) bewirkt, dass die Gläser farbig werden – sie laufen an.

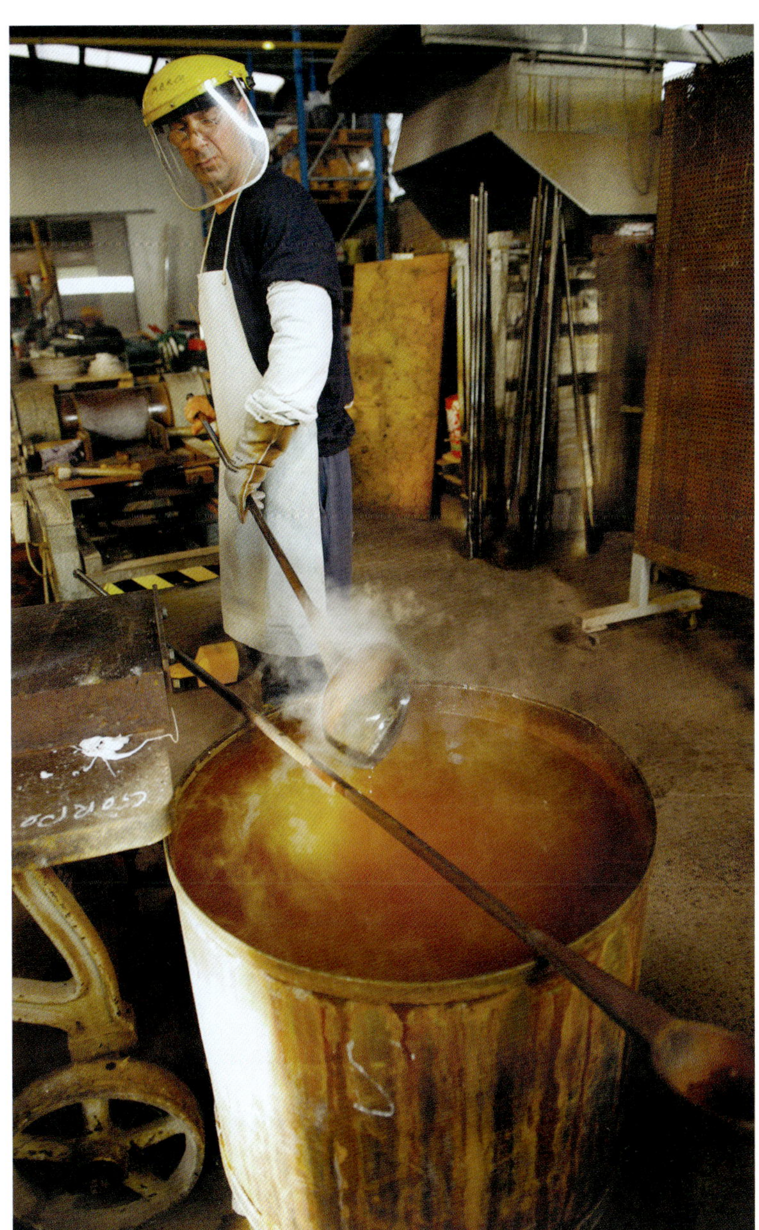

Nach der Herausnahme einer Löffelmenge für eine Smalte aus dem Ofen werden die Werkzeuge im Wasserfass abgekühlt.

Links: Attersee beim Überprüfen der Grundbestandteile für die Glasschmelze: Quarzsand und feine natürliche Chemikalien.

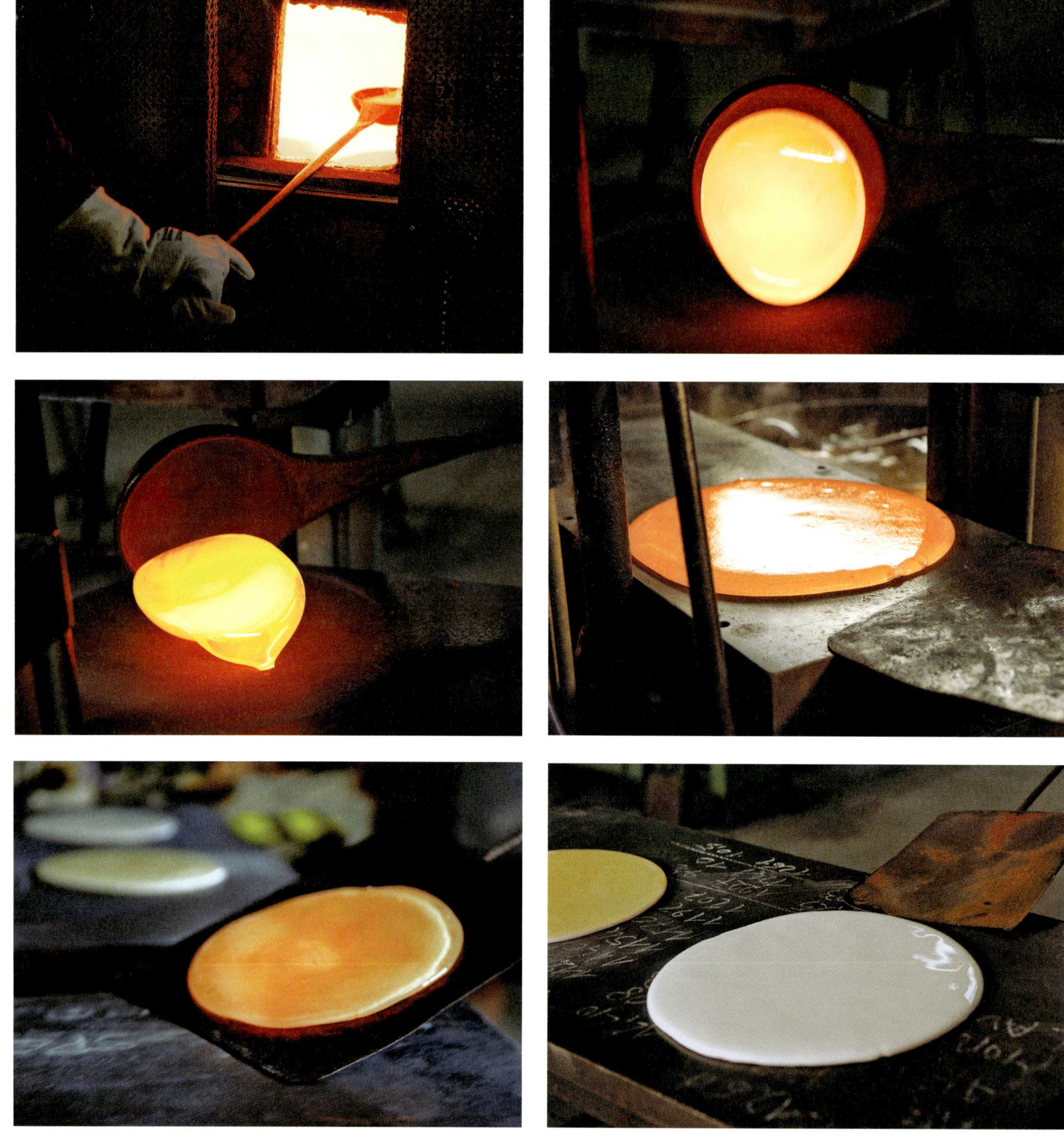

Kolloidale Färbung

Kolloidalgefärbte Gläser werden oft als auch (echte) Rubingläser bezeichnet. Bei diesen Gläsern werden Metallsalze der Schmelze zugegeben. Zunächst erhält man ebenfalls ein farbloses Glas. Durch eine anschließende Temperaturbehandlung werden Metalltröpfchen aus der Glasmatrix ausgeschieden und wachsen an. Die Farbwirkung der Kolloide beruht auf der Absorption der Farbwirkung einzelner Bestandteile.

Verschiedene Farbschattierungen

Die nachfolgende Liste enthält lediglich einige der häufigeren zur Färbung genutzten Rohstoffe, unabhängig von deren Farbgebungsmechanismus.

Eisenoxide:
färben je nach Wertigkeit des Eisenions grün-blaugrün oder gelb und in Verbindung mit Braunstein gelb sowie braun-schwarz in Verbindung mit Schwefel und reduzierenden Schmelzbedingungen.

Kupferoxide:
Zweiwertiges Kupfer färbt blau; einwertiges färbt rot, daraus ergibt sich das Kupferrubinglas.

Chrom(III)-oxid:
wird in Verbindung mit Eisenoxid oder allein für die Grünfärbung verwendet.

Uranoxid:
ergibt eine sehr feine Gelb- oder Grünfärbung (Annagelbglas oder Annagrünglas) mit grüner Fluoreszenz unter Ultraviolettstrahlung. Solche Gläser wurden vor allem in der Zeit des Jugendstils hergestellt. In England und Amerika ist diese Glassorte auch als uranium glass oder vaseline glass bekannt. Aufgrund der Radioaktivität des Urans wird es heutzutage nicht mehr verwendet.

Cobalt(II, III)-oxid:
färbt intensiv blau und wird auch für die Entfärbung verwendet. Das Cobaltoxid wird dem Glas oft in Form von Cobaltaluminat (Thénards Blau) zugegeben.

Nickeloxid:
violett, rötlich; auch für die Graufärbung und zur Entfärbung.
Mangan(IV)-oxid (Braunstein): als Glasmacherseife zur Entfernung des Grünstichs (durch Absorption der Komplementärfarben).

Selenoxid:
färbt rosa und rot. Die rosa Färbung wird als Rosalin bezeichnet, die rote als Selenrubin.

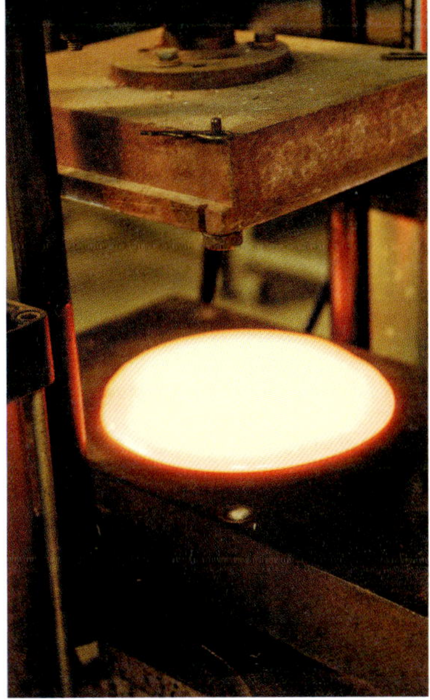

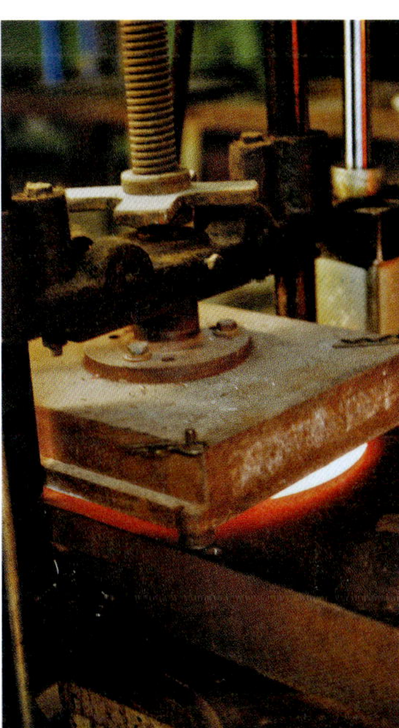

Die Entstehung eines »Smaltenkuchen« aus der flüssigen, heißen Masse aus dem Ofen bis zu seiner Formung durch die Presse im immer noch glühenden Zustand.

Silber:
ergibt feines Silbergelb.

Indiumoxid:
gelb bis bernsteinorange.

Neodym:
rosa bis purpur, lila.

Praseodym:
grün.

Samarium:
gelb.

Europium:
intensiv rosa.

Gold:
wird erst in Königswasser aufgelöst und färbt rubinrot, eine der teuersten Glasfärbungen (Goldpurpur).

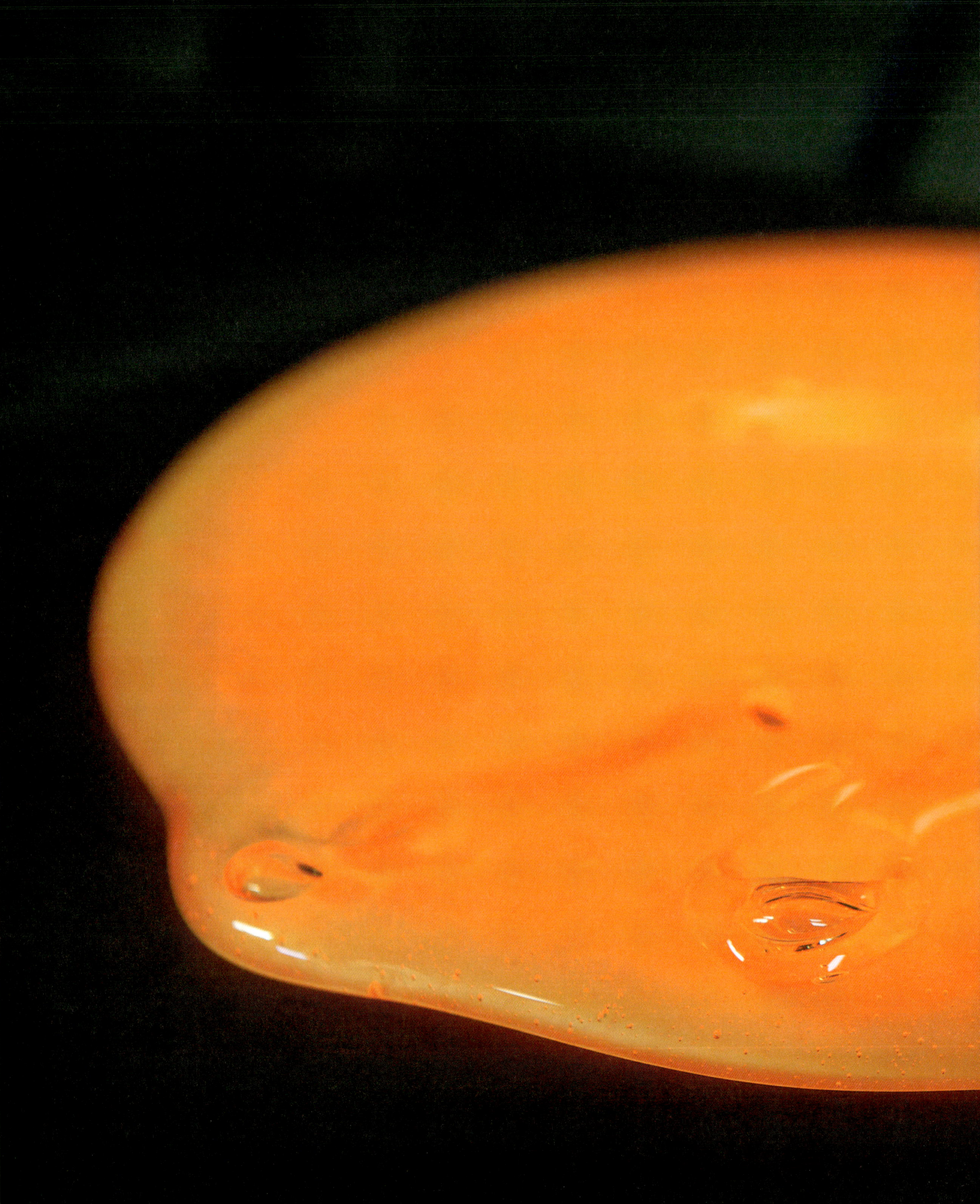

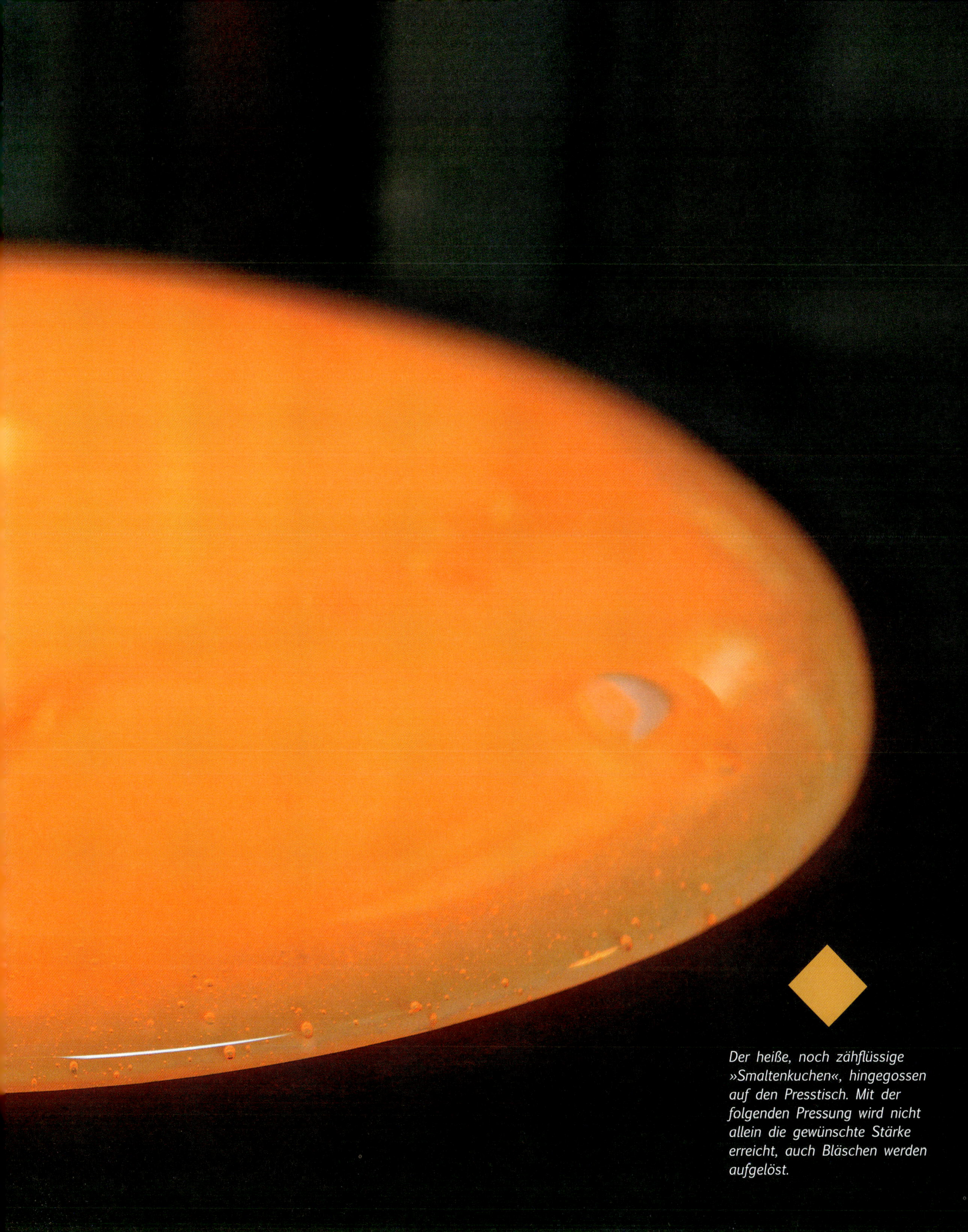

Der heiße, noch zähflüssige »Smaltenkuchen«, hingegossen auf den Presstisch. Mit der folgenden Pressung wird nicht allein die gewünschte Stärke erreicht, auch Bläschen werden aufgelöst.

Am Beginn der Glaserzeugung stehen neue, unbenutzte Schmelztöpfe aus speziellem Schamott bereit. In ihnen werden die Mineralienmischungen im Ofen zum Schmelzen gebracht.

Unten: Blick in den aus Schamottsteinen gebauten Schmelzofen.

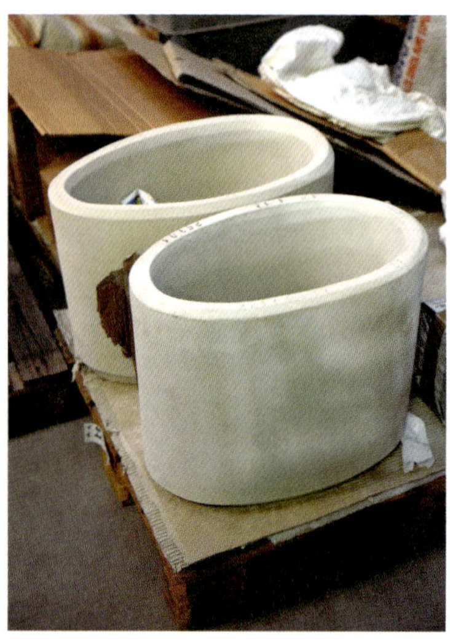

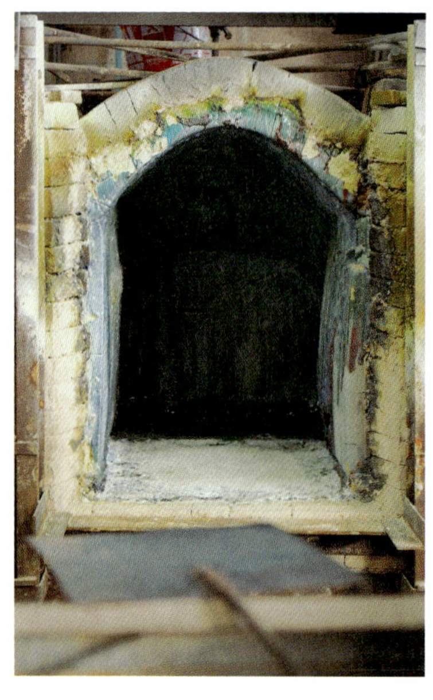

Produktionsprozesse

Gemenge: Quarzsand als Rohstoff (ad. Zusammensetzung).
Schmelze (Schmelzwanne).
Die Glasschmelze lässt sich in drei Phasen unterteilen:
Sie beginnt mit der Rauhschmelze, die das Erschmelzen des Gemenges und seine Homogenisierung umfasst.
Im Anschluss erfolgt die Läuterung, in der die Gase ausgetrieben werden.
Zuletzt wird die geläuterte Schmelze auf die gewünschte Formgebungstemperatur abgekühlt (»Abstehen des Glases«).
Bei chargenweise arbeitenden Tageswannen und Hafenöfen geschehen diese Schritte nacheinander in demselben Becken. Dieses historische Produktionsverfahren findet heute nur noch bei kunsthandwerklicher Herstellung und speziellen, optischen Gläsern in geringen Mengen statt.
Das Gemenge wird der Schmelzwanne mit einer Einlegemaschine am Einlegevorbau, dem Doghouse, aufgegeben. Da das Gemenge eine geringere Dichte als die Glasschmelze besitzt, schwimmt dieses auf der Schmelze und bildet den sogenannten Gemengeteppich. Bei Temperaturen von ca. 1400°C und mehr schmelzen die verschiedenen Bestandteile langsam auf.
Im Läuterbereich, der dem Schmelzbereich unmittelbar folgt und häufig auch durch einen Wall in der Schmelze von diesem getrennt ist, werden in der Schmelze verbliebene Gase ausgetrieben. Zu diesem Zweck wird dem Gemenge zuvor ein sogenanntes Läutermittel zugegeben. Dieses Läutermittel zersetzt sich bei einer bestimmten Temperatur unter Gasbildung. Die Läuterung ist bestimmend für die Glasqualität.
Dem Läuterbereich schließt sich die baulich klar getrennte Arbeitswanne an. Da für die Formgebung niedrigere Temperaturen als zur Schmelze und Läuterung nötig sind, muss das Glas vorher abstehen. Daher spricht man auch von Abstehwanne. Von der Arbeitswanne fließt das Glas weiter zum Entnahmepunkt, wo dann die Formgebung stattfindet.

Kühlung

Für jedes Glas lässt sich ein Kühlbereich festlegen, welcher von der sogenannten oberen und unteren Kühltemperatur begrenzt wird. Die Lage dieser Temperaturen definiert sich nach der Viskosität. Die Spannungen verringert man durch Tempern, also durch definiertes langsames Abkühlen im Kühlbereich, da bei den hier vorherrschenden Viskositäten eine Spannungsrelaxation gerade noch möglich ist und bleibende Spannungen im Glaskörper vermieden werden.
Die Zeit, in der ein Glasgegenstand den Kühlbereich durchlaufen kann, hängt maßgeblich von der je nach Glasart zu überbrückenden Temperatur und der Stärke (Dicke) des Gegenstands ab.
Es gibt zwei Arten von Kühlaggregaten, die zum Entspannungskühlen von Glasgegenständen genutzt werden können: die periodisch arbeitenden Kühlöfen und kontinuierlich betriebene Kühlbahnen.
Kühlöfen eignen sich nur für Sonderfertigungen und Kleinstchargen, da nach jeder Entnahme der Werkstücke der Ofen wieder auf Temperatur gebracht werden muss.

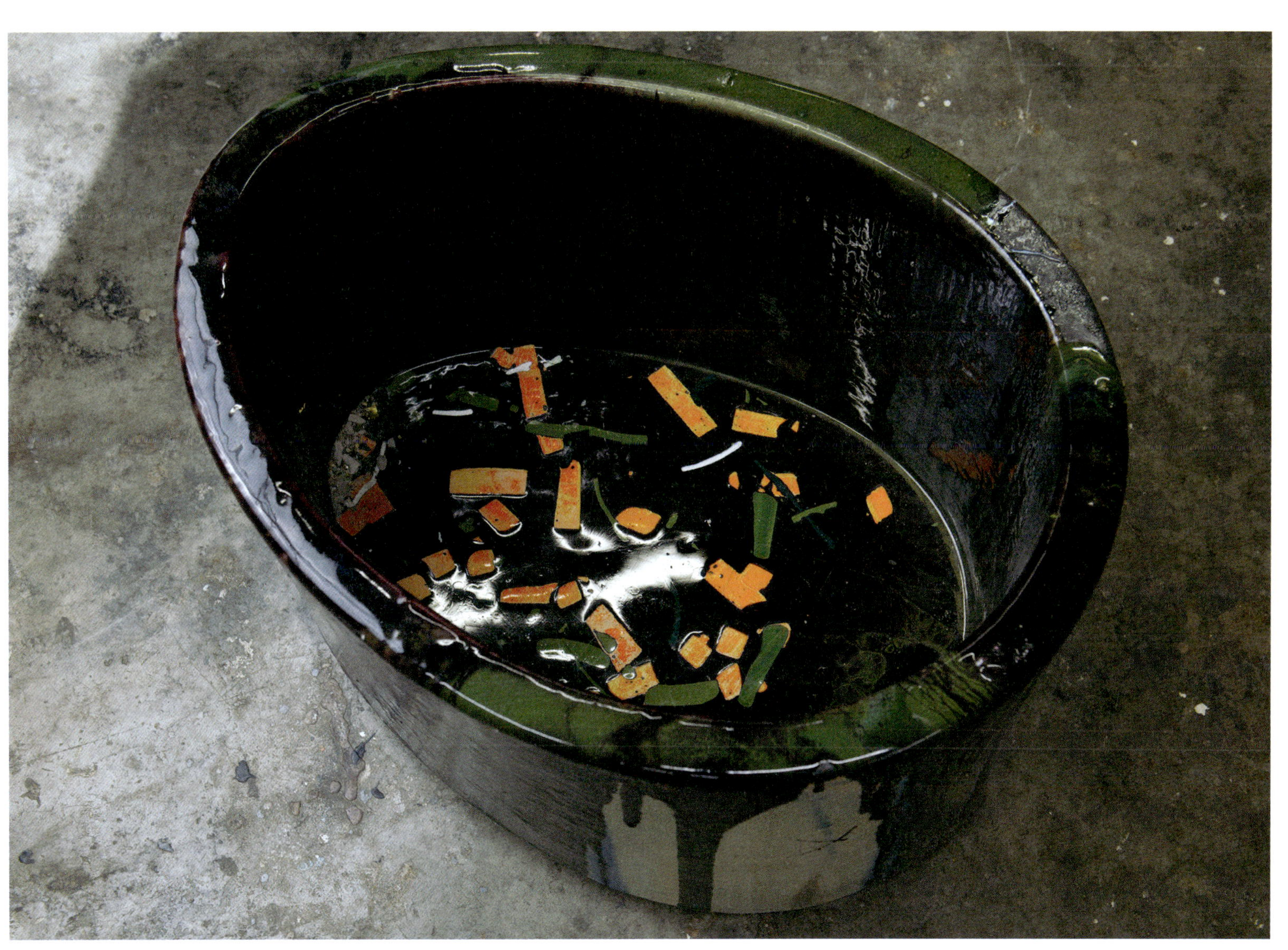

Dieser ausrangierte Schmelztopf zeigt die Glasspuren und -stücke, die ihn nach langer Verwendung unbrauchbar gemacht haben.

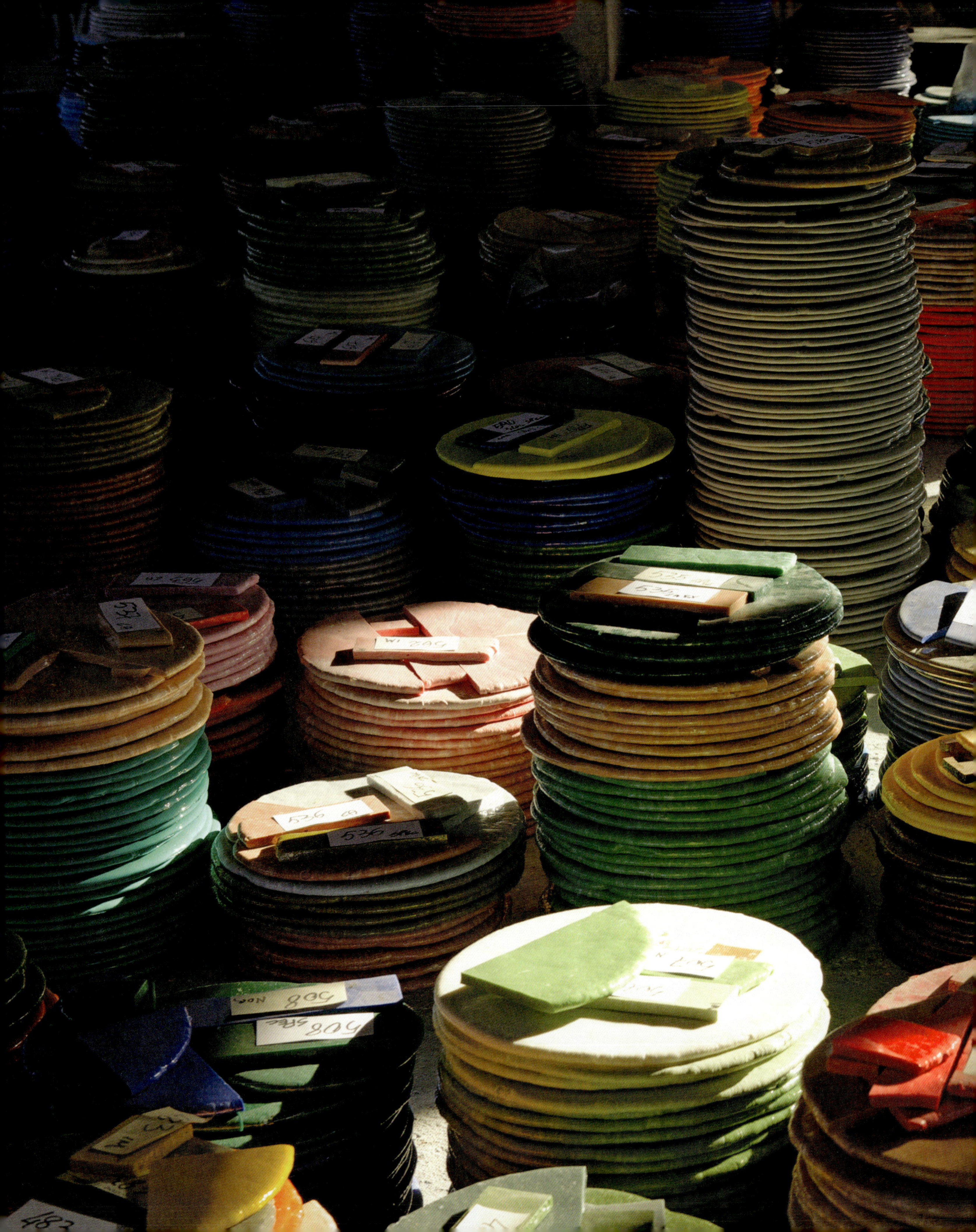

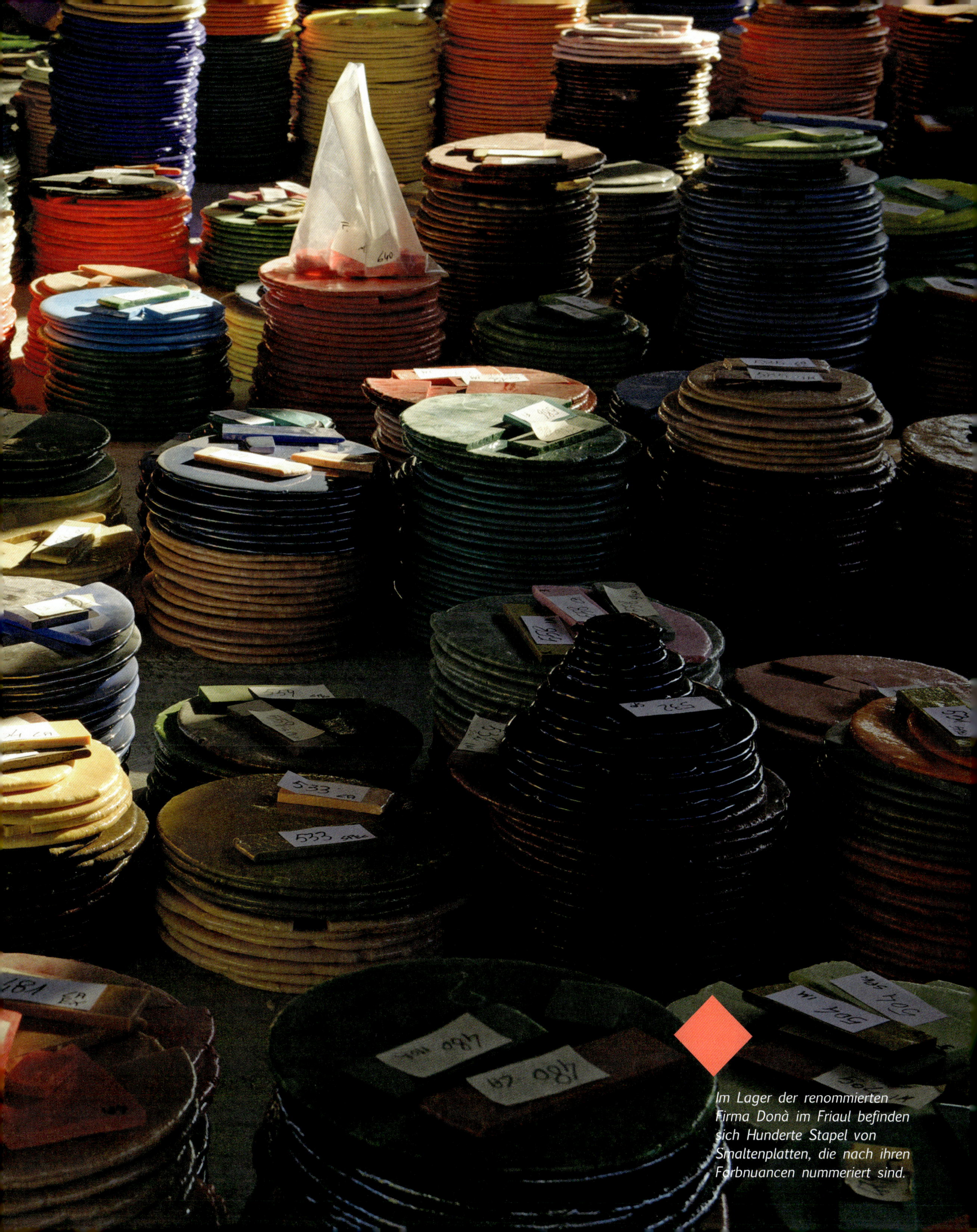

Im Lager der renommierten Firma Donà im Friaul befinden sich Hunderte Stapel von Smaltenplatten, die nach ihren Farbnuancen nummeriert sind.

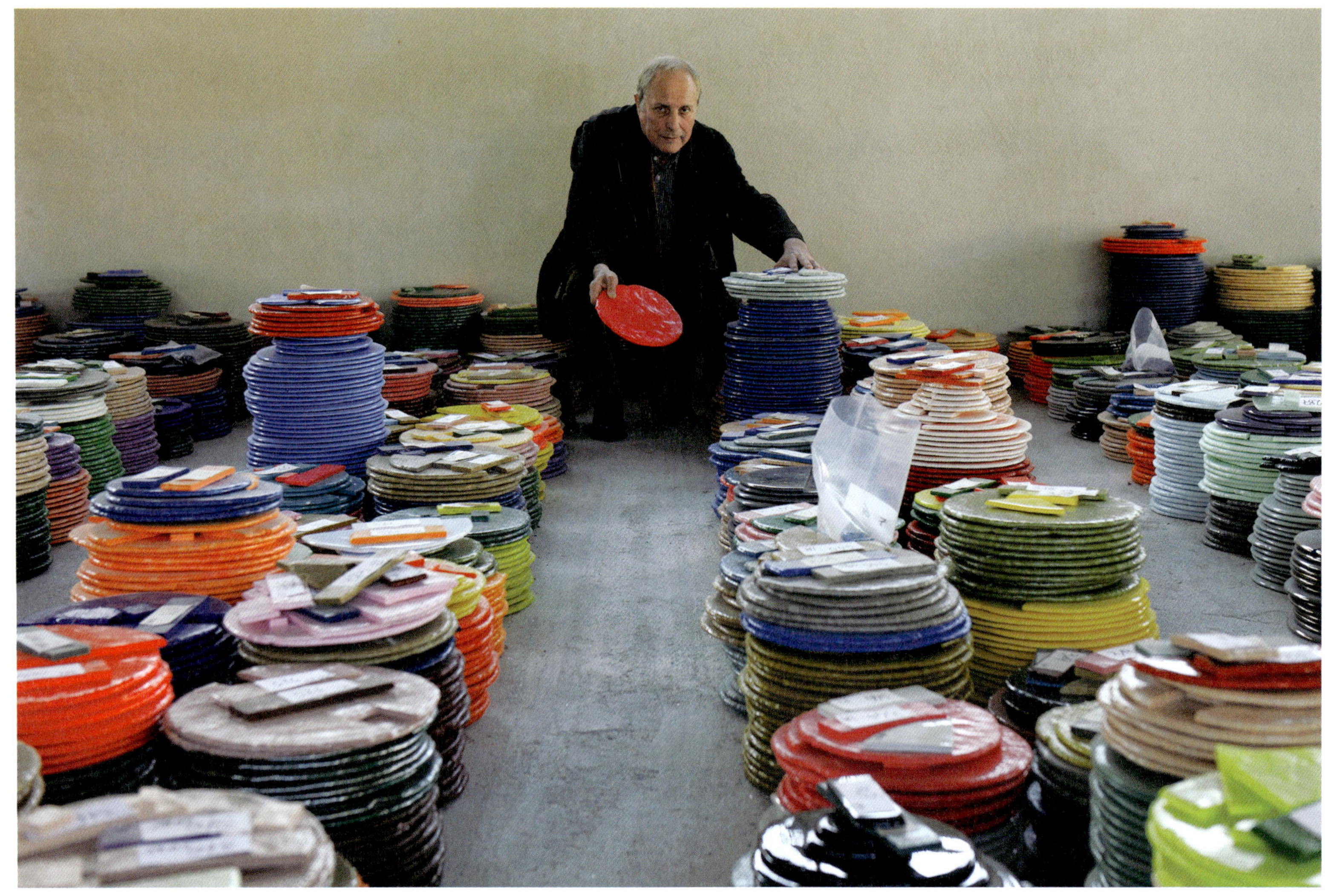

Die Vielfalt in einem Smaltenlager, wie das der Firma Donà, ist ein Paradies für jeden Mosaikkünstler bei der Suche nach „seinen". Gläsern. Attersee, als Maler, legt besonderen Wert auf unterschiedlichste Farbübergänge.

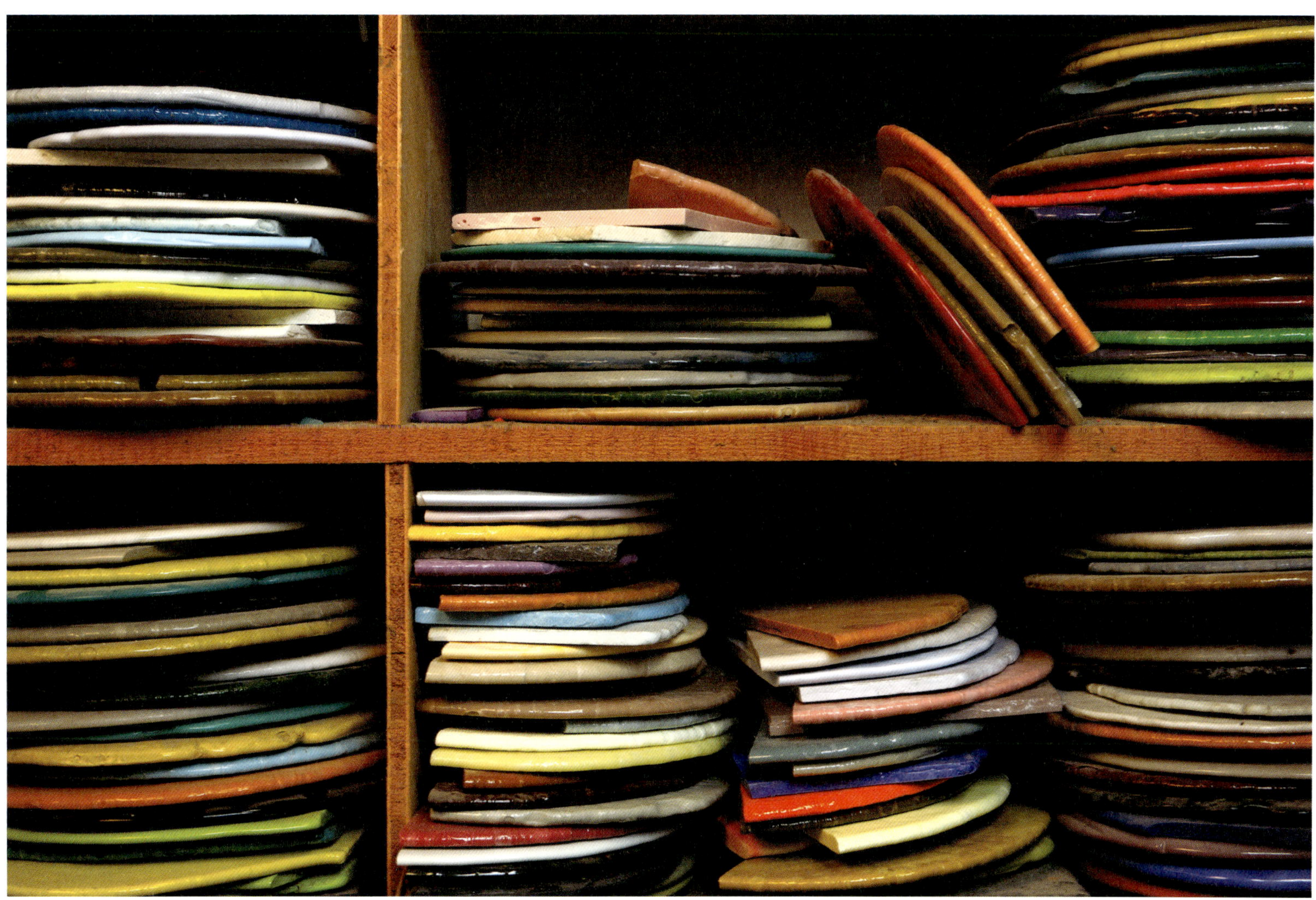

Ein Regal mit ganzen und halben Glassmalten. Der nächste Schritt besteht aus der Auswahl und Zuordnung einzelner Farben und -schattierungen.

Die bisher geschilderten Vorgänge lassen sich unter dem Begriff des Entspannungskühlens, also dem Kühlen eines Glaskörpers mit dem Zweck, bleibende Spannungen zu vermeiden, zusammenfassen.

Herstellung

Die flüssige Glasschmelze wird in 1–2 cm dicke »Kuchen« gegossen und langsam abgekühlt. Aus den erkalteten Kuchen werden dann die Smalten in der gewünschten Größe gebrochen. Die Bruchflächen werden in die Sichtseite des Mosaiks gesetzt, so dass sich eine hohe Brillanz ergibt.
Bei Goldsmalten, die eine spezielle Herstellungstechnologie erfordern, werden auf den Grundglaskuchen eine Goldfolie und ein nur ca. 300 Mikrometer starkes Deckglas aufgebracht. Die Goldfolie klebt man mit Gummiarabikum fest. Das Paket wird verschmolzen und nach dem Erkalten gebrochen.

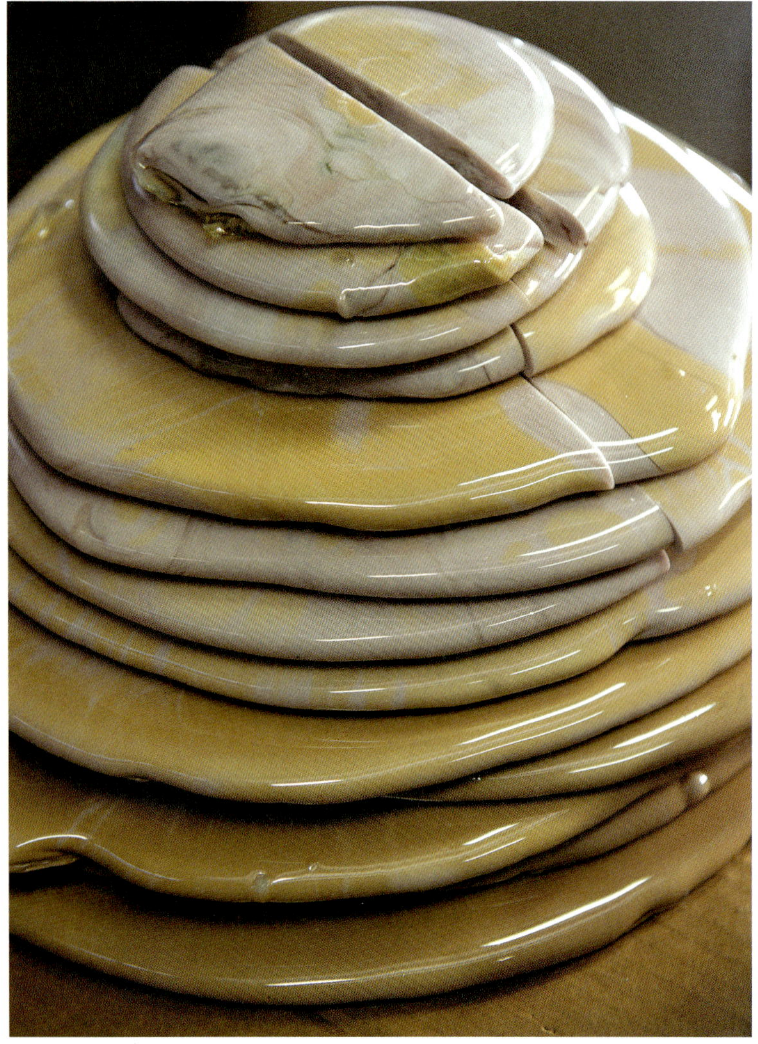

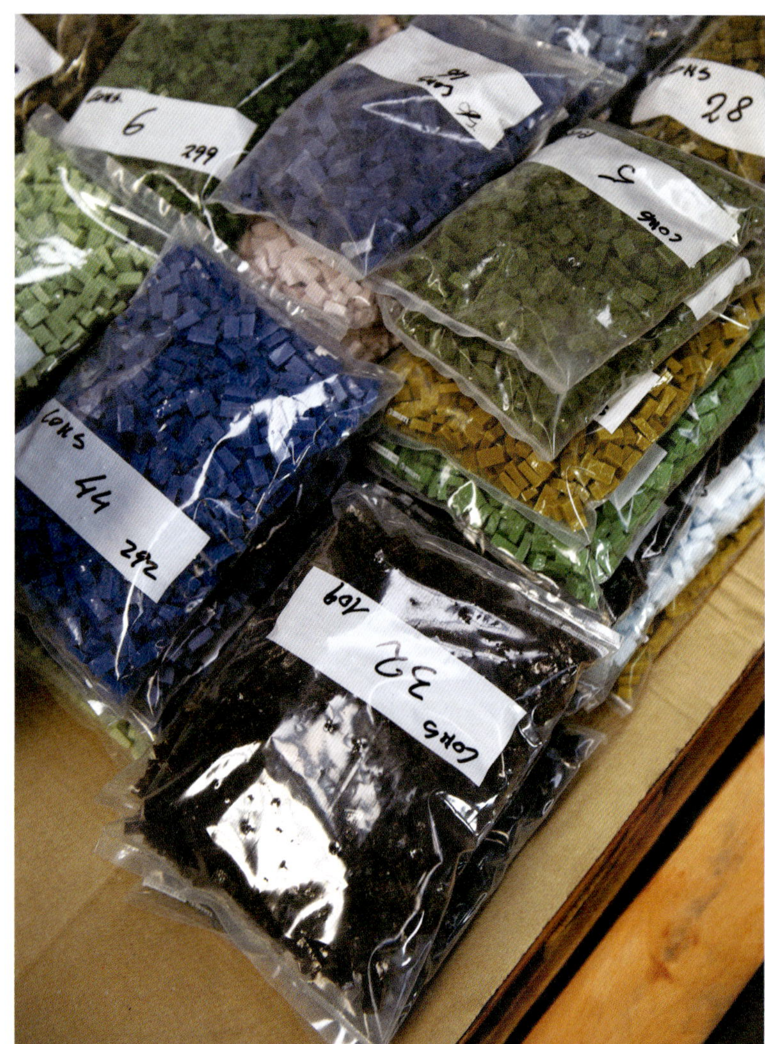

Für die verschiedenen Glasmosaiktechniken werden auch unterschiedliche Teilstücke gebraucht.
Links: dickere marmorierte Smalten für Bruchteile verschiedener Größen.
Rechts: maschinell geschnittene einfarbige kleine Quader (ca. 1 x 0,5 x 1,5 cm) zur Auslieferung verpackt.
Rechte Seite: nur eine von zahlreichen künstlerischen Legemethoden.

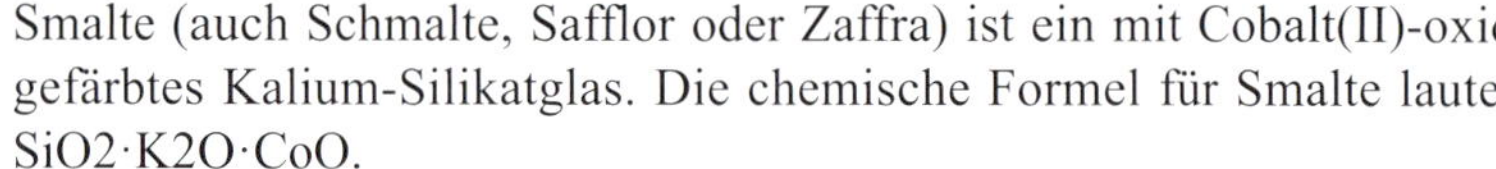

Smalte (auch Schmalte, Safflor oder Zaffra) ist ein mit Cobalt(II)-oxid gefärbtes Kalium-Silikatglas. Die chemische Formel für Smalte lautet $SiO_2 \cdot K_2O \cdot CoO$.

Zur Herstellung von Smalten wird aus Quarzsand und Pottasche, das ist Kaliumcarbonat, die Glasbasis gemischt. Für die blaue Färbung ist der Zusatz von etwa 5 % bis 7 % Cobalt(II)-oxid nötig. Diese Pulver werden gut durchmischt. Anschließend wird das Gemisch bei einer Temperatur von 1150° C für 30 bis 45 Minuten geschmolzen. Der entstandene Glaskörper wird in kaltem Wasser abgeschreckt, dadurch zerfällt er zu blauen Körnern und kann anschließend zum Pigmentpulver verrieben werden. Smalten wurden vorwiegend in darauf spezialisierten Blaufarbenwerken hergestellt.

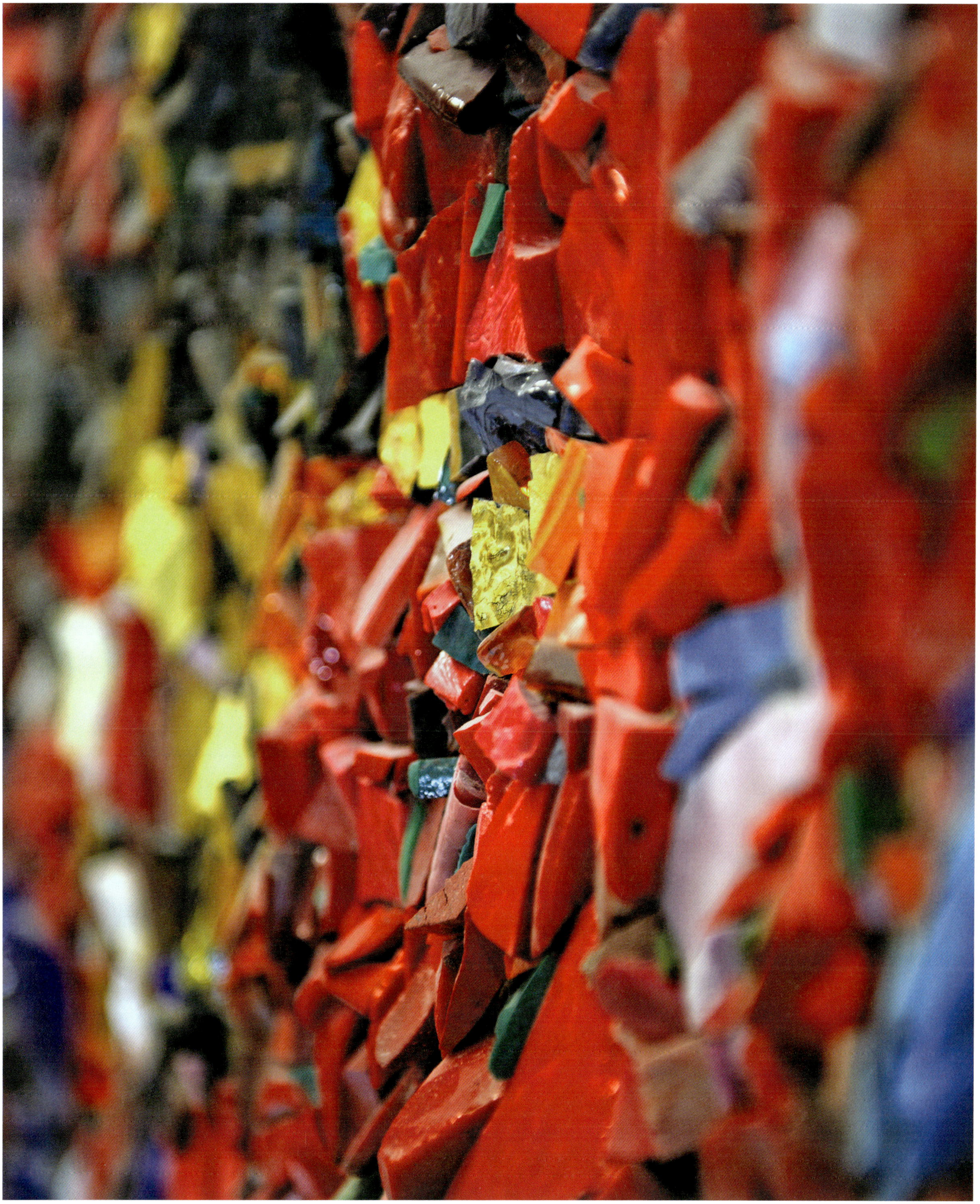

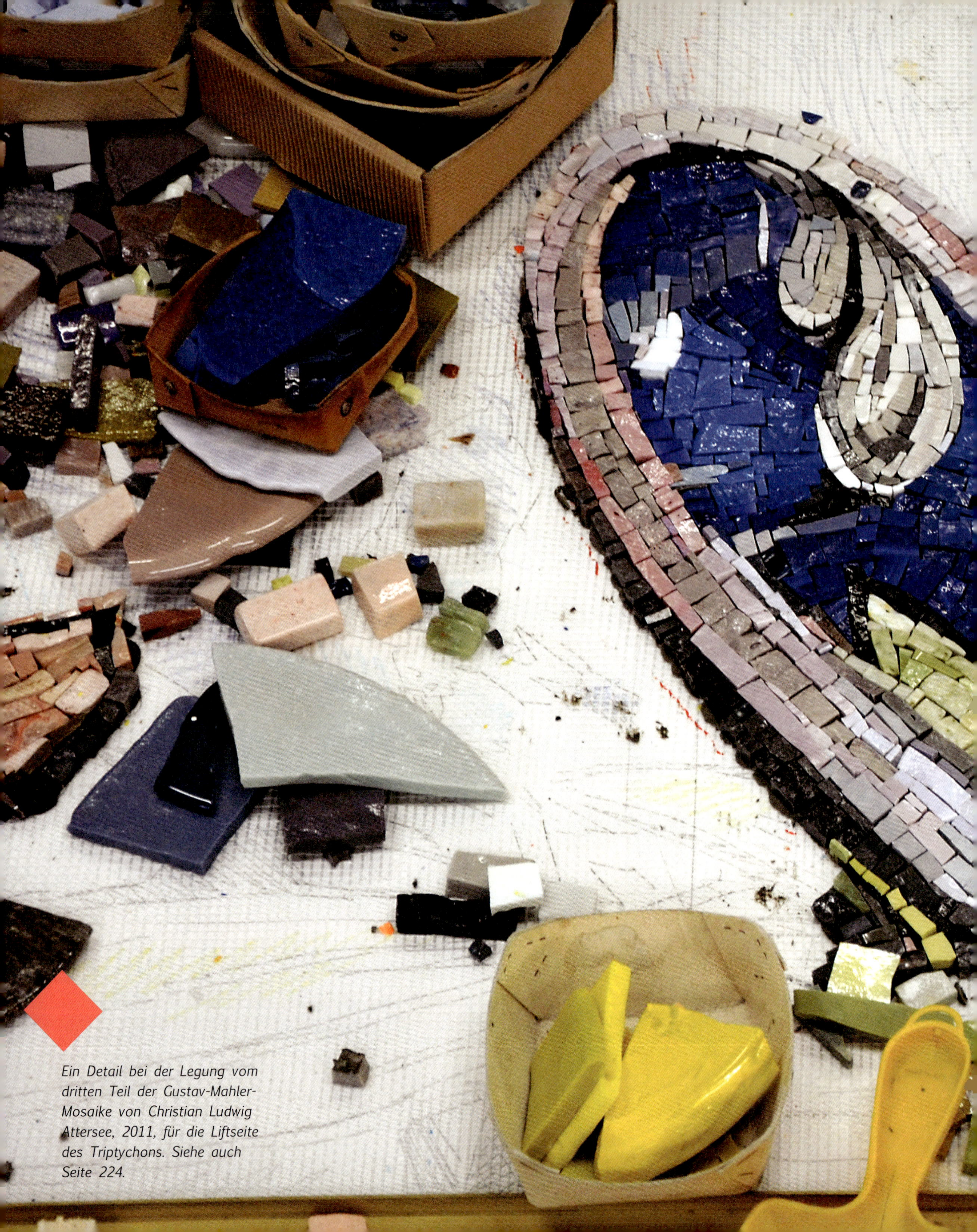

Ein Detail bei der Legung vom dritten Teil der Gustav-Mahler-Mosaike von Christian Ludwig Attersee, 2011, für die Liftseite des Triptychons. Siehe auch Seite 224.

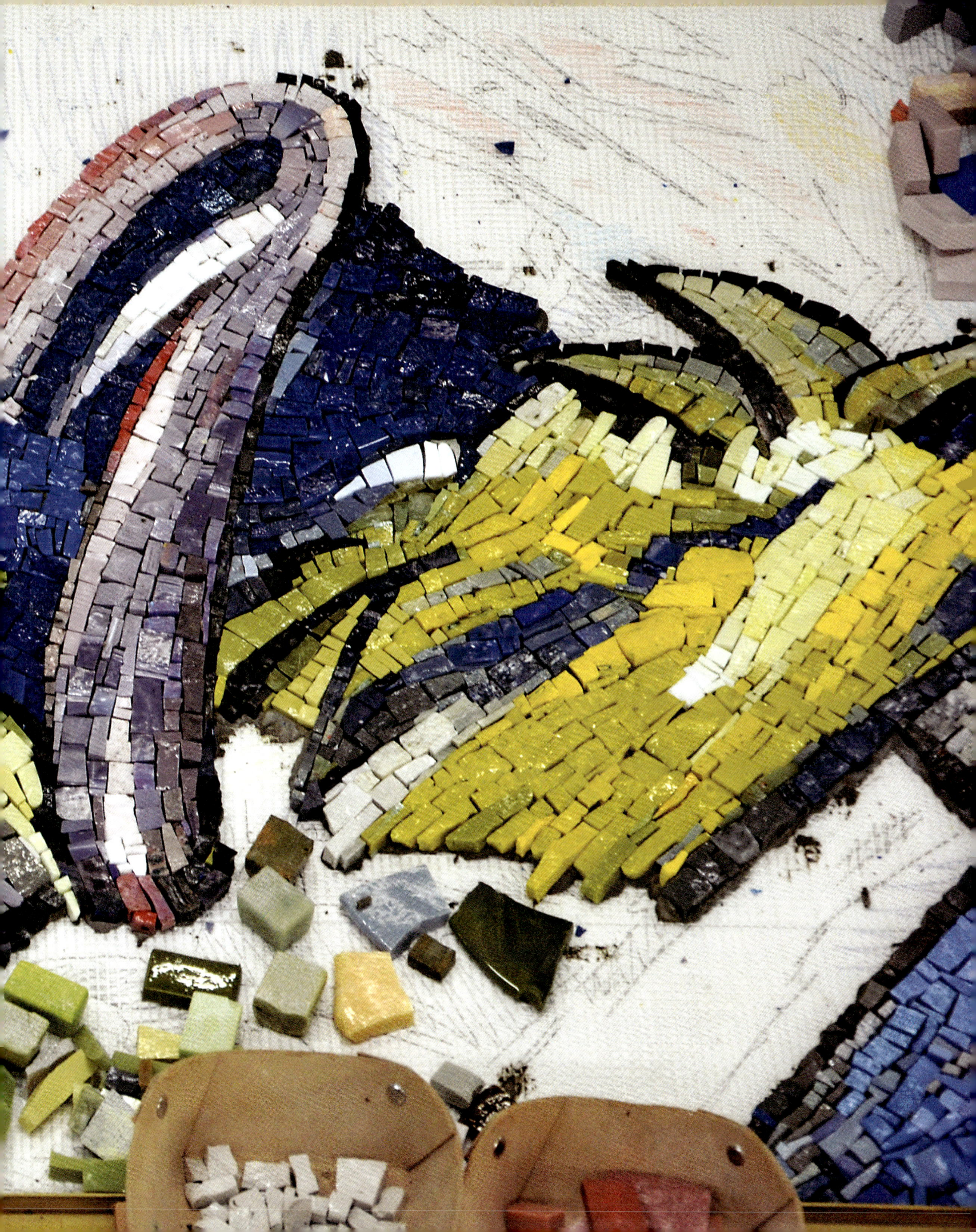

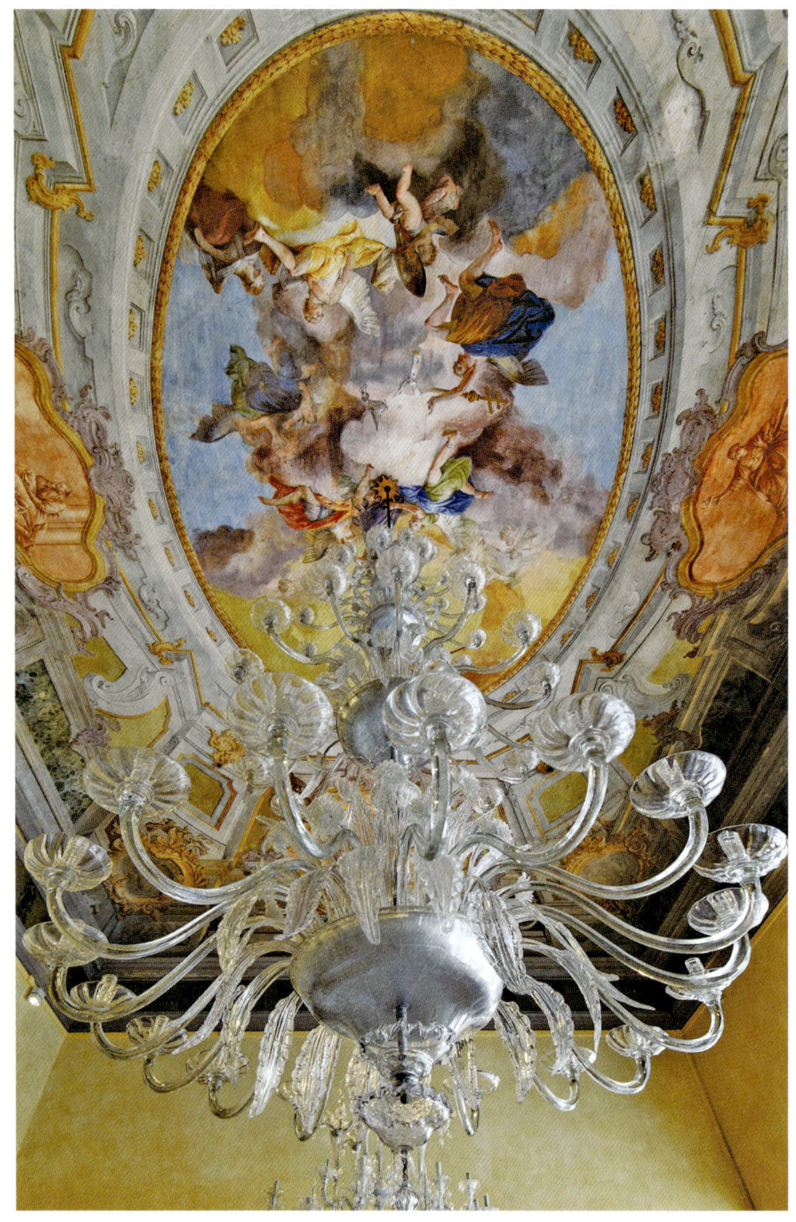

Murano, eine der kleinen Schwestern Venedigs, ist bekannt für ihre Glaswerkstätten und seit Jahrhunderten weltberühmt für ihre Kreationen. Speziell die Qualität von Lüstern und farbigen Glasfiguren, aber auch ihrer Glassmalten als Basis berühmter Mosaike hat der Insel ihre Bedeutung verschafft. – Heute versuchen zahlreiche andere Orte in der Welt, Murano ihren Rang abzulaufen.

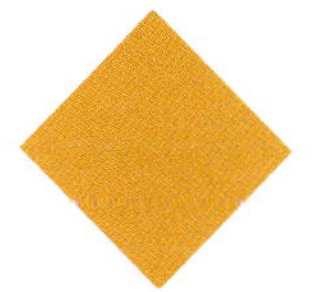

Murano – das klassische Mosaikglas

Franz Hofbauer

Murano – Die Insel der Glasmacher

Murano ist und war das Zentrum der venezianischen Glasherstellung. Während das Wissen um Glas mit dem Untergang Roms in ganz Europa verschwand, brachten findige venezianische Kaufleute dieses Know-how aus Byzanz wieder in die Lagunenstadt zurück. Damit stieg Venedig zur Wiege der europäischen Glasherstellung auf und konnte seine Glasprodukte in ganz Europa gewinnträchtig verkaufen. Aus Brandschutzgründen und weil man das Geheimnis der Glasherstellung wahren wollte, verlegte man die Glasbläsereien auf die nahe, jedoch weit weniger besuchte Insel Murano, wo nun seit dem 13. Jahrhundert hauptsächlich Glas hergestellt wird. Erst im 18. Jahrhundert musste Venedig seine Vormachtstellung in der Glasherstellung aufgeben, und die Bedeutung Muranos ließ bis zum Aufkeimen des Tourismus nach.

Spätantike und Frühmittelalter

Schon im Römischen Reich bestanden Kanäle (fossae), die, wie die fossa Clodia, bis Chioggia reichten. Sie gestatteten Booten die Fahrt nach Pellestrina, Poveglia und Malamocco. So konnte der Verkehr von Ravenna über diese Wasserwege nach San Pietro di Castello, Murano, San Giacomo in Paludo und Torcello bzw. Altinum reichen. Nördlich von Murano fanden sich Überreste zweier Wachposten aus dem 3. und 4. Jahrhundert.

Töpferwaren fanden sich aus dem späten 4. bis Mitte des 6. Jahrhunderts beim heutigen Museo Vetrario, dem Museum für die Glasmacherkunst. Ende des 6. Jahrhunderts kamen Flüchtlinge vom Festland nach Torcello und Murano, aber auch auf andere Inseln. Um 600 hatte die Insel mit dem steigenden Wasserspiegel der Lagune zu kämpfen, im 7. und 8. Jahrhundert setzten Aufschüttungen ein. Als das benachbarte Torcello nach und nach bis zum 12. Jahrhundert aufgegeben werden musste, zogen viele der Bewohner nach Murano.

Im 11. Jahrhundert spielte die Salzgewinnung eine große Rolle. Im Zeitraum von 1000 bis 1049 befanden sich von den zwölf fondamenti, den Anlagen zur Salzgewinnung in der Lagune, allein fünf bei Murano.

Glasherstellung

Bekannt für die Glasherstellung sind vor allem die filigranen Murano-Lüster. Die antike Glasherstellung im Römischen Reich fand durch die Völkerwanderung eine Unterbrechung. Mutmaßlich über den Handel mit Byzanz, wo das Know-how nicht verlorengegangen war, kam die Technik

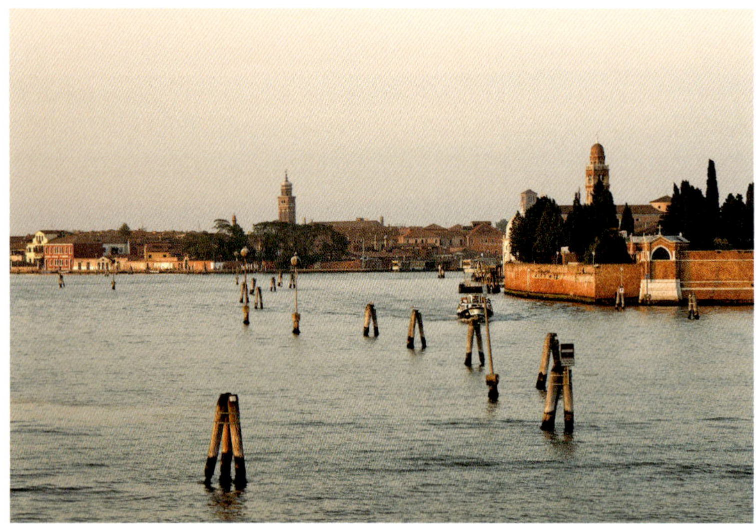

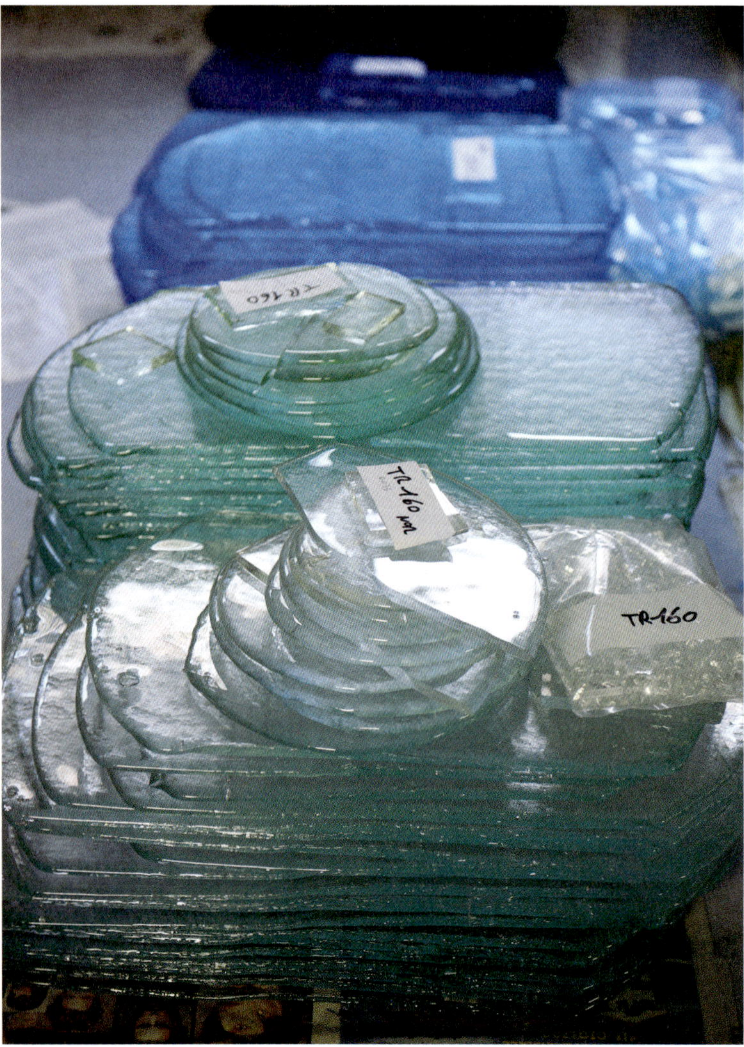

über Venedig nach Mitteleuropa zurück. Somit kann Venedig als Wiege der mitteleuropäischen Glasherstellung angesehen werden. Das älteste Dokument, in dem ein Fiolario erwähnt wird, ein gewisser Domenico, stammt von 982.

Aus Brandschutzgründen wurden 1295 alle Glasöfen von Venedig auf diese Insel verlagert. Vor allem diente diese Maßnahme jedoch dazu, das streng gehütete Geheimnis der Glasherstellung zu bewahren. Den gut bezahlten Glasbläsern war es unter Androhung der Todesstrafe verboten, ihr Wissen weiterzugeben. Dennoch war die Anerkennung des im 15. Jahrhundert entstandenen Patentrechts keine Selbstverständlichkeit. Der Glasmacher Giorgio Ballarin stahl dem Erfinder verschiedener Färbemethoden und des cristallo, Angelo Barovier, einige Rezepturen und verriet sie seinem angehenden Schwiegervater. Ballarin wurde daraufhin einer der erfolgreichsten Glasmacher auf Murano. Seit dem 13. Jahrhundert besaßen die Glasmacher Statuten, die 1441 reformiert und zusätzlich in Volgare übertragen wurden, in die venezianische Volkssprache. Diese Statuten nannten sich Mariegole.

In der Renaissance entwickelten sich die kunstvollen Glasprodukte des farblosen venezianischen cristallo zur Haupteinnahmequelle der Bevölkerung. Erhalten ist nur noch wenig; die Vielzahl der Formen und Dekore erschließt sich vor allem aus den Darstellungen auf Stillleben.

Trotz aller Versuche der Republik Venedig, die Technik der Glasherstellung und Glasveredelung geheim zu halten, gelang es Ende des 16. sowie im 17. Jahrhundert einigen Glasbläsern, in die Länder nördlich der Alpen zu emigrieren und dort Glashütten zu gründen. Entscheidend waren vor allem die Abwerbeversuche von Ludwig XIV., der sich so seinen Traum vom Spiegelsaal erfüllen konnte. Als Glas à la façon de Venise lebte der venezianische Stil in Deutschland, in den Niederlanden und in Flandern weiter, wo weitere reichhaltige Sammlungen erhalten sind.

Die venezianische Vormachtstellung in der Glasherstellung wurde erst im 18. Jahrhundert durch den Erfolg barocken Schnittglases gebrochen, denn diese vornehmlich in Böhmen und Schlesien, zunehmend jedoch auch andernorts in Deutschland beheimatete Technik beherrschten die Venezianer nicht.

Sehenswürdigkeiten

Spaziert man nach der Ankunft entlang der beiden Hauptkanäle, so passiert man eine Glaswerkstatt oder ein Glasgeschäft nach dem anderen. Noch heute lebt Murano vor allem wegen der zahlreichen Touristen hauptsächlich von der Glasherstellung. Murano-Glas gibt in allen Farben, Formen und Variationen. Selbst wer hier nichts kaufen möchte, sollte sich einem Blick in die schönen Auslagen nicht entziehen – es lohnt sich! Im Palazzo Giustinian befindet sich übrigens ein Glasmuseum. Hier kann man eine der größten Sammlungen venezianischen Glases bewundern und sich über die Geschichte der Glasherstellung seit der Römerzeit informieren. In der Kirche San Pietro Martire kann man die *Thronende Madonna mit den heiligen Augustinus und Markus und dem Dogen Agostino Barbarigo* von Giovanni Bellini sowie einige Bilder von Paolo Veronese besichtigen.

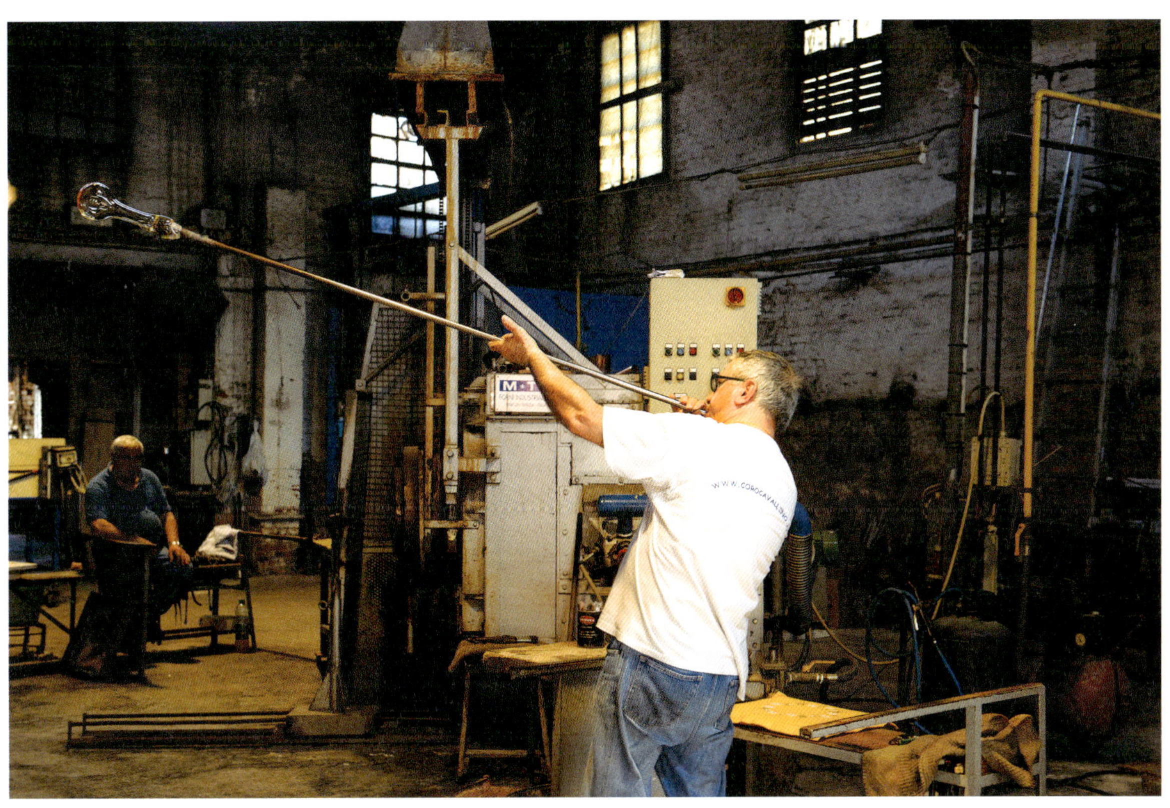

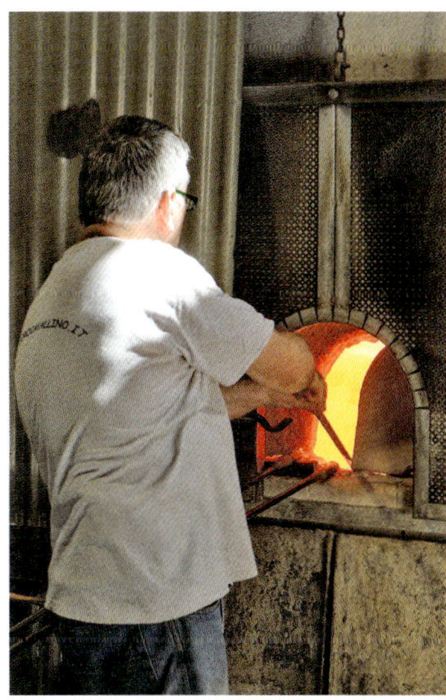

Auf Murano, hinter Venedigs Friedhofsinsel San Michele, besteht die größte Dichte an Glasbläsereien Italiens. Seit dem 12. Jh. entstehen dort ausgezeichnete künstlerische Glasprodukte wie auch die Smalten für Mosaike nach alten Rezepten.

Die Bilder dokumentieren die tägliche Arbeit in einer Werkstatt der Firma Vetreria Estevan Rossetto, die viel für den touristischen Käufer produziert, aber auch hochwertige Kunstwerke erstellt.

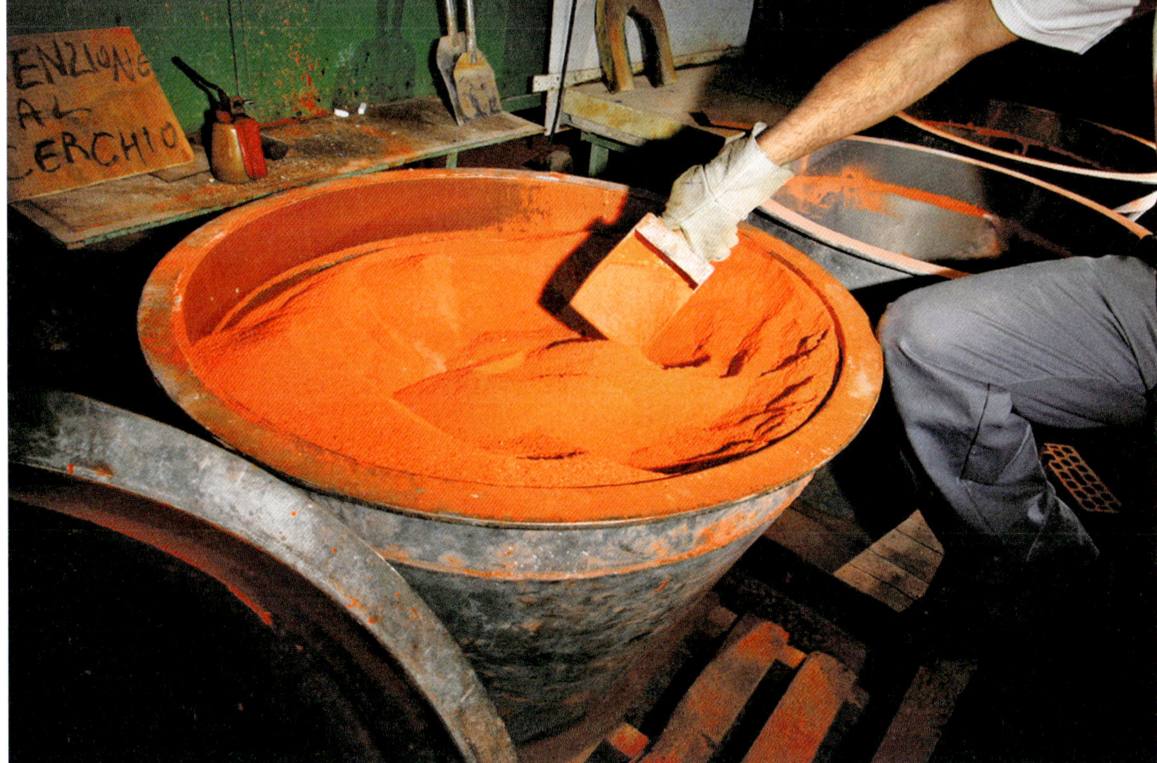

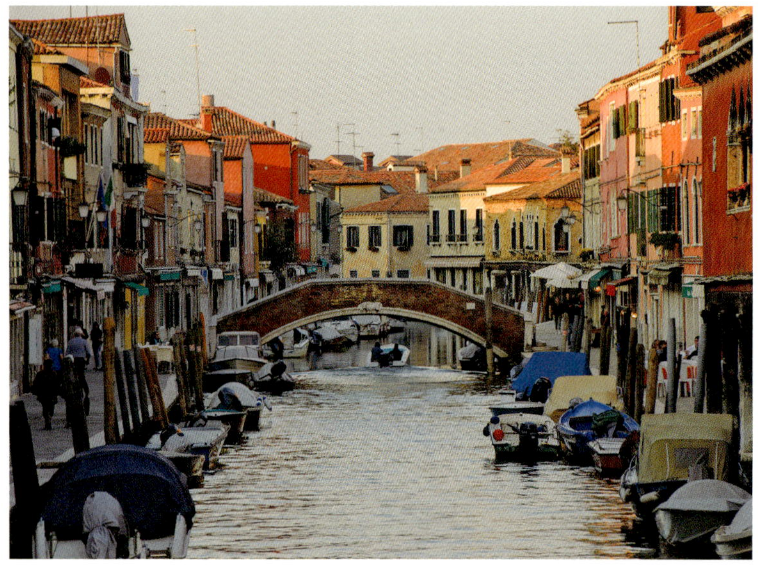

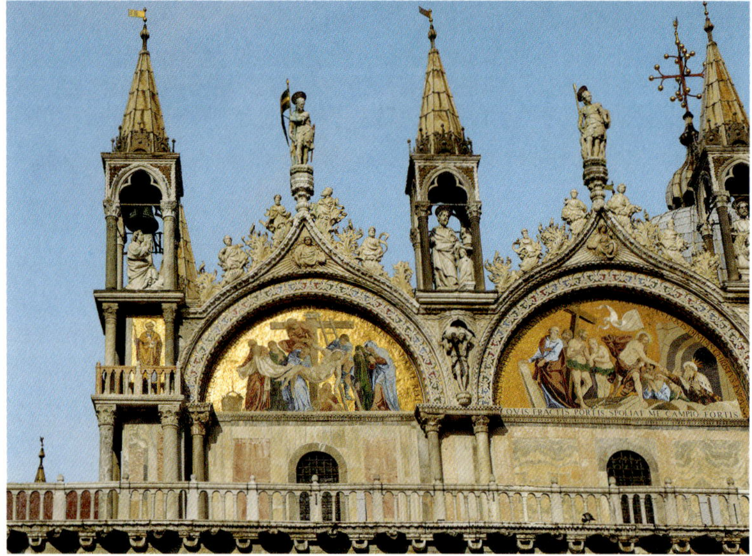

Die Stimmung Venedigs setzt sich auf der Laguneninsel Murano fort – einem Dorf mit einer besonderen Geschichte der Glaskunst. Nachvollziehbar ist diese anhand moderner Kreationen im Glasmuseum, aber auch in Form von Mosaiken wie etwa am Markusdom.

Eine weit bekannte Kirche Muranos ist die Basilica dei Santi Maria e Donato aus dem 12. Jahrhundert mit ihrem farbenprächtigen Mosaikboden aus dem Jahr 1140 und dem freistehenden viereckigen Campanile. Sie war ehemals die Kathedrale der Bischöfe von Torcello und Murano.
Die eigentliche Eingangsseite der Basilika ist der Ordnung entsprechend nach Westen gerichtet. Man wollte bei dieser direkt am Meer gelegenen Kirche weniger die Einheimischen beeindrucken als die anreisenden Gäste, die natürlich von der Seeseite, von Osten her kamen. Daher ist diese Ostseite der Kirche, also der Chorbereich, die eigentliche Schauseite. Dieser Bau mit dem Namen SS (Santi) Maria e Donato, also wörtlich übersetzt »Die Heiligen Maria und Donatus«, ist einer der ältesten der ganzen Lagune. Er wurde bereits im 7. Jahrhundert errichtet, später im 9. und wieder im 12. Jahrhundert umgebaut und 1140 in der heutigen Form vollendet.
Besonders der Chorbereich ist sehr repräsentativ gestaltet: Mit auffallenden weißen Säulen ist eine zweigeschossige Bogenkonstruktion errichtet worden. Im ersten Geschoss wird in der umlaufenden Galerie die Arkadengliederung des Erdgeschosses wiederholt. Sehr ähnliche Bogenformen umlaufen in mehreren Etagen die gesamte Schauseite, entweder als begehbare Galerie oder als Fensterumrahmung oder als nur aufgeblendete Arkadenfolge.
Berühmt ist der Innenraum der Basilika wegen seiner aufwendigen Fußbodenmosaike aus der Mitte des 12. Jahrhunderts. Der schöne Mosaikboden, der das dreischiffige Innere der Kirche durchzieht, wirkt fast wie ein orientalischer Teppich mit vielen Tiergestalten und bunten Formen. Das farbenfrohe Venedig hat auf diesem Gebiet sehr viel Sinn für feingliedrige Dekoration entwickelt. Die Halbkuppel des Apsisbereiches zeigt nach byzantinischem Vorbild genau wie in Torcello auf einem goldenen Mosaikgrund die einsame Gestalt der Maria. Beachtenswert sind die Reliquien des heiligen Donatus über dem Altar. Die bemalte Reliefikone des heiligen Donatus gehört zu den ältesten Zeugnissen venezianischer Malerei.

Durch das Hochwasser von 1897 wurde nicht nur ein Teil des Fundaments der im römischen Stil gebauten Kirche zerstört, sondern auch das spitze Holzdach.
Außer Santi Maria e Donato hat Murano eine weitere sehenswerte Kirche, nämlich die 1348 als Klosterkirche der Dominikaner erbaute und nach dem Brand von 1474 renovierte, 1511 wiedereröffnete Kirche San Pietro Martire, die heute als protestantische Pfarrkirche dient. Das ehemalige Kloster Santa Maria degli Angeli wurde nach der Säkularisation zu einem Krankenhaus umgebaut. Verschiedene Kunstwerke der ehemaligen Inneneinrichtung sind im Glasmuseum von Murano aufbewahrt.

Ein Denkmal erinnert an den italienischen Schriftsteller Italo Svevo (ursprünglich Hector Aron Schmitz; genannt Ettore Schmitz), der in den Jahren 1898 bis 1916 auf Murano lebte, wo er die Fabrik seiner Schwiegereltern führte und Unterwasserfarben herstellte. Das Denkmal enthält ein Glasobjekt und eine Bronzetafel mit einem Zitat von Italo Svevo.

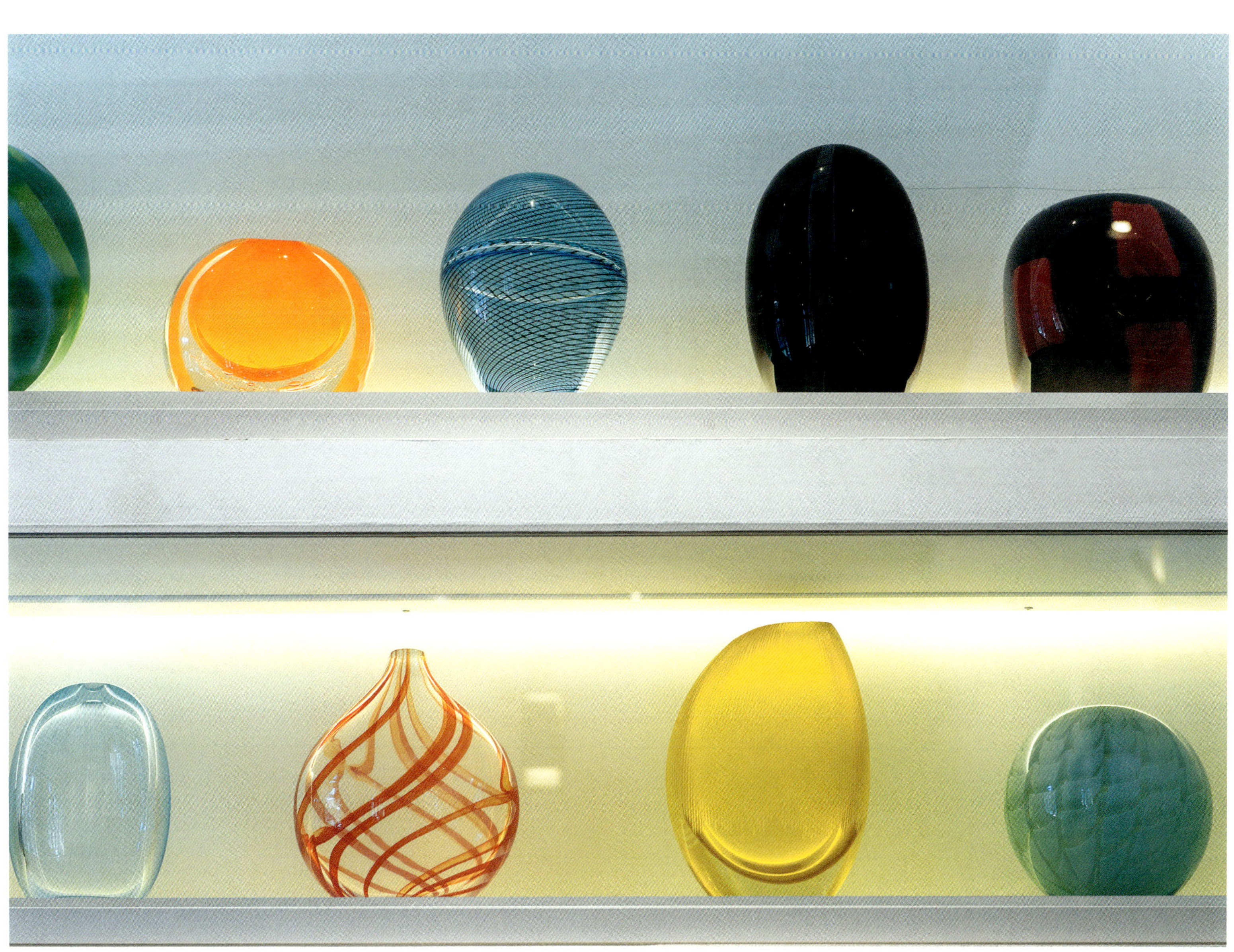

Das Glasmuseum Museo del Vetro von Murano, in einem alten Palast eingerichtet, zeigt Beispiele aus der langen Geschichte, der Vielfalt der Glasproduktion sowie ihrer Herstellungsmethoden.

Einer der letzten Vertreter der auf Murano früher häufigen Villen ist der Palazzo da Mula, der ins 14. Jahrhundert zurückreicht.

Erst mit dem beginnenden Tourismus am Anfang des 19. Jahrhunderts erlebte Murano ein erneutes Aufblühen. Der Historismus in Venedig, eingeleitet durch die Einrichtung einer Glasfachschule auf Murano 1860 und die Gründung der Firma Società Salviati & Co. durch Antonio Salviati 1866, knüpfte bewusst an die Glaskunst der Renaissance mit ihren dünnwandigen Flügelgläsern, Faden- und Netzgläsern (Reticella) wieder an. Für den Jugendstil in Millefiori-Dekoren, erzielt durch eingeschmolzene Murrine, stehen die Fratelli Toso. Venezianische Glasgefäße der 50er- und 60er-Jahre sind von Farbe und Dekor her am Expressionismus orientiert.

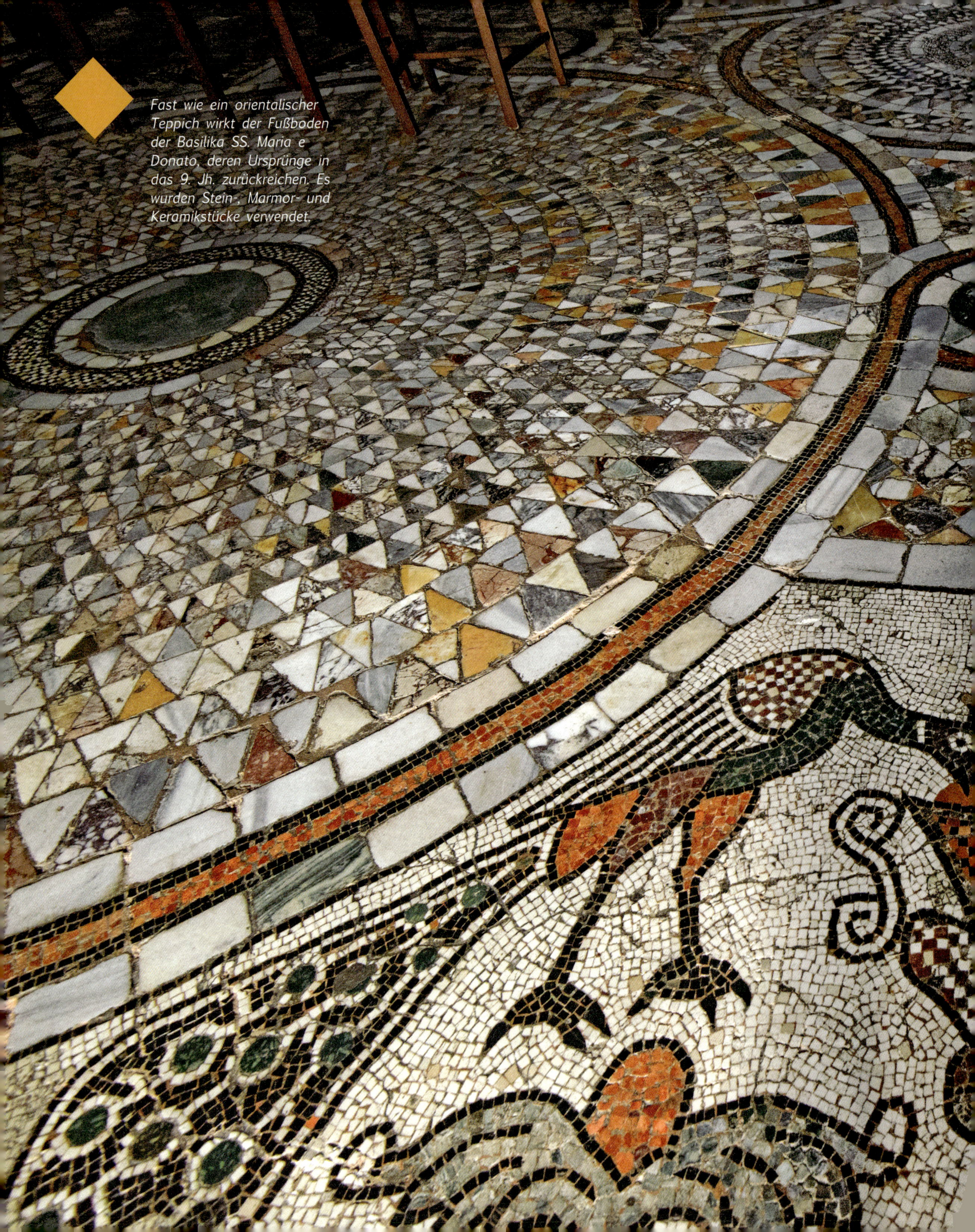

Fast wie ein orientalischer Teppich wirkt der Fußboden der Basilika SS. Maria e Donato, deren Ursprünge in das 9. Jh. zurückreichen. Es wurden Stein-, Marmor- und Keramikstücke verwendet.

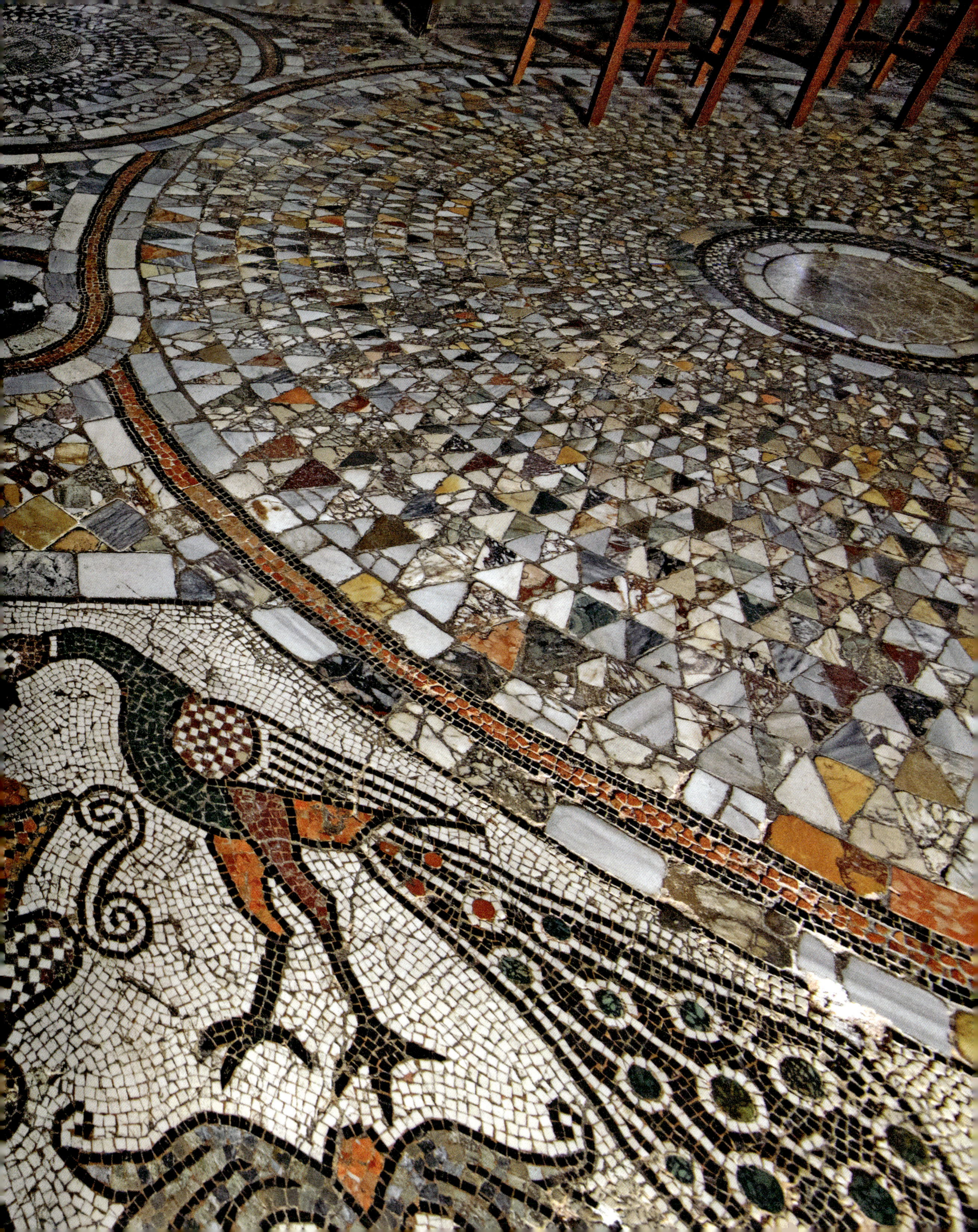

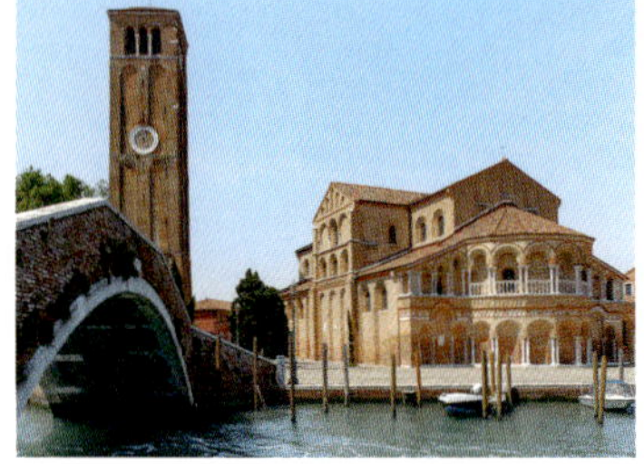

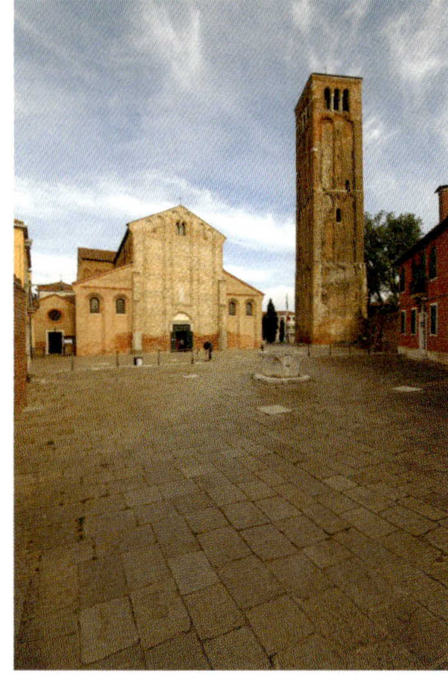

Die romanische Kirche SS. Maria e Donato wurde bereits im 7. Jh. errichtet und erhielt im 12. Jh. ihre heutige Form. Nicht allein aufgrund ihrer aufwendigen Fußbodenmosaike ist sie ein lebendiges Beispiel für Muranos besondere Kunst in Glas und Stein. Zeitlos strahlen ihre Mosaike und bilden mit den malerischen Fresken ein äußerst sehenswertes Gesamtbild.

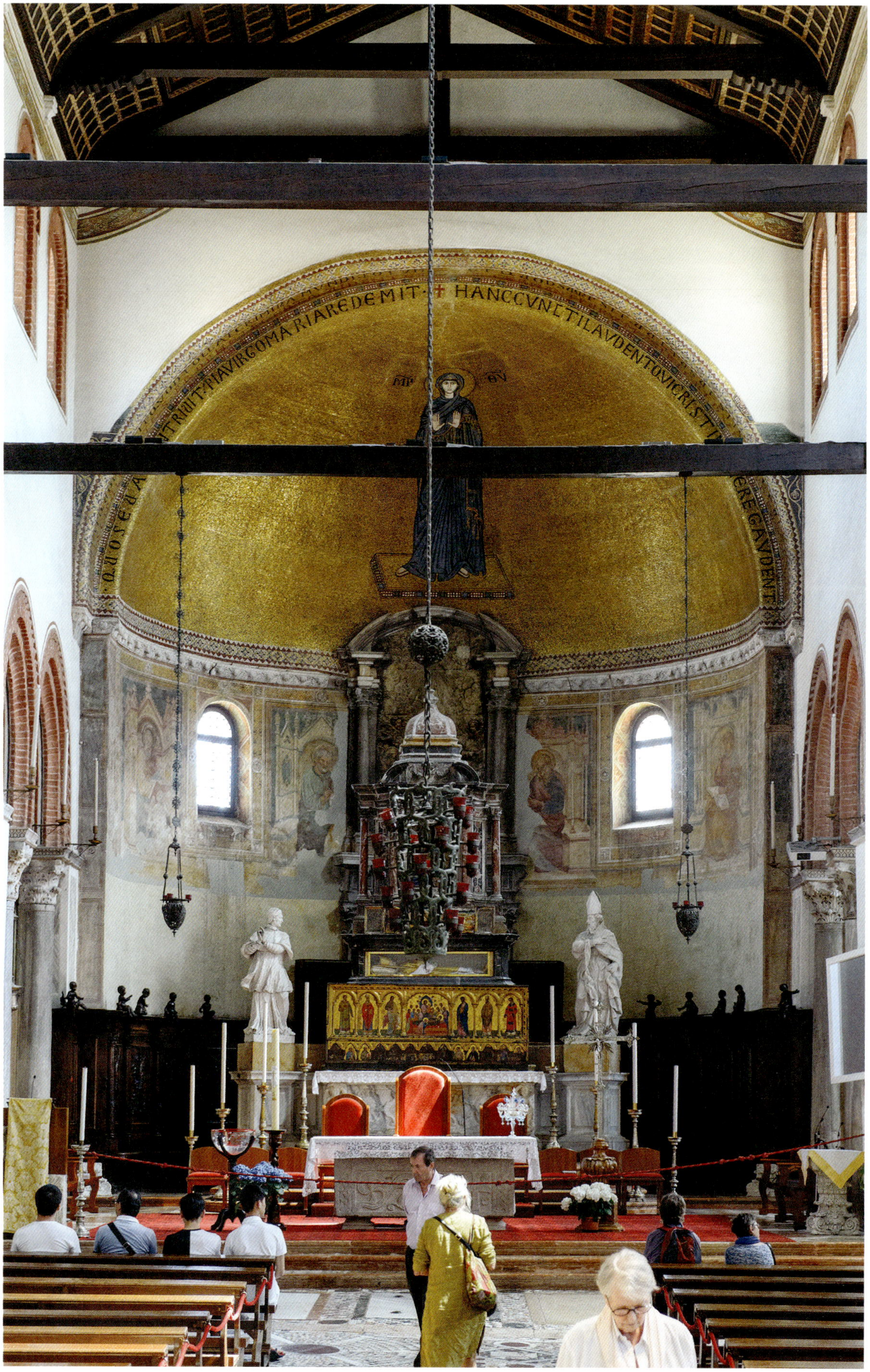

Überaus bunte Streifen- und geometrische Op-Art-Dekore in Vetro-pezzato-Technik sind typisch für die Entwürfe von Paolo Venini, Fulvio Bianconi und Ercole Barovier; Ercole Baroviers Sohn Angelo bezieht sich bei einigen seiner Entwürfe ausdrücklich auf Vasarely. Auch einfarbige Gefäße mit verschiedenen Unterfängen (in vetro sommerso) von Flavio Poli gehören zum Repertoire der Venezianer des 20. Jahrhunderts.

Die tausendjährige Geschichte der Glasherstellung ist im Museo del Vetro im Palazzo Giustinian auf Murano mit Vasen, Spiegeln und Trinkgefäßen dokumentiert. Einer der drei großen Deckenleuchter im Eingangsbereich ist ein prämiertes Werk der Fratelli Toso, das zur Eröffnung des Museums 1854 beigesteuert wurde. 1861 initiierten Antonio Colleoni (1811–1855), der Bürgermeister der Insel, und der Abt Vincenzo Zanetti (1824–1883) die Einrichtung eines Archivs, um die Archivalien der Insel zu erhalten und der Öffentlichkeit zugänglich zu machen. Vincenzo Zanetti richtete direkt neben dem Archiv eine Glasmacherschule ein, in der die alten Techniken gelehrt wurden. Nachdem die Insel zu Venedig eingemeindet wurde, unterstand das örtliche Museum den Musei Civici Veneziani.

Heute sind die Straßenzüge der Insel durch eine Vielzahl von Glasgeschäften geprägt und Muranoglas ist zum beliebten Sammlerartikel geworden. Dabei ist indes deutlich zu unterscheiden zwischen Glasgalerien, in denen die zeitgenössischen Arbeiten venezianischer Studioglaskünstler ausgestellt und erhältlich sind, und touristischen Souvenirläden, die in Serienproduktion hergestellte Glasobjekte vertreiben.

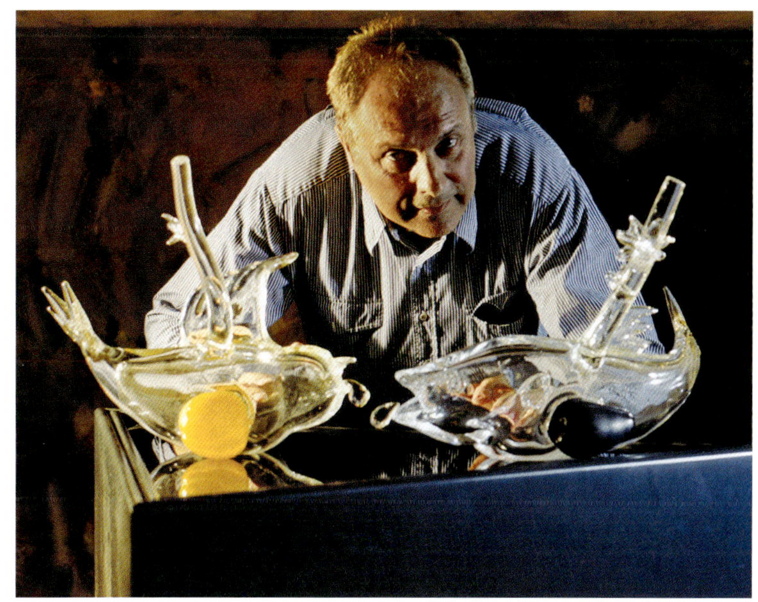

Vogel und Fisch an Baumästen nach Entwürfen von Christian Ludwig Attersee wurden in Murano 2002 zu Tierobst. *Beide Objekte mit Fruchtherzen besetzt, wurden von zwei erfahrenen Glasbläsern dieser Insel hergestellt. Zwei Brüder, die ihre Kunst bewiesen, der eine blies die Figur zum Hohlkörper, der andere formte sie massiv.*

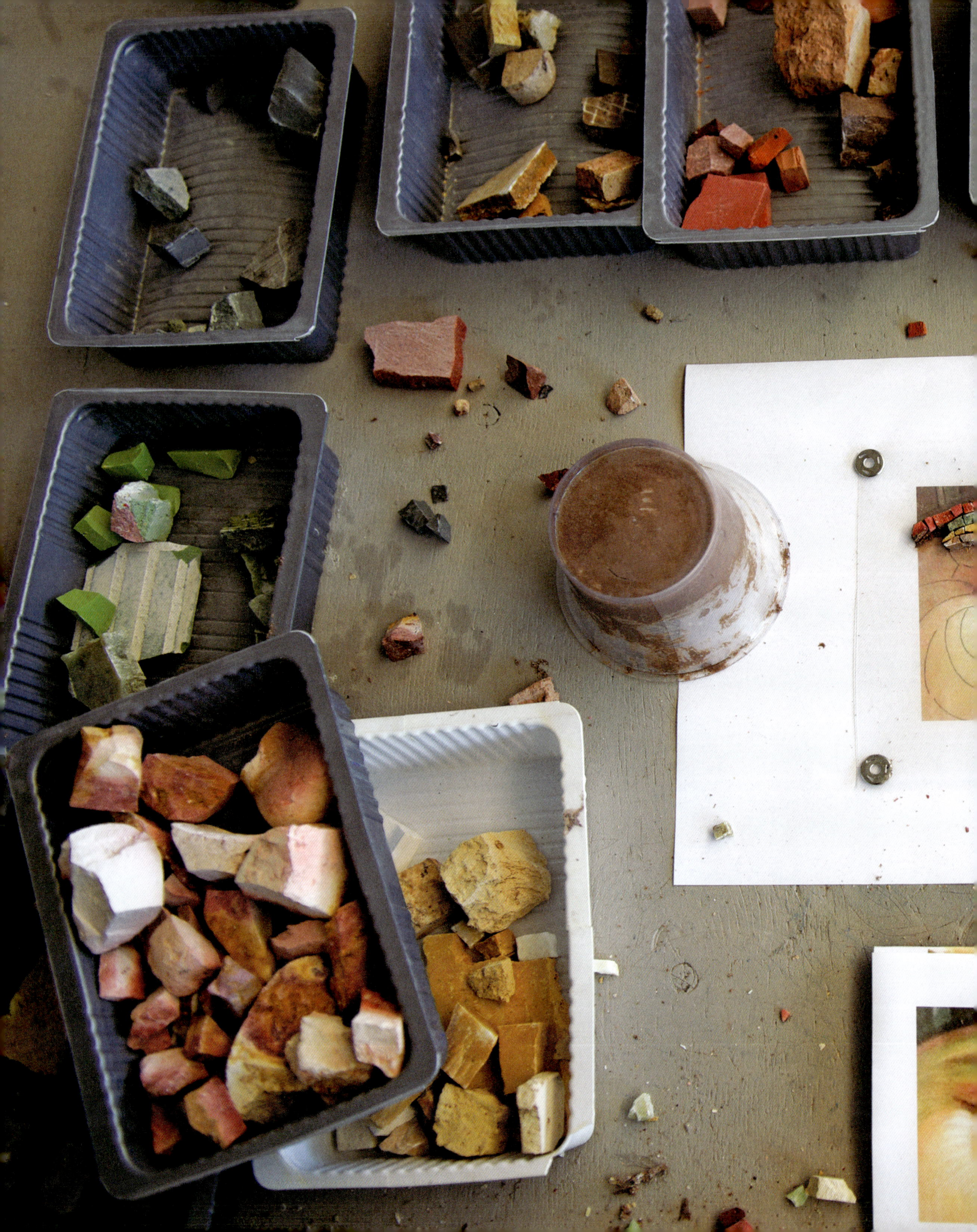

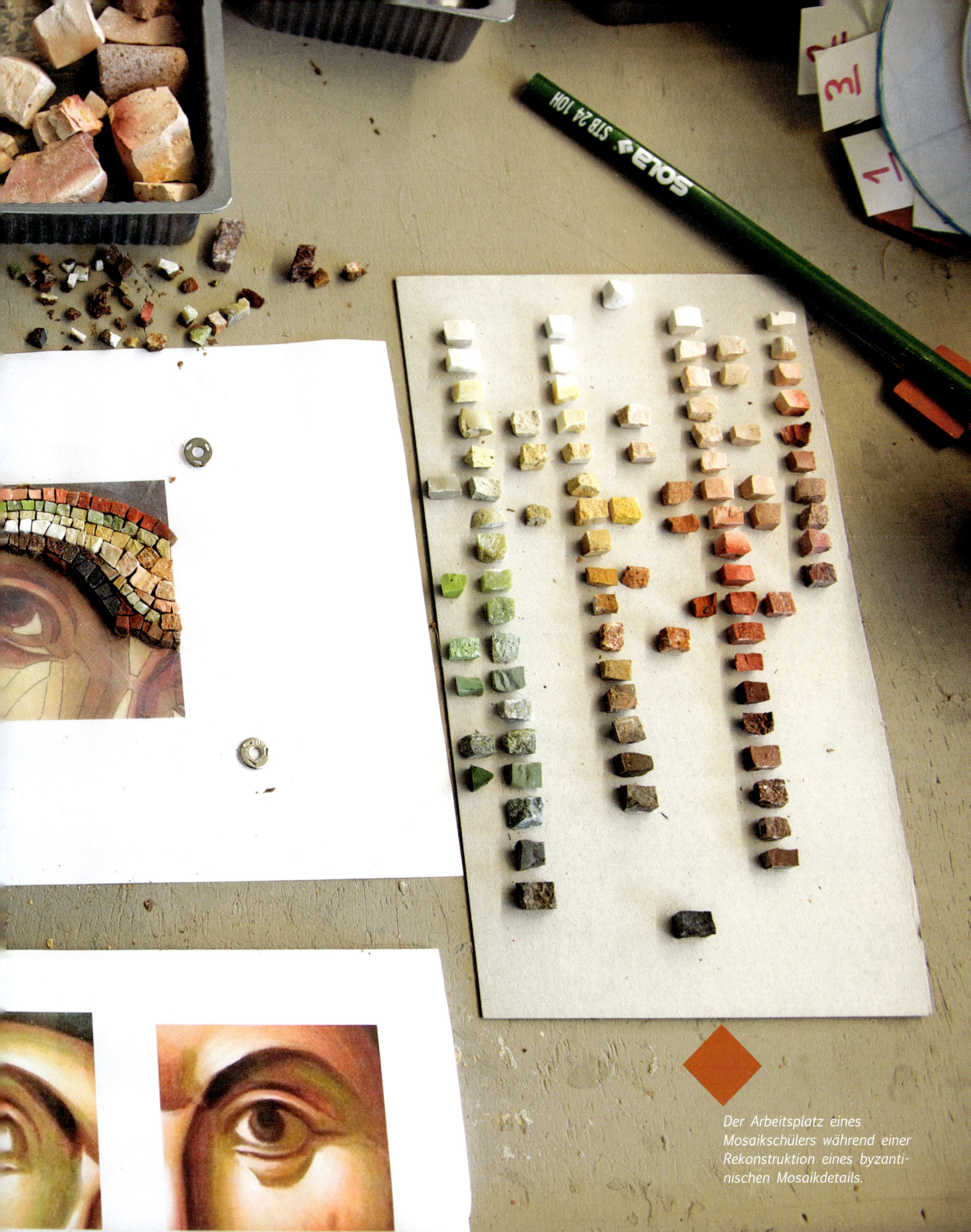

Der Arbeitsplatz eines Mosaikschülers während einer Rekonstruktion eines byzantinischen Mosaikdetails.

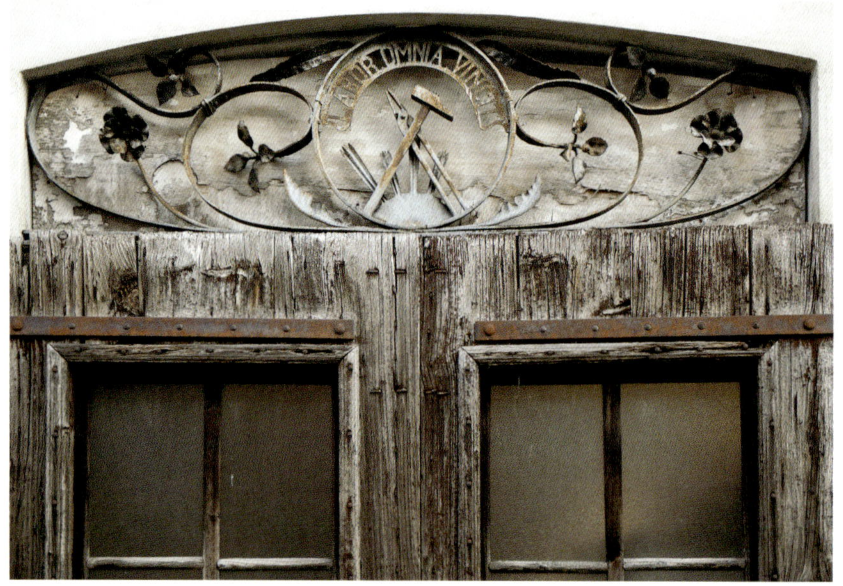

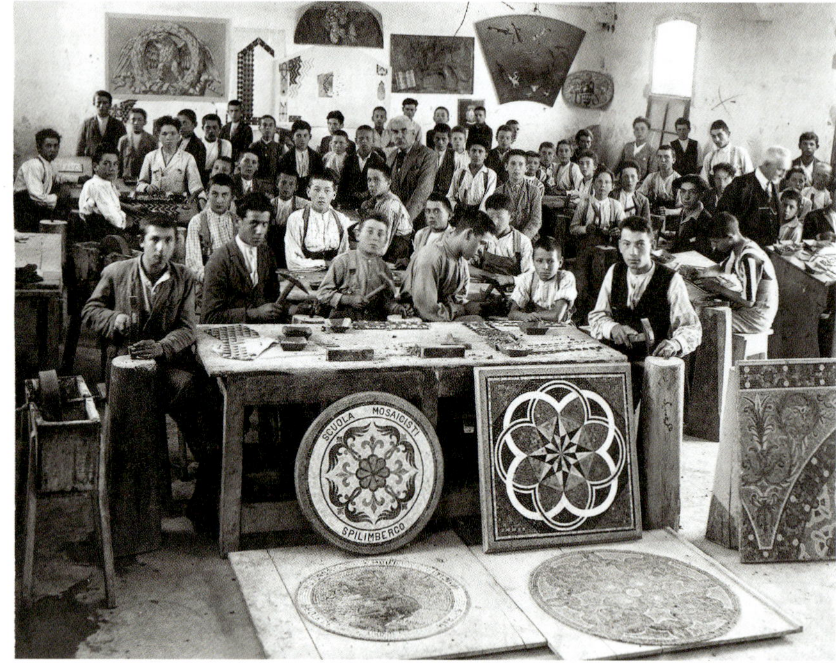

Die traditionsreiche Mosaikschule Irene *im friaulanischen Spilimbergo wurde bei ihrer Gründung im Jahr 1540 nach einer jung verstorbenen Künstlerin benannt.*
Oben: Detail der Eingangspforte der Werkstatt um 1922.
Unten: Nach dem Ersten Weltkrieg begann der Unterricht in einer ehemaligen Kaserne.

Mosaikschulen in Oberitalien

Franz Hofbauer

Spilimbergo

Spilimbergo nahe Udine ist allgemein bekannt als »Stadt der Mosaikkunst«, denn hier hat die im Januar 1922 offiziell gegründete Friaulische Mosaikschule (Scuola Mosaicisti del Friuli) ihren Sitz – Erbe der großen römischen und byzantinischen (und damit der aquileischen und venezianischen) Mosaik-Tradition. Spilimbergo ist heute die Hauptstadt der dekorativen Mosaikkunst (Fußboden- und Wandbereich) – davon zeugen die imponierenden und wertvollen Arbeiten, die in der Mosaikfachschule und den lokalen Werkstätten entstanden und die Flughäfen, Universitäten, Schlösser, öffentliche und private Gebäude, Sporthallen, Stadien, Kathedralen, Moscheen und Klöster in jedem Winkel der Welt zieren. Unter der Leitung hochqualifizierter Fachlehrer werden an der Schule Arbeiten aller Art angefertigt, nach Entwürfen einiger der größten zeitgenössischen Künstler.
In der Mosaikschule werden alte Mosaiktechniken gelehrt. Die Schule ist der Endpunkt einer Geschichte, die auf das Ende des 17. Jahrhunderts zurückgeht, als Steinmetze und Fußbodenleger aus den Dörfern um Spilimbergo auf den Baustellen Venedigs arbeiteten. Hier ist die Mosaikkunst mehr als je zuvor lebendig, und die heutigen Arbeiter sind die Erben einer sehr alten Tradition. Das Institut stellt massive und wertvolle Werke her, die Flughäfen, Universitäten, königliche Paläste und Kathedralen dekorieren. Zudem verwahrt es eine wertvolle Sammlung von Kartons und Mosaikarbeiten.

Spilimbergo steht mit seiner Mosaikschule, deren experimenteller Charakter weltweit richtungsweisend ist, im Mittelpunkt der musivischen Kunst im Friaul-Julisch Venetien. Sie ist eine international renommierte Schule für Mosaikkunsthandwerker, die sowohl aufgrund der Fertigungstechniken als auch der eingesetzten Werkstoffe innovative Maßstäbe setzt.

Der Schule liegt eine alt überlieferte künstlerische Tradition zugrunde, die ihren Ursprung in Aquileia, Byzanz und Venedig hat. Schon Ende des 17. Jahrhunderts waren aus der Gegend von Spilimbergo kommende Steinmetze und Terrazzoleger in Venedig bei der Arbeit zu sehen. Wer die Schule besichtigt und Meistern und Schülern bei der Kreation bedeutender Kunstwerke zusehen kann, wird mit einem unvergesslichen Erlebnis belohnt.

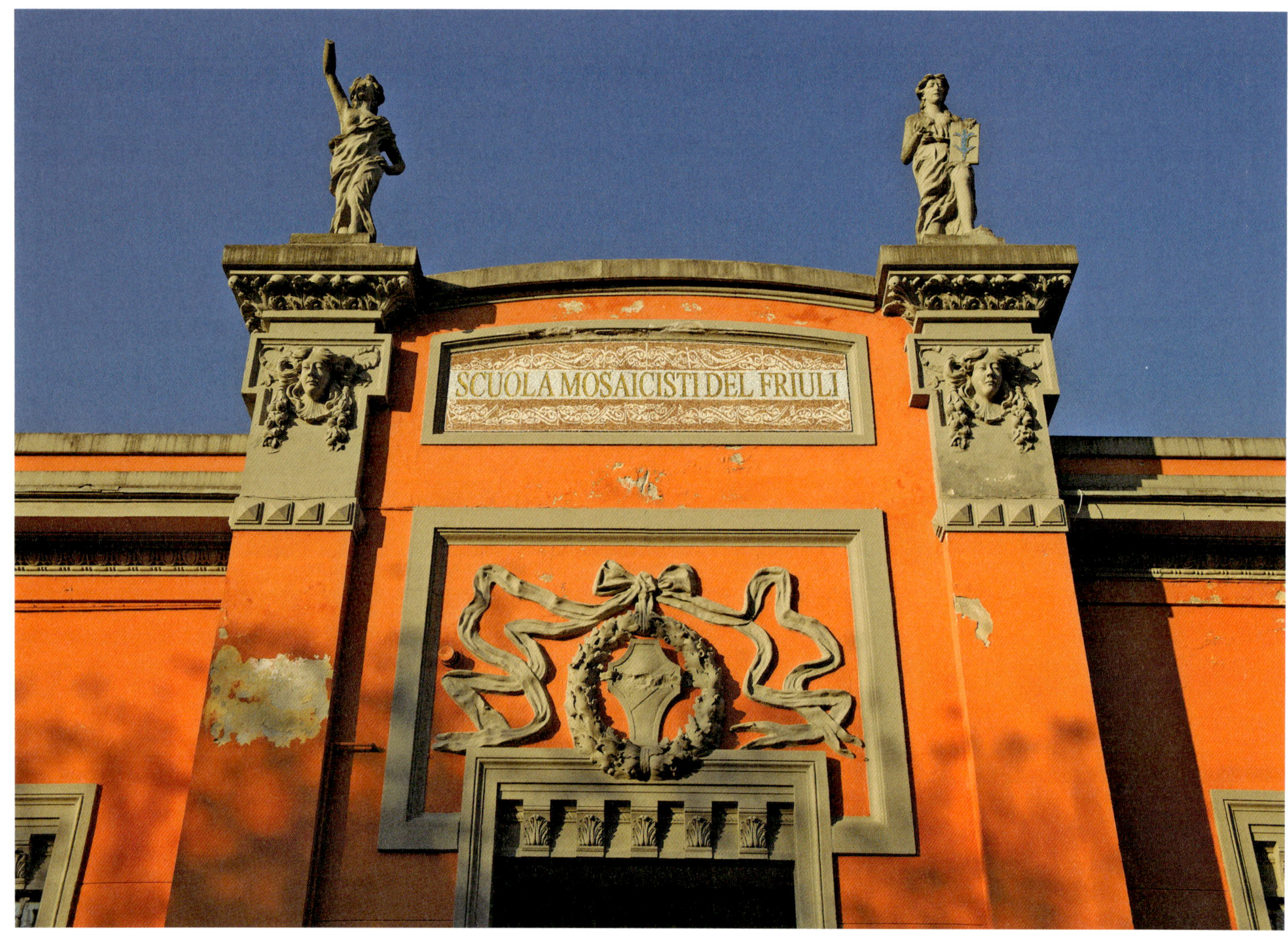

Oben: Das Eingangsportal in seiner heutigen Form erinnert an die Neueröffnung von 1922.

Rechts: Zuvor waren die Schüler übergangsweise in einer alten Kaserne untergebracht.

S. 160/161: Ein aktueller Blick zeigt Studenten beim Arbeiten und Lernen in der heutigen Mosaikschule.

Das Wort Mosaik stammt von Musen. In der griechischen Mythologie sind die Musen die neun Töchter von Zeus, die Beschützerinnen der Wissenschaften und der Künste. So ist Mosaik eine alte Bezeichnung für eine antike Kunstform. Mosaiken entstehen durch das Zusammensetzen kleiner Stückchen von unterschiedlichem Material, wie z. B. Glas, Keramik, Naturstein oder Ton.

Das erste Fußbodenmosaik ist in Kleinasien gefunden worden; es wird auf das 8. vorchristliche Jahrhundert datiert und besteht aus Kieselsteinen. Im Laufe der Jahrhunderte wird die Oberfläche der Kieselsteine geglättet, farblich sortiert, sogar mehrfarbig. Ab dem 4. Jahrhundert stellen die Mosaiken religiöse Motive dar, und auf das 5. Jahrhundert datieren die ersten byzantinischen Mosaiken von Ravenna (Mausoleum von Galla Placidia). Dort (Basiliken San Apollinare in Classe und San Vitale), in der Hagia Sofia in Istanbul und im Markusdom in Venedig (13. Jahrhundert) sind die größten je realisierten Mosaikwerke. In den darauffolgenden Jahrhunderten wird diese Technik fast nur für horizontale Flächen angewandt. Im 19. Jahrhundert entstehen die ersten Mosaikschulen und -werkstätten zuerst in London, später in Kiew, Paris, Wien und Darmstadt. Am Anfang des 20. Jahrhunderts werden Mosaikschulen in Spilimbergo und Ravenna gegründet. Ihr Vorbild ist die Mosaikkunst von Venedig, Ravenna und Aquileia.

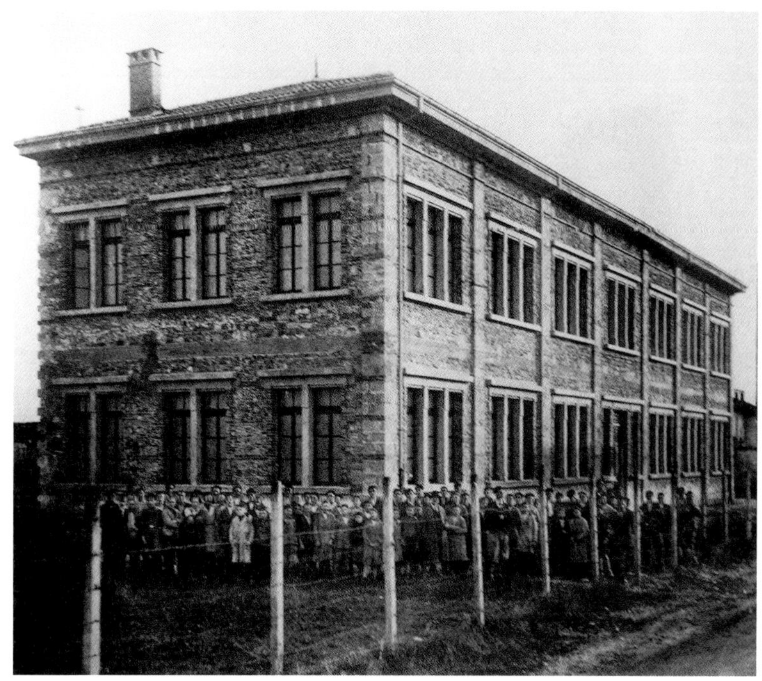

Die Mosaikschule in Spilimbergo

Die Mosaikschule von Spilimbergo im Friaul wurde wie schon erwähnt 1922 gegründet. Die regulären Kurse dauern drei Jahre und bereiten auf den Beruf des Mosaiklegers vor. In der Mosaikschule von Spilimbergo arbeiten namhafte Künstler wie Dorazio, Finzi, Alviani, Turchiano, Candussio und andere.

Hier wurden nach dem Zweiten Weltkrieg die Mosaiken der Klosterkirche St. Iren von Chrysovalandou in Likovrisi Attikis bei Athen und die Mosaiken des Hl. Grabes in Jerusalem vorbereitet.

Unter den Mosaiken der Künstler der Schule von Spilimbergo steht das Kürzel SMS als Gütezeichen.

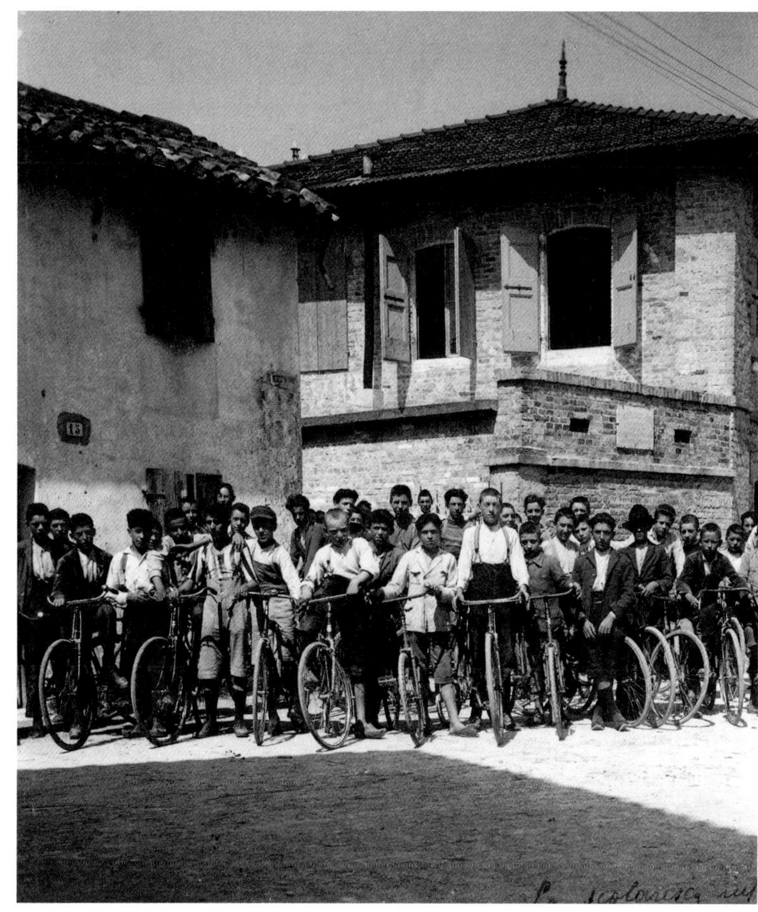

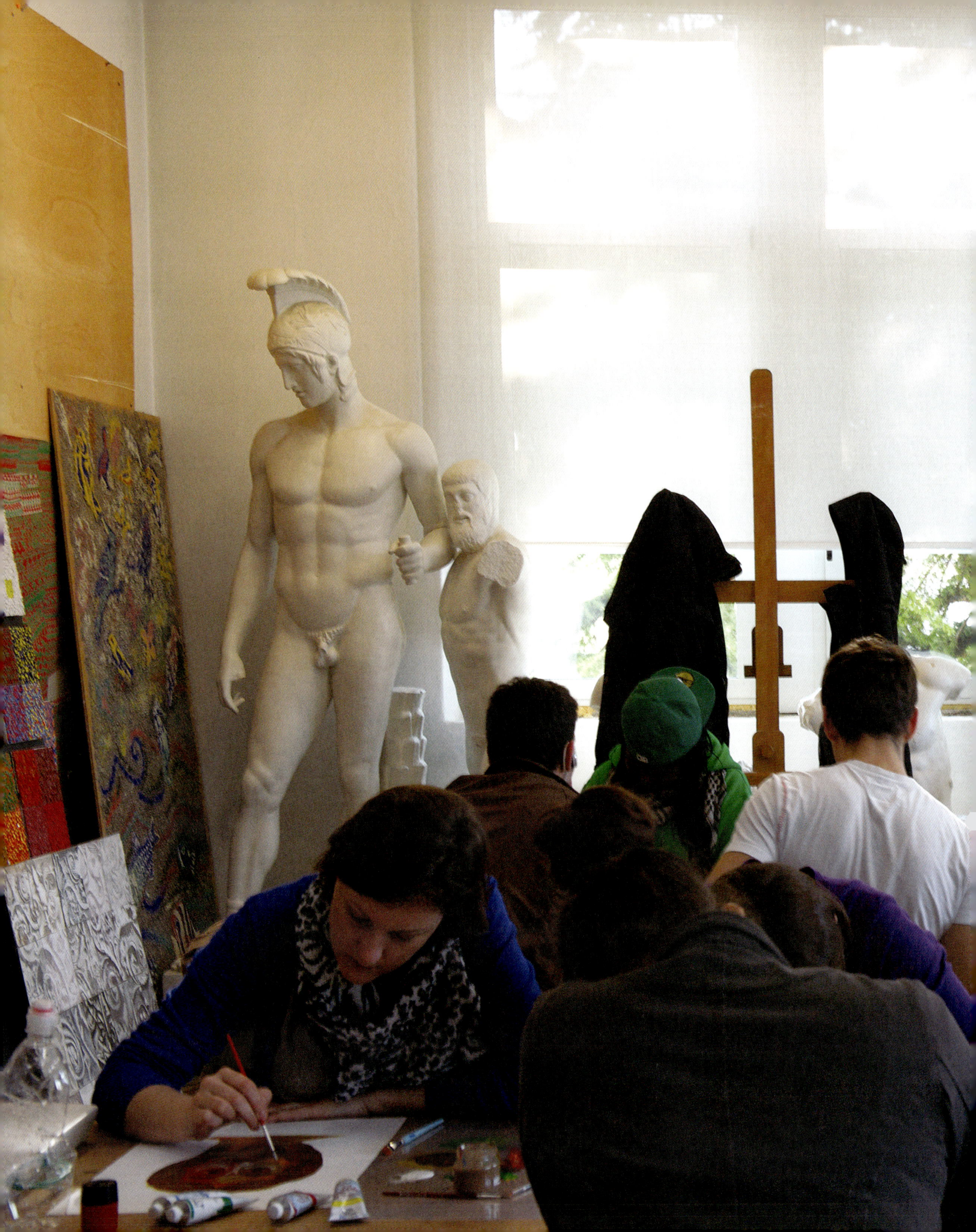

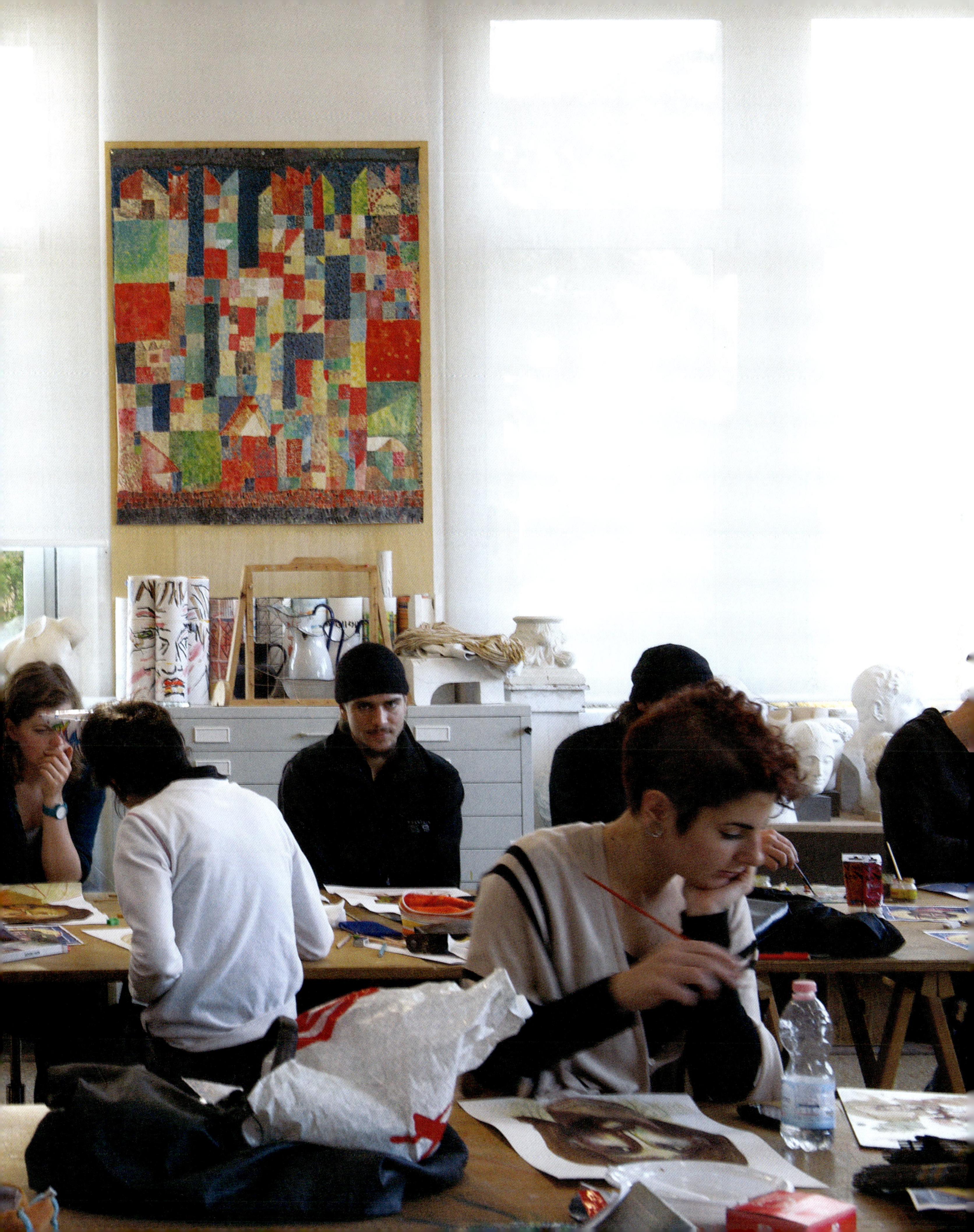

162

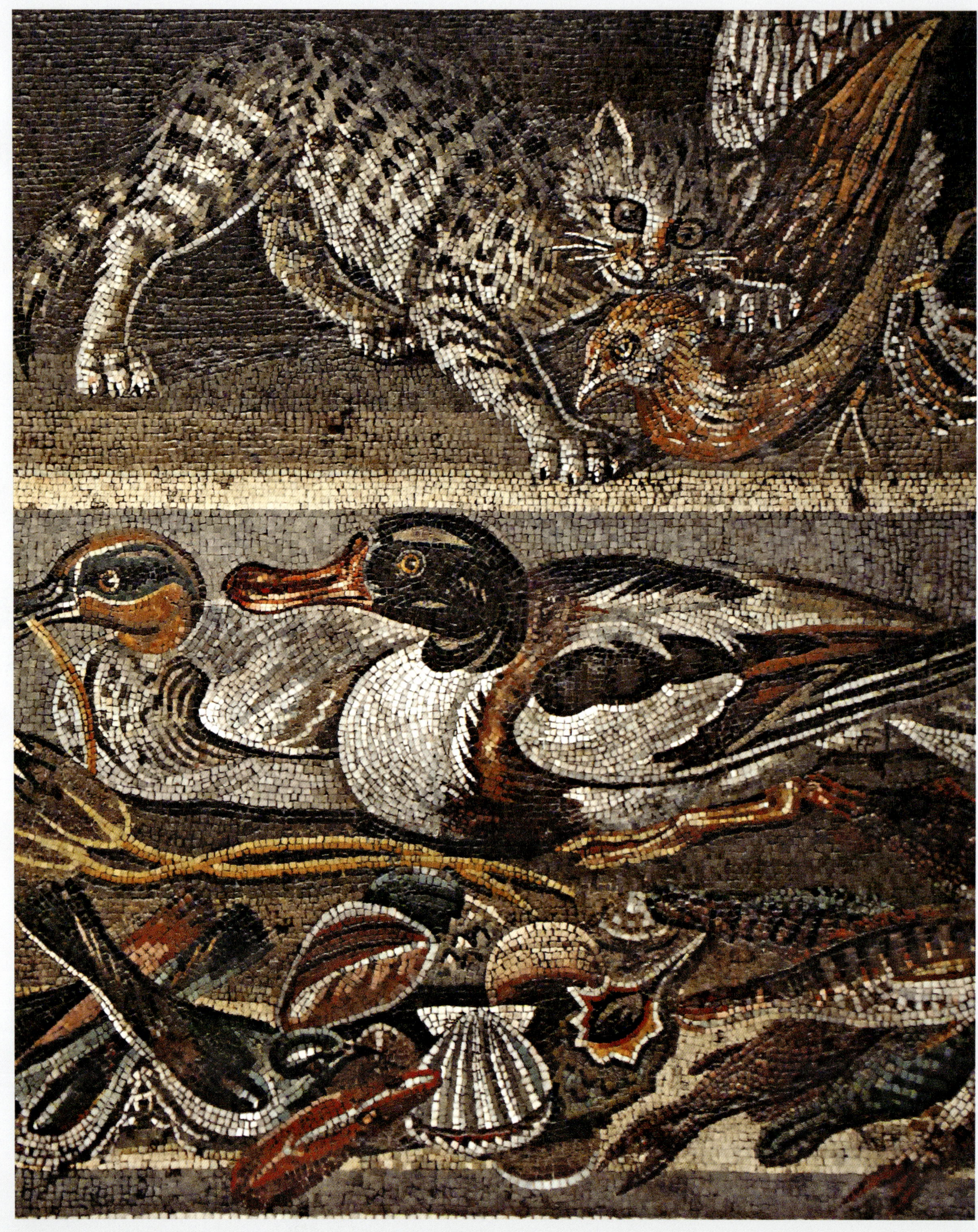

Zwei identische Mosaike? Eine Katze reißt eine Wachtel über zwei Enten mit Lotusblüten, darunter Drosseln, Meeresfrüchte und Fische. Links das Original aus Pompeji, 2. Jh. v. Chr., Archäologisches Nationalmuseum, Neapel; rechts eine Schülerkopie aus Spilimbergo, ca. 50 x 57 cm.

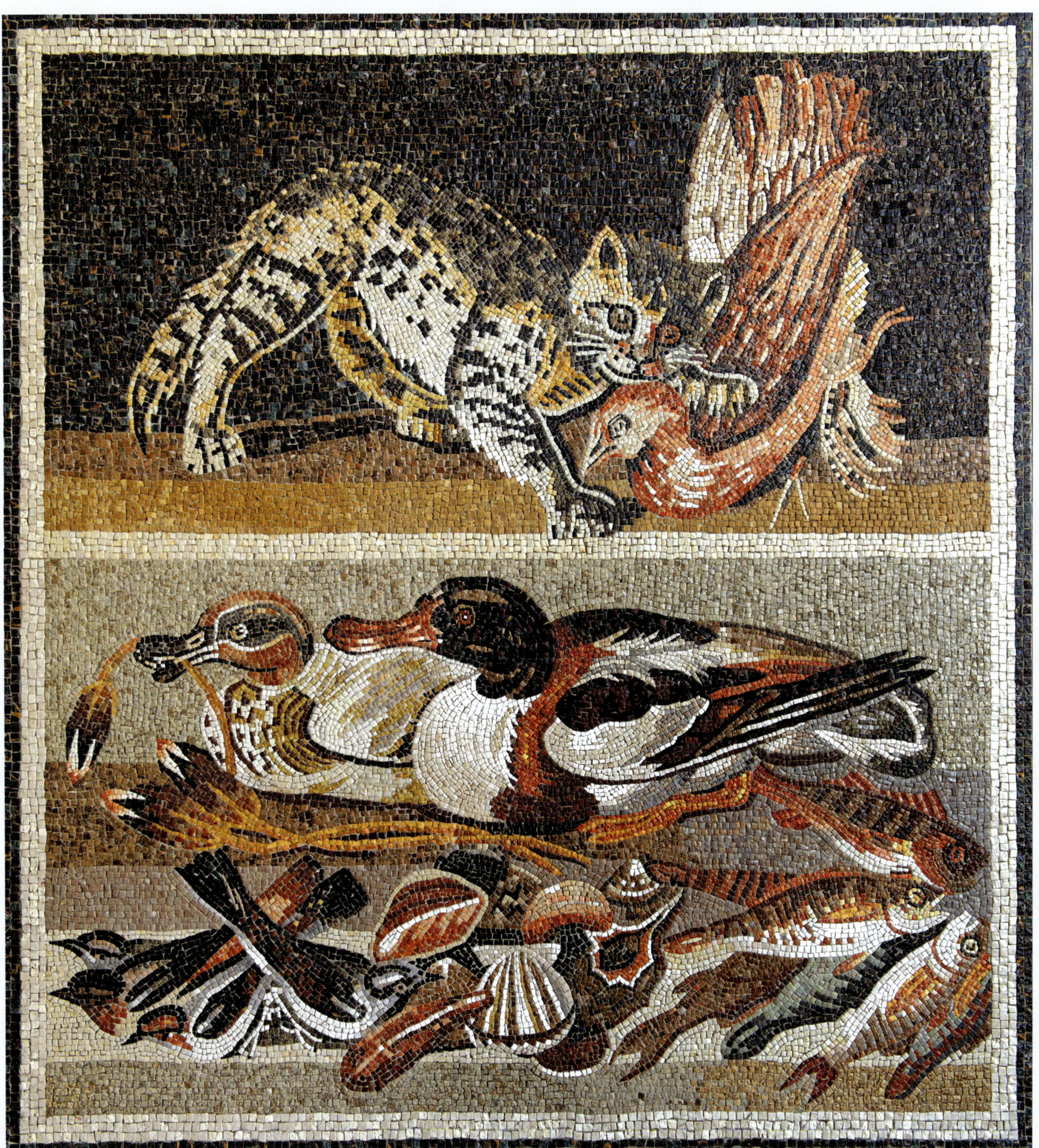

In der Zeit zwischen den beiden Weltkriegen entstanden zwei flächendeckende Mosaike, die sich in der heutigen Eingangshalle befinden. Hier mit einer Darstellung, die die internationale Bedeutung und Auswirkung der Mosaikschule dokumentiert.
Eine weitere Szene ist auf den Seiten 168/169 abgebildet.

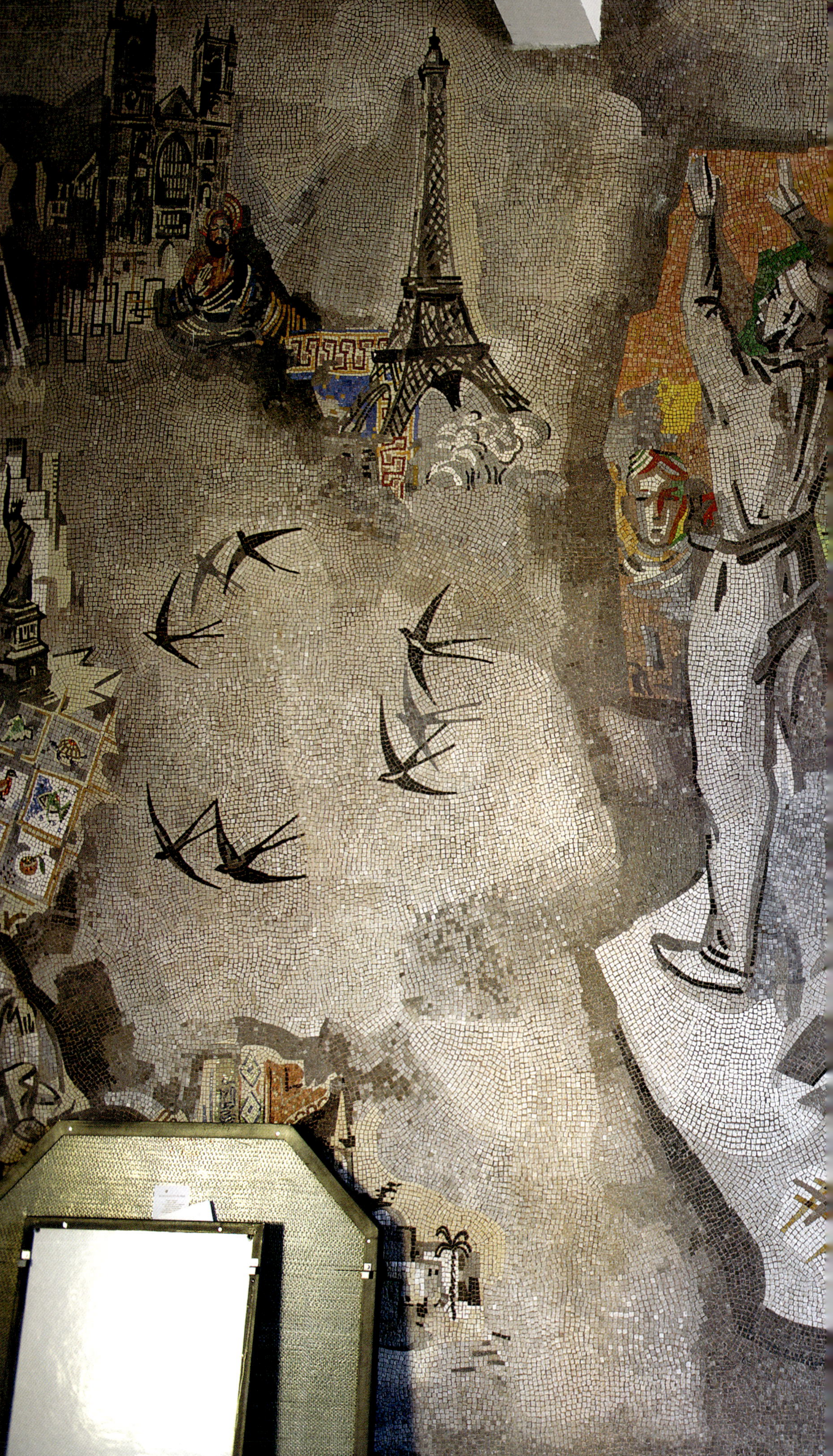

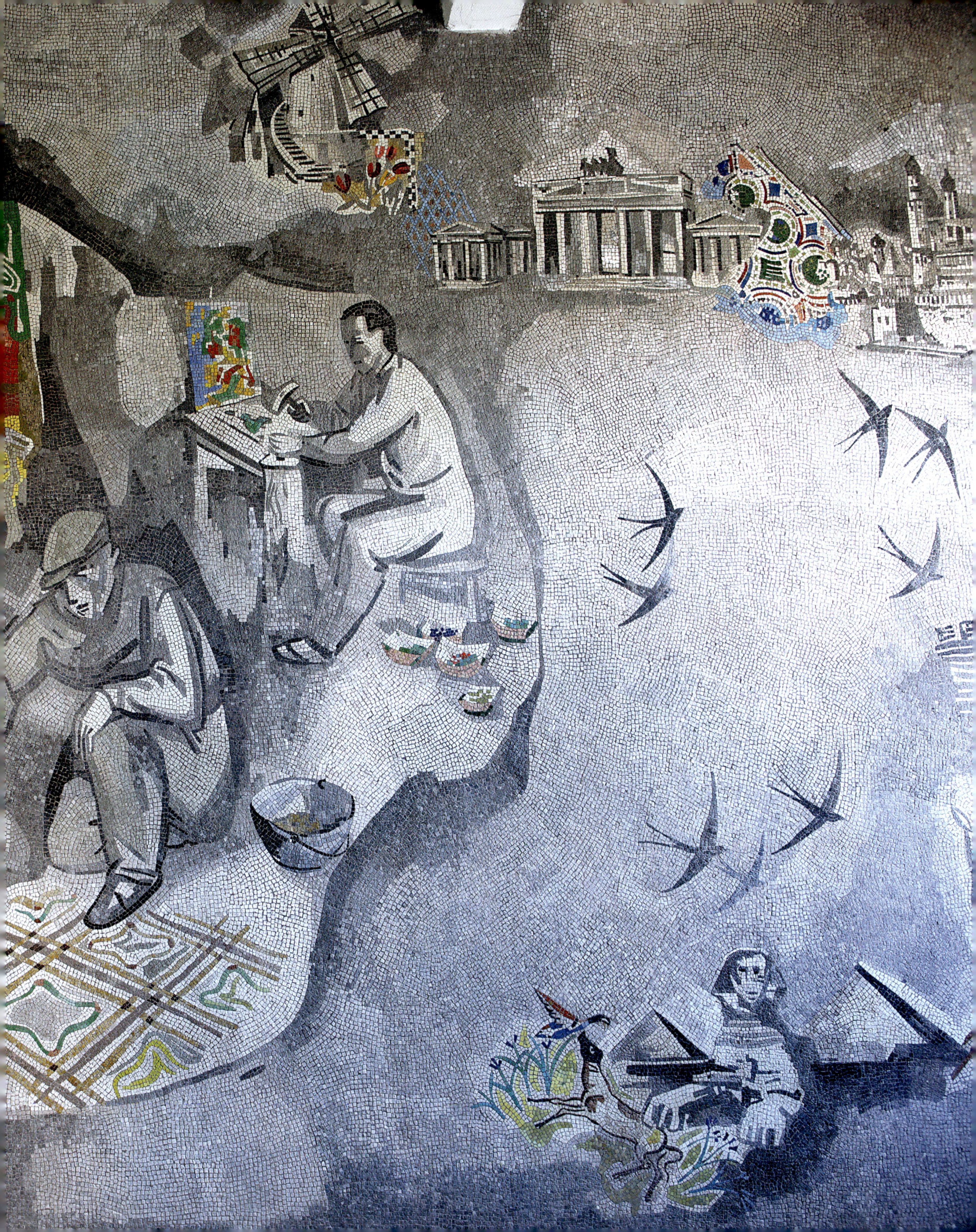

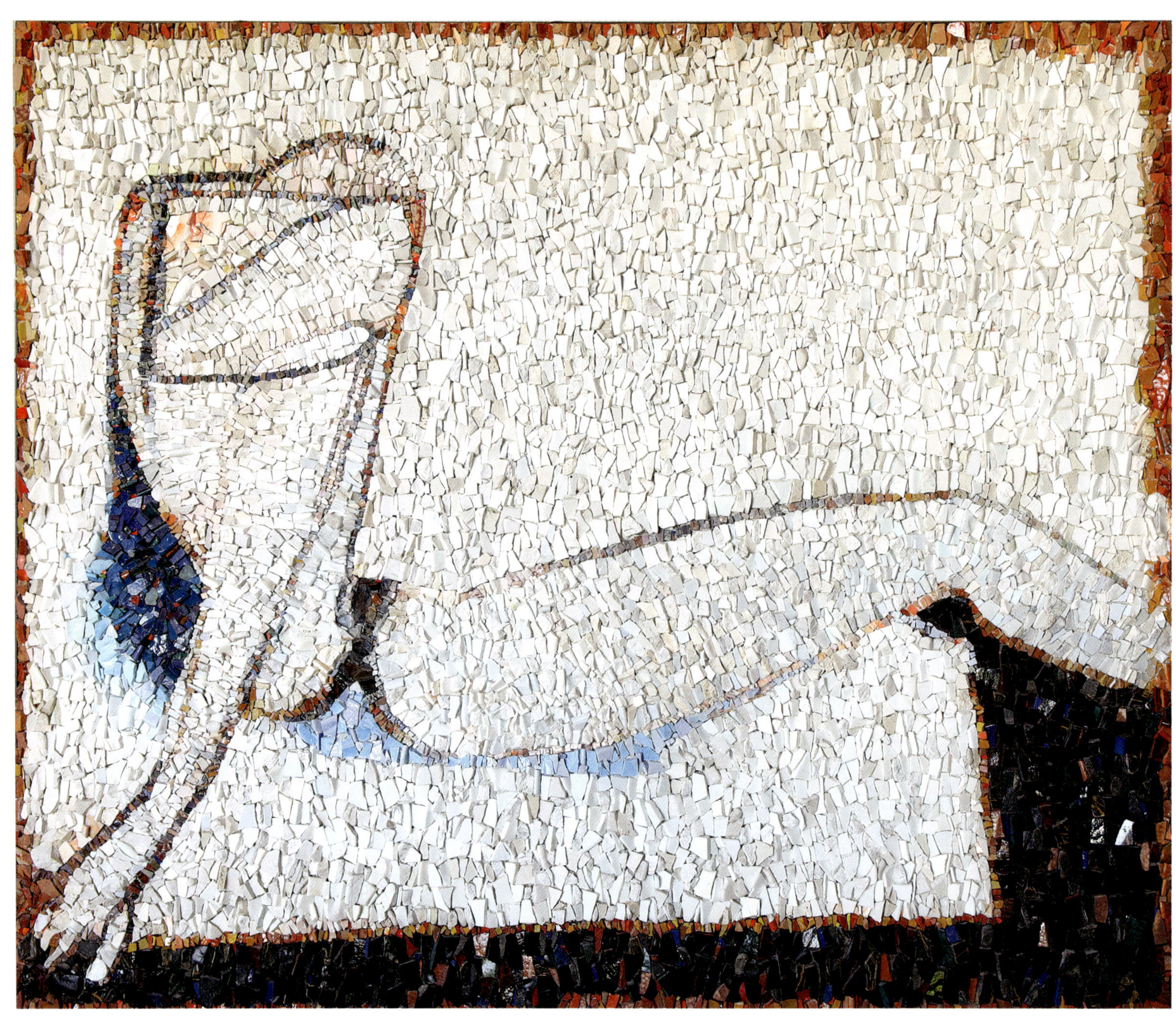

Ein individuelles Schülermosaik, das für die künstlerische Freiheit im Unterricht steht.

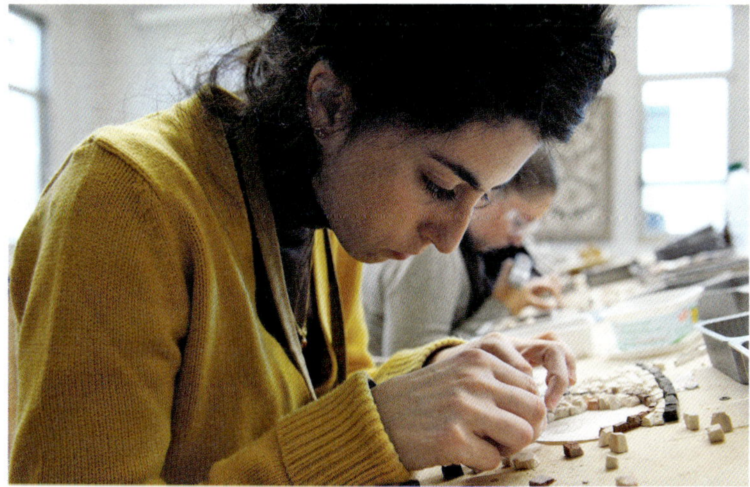

In den praktischen Lehrräumen der Mosaikschule Spilimbergo herrscht konzentrierte Ruhe. Die Voraussetzung, um historische Mosaikbilder so genau wie möglich nachzuformen.

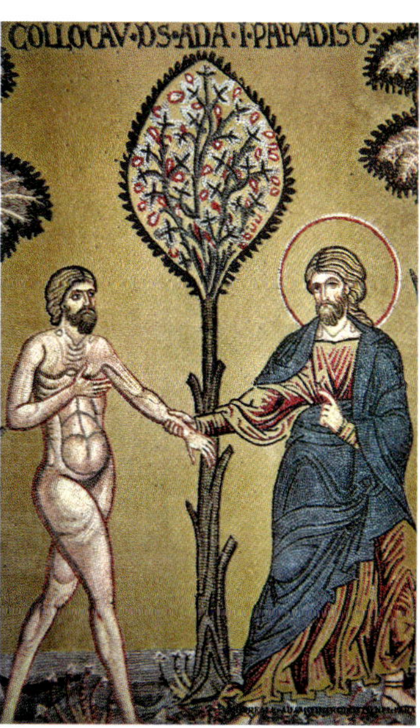

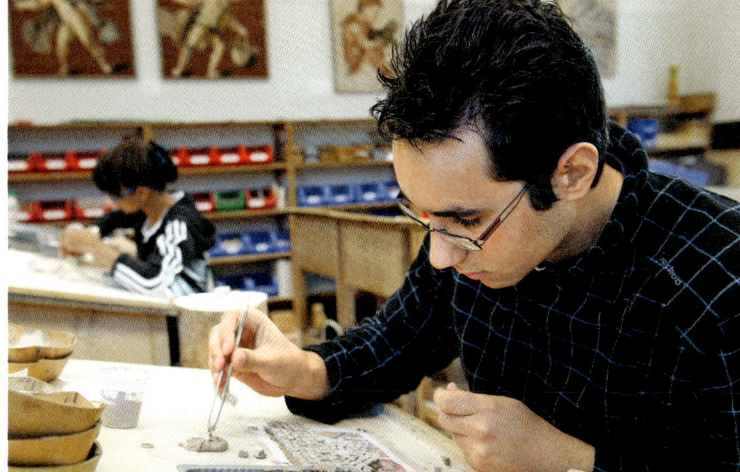

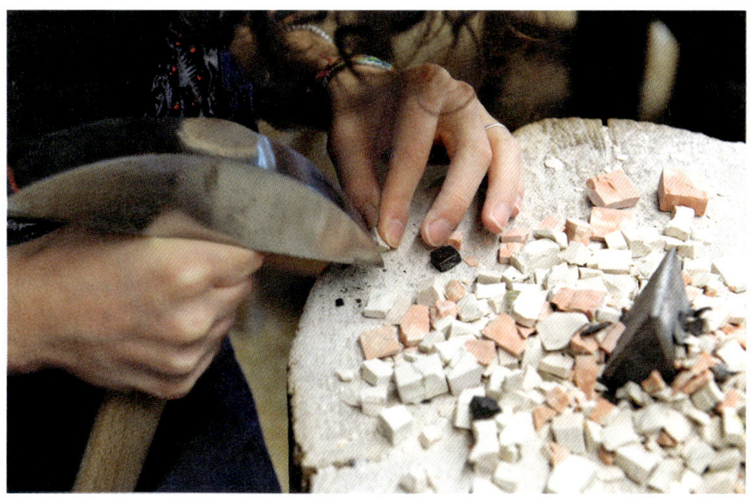

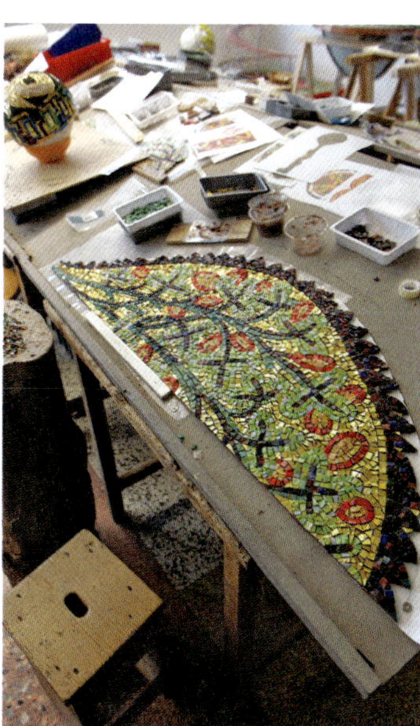

Eine byzantinische Vorlage (oben), die ein Schüler im Detail nachbildet (unten).

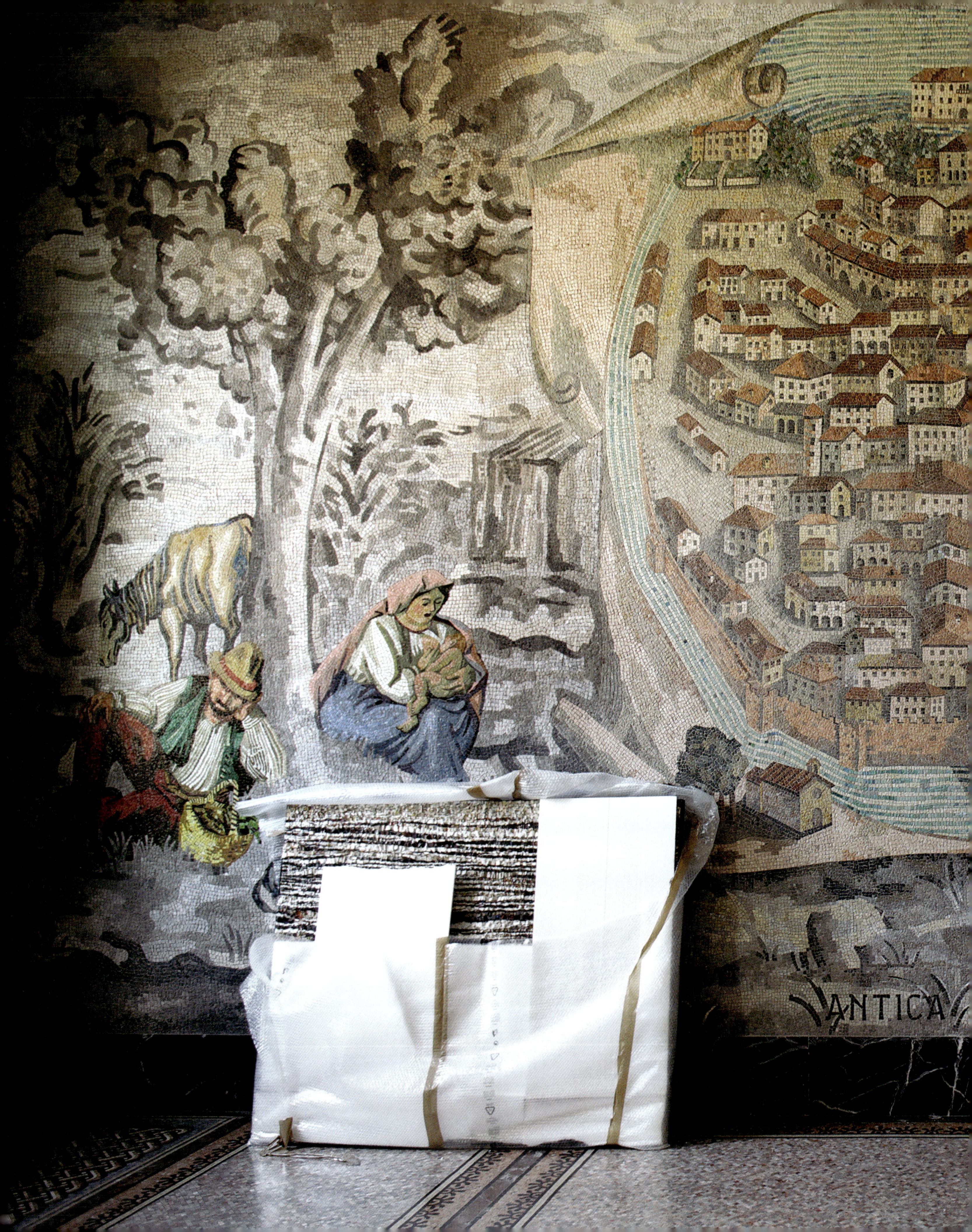
ANTICA

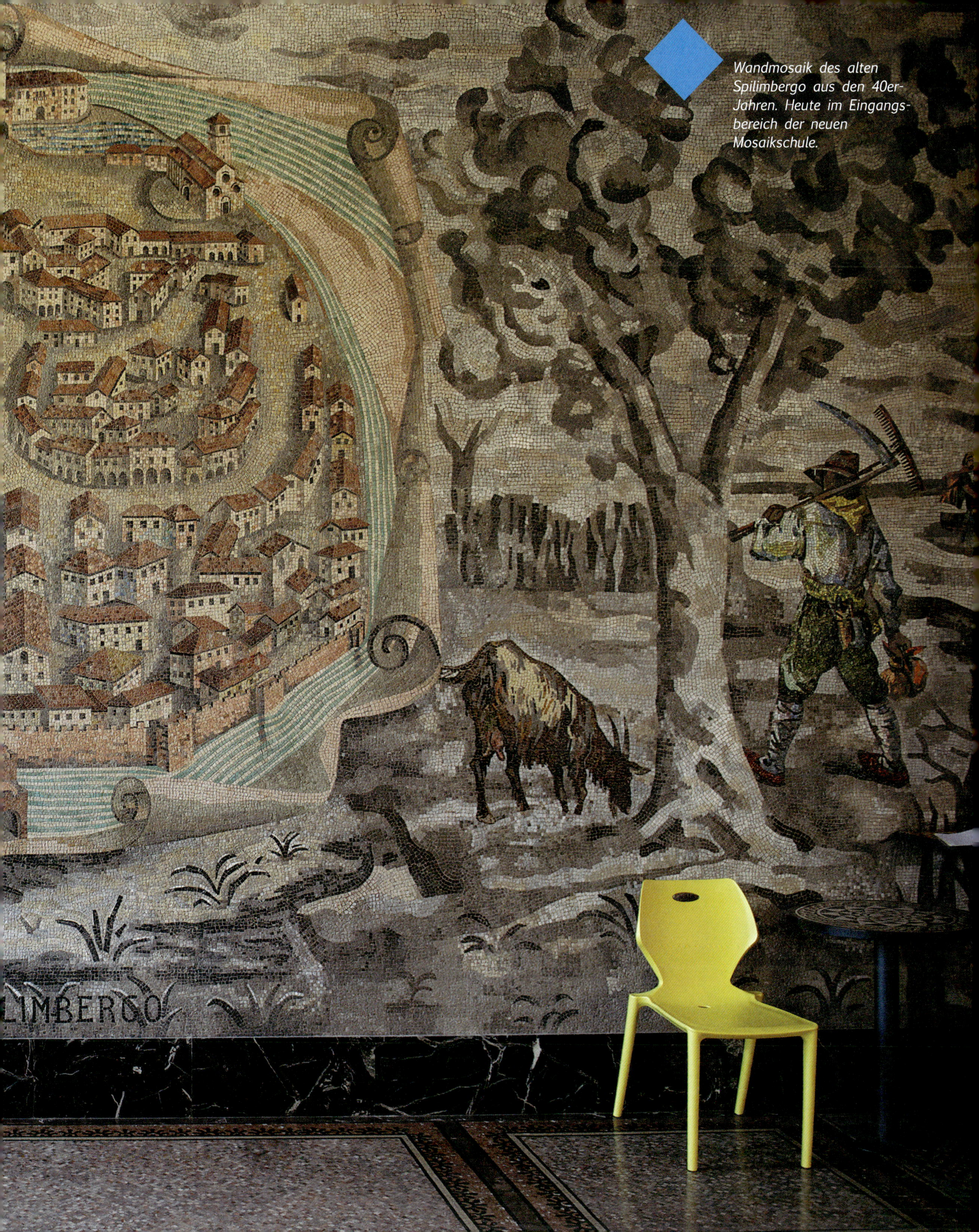

Wandmosaik des alten Spilimbergo aus den 40er-Jahren. Heute im Eingangsbereich der neuen Mosaikschule.

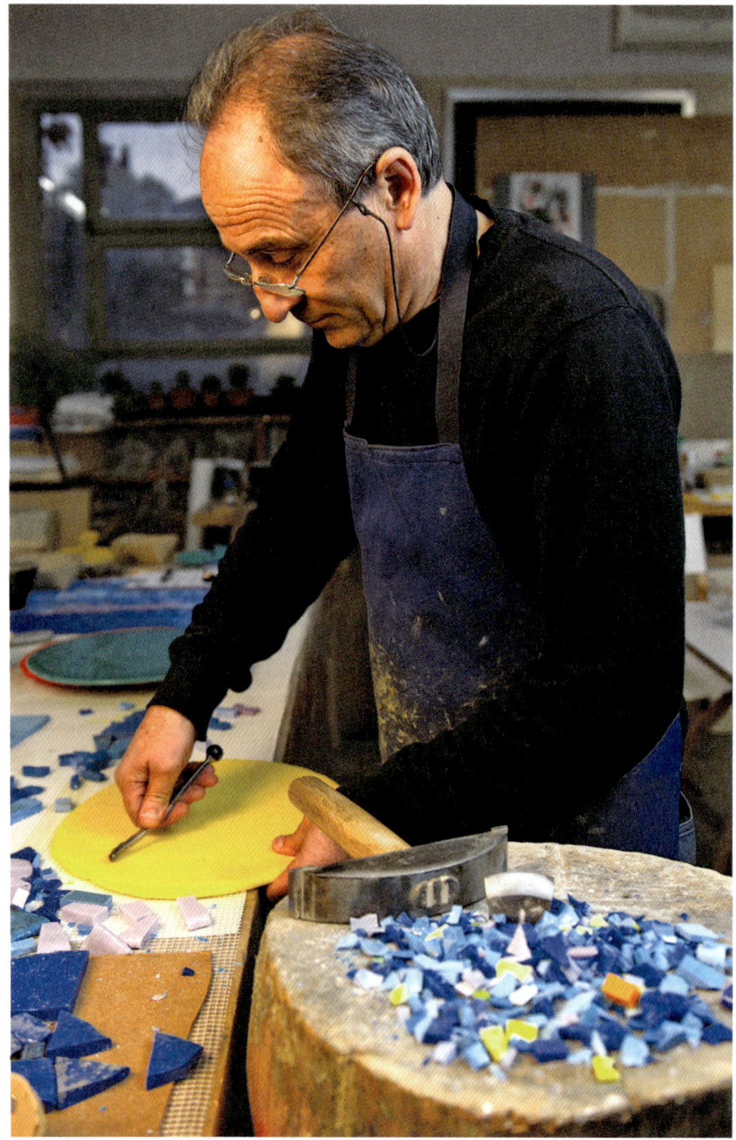

Der Mosaizist und Meister Luciano Petris in seiner Werkstatt in Codroipo. Smalten werden in die gewünschten Teile gebrochen und geschnitten, um vorliegende Entwürfe möglichst exakt ins Mosaik überführen zu können.

Mosaiklegung bei Luciano Petris in Friaul

Franz Hofbauer

MOSAIKTECHNIKEN

1. Indirekte Methode – spiegelverkehrt

Beispiel:
Mariahilfer Straße 78–80, 1070 Wien.

Material:
venezianische Glassmalten.

Mosaiklegen:
Werkstattarbeit.
Entwurf auf Papier (ca. 30 x 40 cm), wird in der Werkstatt fotografiert, mit Raster auf Naturmaß vergrößert.
Entwurf ist seitenverkehrt und wird in Schablonen = Papierstücke (50 x 50 cm) unterteilt.
Schablonen werden geschnitten (unregelmäßig, dem Entwurf folgend) und nummeriert, damit man sie wegnehmen kann.

Tisch:
Tischspuren (ca. 2 x 1 m) werden nebeneinandergelegt (damit man mit größeren Stücken arbeiten kann – Länge der Arme!).
Mosaiksteine werden auf verschiedene Maße zugeschnitten (mit Hammer geschlagen) und auf die vorgefertigten Schablonen mit einem wasserlöslichen Kleister aufgeklebt.
Fertig getrocknete Stücke (Schablonen) werden auseinandergenommen, nummeriert und für die Montage bereitgestellt.
Nummerierung: von unten beginnend.

Montage:
Schablonen werden der Reihe nach montiert, mit Wasserwaage von unten beginnend (Überschuss).
Montage auf vorgefertigter Zement-Mörtelschicht (Grund) ca. 1 cm PCI-Klebemörtel mit Zahnspachtel an der Wand aufbringen (Rillen).
Das Schablonenstück wird mit der Oberseite in die Wand gedrückt und zurechtgeschoben.
Die nummerierten Schablonenstücke greifen nebeneinanderliegend ineinander, überschüssiger Zement wird sofort entfernt.
Die Schablone klebt nun mit der Rückseite nach außen an der Wand (Papieroberfläche).
Papier anfeuchten, wasserlöslicher Kleber löst sich und Papier abziehen, im halbtrockenen Zustand, damit man noch korrigieren kann (Steine zurecht rücken).
Das entstandene Bild ist nun seitenrichtig und hat eine glatte Oberfläche!
Im komplett trockenen Zustand wird die Oberfläche verfugt und gereinigt.

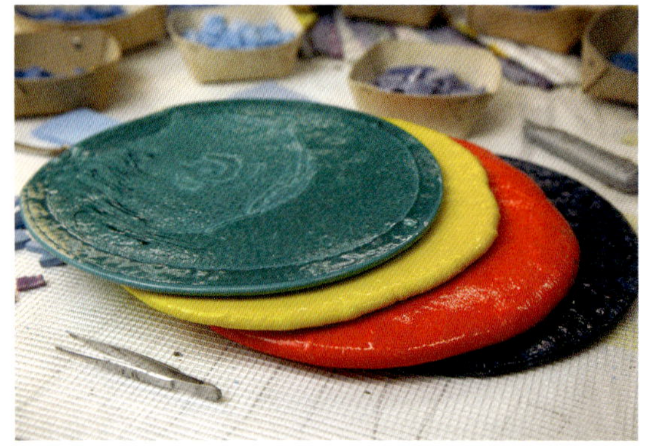

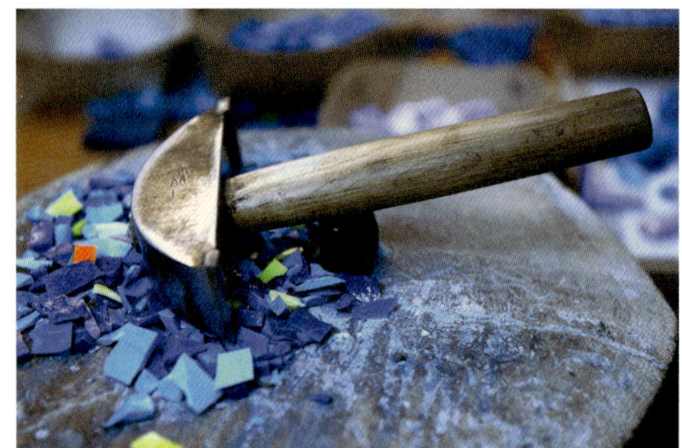

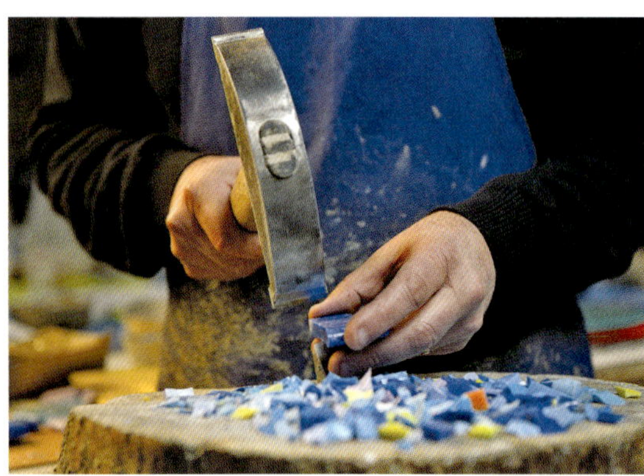

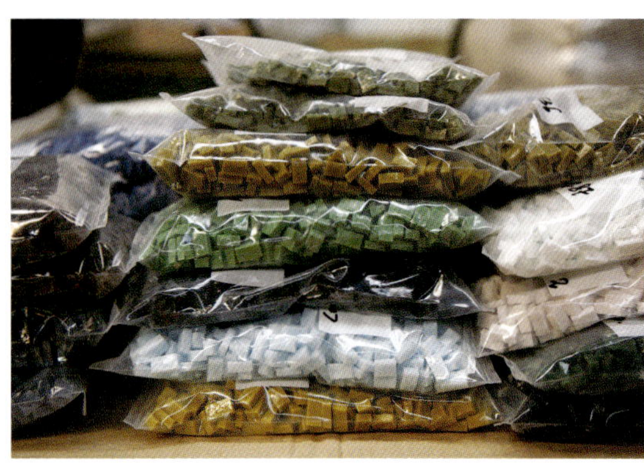

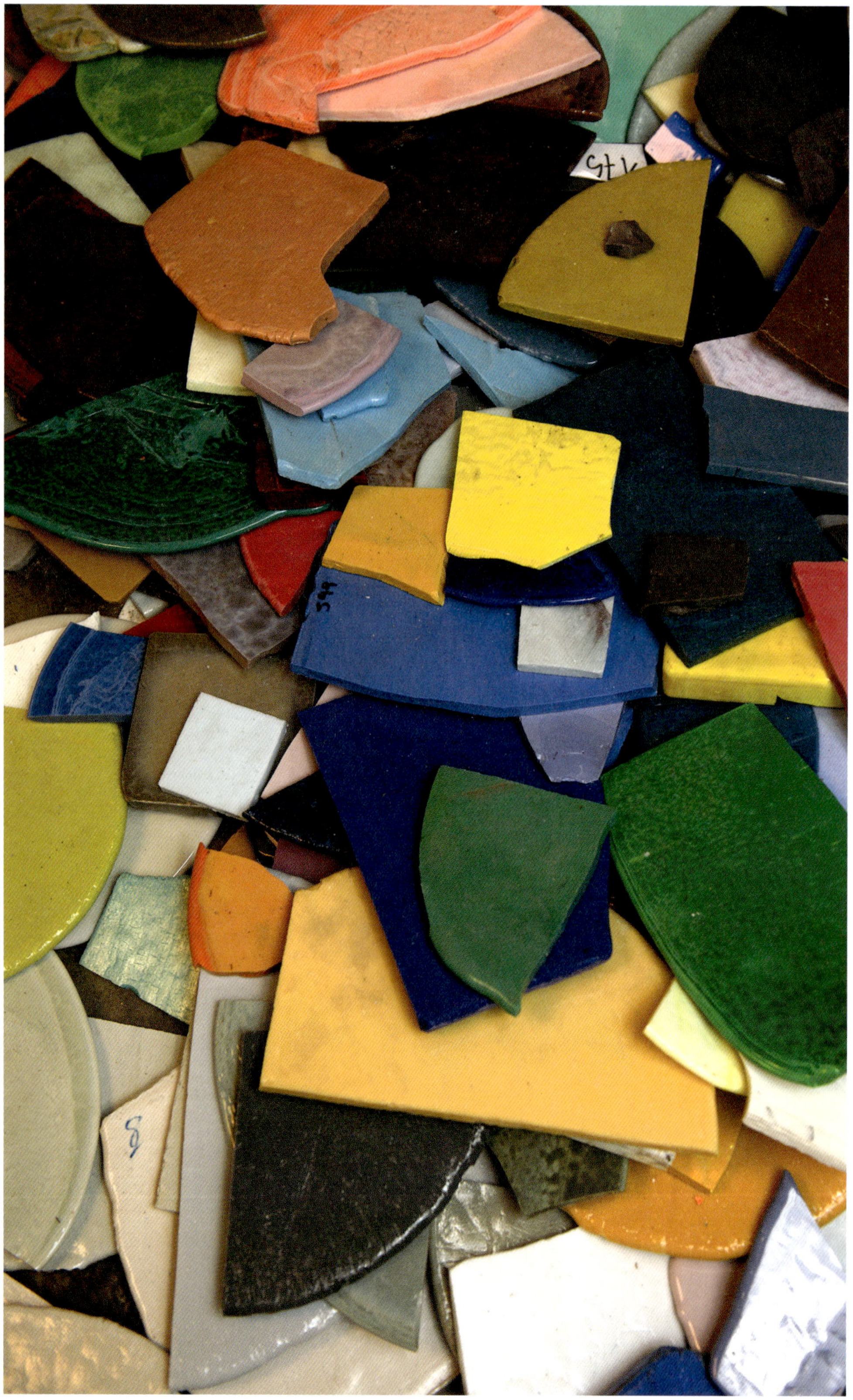

2. Direkte Methode

a) Beispiel:
Geologische Bundesanstalt, Neulinggasse 38, 1030 Wien.

Material:
Spektrumglas aus USA.
Wird mit Glasschneider und Spezialzwickzange zugeschnitten.

Mosaiklegen:
Werkstattarbeit, Technik speziell für dieses Projekt entwickelt.
Glasplatten (ca. 60 x 100 cm) haben verschiedene Farbschattierungen, man schneidet gewünschte Farben aus, es entstehen unregelmäßige Stücke (1 x 1 bis ca. 10 x 20 cm).
Entwurf auf Papier wird in der Werkstatt fotografiert und mit Raster auf Naturmaß vergrößert (bei großen Mosaiken mehrteilig).
Die einzelnen Stücke des Entwurfs werden auf eine Holzwand getackert.
Darüber wird eine Plastikfolie gespannt (durchsichtig) und darüber wird ein Baunetz gelegt.
Anschließend wird auf die Wand stückweise ein transparenter Spezialmontage-Kleber aufgetragen und die Glasstücke eingelegt. Baunetz hält die Platte zusammen.
Die Platten bleiben wegen des Silikonklebers flexibel, und die Stücke (ca. 70 x 100 cm) werden, wenn Kleber trocken ist, mit einem Stanleymesser ausgeschnitten (unregelmäßig, den Steinen folgend), auf der Rückseite nummeriert und stehen so für die Montage bereit.

Montage:
Auf der Rückseite der Stücke wird mit einem Zahnspachtel der Montagekleber aufgebracht und die Stücke an die Wand gedrückt, keine Reinigung, keine Verfugung.
Entstandenes Bild ist seitenrichtig, Oberfläche ist nicht glatt (Struktur abhängig von der Stärke der Glasstücke).
Korrekturen am Ende.

b) Beispiel:
Logistik- und Produktionszentrum Firma Würth,
Würth Straße 1, 3071 Böheimkirchen.

Material:
venezianische Smalten

Mosaiklegen:
Werkstattarbeit.
Der vergrößerte Entwurf wird auf einen Tisch gelegt.
Darüber wird eine Plastikfolie gespannt (durchsichtig) und darüber wird ein Baunetz gelegt.
Nun wird der Zementkleber (Emulsion) auf das Netz gespachtelt (nur kleine Bereiche, max. 10 x 20 cm, auf die Steine gelegt werden können,

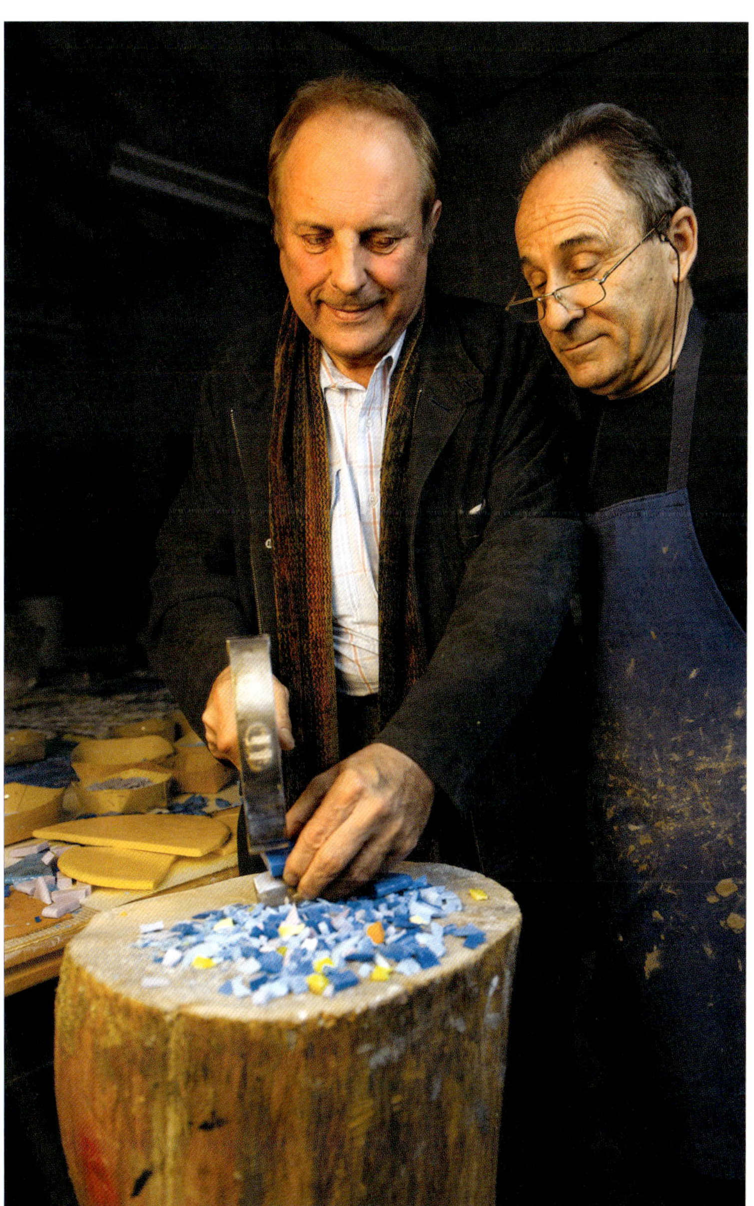

Attersee bei der Zerkleinerung der Glassmalten mit dem Mosaizisten Luciano Petris.

Nebenstehend, Schritte zur Mosaikfertigung: Smalten, Glasbruch nach dem Schneiden, Amboss und Vidia-Hammer sowie Farbstücksammlung in Beuteln.

Attersee in der Mosaikwerkstatt bei der Besprechung des von ihm gewünschten Legestils, um die malerischen Effekte seiner Bildvorlage in festes Material, Glas, und massiv vergrößert umzusetzen.
Im oberen Bild wird eines der beiden Gustav-Mahler-Mosaike vorbereitet.
Im unteren Bild wird das Mosaik Blauhändler, *2012, 2 x 2 m, von Luciano Petris gelegt.*

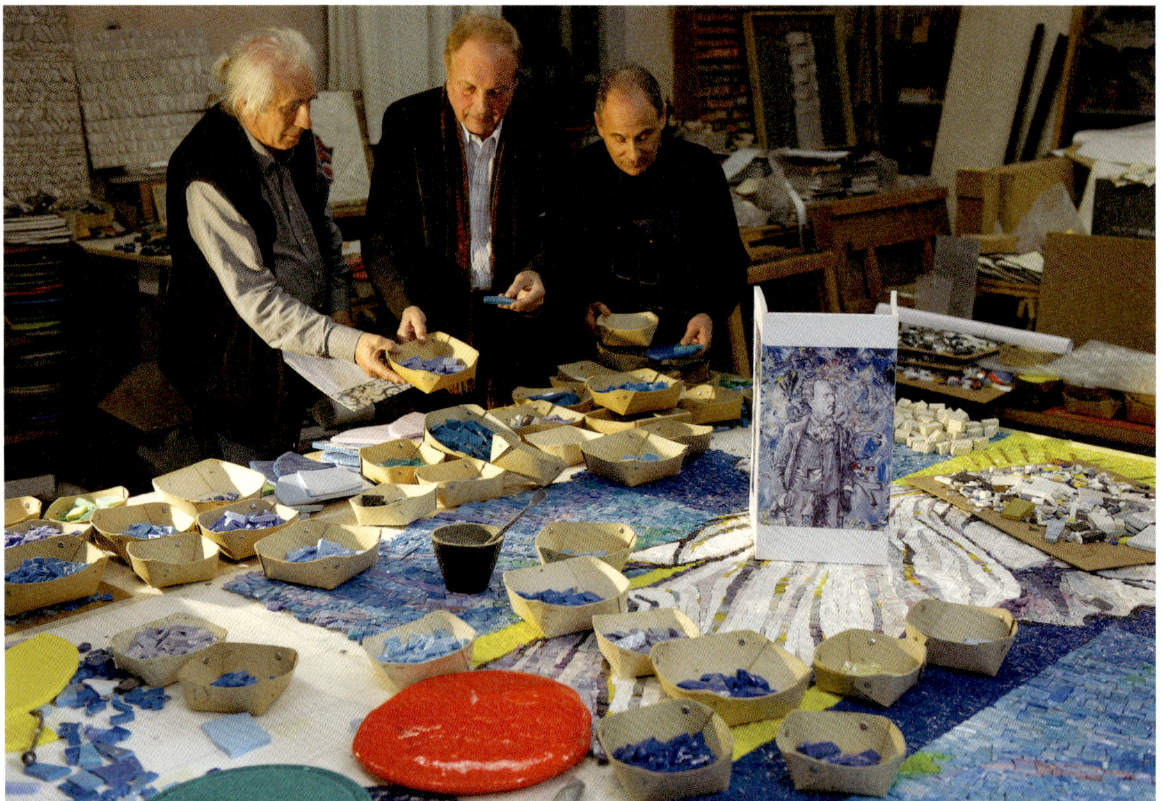

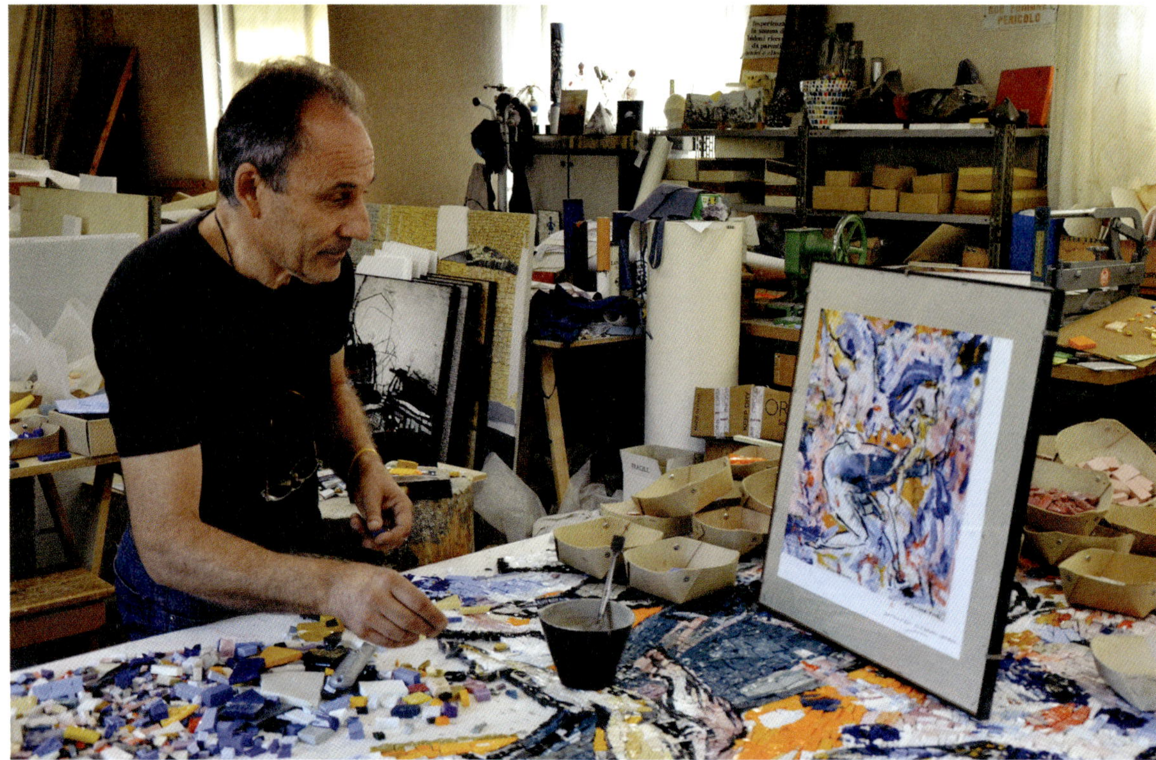

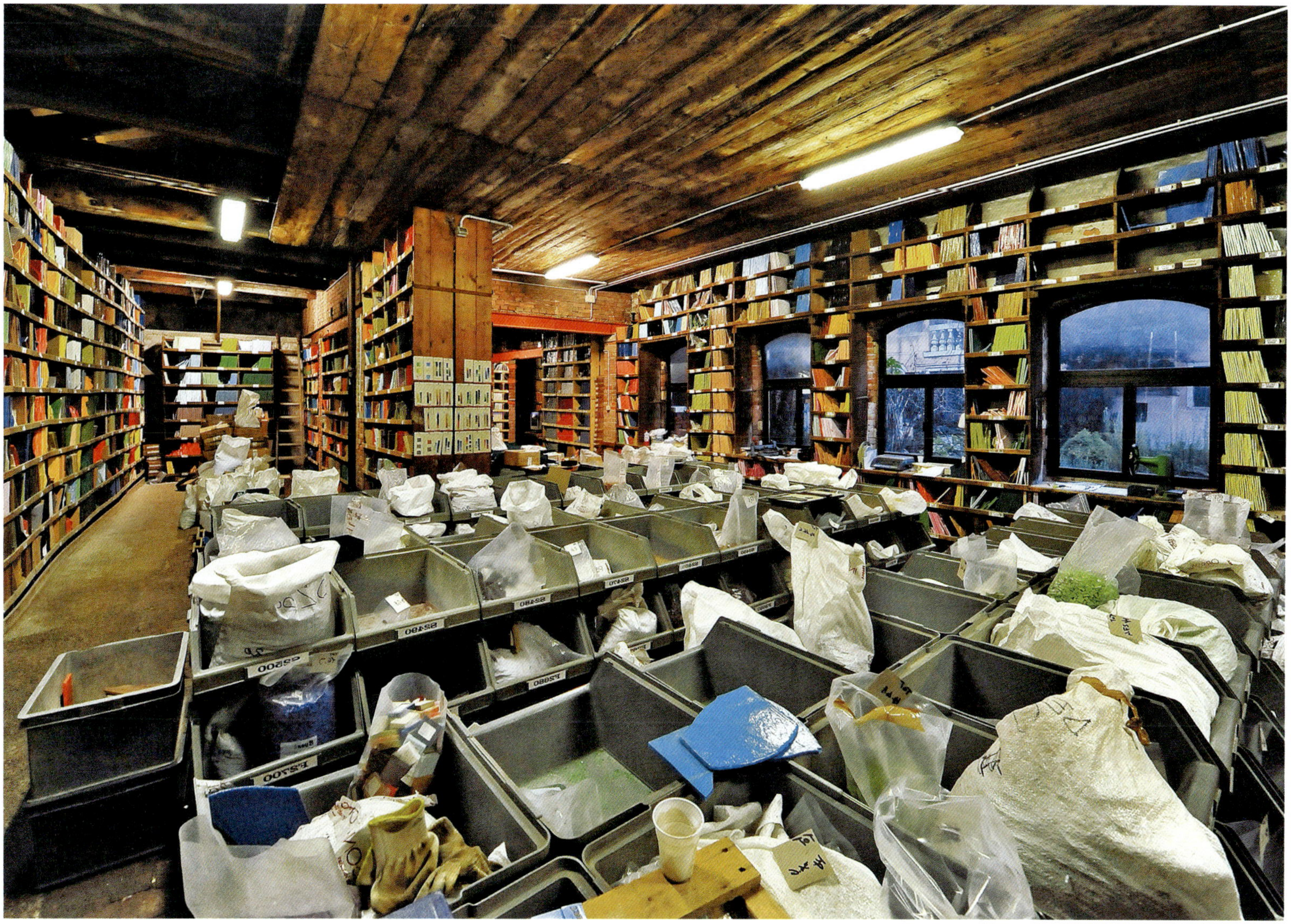

bevor der Kleber trocknet).
Die Steine werden direkt in den Kleber gedrückt und mit dem Hammer in Position gerückt.
Es entstehen unflexible Platten (ca. 1 qm).
Im noch nicht getrockneten Zustand werden einzelne Stücke geschnitten.
Geschnitten wird das Netz (nach dem Steine-Verlauf).
Sind die Platten getrocknet, entstehen entlang der Schnitte Bruchstellen, und die einzelnen Stücke können zum Transport abgehoben werden.

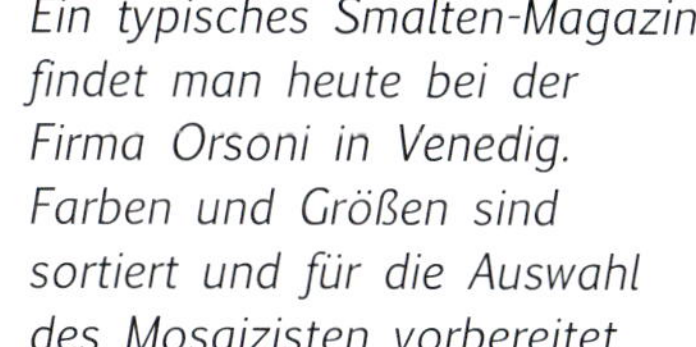

Ein typisches Smalten-Magazin findet man heute bei der Firma Orsoni in Venedig. Farben und Größen sind sortiert und für die Auswahl des Mosaizisten vorbereitet.

Montage:
wie gehabt …
Bei der Zusammenarbeit mehrerer Mosaizisten muss deren jeweilige »Handschrift« berücksichtigt werden (Übergänge).

Arbeitsschritte als Bilderfolge auf den nächsten Seiten.

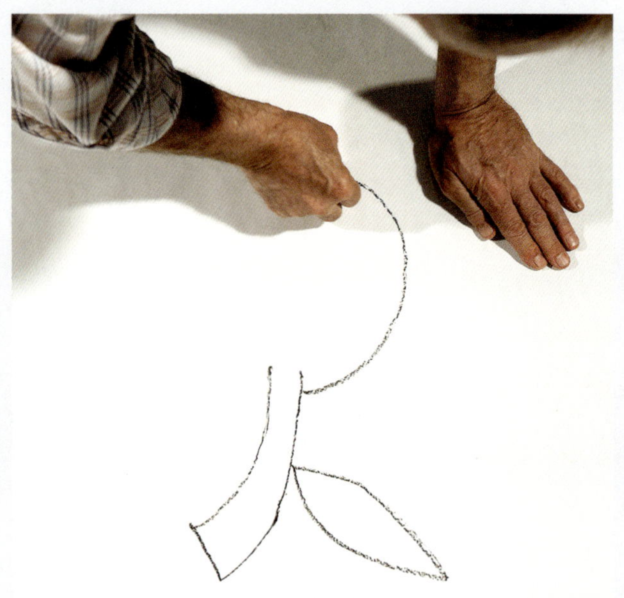

Jede Mosaikarbeit beginnt mit einer Konturzeichnung oder Farbskizze.

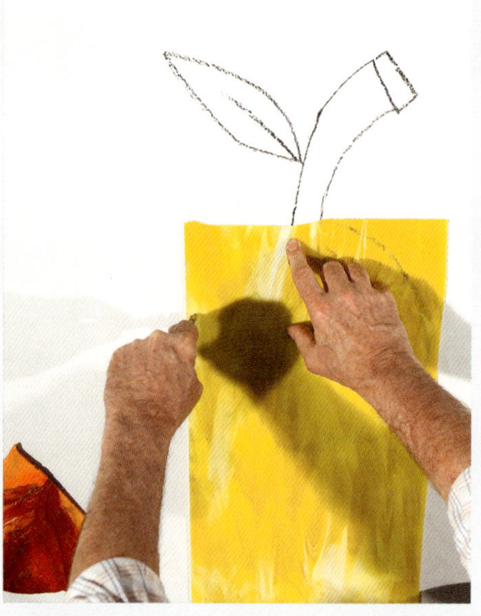

Als nächstes werden aus Gläsern passende Farbteile für die vorgesehenen Formen gesucht.

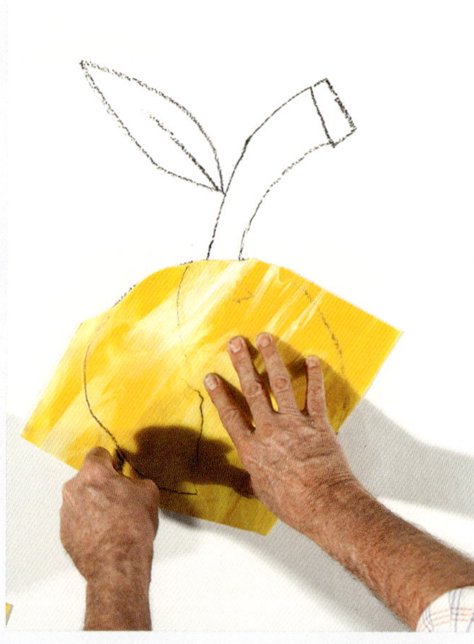

Vorzeichnung für den Schnitt auf Tiffany-Glas.

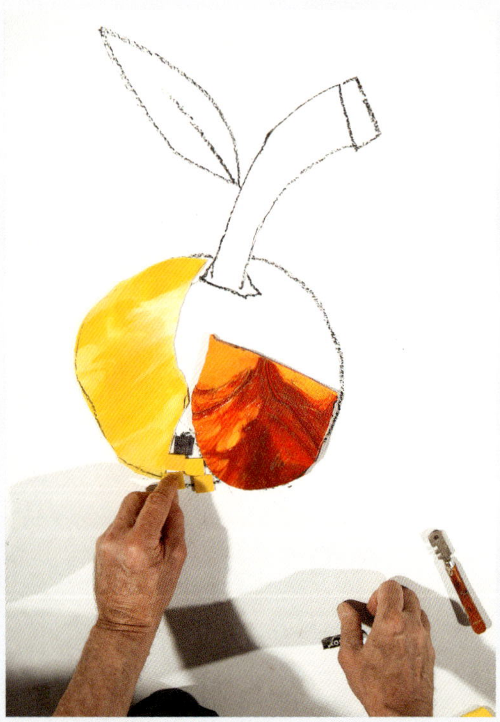

Einpassen verschiedener Formate und Arten von Glasstücken.

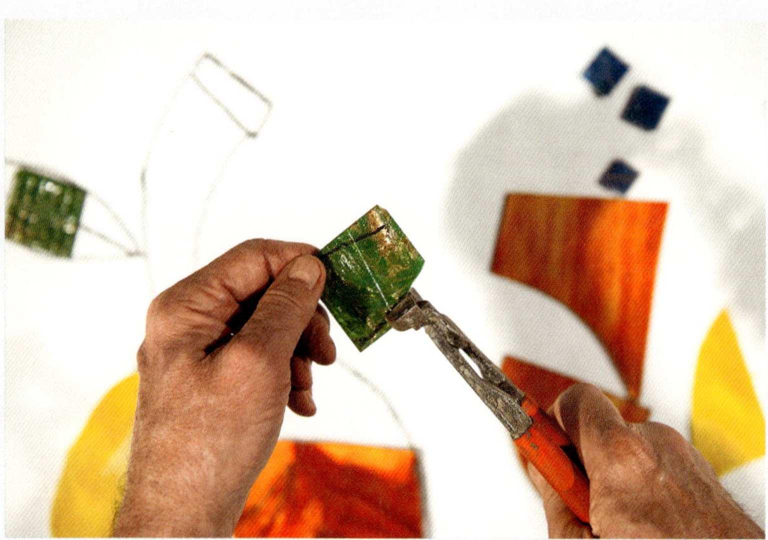

Glasbearbeitung mit einer Spezialzange für das Brechen von Mosaikstücken.

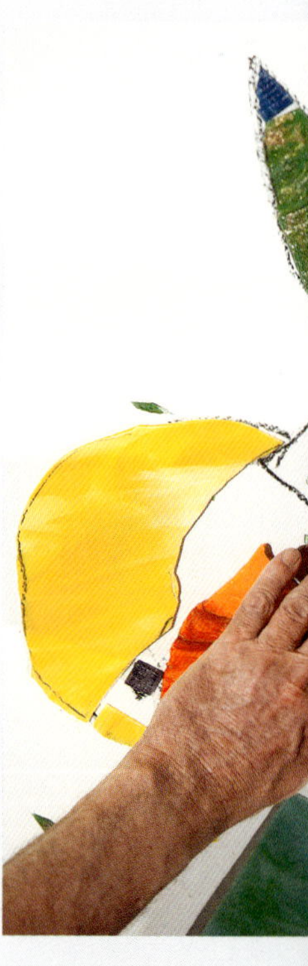

Korrekturen mit dem Glasschneider.

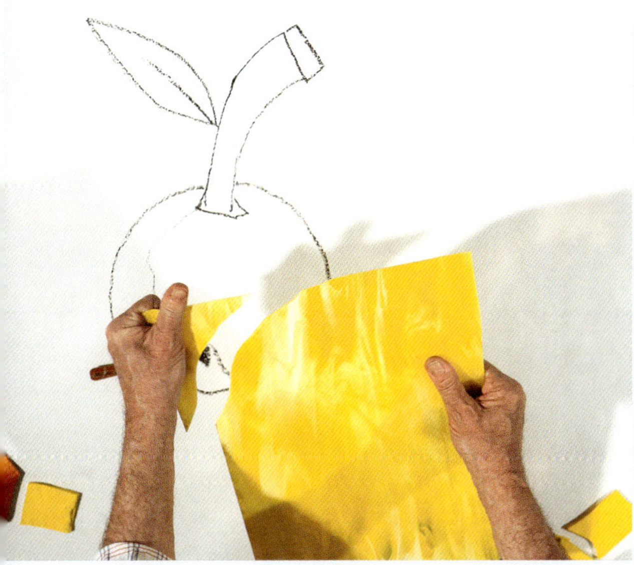

Beim Zuschneiden werden die gewünschten Formen durch sachtes Abbrechen erzielt.

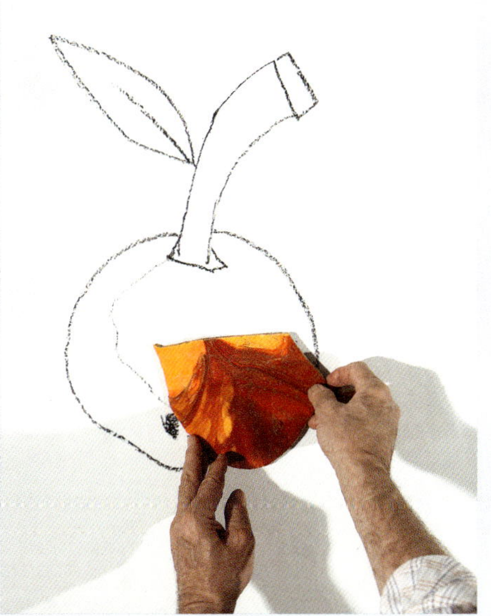

Nach dem Zuschneiden werden die Glassegmente auf die Zeichnung gelegt.

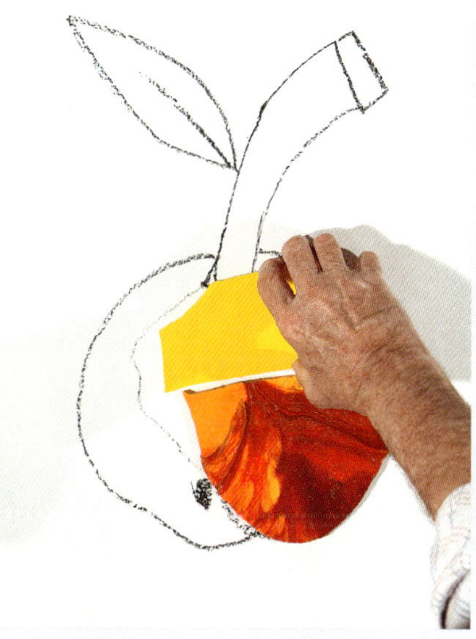

Weitere Zuschnitte werden aneinandergelegt.

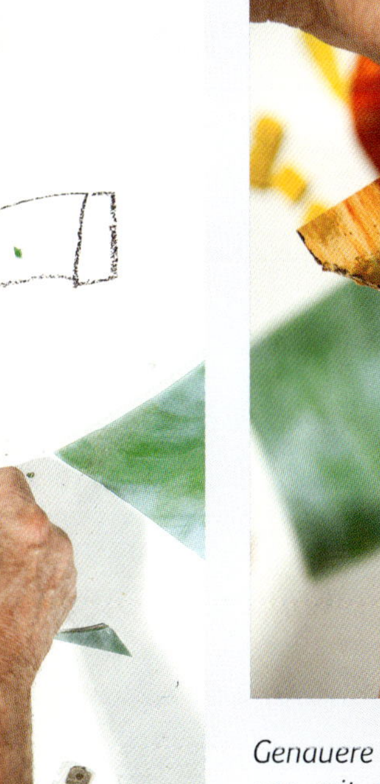

Genauere Detailanpassungen erfolgen mit der Zange.

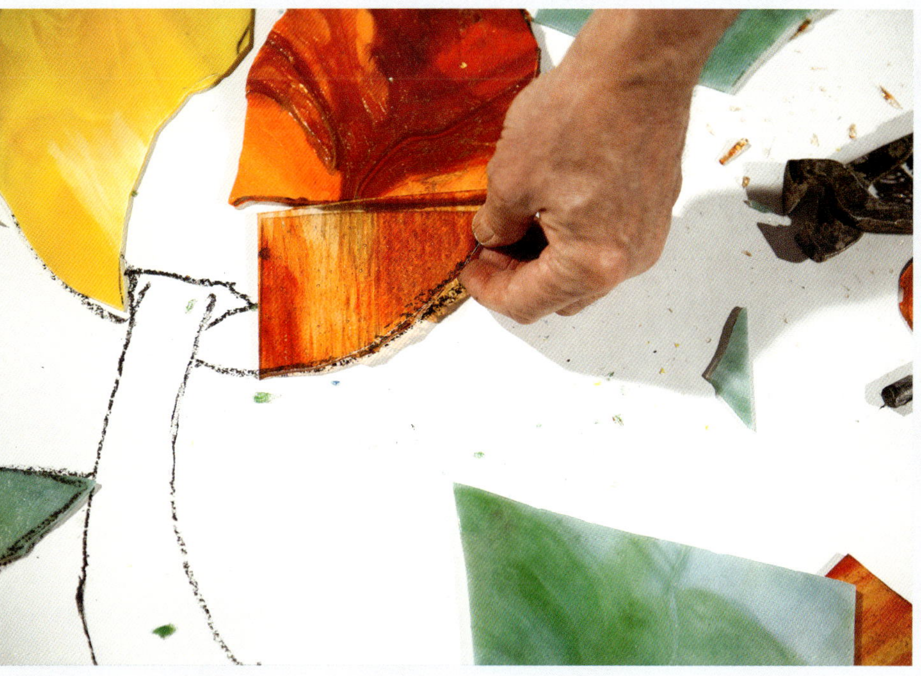

Das Glaslegen in seiner ersten Phase.

Linke und rechte Seite oben:

Mosaikarbeitsplatz mit einer ersten fertig gelegten Form, Werkzeug und Glas.

Für den Zusammenhalt der Mosaikstücke muss ein Baunetz (Kunststoff) auf die Zeichnung gelegt und zugeschnitten werden.

Während das Netz auf der Zeichnung liegt, wird es mit dauerelastischem Kleber aus der Kartusche beschichtet …

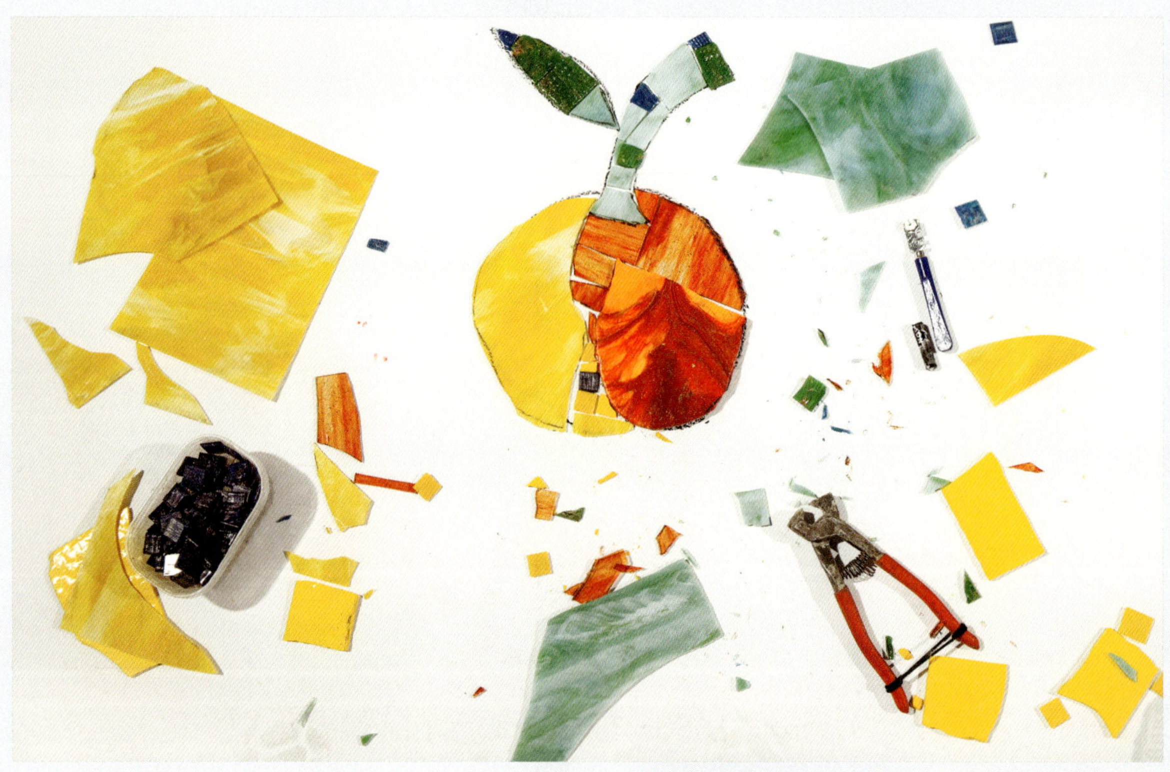

Linke und rechte Seite unten:

… im Weiteren mit einem Modeliereisen geglättet, um dann die Glasstücke in die Konturzeichnung auf dem Netz mit der Klebemasse einzupassen.

Nach der Trockenzeit ist das Mosaikbild fertig, um es nach erneutem Kleberauftrag auf der Rückseite auf einen Träger oder an die Wand zu montieren.

Für diese Technik ist das Innenraummosaik Reichtum Erde *von Christian Ludwig Attersee in der Geologischen Bundesanstalt in Wien ein besonders gutes Beispiel. Ausführung: Elio Macoritto*

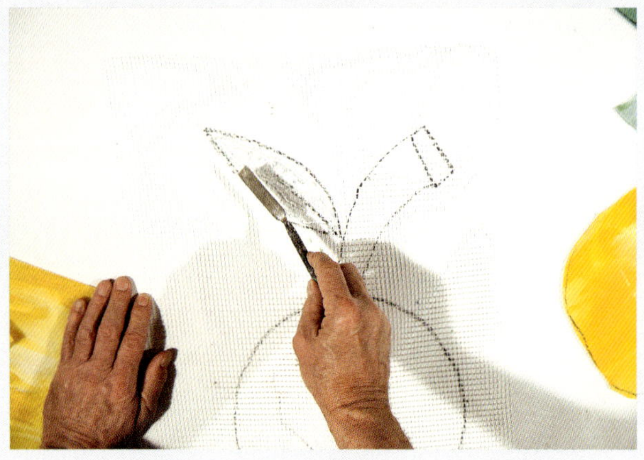

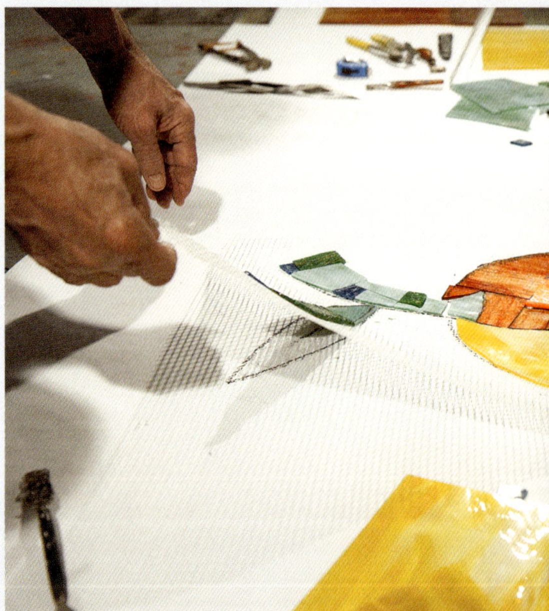

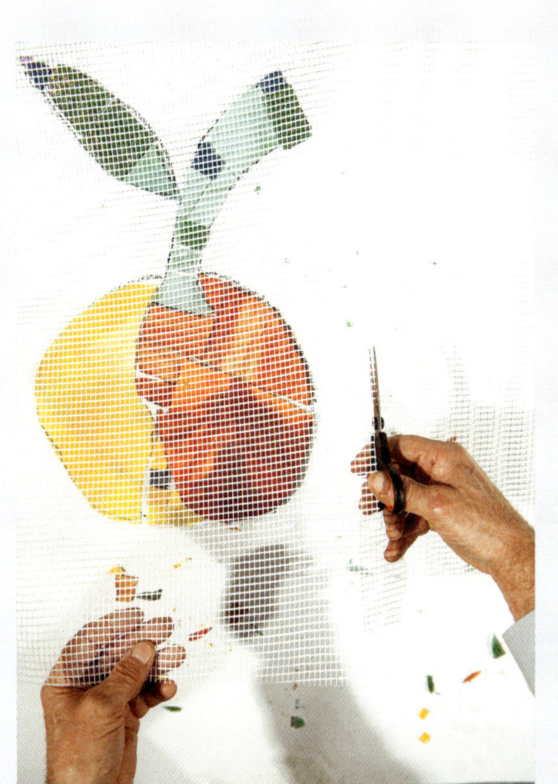

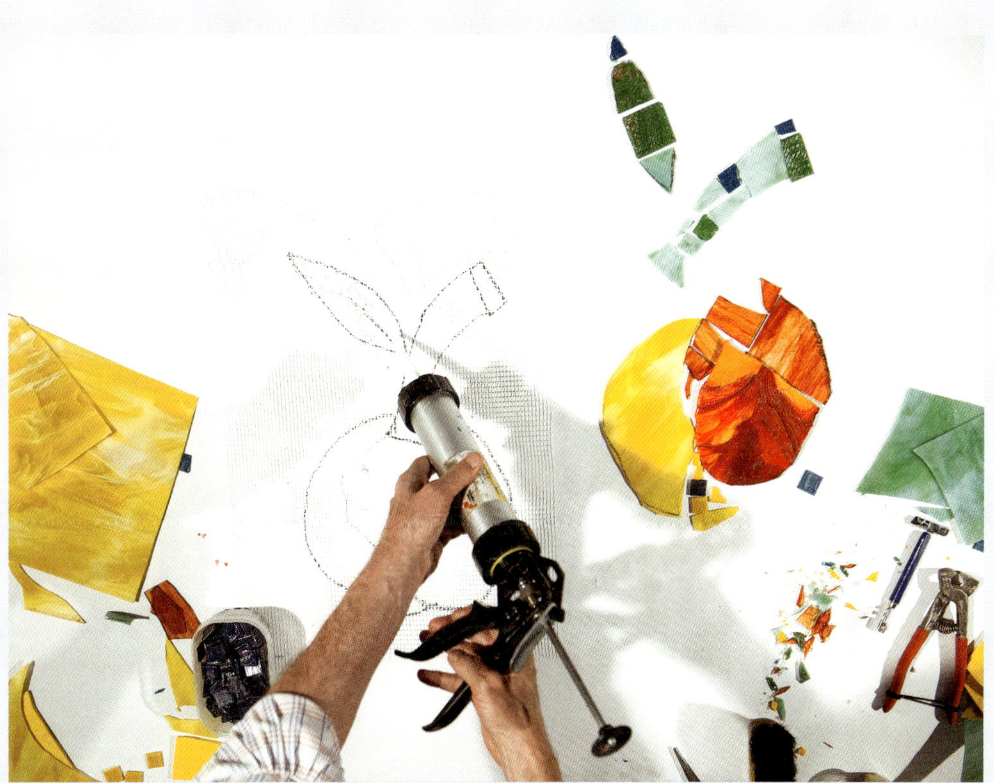

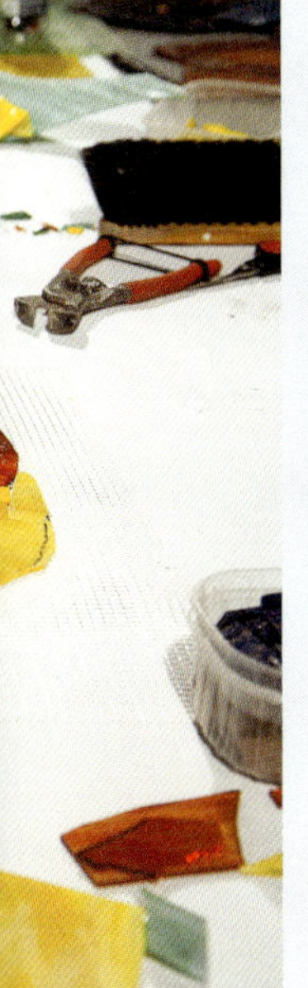

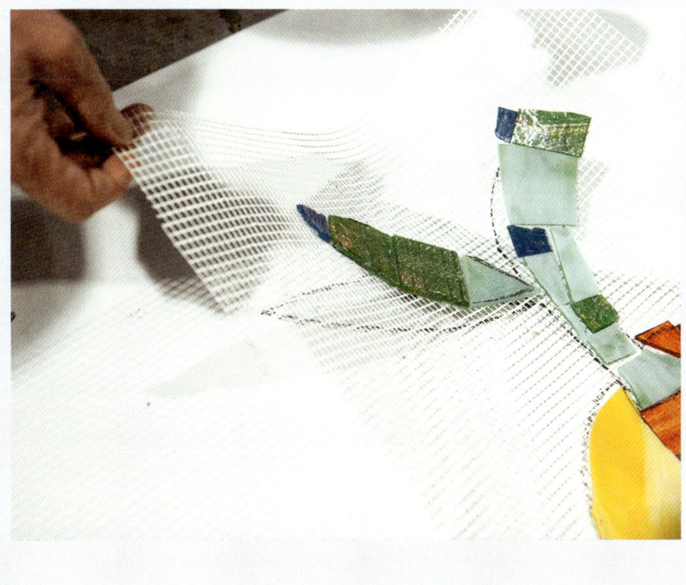

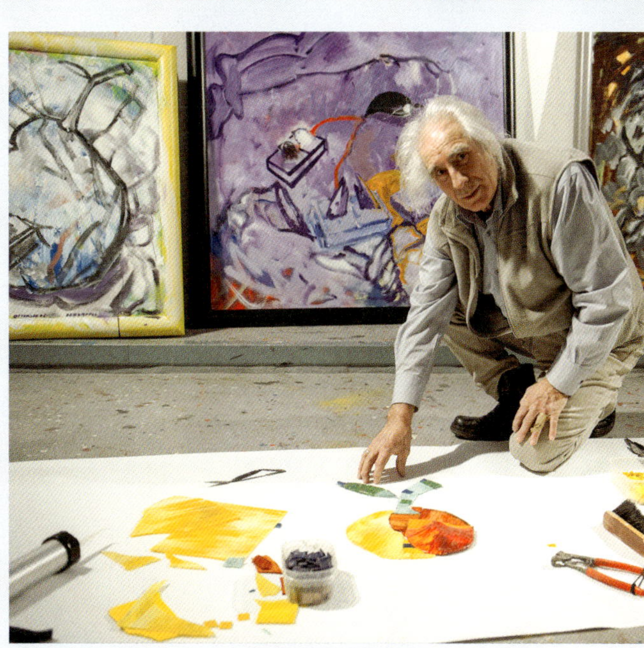

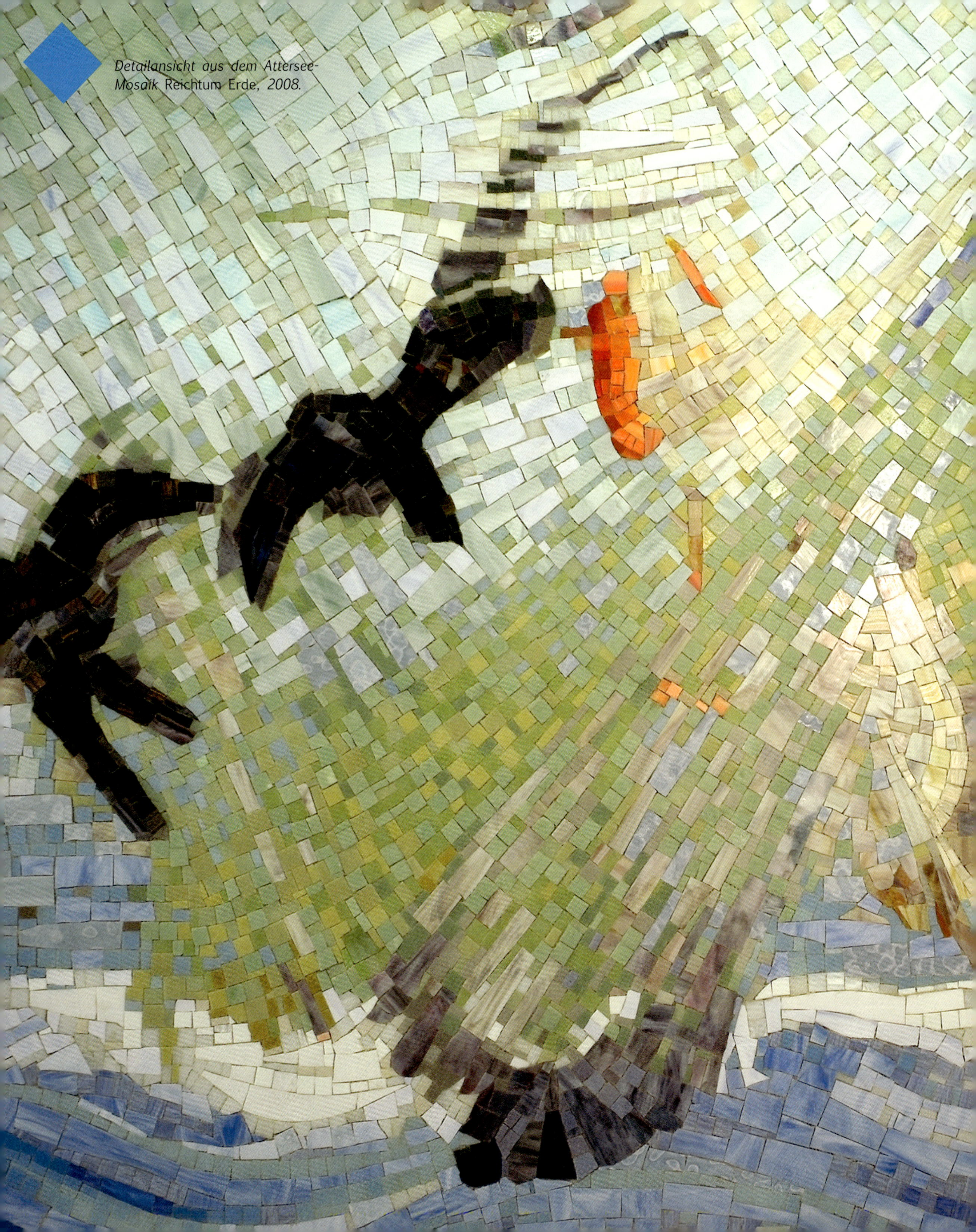

Detailansicht aus dem Attersee-Mosaik Reichtum Erde, *2008.*

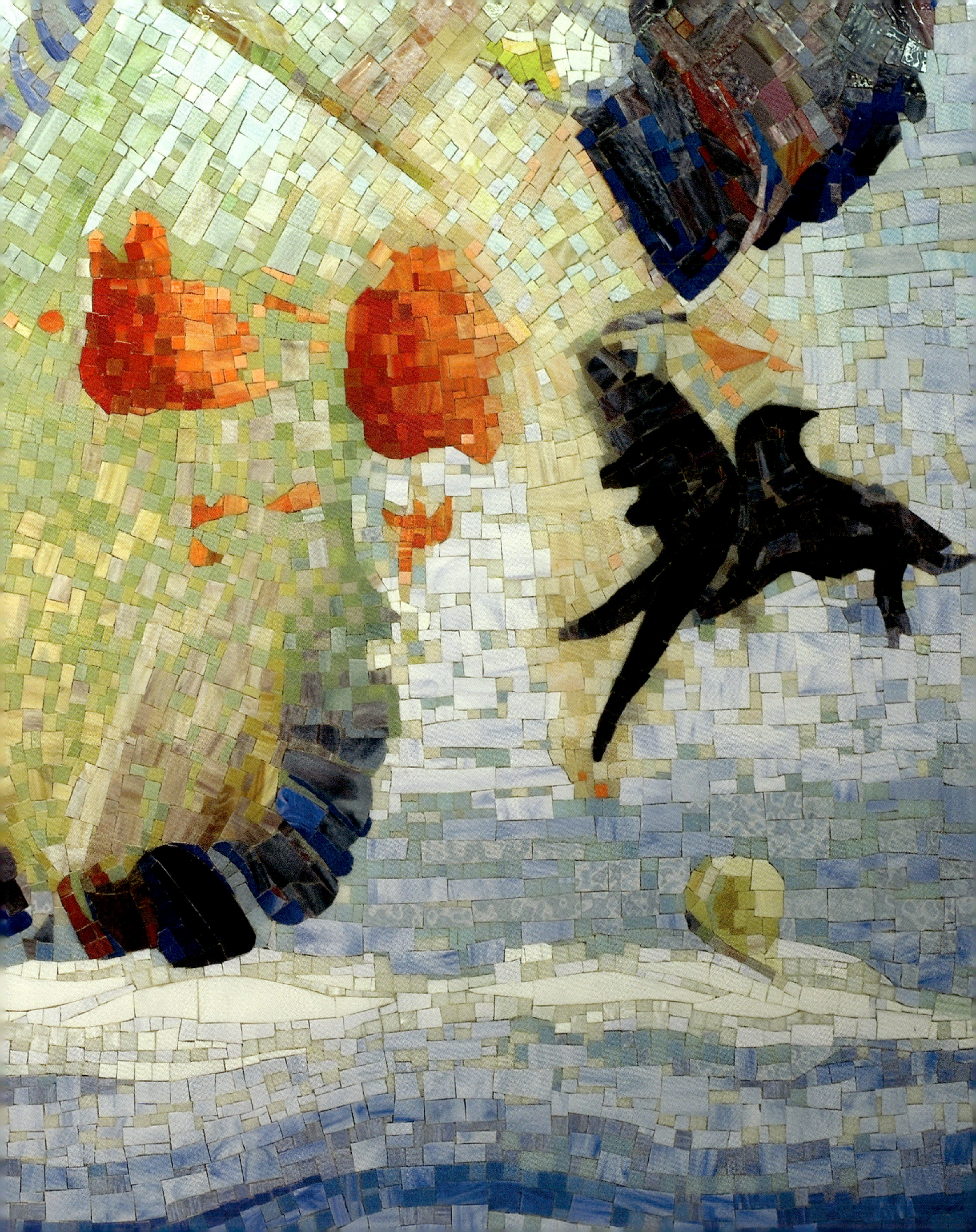

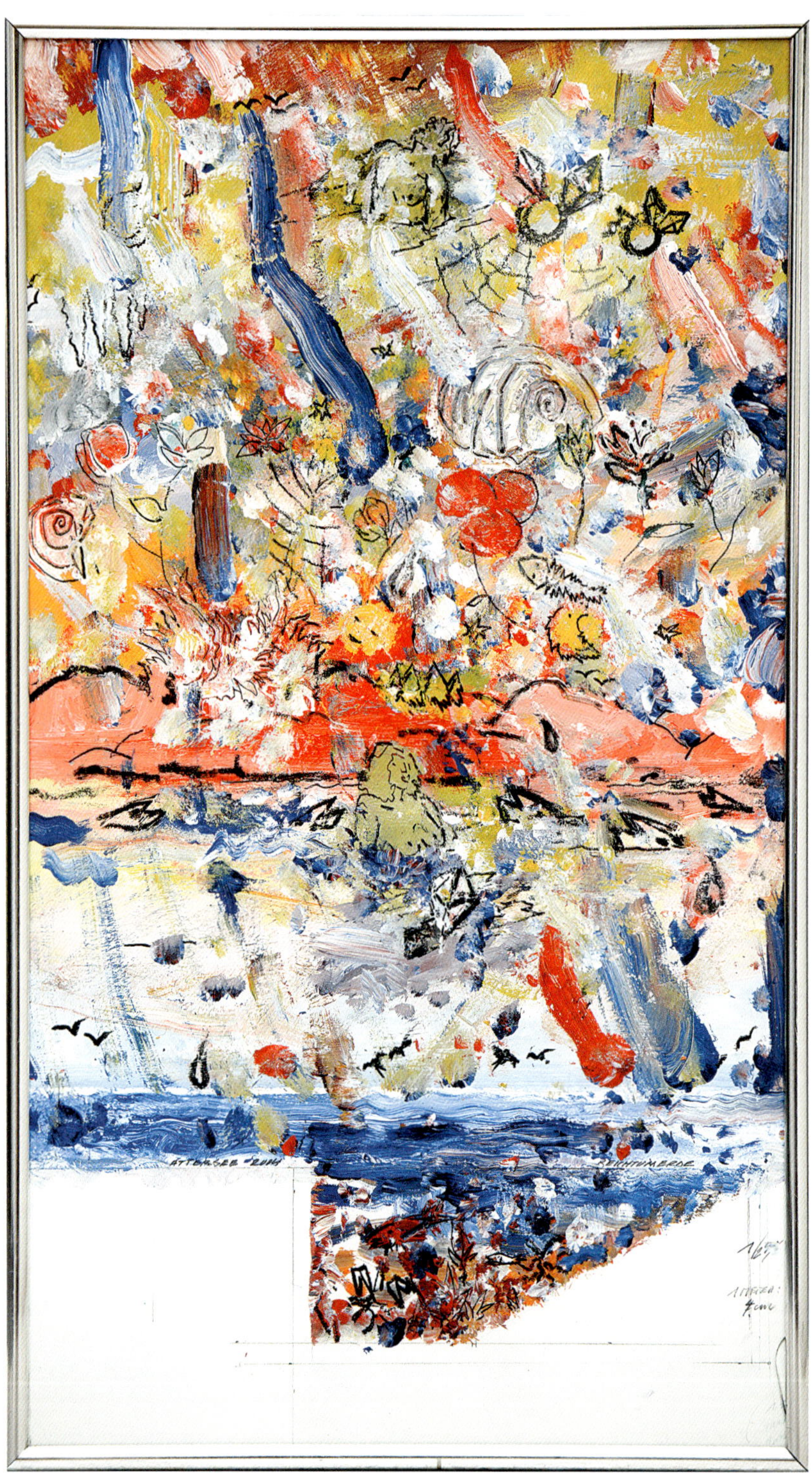

Attersee-Entwurf Reichtum Erde, *2004, Mischtechnik auf Karton, 75 x 46 cm, für ein Mosaik, das über fünf Stockwerke reicht.*

REICHTUM ERDE – Geologische Bundesanstalt in Wien

Thomas Hofmann

»Ich erfinde in meiner Kunst jeden Tag die Welt neu …«, mit diesen Worten umreißt Christian Ludwig Attersee sein künstlerisches Schaffen. Dies gilt einmal mehr für sein Werk *Reichtum Erde*, das nach seinem Entwurf (83,5 x 47,5 cm, Maßstab 1:25 zur Originalgröße des Mosaiks, Mischtechnik, 2004) als Glasmosaik in der Geologischen Bundesanstalt ausgeführt wurde.

Das gut 220 Quadratmeter große Mosaik, dessen Montage am 3. November 2007 durch den ausführenden Mosaikkünstler Wilhelm Kocian abgeschlossen wurde, befindet sich im Inneren der Geologischen Bundesanstalt. Montiert wurde es an der Feuermauer der einstigen Druckerei Friedrich Jasper (1892, Arch. Julius Deininger), die durch den Neubau der Geologischen Bundesanstalt (2005, Arch. Stefan Hübner) in den Innenraum des Gebäudes integriert wurde.
Das Mosaik reicht vom Kellergeschoss über das Foyer, den Halbstock, den 1., 2. und 3. Stock bis unter die Dachtraufe. Somit ergeben sich aus den Innenraumgängen der einzelnen Geschosse bzw. vom Foyer, respektive auch vom Franz-Hauer-Platz durch das große Glasportalfenster, ganz spezifische Einblicke.
Attersee vereint hier Bildelemente der »belebten« mit der »unbelebten« Natur im Dialog des vielschichtigen Farbraumes. Tiere, florale Elemente, eine Muschel und ein Schneck treffen auf Kristalle und Tropfsteine. Damit vereint er die Hydrosphäre in kraftvollem Blau im Foyer mit der Silhouette einer feurig roten Bergwelt (Halbstock/1. Stock). Sonne und Mond sind ebenso anzutreffen wie der Mensch, der als Eva (Halbstock/1. Stock) und Adam (3. Stock) auftritt. Bei genauerer Betrachtung enthält Attersees Kosmos eine Vielzahl weiterer Elemente, die die Vielfalt und den Reichtum des Planeten Erde darstellen.

Die Ausführung erfolgte durch Wilhelm Kocian in Kooperation mit Elio Macoritto zwischen Frühjahr 2005 und Herbst 2007 im Atelier »Mosaikkunst – ARTE 22« in Wien. Das Material sind Glasmosaiksteine aus Italien und händisch gebrochene Glasplatten aus Tiffanyglas (USA). Durch die Kombination beider Materialien ergeben sich für die Ausführenden jene Gestaltungsmöglichkeiten, wie sie für die differenzierte Umsetzung der anspruchsvollen Vorlage notwendig ist. Die Vorfertigung geschah im Atelier auf Tragenetzen mittels Spezialklebstoff. Die Endmontage der Mosaikteile erfolgte in drei Tranchen ebenfalls mittels Spezialklebstoff. »Die Herstellung eines Quadratmeters des Mosaiks mit rund 2000 Glasmosaiksteinen dauert durchschnittlich vier Arbeitstage«, so Kocian.

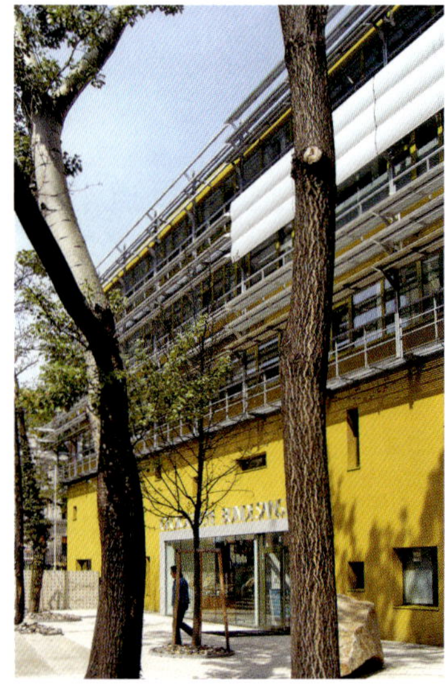

Außenansicht des Neubaus der Geologischen Bundesanstalt in Wien sowie Etagenausschnitte des fertigen Attersee-Mosaiks und dessen Herstellung.

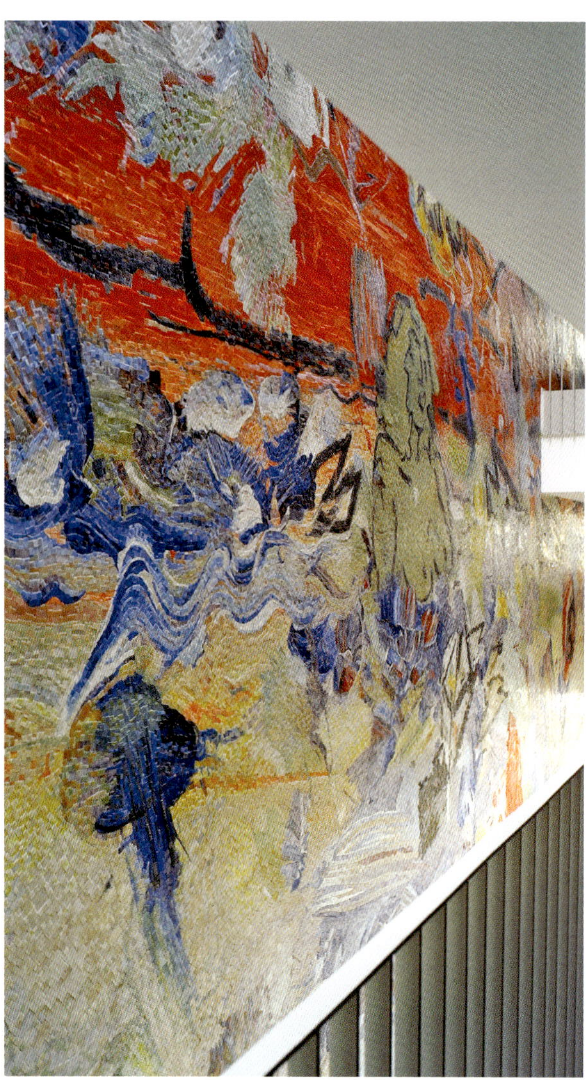

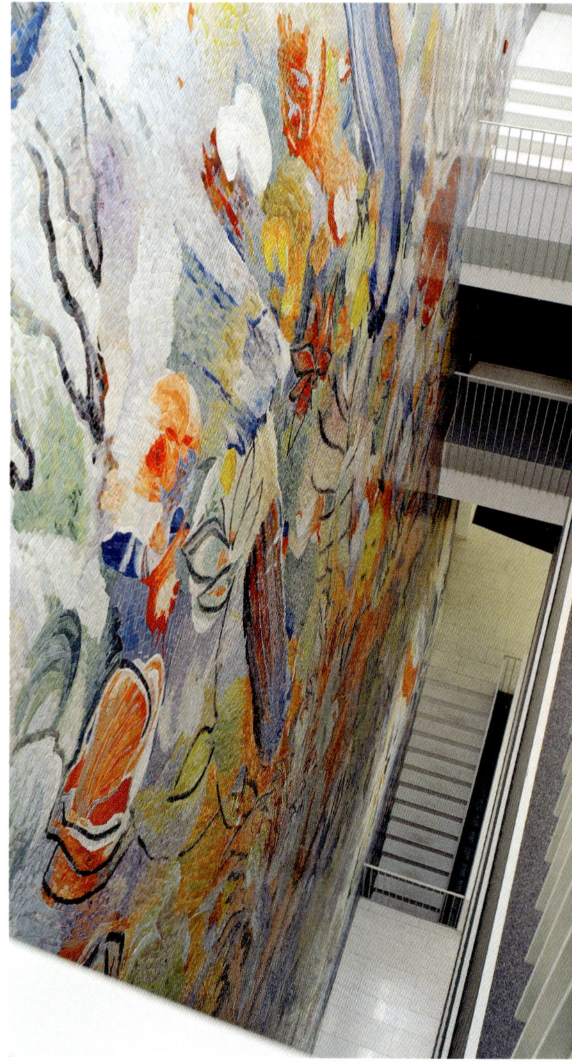

Rechte Seite, links:
Attersee und der seinerzeitige Leiter der Geologischen Bundesanstalt, Univ. Prof. Dr. Hans Peter Schönlaub, in der Werkstatt von Wilhelm Kocian, Wien, 2006.

Rechte Seite, rechts:
Elio Macoritto, Wilhelm Kocian und Attersee bei der Mosaikmontage in der Geologischen Bundesanstalt 2007.

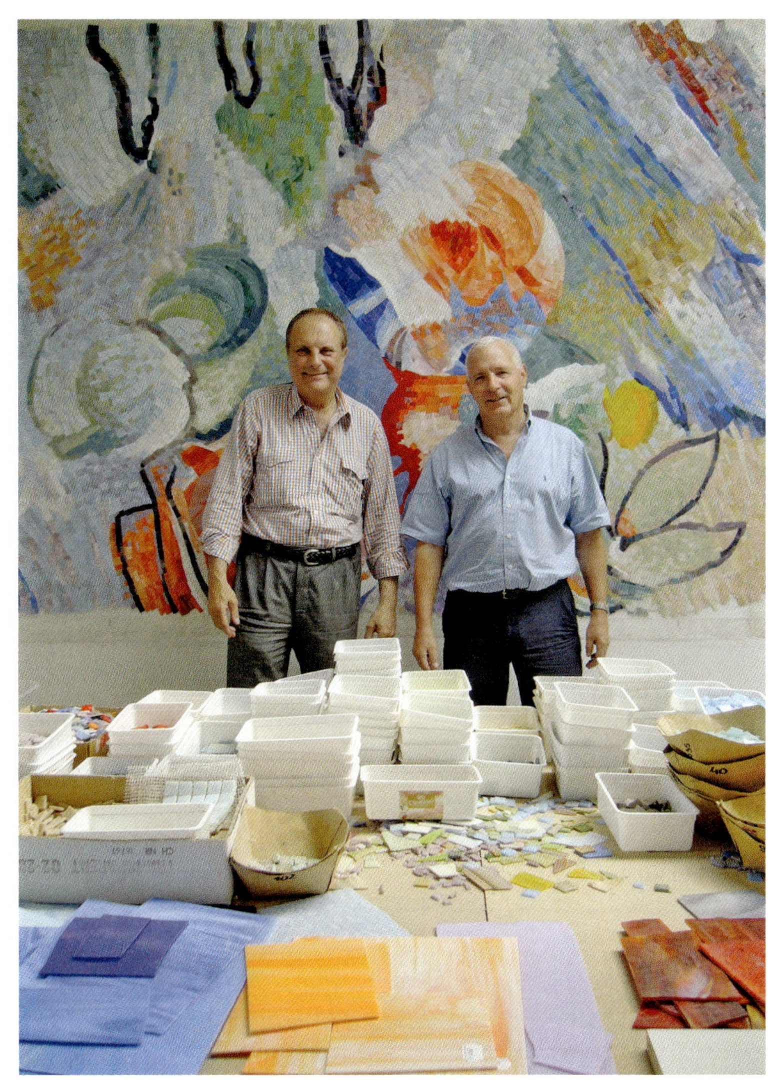

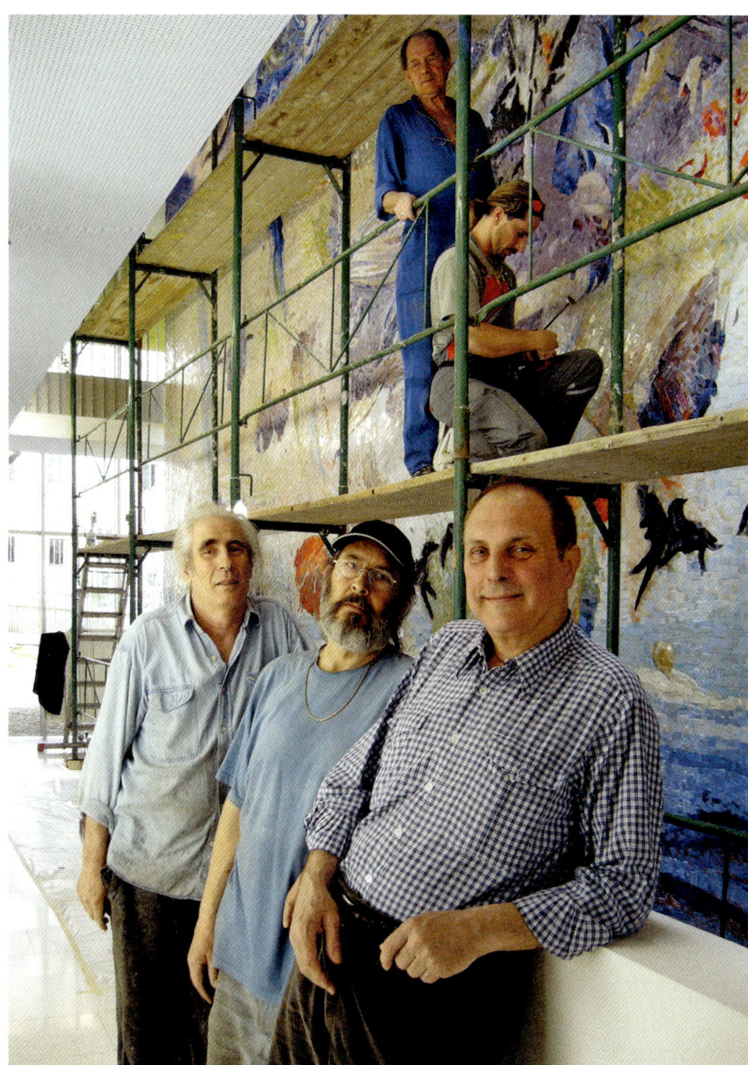

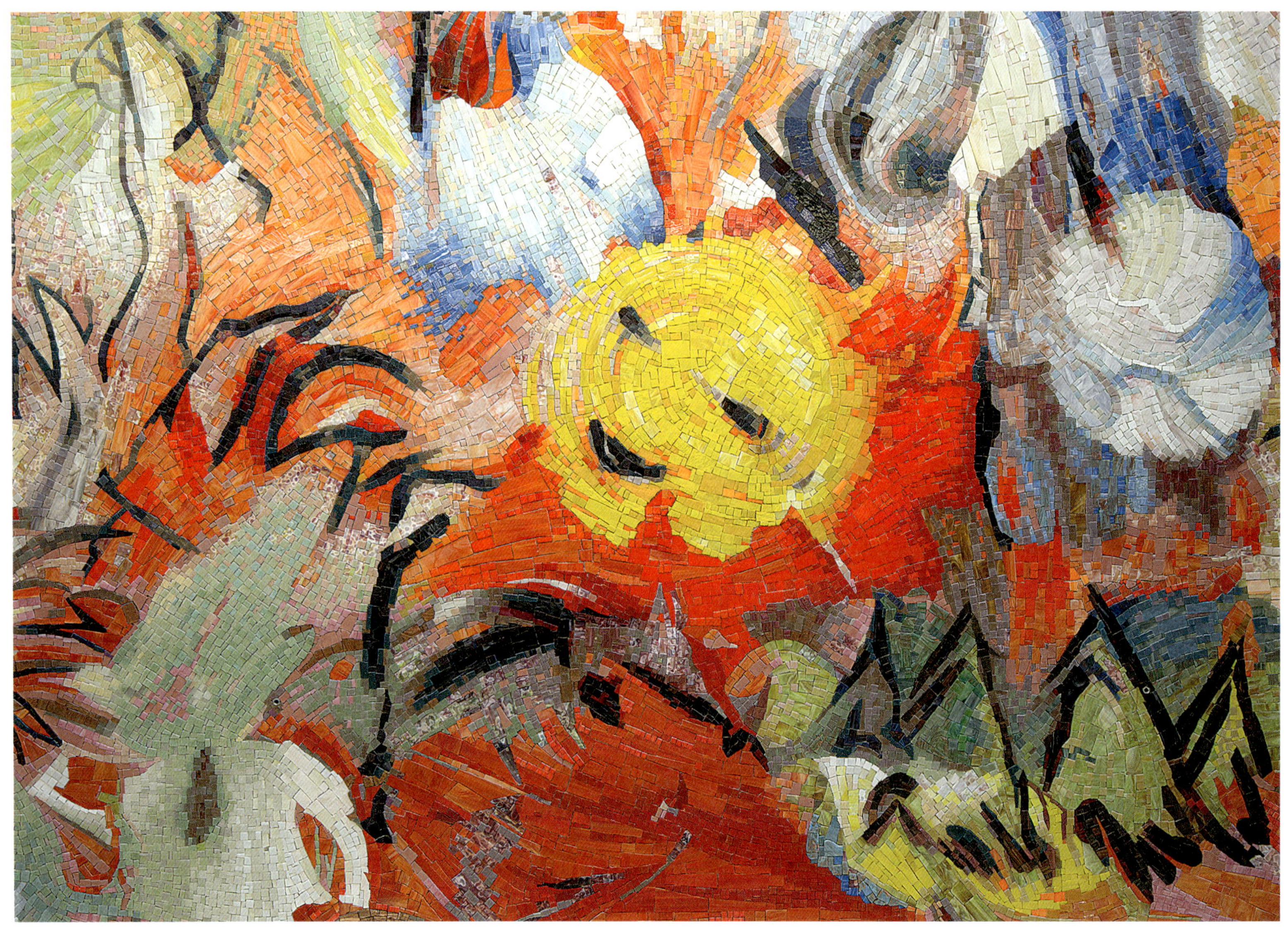

Attersee-Sonne, Detail aus dem Mosaik Reichtum Erde, *2008.*

Rechts: Gesamtansicht von der ebenerdigen Etage mit dem Abgang zum Untergeschoss.

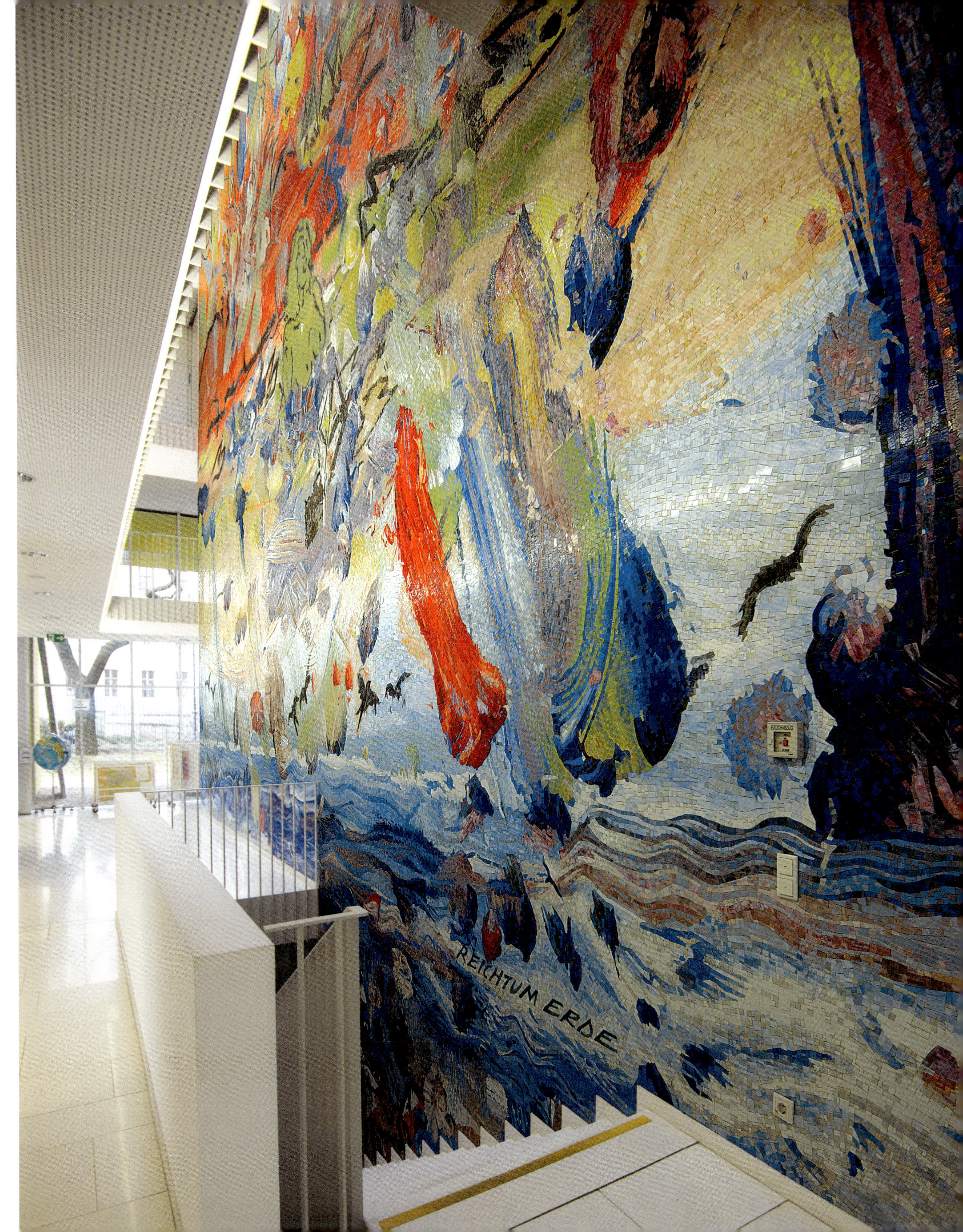
REICHTUM ERDE

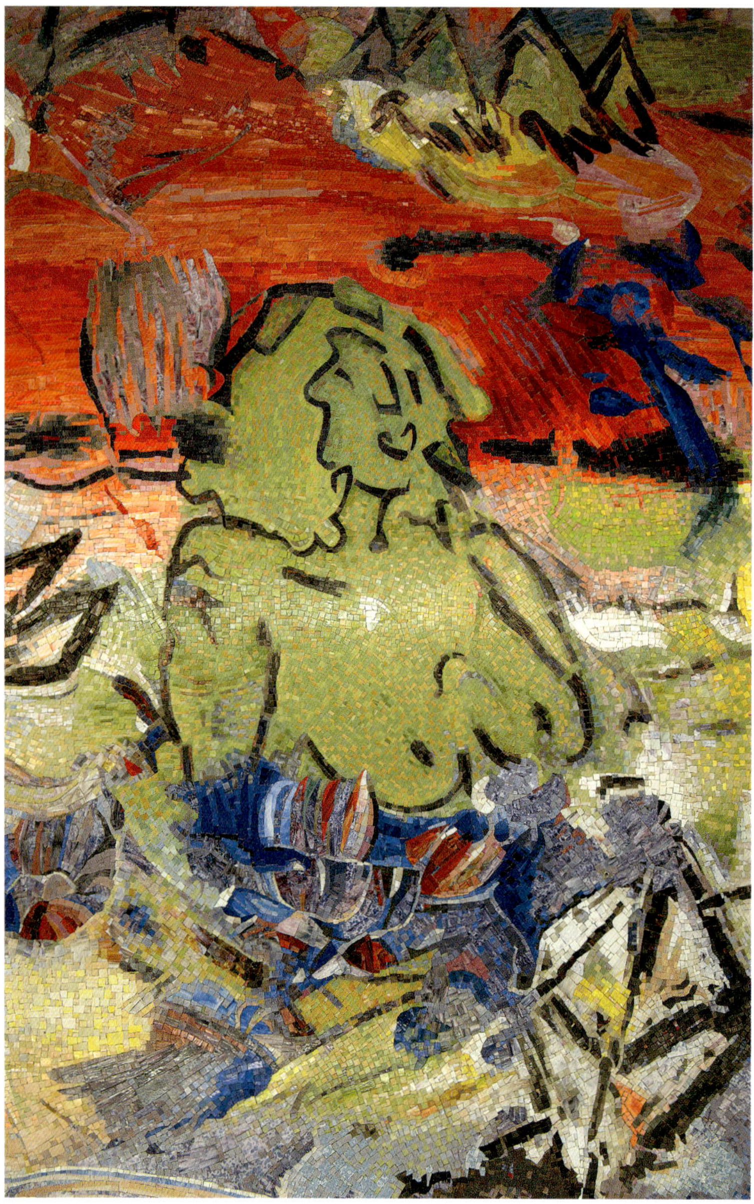

Eva und Adam, Details aus dem Attersee-Mosaik Reichtum Erde, *2008.*

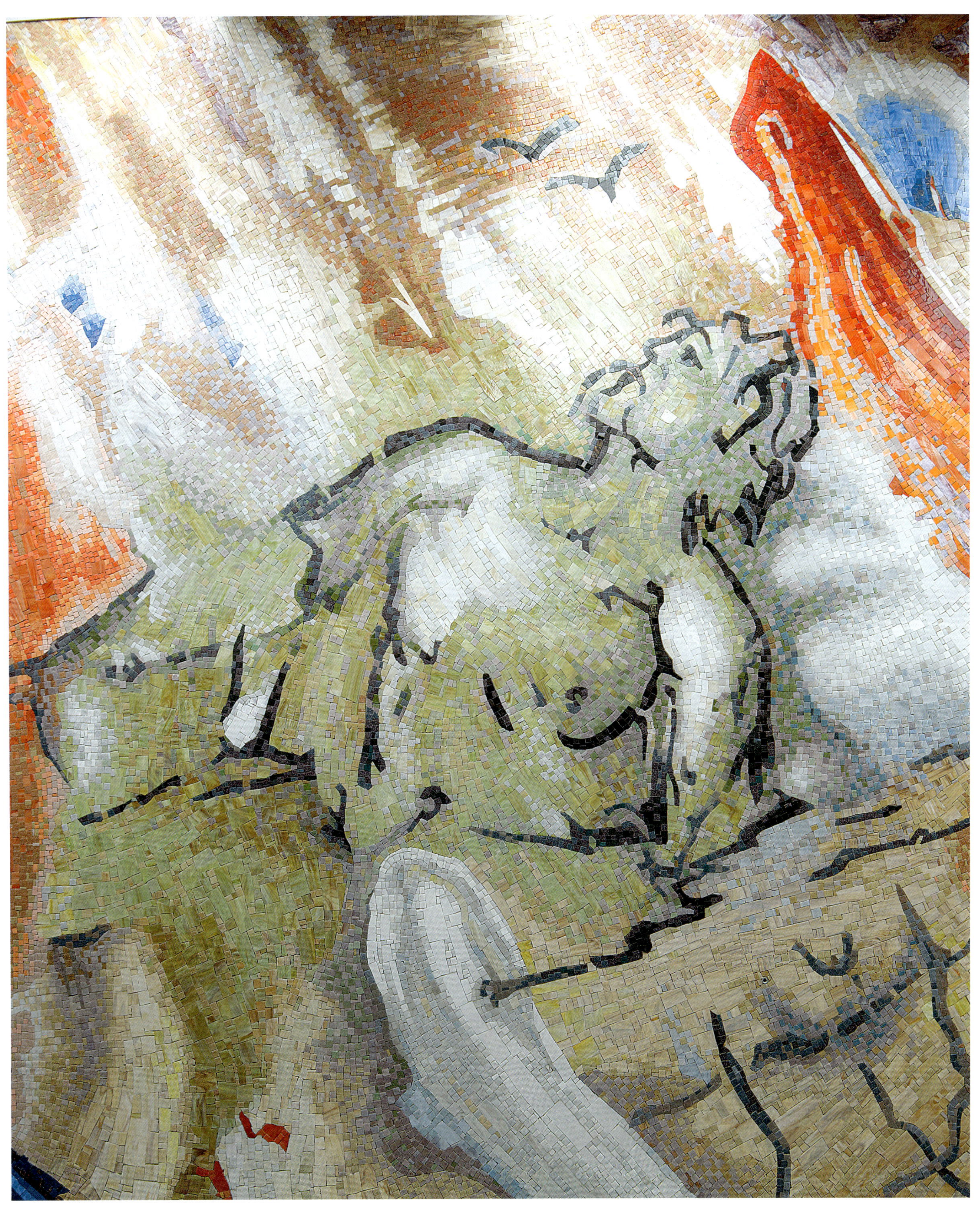

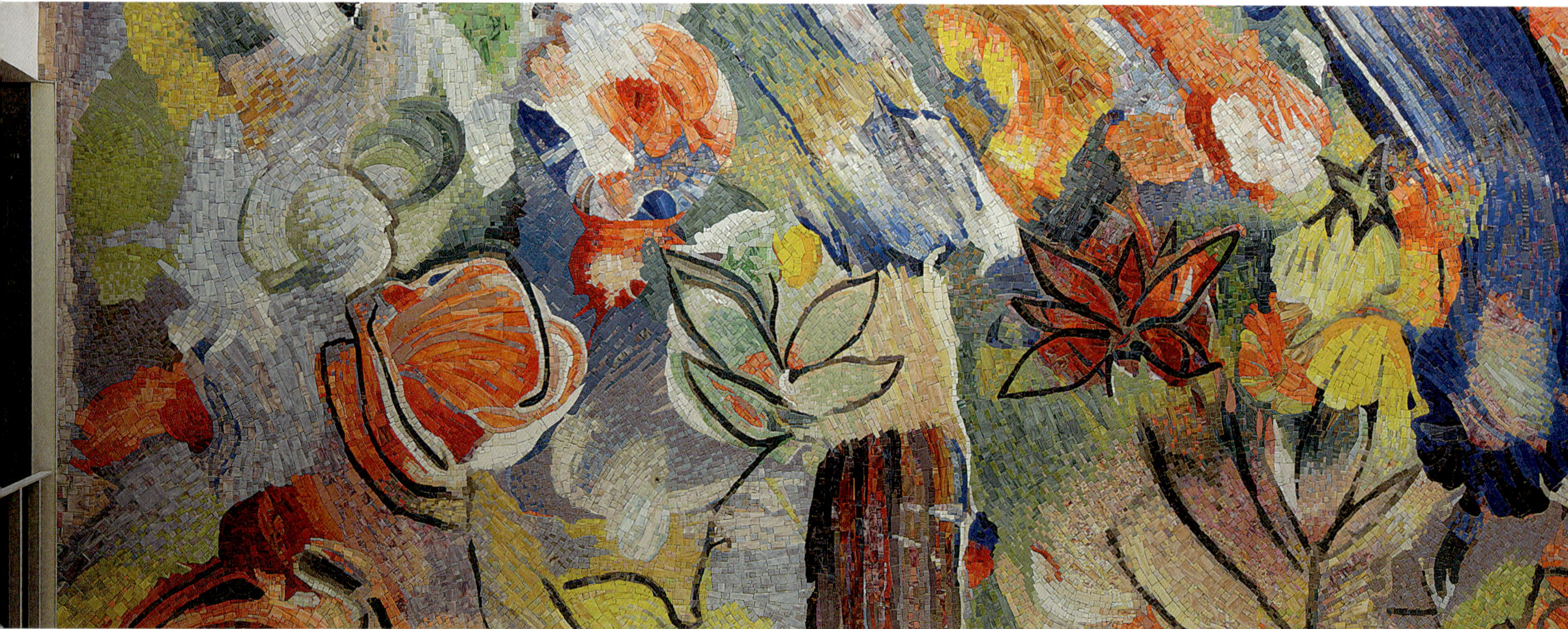

Panoramaversuch aus einer der Etagen von Reichtum Erde *in der Geologischen Bundesanstalt, Wien.*

Das Foyer (nicht jedoch die anderen Geschosse) der Geologischen Bundesanstalt (Neulinggasse 38, 1030 Wien, www.geologie.ac.at) sind montags bis freitags von 8:00 bis 16:00 Uhr zugänglich.

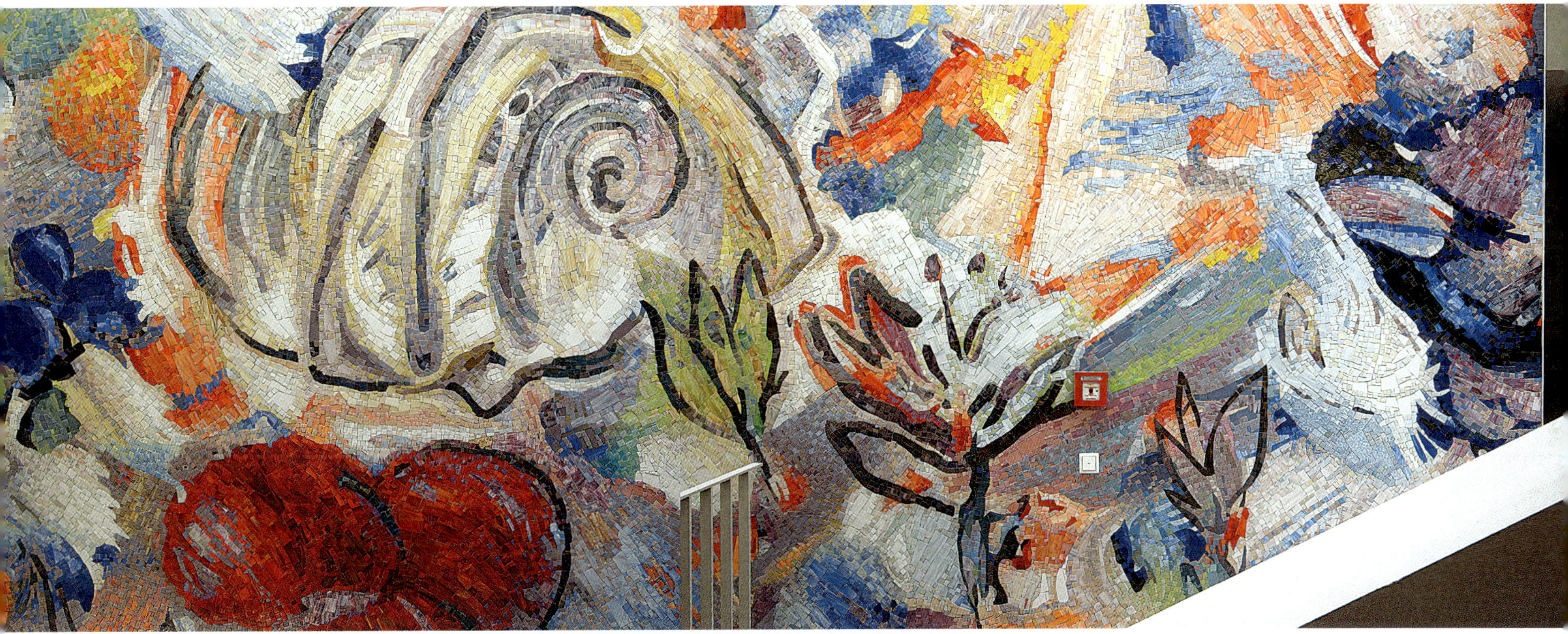

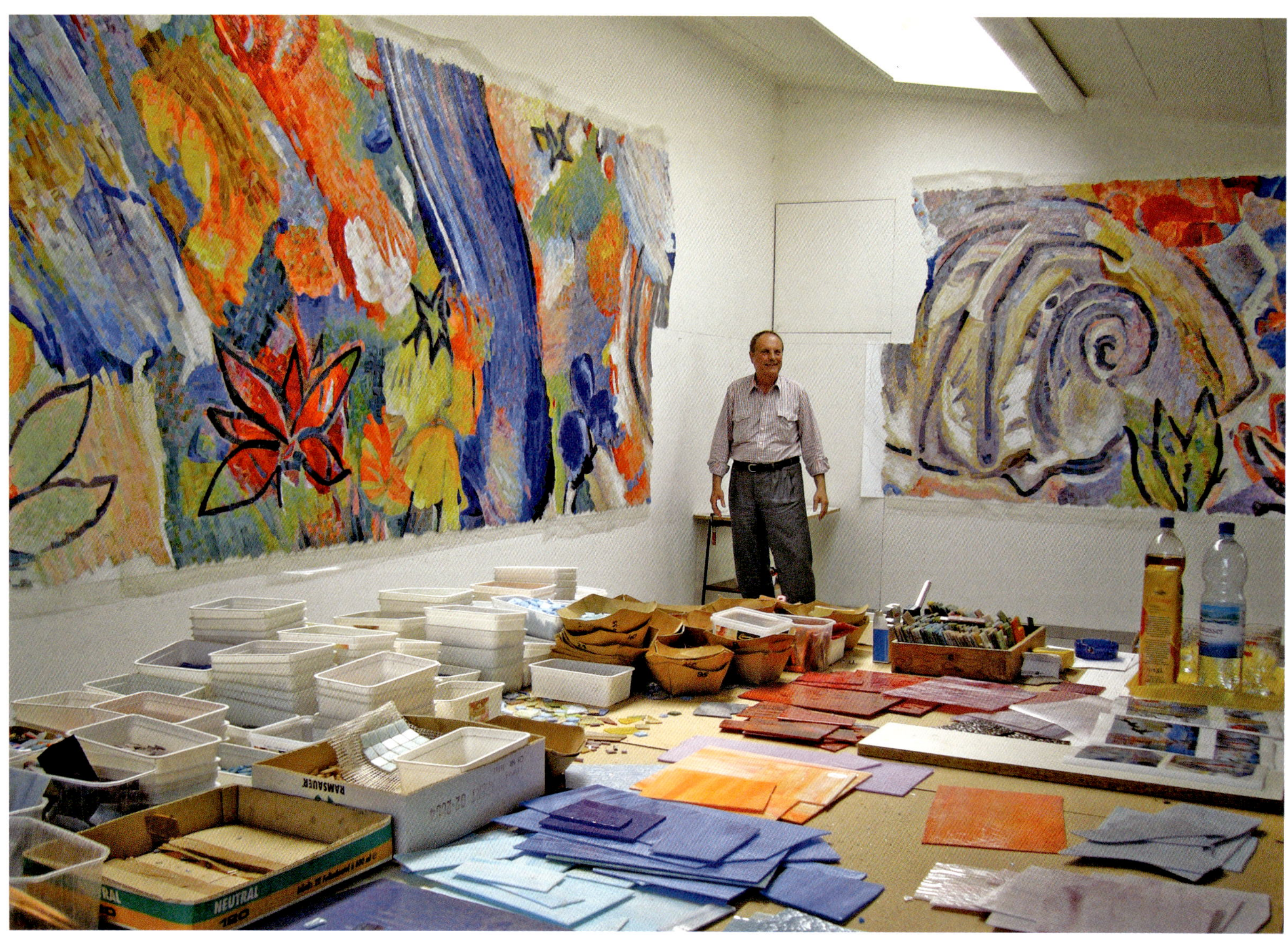
RAMSAUER
NEUTRAL

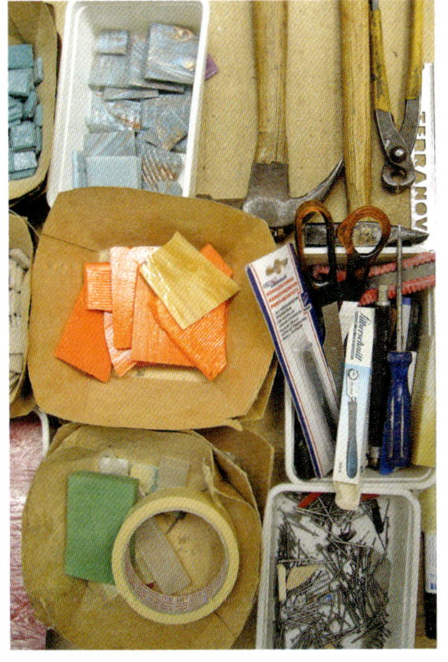

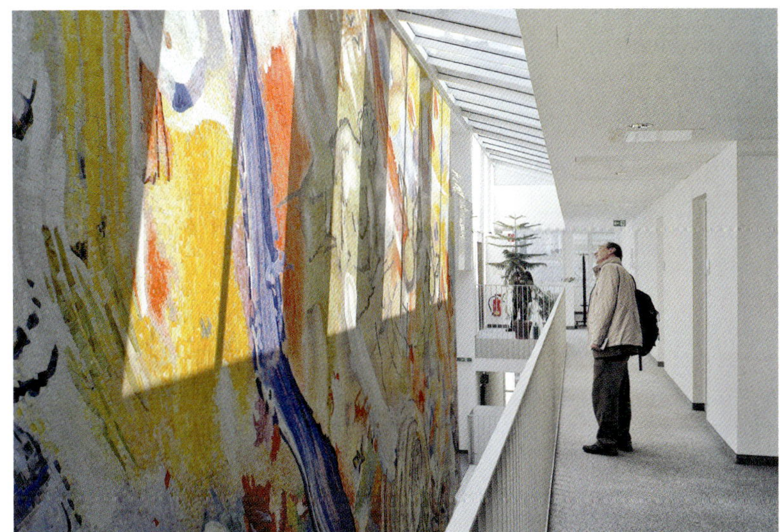

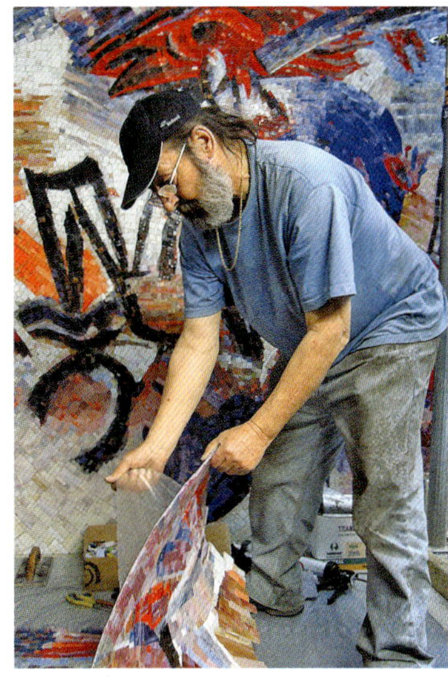

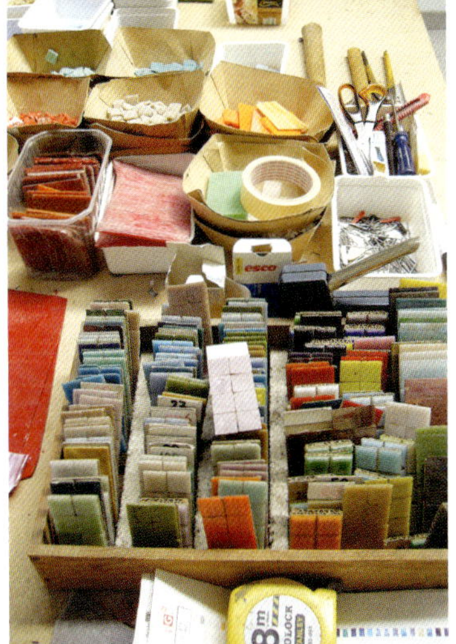

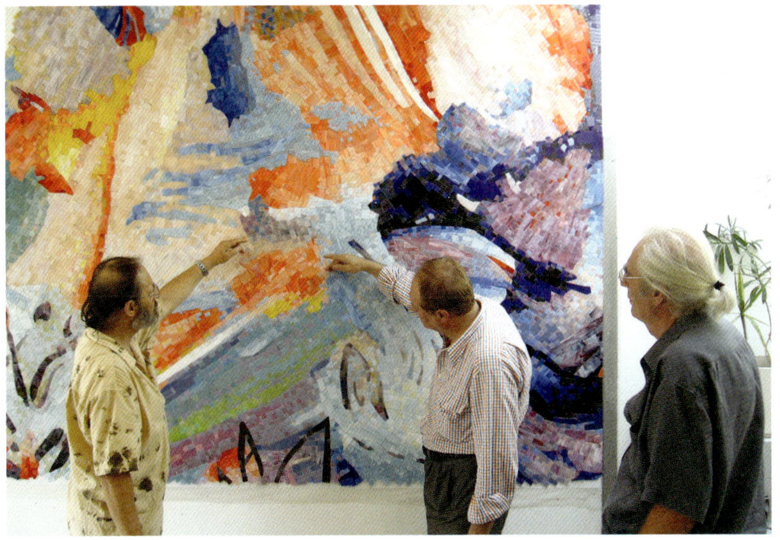

Verschiedene Arbeitssituationen bei der Herstellung des Attersee-Großraummosaiks von 220 qm vor Ort und in der Mosaikwerkstätte von Wilhelm Kocian, Wien, 2006/07.

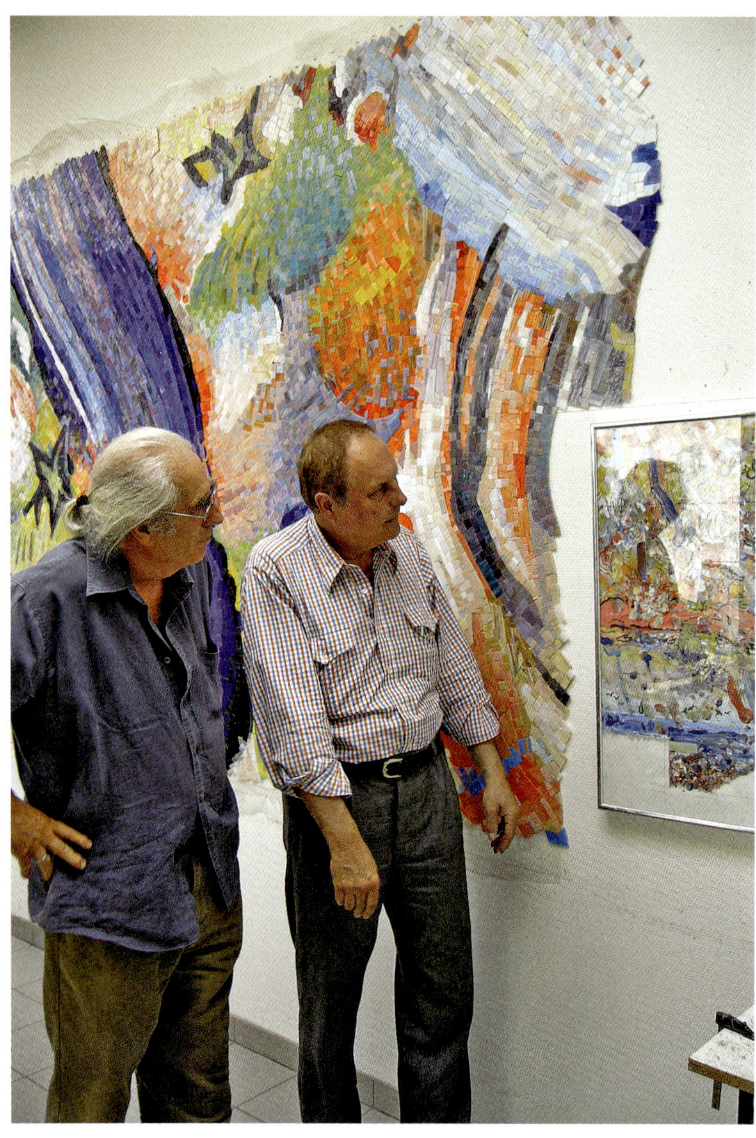

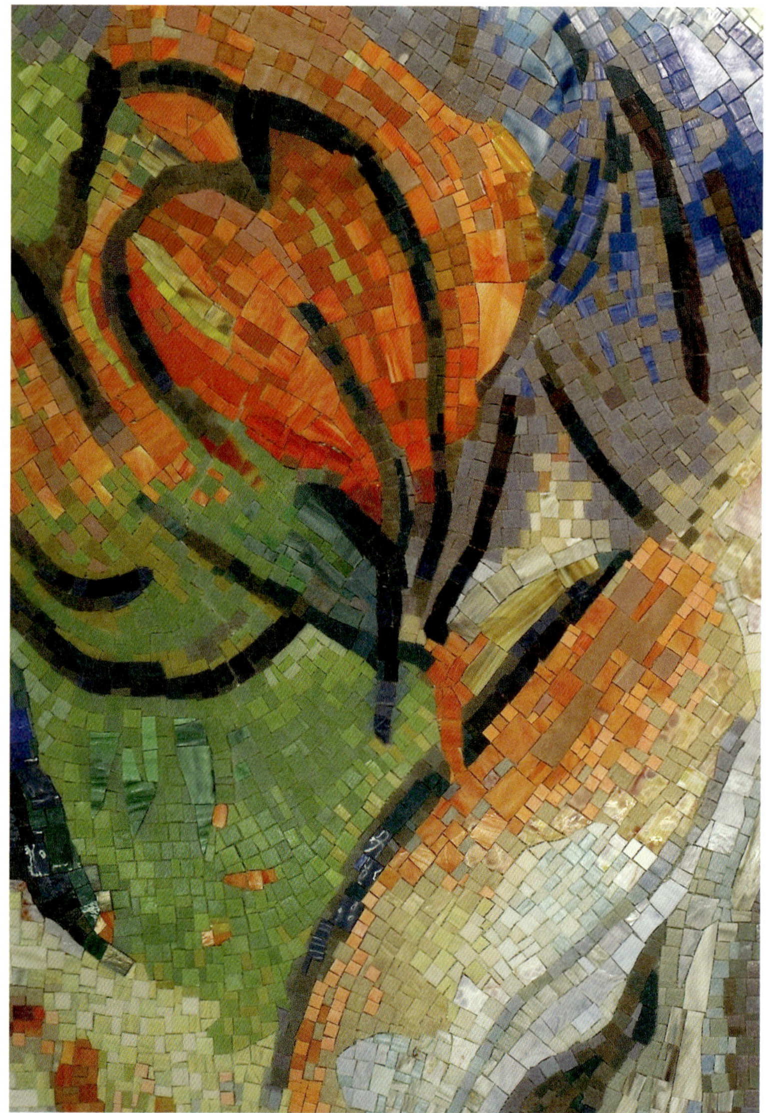

Elio Macoritto und Attersee betrachten den Entwurf Reichtum Erde *bei der Umsetzung zum Mosaik in der Werkstätte Kocian, Wien, 2006. Daneben Details des fertigen Mosaiks.*

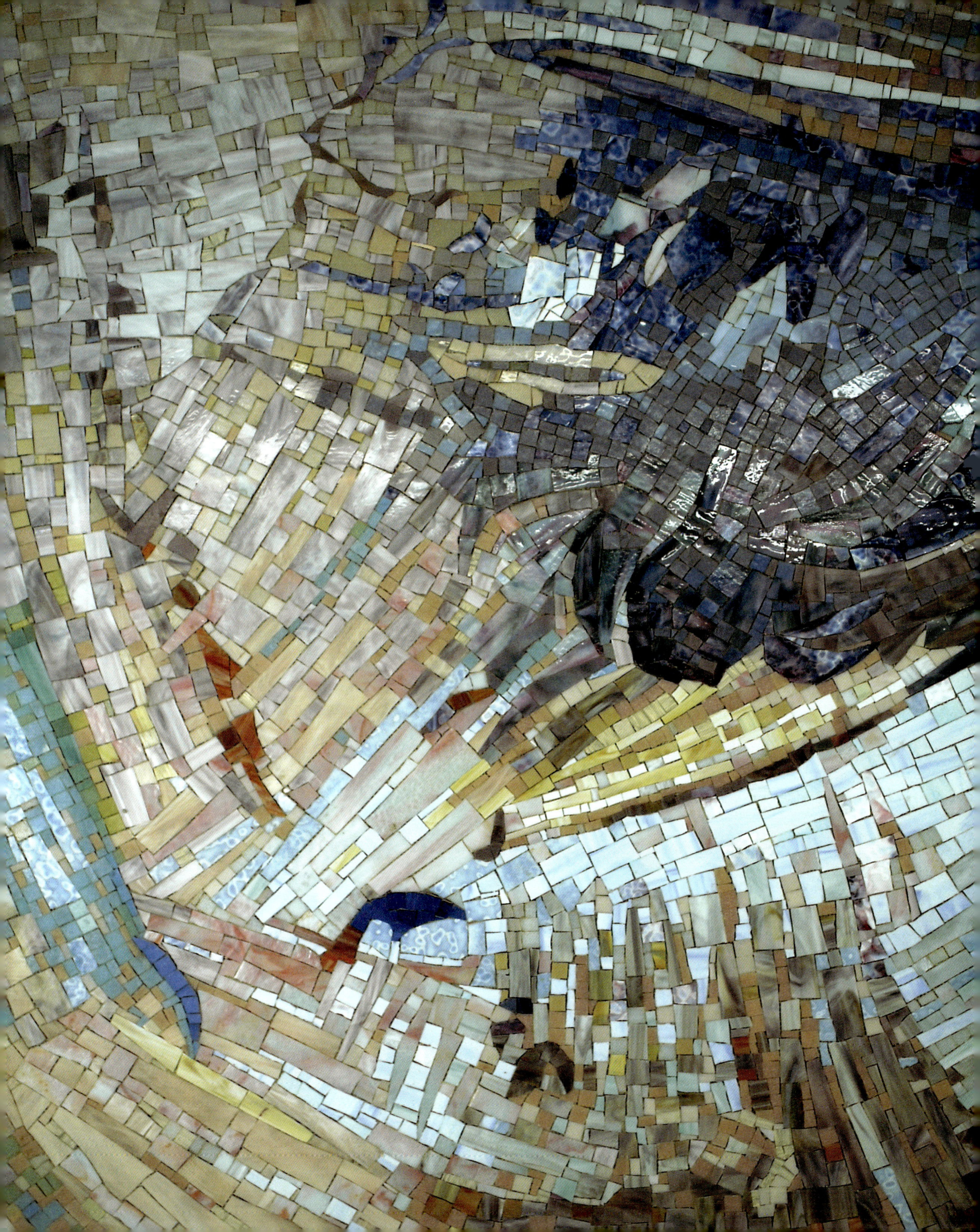

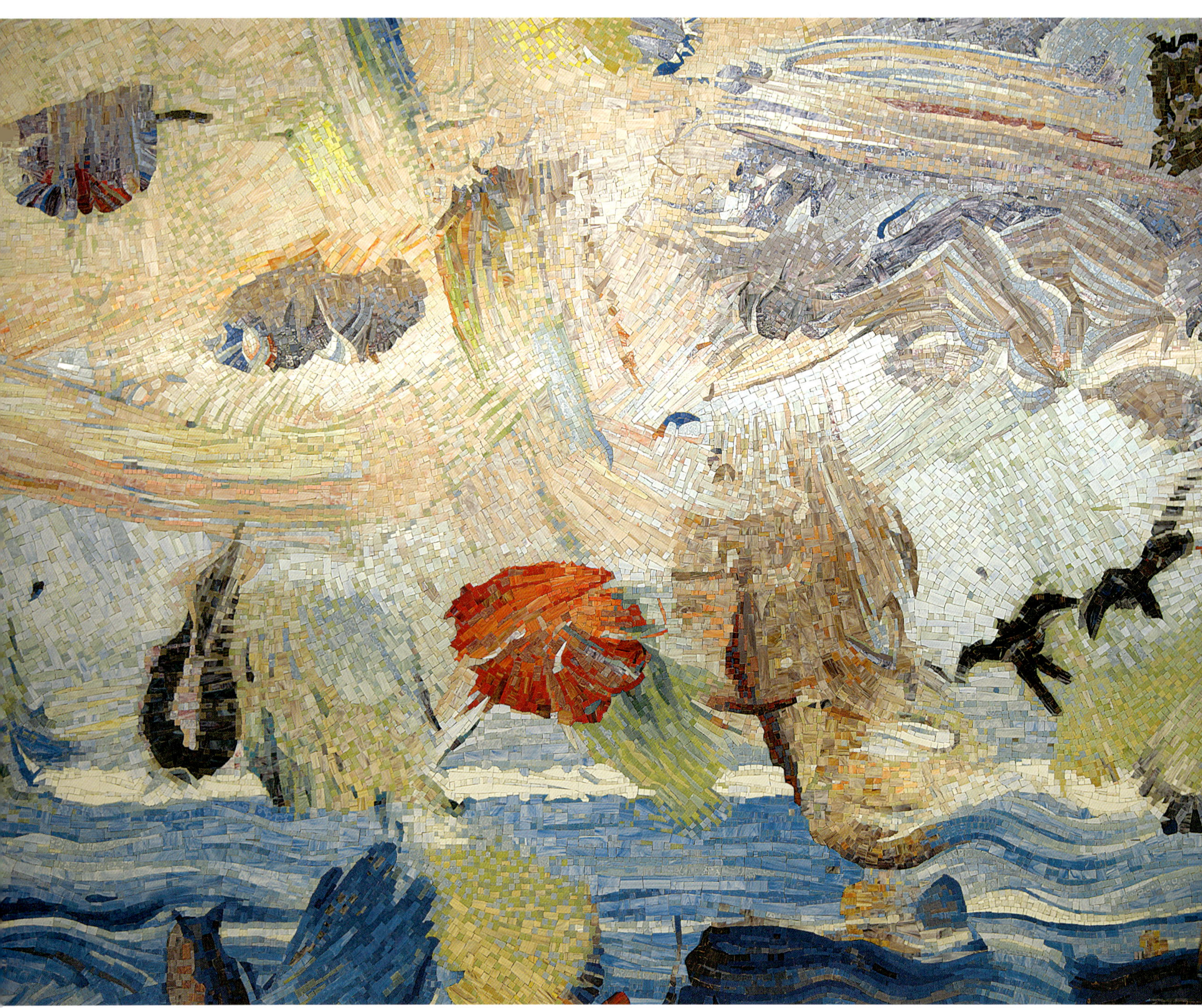

Parterrepanorama von
Reichtum Erde.

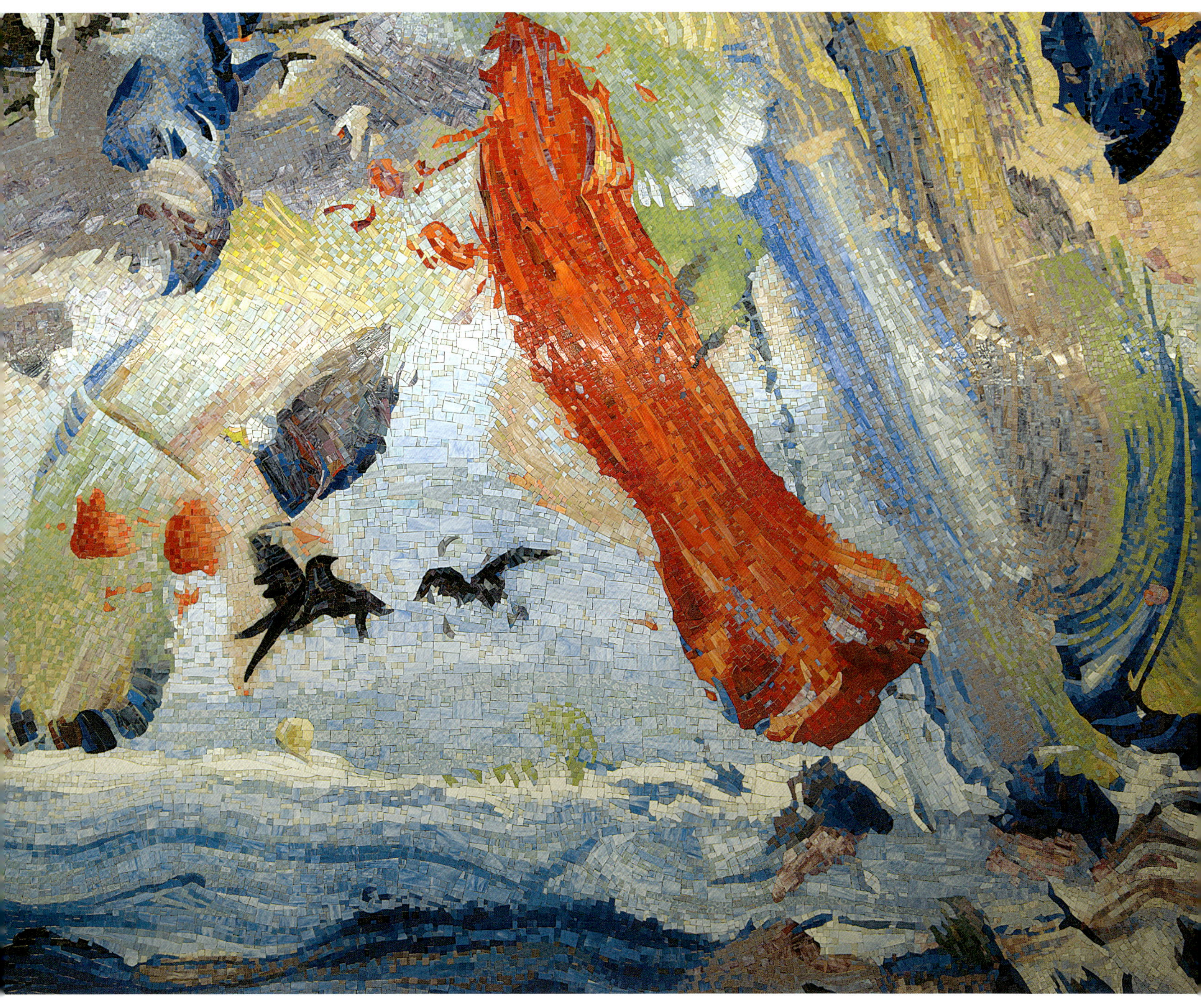

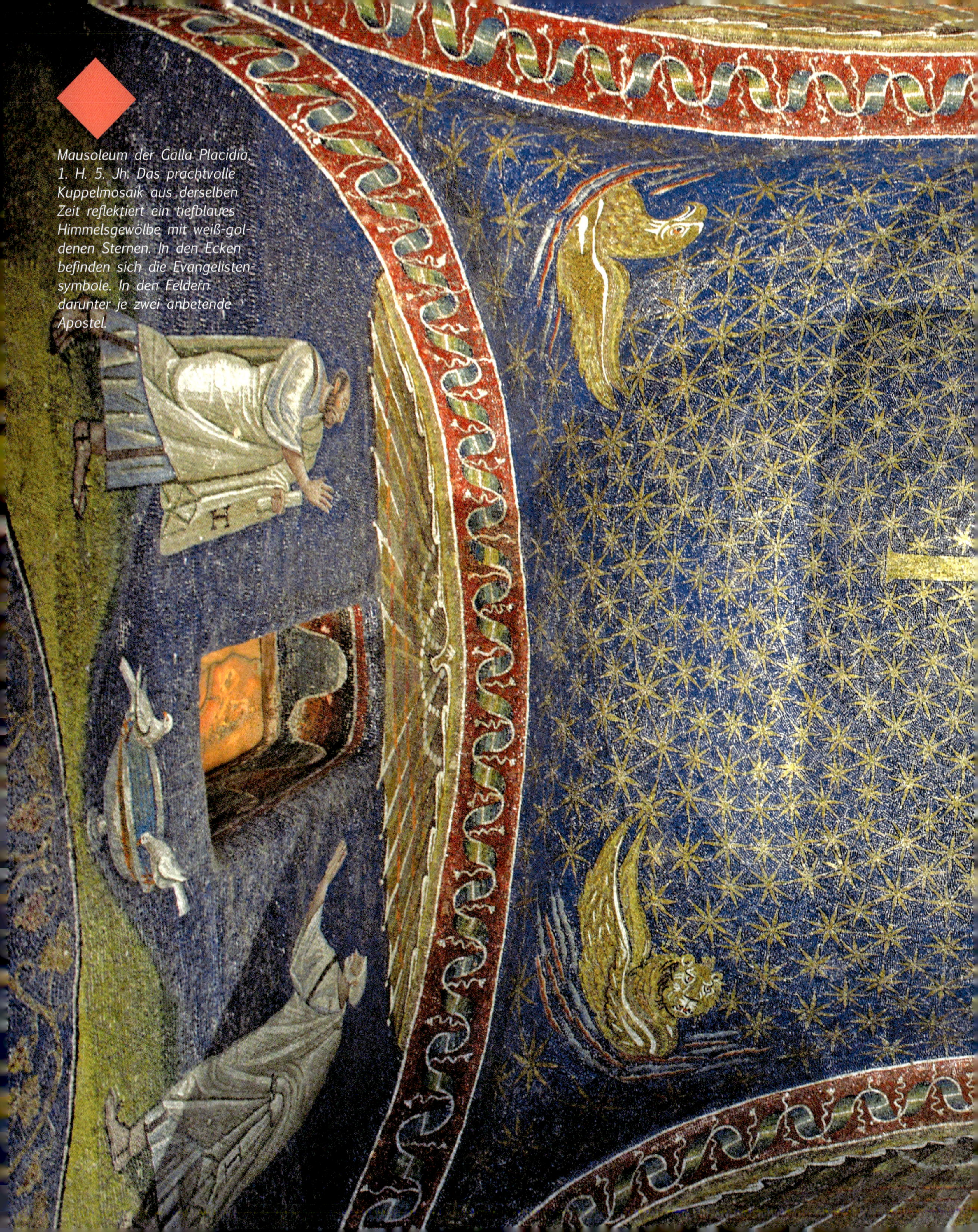

Mausoleum der Galla Placidia, 1. H. 5. Jh. Das prachtvolle Kuppelmosaik aus derselben Zeit reflektiert ein tiefblaues Himmelsgewölbe mit weiß-goldenen Sternen. In den Ecken befinden sich die Evangelistensymbole. In den Feldern darunter je zwei anbetende Apostel.

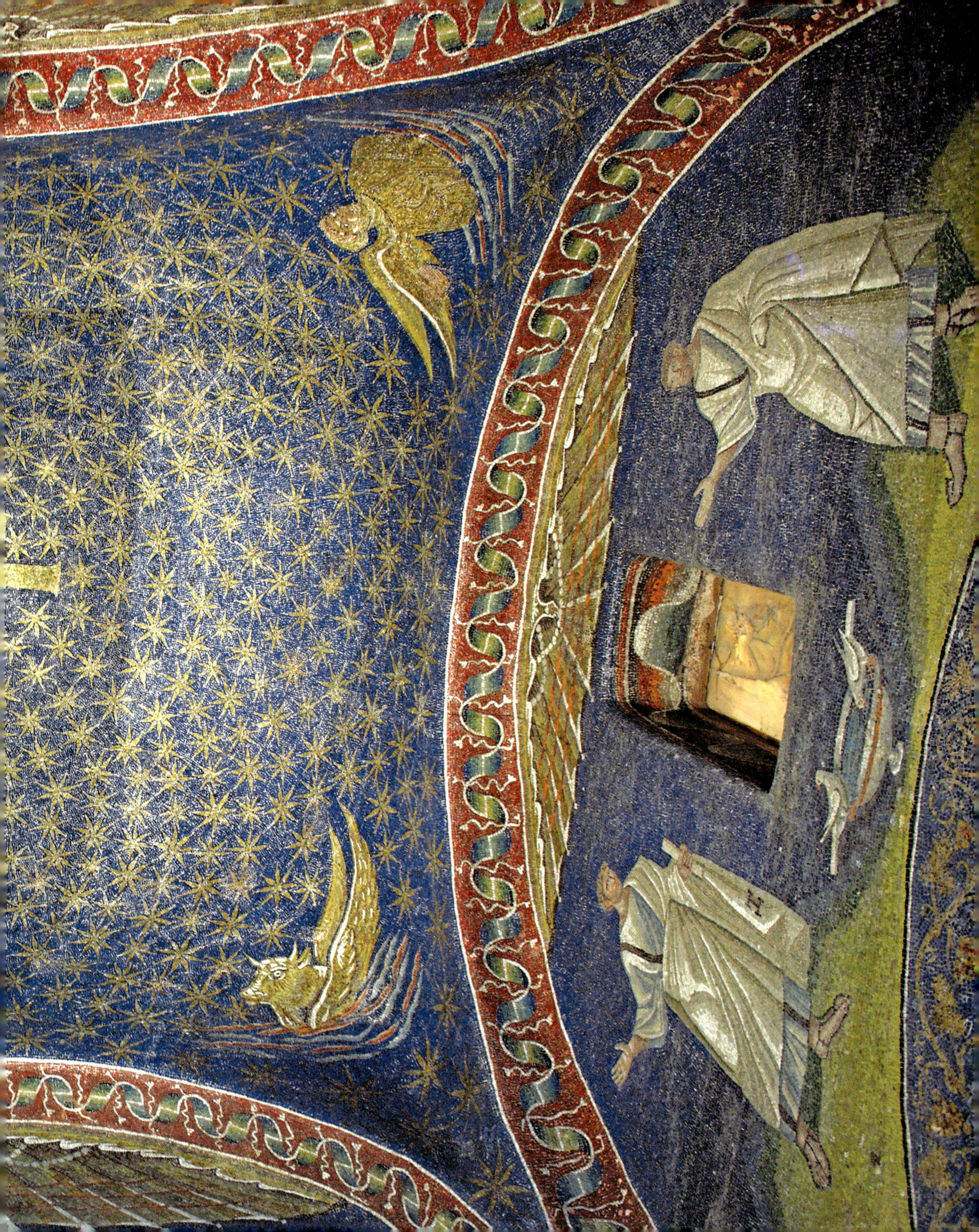

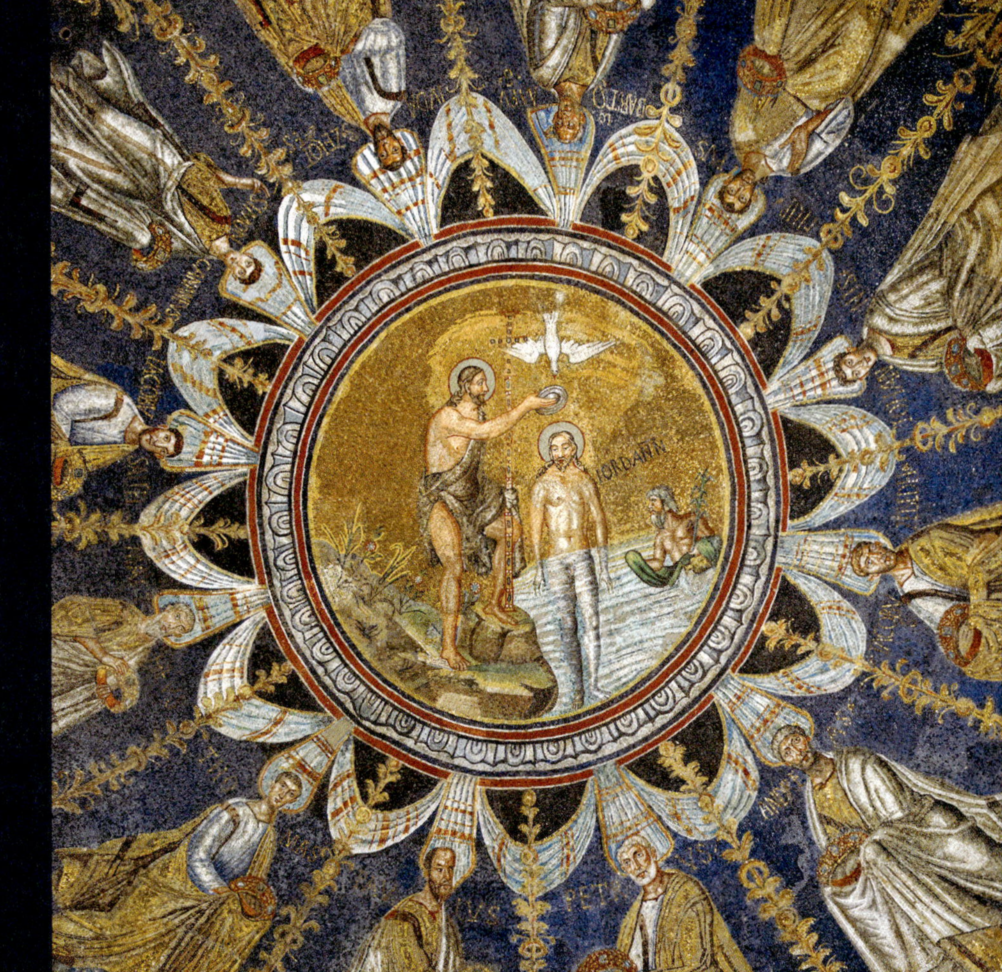

Das Baptisterium der Orthodoxen bzw. die Neonische Taufkapelle in Ravenna aus dem 4. bzw. 5 Jh. besitzt ein Kuppelmosaik aus der Mitte des 5. Jh. mit der Taufe Christi im Zentrum. Umgeben ist es von monumentalen Darstellungen der zwölf Apostel.

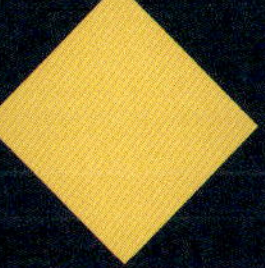

Ravenna – klassische Mosaike in der Architektur

FRANZ HOFBAUER

Ravenna ist Hauptstadt der gleichnamigen Provinz in der Region Emilia-Romagna.

Als Hauptresidenz des weströmischen Reichs spielte die Stadt in der Antike und im frühen Mittelalter eine viel bedeutendere Rolle als heute, weshalb wir hier, wie in keiner anderen Stadt in Europa, eine derartige Fülle an Kunstwerken und insbesondere Mosaiken aus jener Epoche finden, anhand derer sehr gut die Entwicklung der künstlerischen Darstellung ersichtlich ist.
Zur Zeit des Augustus war der Hafen von Classis der zweitbedeutendste Italiens nach Misenum bei Neapel. Die zweihundertfünfzig Schiffe, die hier stationiert waren, dienten der Sicherung der Adria und des Nahen Ostens. Im 5. Jahrhundert wurde die Stadt zur Hauptresidenz der weströmischen Kaiser.
Aus dieser Zeit stammt das sogenannte Mausoleum der Galla Placida, Tochter und Mutter römischer Kaiser und Regentin in dieser letzten Phase Westroms. Nachdem Galla Placida aber 450 in Rom starb und begraben wurde, ist anzunehmen, dass es sich bei dem Bau um eine Kapelle des hl. Laurentius handelt.
Der Außenbau macht einen sehr schlichten Eindruck. Mit dem Innenraum eröffnet sich dem Besucher eine wunderbare Welt, die aus der Spätantike noch fast original auf uns überkommen ist. Die Wände sind mit Marmor verkleidet, Gewölbe und Kuppel ganz mit Mosaiken überzogen. Dass es sich hierbei um das Symbol von Himmel und Erde handelt, ist augenscheinlich, zumal von den Gewölben Sterne herabscheinen.
In der Kuppel sind 567 goldene Sterne auf dunkelblauem Himmelsgrund vereinigt; ein goldenes Kreuz in ihrer Mitte soll Christus als den Herrn des Himmels symbolisieren. Die Evangelisten, die seine Botschaft verkünden, umgeben ihn, und zwar mit ihren Sinnbildern: Matthäus als geflügelter Mensch, Markus als geflügelter Löwe, Lukas als geflügelter Stier und Johannes als Adler.

Christus wird nochmals dargestellt, nämlich römisch, als Guter Hirte in der Lünette über der Eingangstüre, inmitten einer felsigen Landschaft mit weidenden Schafen.

Der Gute Hirte ist nicht nur apollinisch schön, sondern auch königlich. Er trägt nicht mehr – wie die Guten Hirten der Katakombenmalerei – einen einfachen »Kittel« und einen Hirtenstab, ihn schmücken eine goldene Tunika mit blauen Streifen und ein purpurner Umhang. Aus dem Hirtenstab ist ein goldenes Stabkreuz geworden, und das Haupt umgibt ein goldener Nimbus.

Nachdem das Christentum zur Staatsreligion geworden war, bemühten sich Auftraggeber und Künstler, eine neue, typisch christliche Kunst zu schaffen. Das war nicht so einfach, denn das frühe Christentum lehnte anfangs jeglichen bildlichen Schmuck ab, um sich von heidnischen Traditionen deutlich abzusetzen. Die ersten bildhaften Darstellungen traten in den Katakomben im ausgehenden 2. Jahrhundert auf und sie beschränkten sich auf die Symbole für die zentralen Erwartungen des Frühchristentums, auf die Erlösung und auf das jenseitige Leben.

Hier entstanden solche Symbole wie der Gute Hirte, der Fisch und das Kreuz. Aber es erwies sich als schwierig, abstrakte christliche Begriffe wie »Erlösung« oder »Die geistliche Macht der Engel« überhaupt bildlich darzustellen. So kam man auf die Idee, das materielle und formale Arsenal der bisher schon bekannten Mosaikkunst des Römischen Reiches zwar zu übernehmen, aber dadurch zu erweitern und zu erhöhen, indem man farbige oder vergoldete Glaswürfelchen benutzte, um einen überirdischen Glanz zu erzielen. Als Bildmotive griff man zuerst auf die bekannten Formen der Spätantike zurück, denen man aber durch zusätzliche christliche Symbole eine andere Bedeutung unterlegte.

Dabei war das Material des Kunstwerks nicht belanglos. Die Dauerhaftigkeit des Mosaiks im Vergleich zu anderen künstlerischen Techniken, besonders des Freskos, konnte auch als Beweis für die ewige Wahrheit des christlichen Glaubens angesehen werden. Man sieht dies bei der Darstellung des Guten Hirten im sogenannten Mausoleum, bei dem die Benutzung vergoldeten Glases besonders intensiv ist.

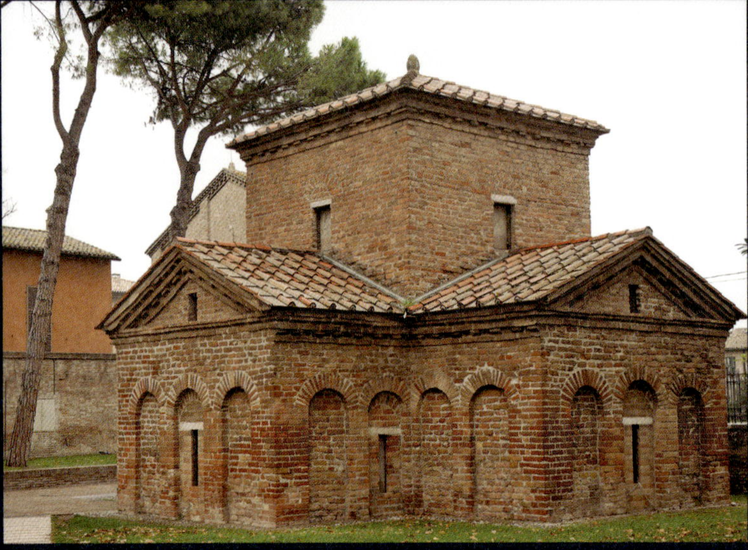

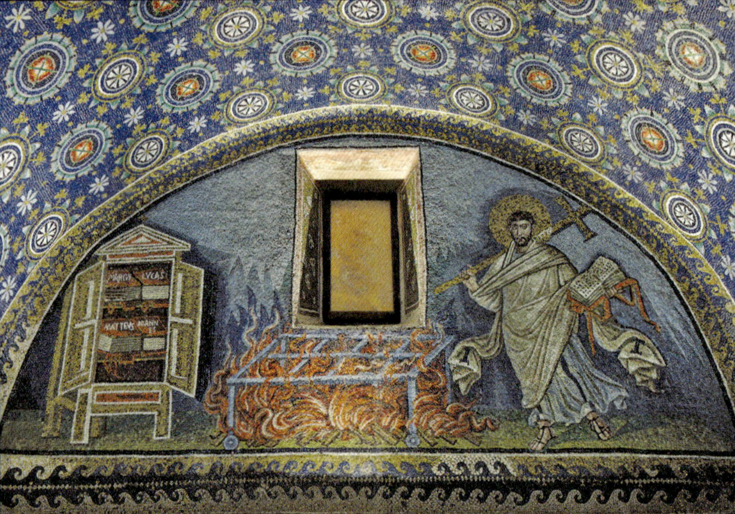

Oben: Mausoleum der Galla Placidia, Ravenna, Außenansicht.

Unten: Im Inneren eine Darstellung des hl. Laurentius, der auf den flammenden Rost seines Martyriums zuschreitet. In einem geöffneten Schränkchen liegen vier Bücher, jeweils

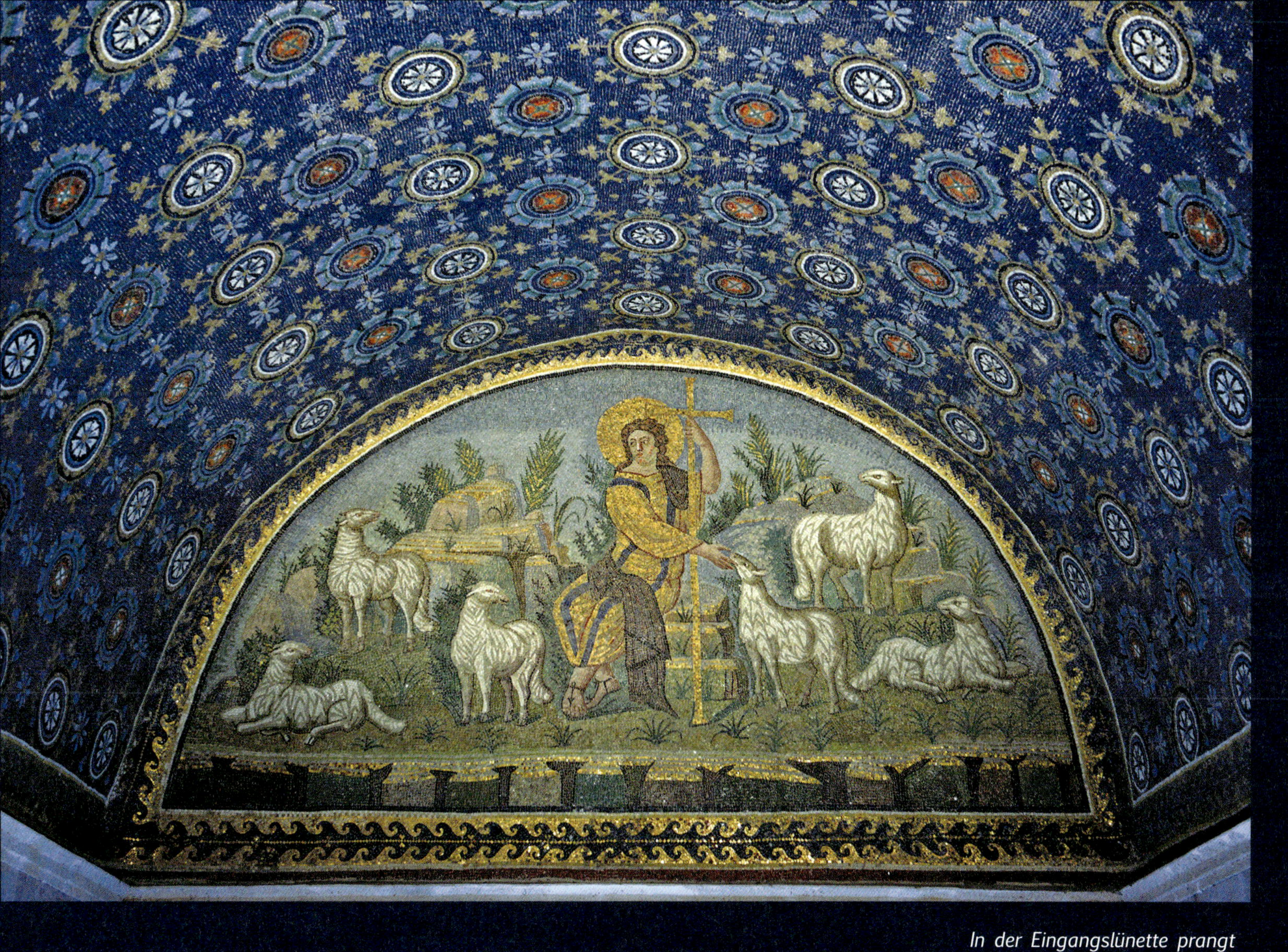

In der Eingangslünette prangt ein Mosaik mit der Darstellung des Guten Hirten. Mit Nimbus und Kreuz als Christus aus-

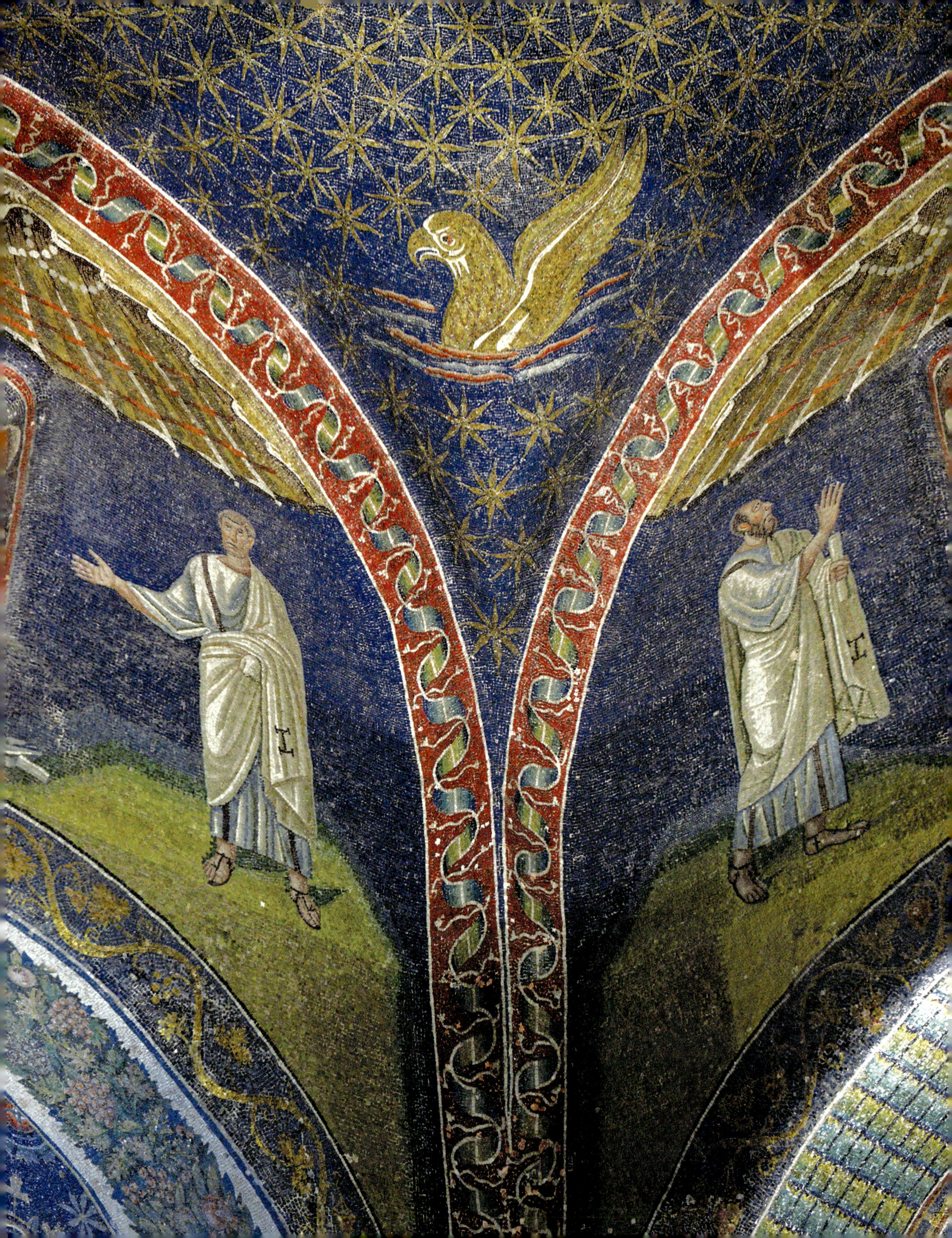

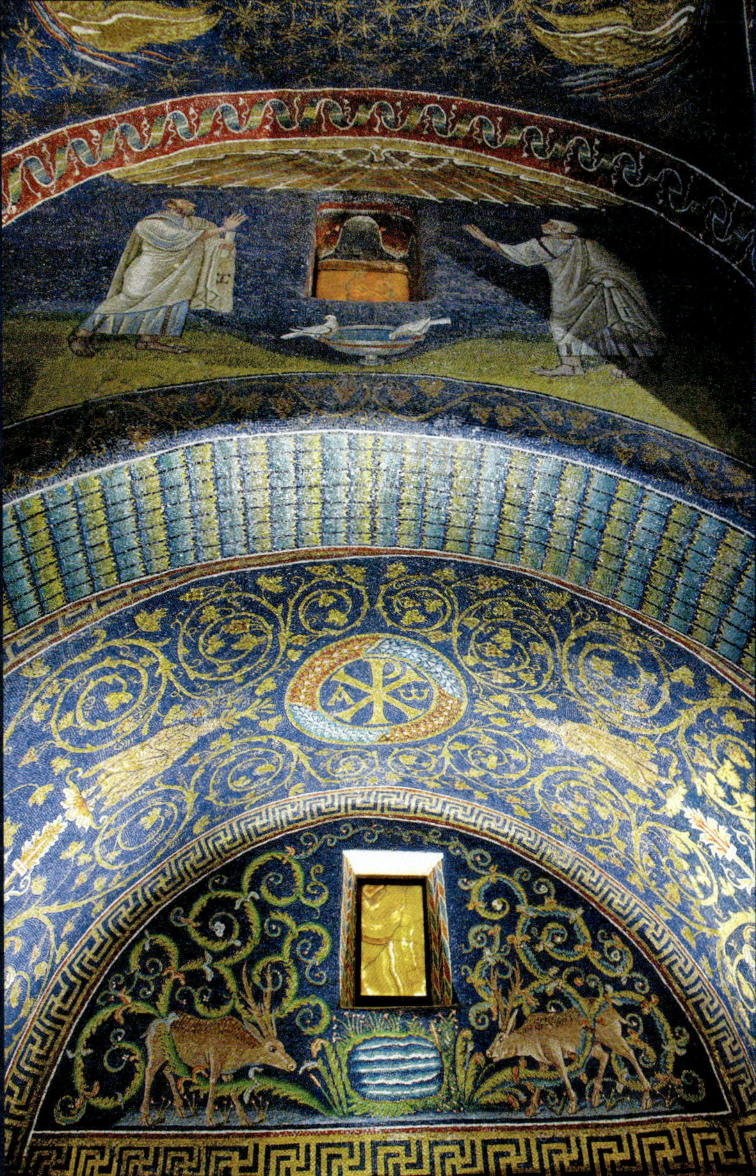

Der Adler als eines der vier Evangelistensymbole kennzeichnet Johannes an einer Ecke des Kuppelmosaiks. Äußerst kunstvoll sind auch die Schildbögen und Tonnensegmente mit ornamentalen Mosaiken geschmückt. Auf einer Lünette erscheinen zwei Hirsche aus einem Gewirr goldgrüner Akanthusranken an einer Wasserstelle – ein Verweis auf den 42. Psalm: »Wie der Hirsch schreit nach Wasser, so schreit meine Seele, Gott, zu dir.«

Alle Mosaike hier haben als generelles Thema die Erlösung. Auf den ersten Blick scheint es sich zwar eher um eine lyrisch-pastorale Szene zu handeln. Aber die eigentliche Botschaft lautet: »Ich bin der Gute Hirte, der Gute Hirte gibt sein Leben hin für die Schafe.« Durch dieses metaphorische Bild sagt Christus seinen Opfertod am Kreuz und somit die Erlösung der Menschen voraus.

Bei der formalen Gestaltung einer solchen Szene hat der frühchristliche Künstler römisch-antike Themen benutzt, sie dann aber christlich abgewandelt und umgedeutet. Bei der Szene des Guten Hirten beispielsweise hat man sich an antiken Darstellungen des Orpheusmythos orientiert. Lediglich der Nimbus, das Goldgewand und das Goldkreuz sind als christliche Hinweise neu.

Das Mosaik, das dem Besucher des kleinen Heiligtums als Erstes in die Augen fällt, zeigt eine bärtige Männerfigur mit einem Stabkreuz, bekleidet mit Tunika und Pallium. Der neben der Figur stehende Rost mit dem darunter rotglühenden Feuer weist auf den heiligen Diakon Laurentius hin. Dieser erlitt nämlich sein Martyrium auf einem glühenden Rost.

In dem geöffneten Schrank auf der linken Bildseite stehen aber die Bücher der vier Evangelisten, was man aus den zugehörigen Namen erkennen kann. Zu den Aufgaben der Diakone gehörte es, die heiligen Bücher zu verwalten und aus ihnen vorzulesen. Damit verweist das Mosaik auch darauf, dass in der dritten Synode von Karthago im Jahre 397 das heilige Testament kanonisiert wurde.

Die vier Evangelien überstanden die Feuertaufe und haben ihren Platz im Regal eingenommen, nicht genehmigte Schriften wurden verbrannt.

Nach dem Ende des Weströmischen Kaiserreichs 476 wurde Ravenna Hauptstadt des Königreichs der Ostgoten unter seinem König Theoderich. Er bewunderte die römische Kultur und tat alles, um sie zu erhalten und zu pflegen. Er ließ auch neue Kirchen bauen, wie zum Beispiel San Apollinare Nuovo, neben seinem Königspalast, sozusagen als Palastkapelle.

An den Mittelschiffswänden ist die Lebens- und Leidensgeschichte von Jesus dargestellt, darunter die Szene *Die Speisung der Fünftausend*. Ein hellenistischer Künstler hätte vielleicht die Gelegenheit dazu benutzt, eine große Menschenmenge in einer bunten, dramatischen Szene darzustellen. Aber dieser Meister wählte einen ganz anderen Weg. Sein Bild ist kein Fresko, das mit geschickten Pinselstrichen hingesetzt ist, sondern ein Mo-

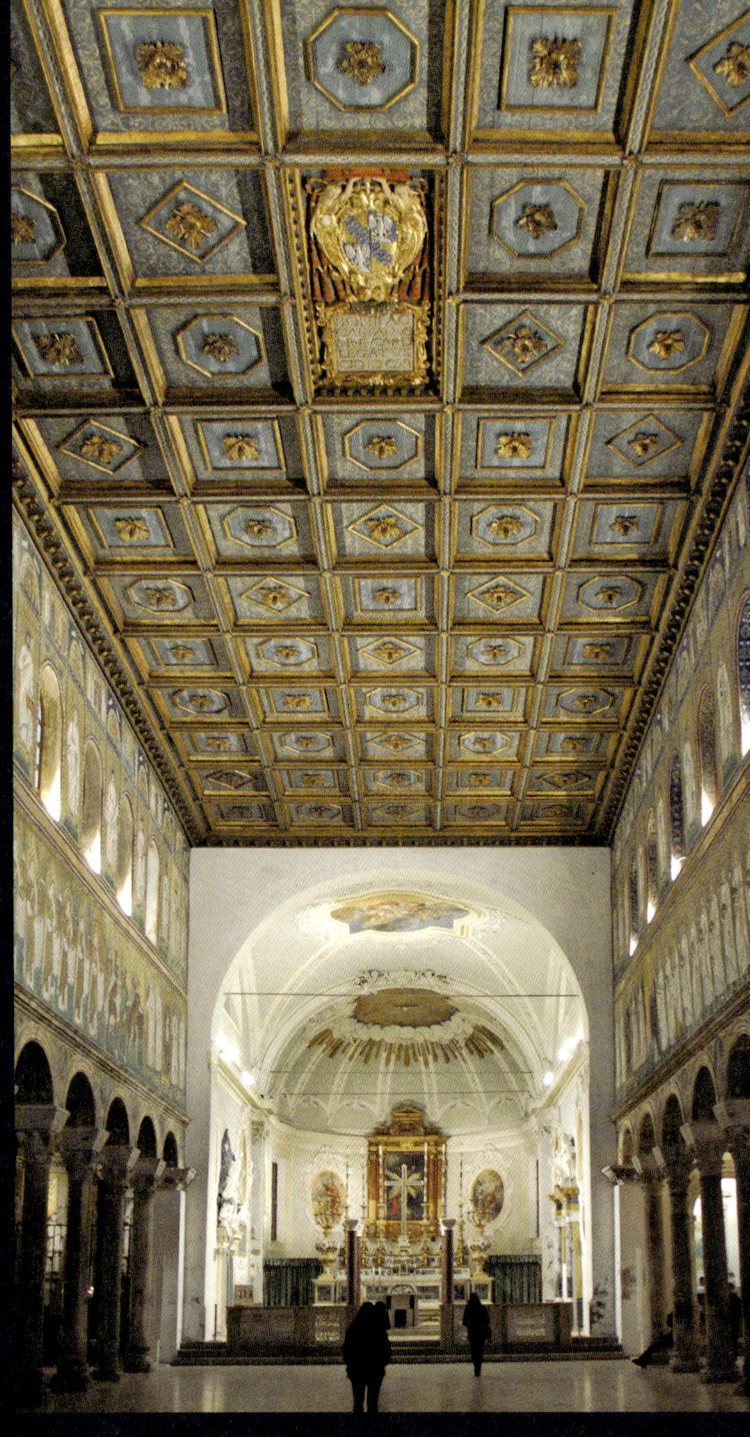

Das Hauptschiff der Basilika Sant'Apollinare Nuovo sowie die Außenansicht (rechte Seite unten).

saik, mühsam aus winzigen Glaswürfeln zusammengetragen, deren satte, leuchtende Farben dem Kirchenraum einen feierlichen Glanz verleihen.

Die ganze Art, in der die Geschichte erzählt wird, zeigt dem Betrachter, dass es sich um ein wunderbares, heiliges Geschehen handelt. Der Hintergrund ist aus goldenen Mosaiksteinen zusammengesetzt, und was sich vor diesem Goldgrund abspielt, ist keine naturgetreue Szene.
Die Gestalt Christi in feierlicher Ruhe nimmt die Mitte des Bildes ein. Er ist nicht der bärtige Christus, an den wir gewöhnt sind, sondern der junge Mann mit langem Haar, wie er in der Vorstellung der frühen Christen lebte. Er trägt ein purpurnes Gewand und streckt seine Arme segnend nach beiden Seiten, wo je zwei Apostel ihm Brot und Fische darreichen, auf dass sich das Wunder vollziehe. Sie tragen die Speisen mit verdeckten Händen, so wie Untertanen damals dem Herrscher Tribut darzureichen pflegten.

Die ganze Szene wirkt wie eine feierliche Zeremonie. Man merkt, dass ihr der Künstler eine tiefe Bedeutung beimaß. Für ihn war das nicht nur ein erstaunliches Wunder, das sich einige Jahrhunderte zuvor in Palästina abgespielt hatte, sondern das Symbol und Wahrzeichen der dauernden Macht Christi, deren Verkörperung die Kirche war. Das macht vielleicht die Art verständlich, wie Christus den Beschauer anblickt: Wir sind es, die gespeist werden.
Auf den ersten Anblick mag ein solches Bild etwas steif und ungelenk wirken. Die Meisterschaft in der Darstellung der Bewegung und des Ausdrucks, die der Stolz der griechischen Kunst war und die sich auch in die römische Zeit hinein erhalten hatte, scheint verloren. Die Art, wie die Gestalten in strikter Vorderansicht vor uns hingestellt sind, kann einen beinahe an Kinderzeichnungen erinnern.

Und doch muss der Künstler mit den Kunstmitteln der Griechen aufs Engste vertraut gewesen sein. Er wusste genau, wie man einen Mantel um den Körper drapiert, so dass die Gliedmaßen unter den Falten sichtbar bleiben. Er verstand es, Steine verschiedener Schattierungen in seinem Mosaik zu mischen, um die Fleischfarbe oder die Landschaft nachzubilden. Er zeigte die Schatten am Boden, und Verkürzungen bereiteten ihm keine Schwierigkeiten. Wenn das Ganze uns dennoch recht primitiv anmutet, so muss der Grund darin liegen, dass der Künstler wollte, dass es schlicht erscheint.
Die ägyptischen Ideen vom Vorrang der Deutlichkeit in der Darstellung aller Dinge traten wieder so stark in den Vordergrund, weil die Kirche eine entsprechende Bedeutung darauf legte. Die Formen jedoch, die die Künstler für diese neuartigen Versuche verwendeten, waren nicht mehr die einfachen Formen der primitiven, sondern der entwickelte Formenschatz der antiken Kunst.

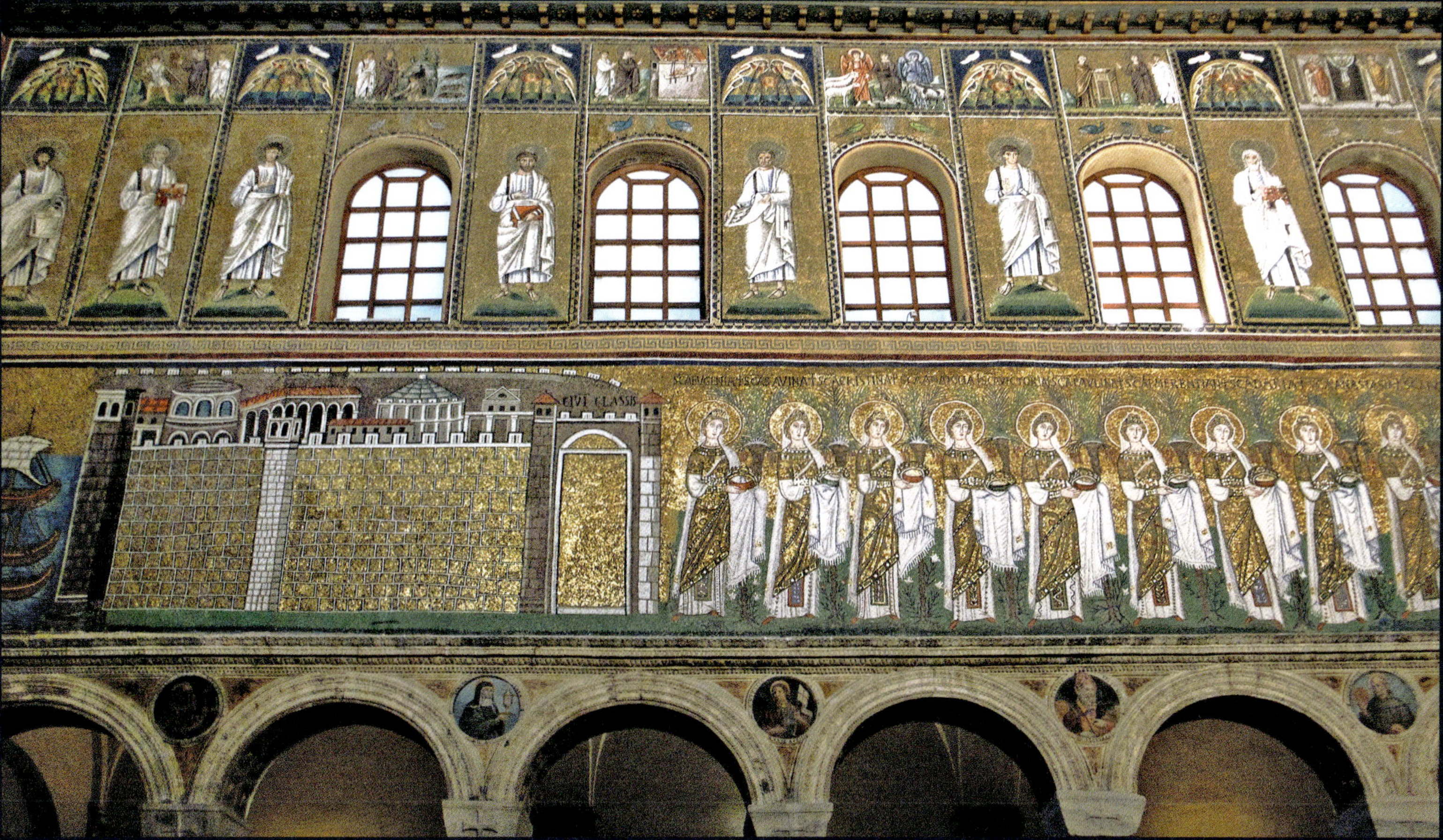

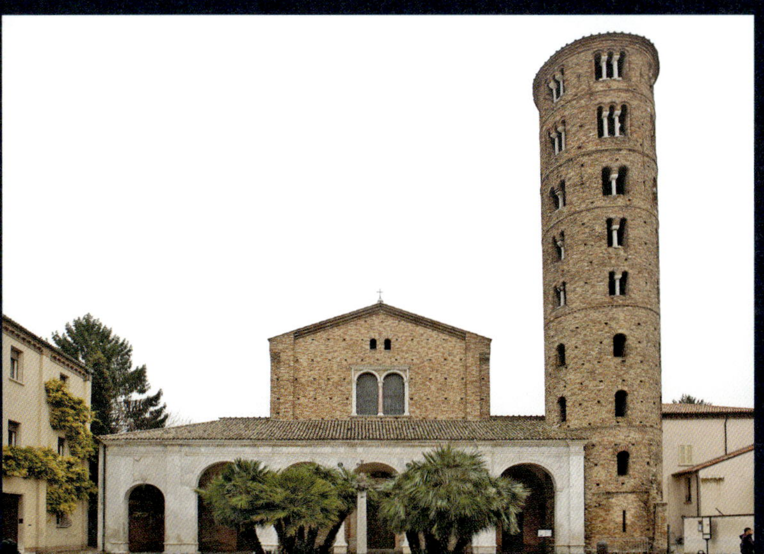

Die Nordwand des Hauptschiffs ist in drei Zonen mosaiziert. In der obersten sind, von dekorativen Motiven unterbrochen, Szenen aus dem Leben Jesu dargestellt, darunter Wundertaten, Gleichnisse und die Passion, sowie Ereignisse nach seiner Auferstehung. In der Fensterzone sind Propheten und Evangelisten und darunter die Prozession der 22 Jungfrauen festgehalten.

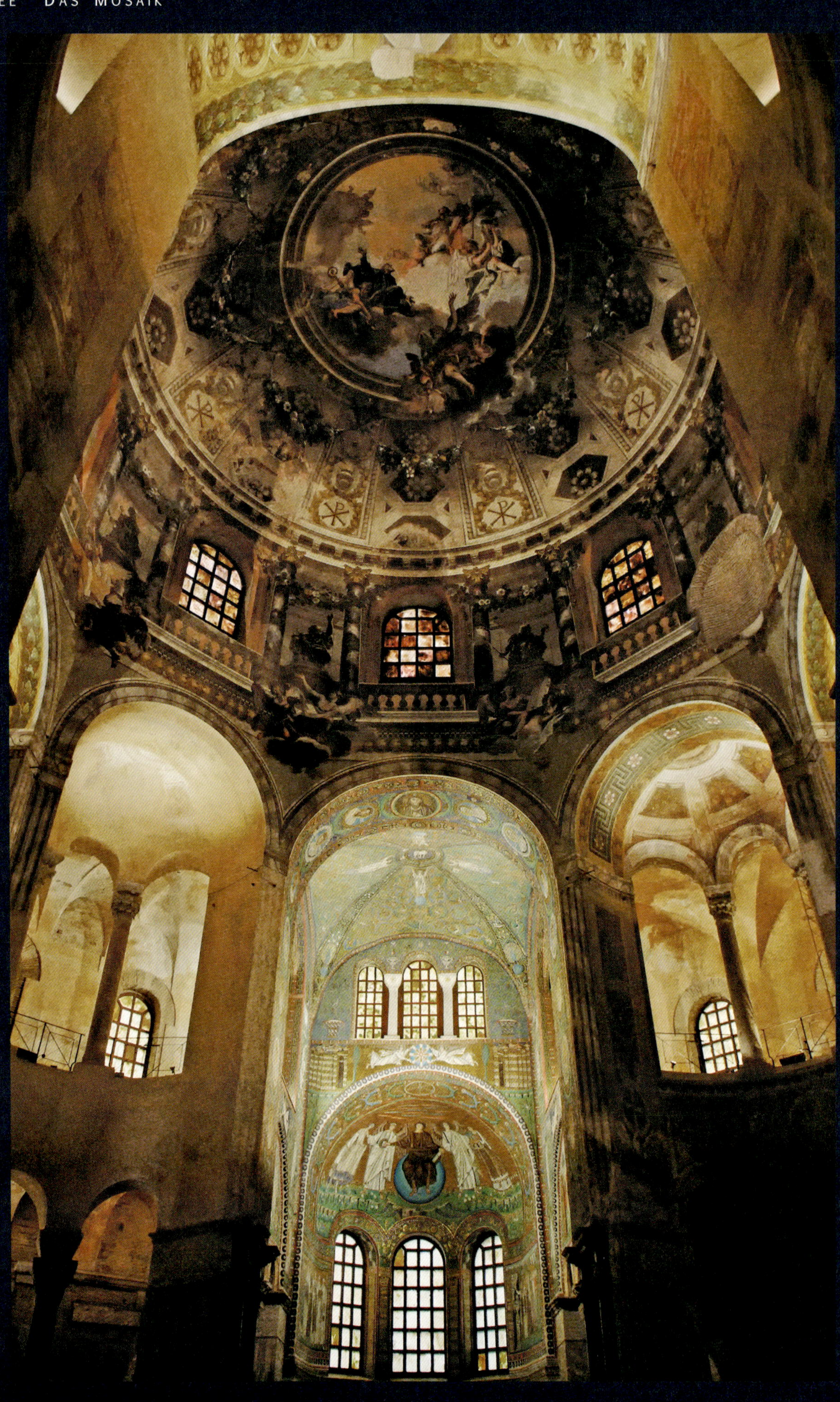

San Vitale in Ravenna wurde von Bischof Ecclesius in Auftrag gegeben, gegen 537 begonnen und 547 dem hl. Vitalis geweiht. Der komplexe Zentralbau, aus dem ein Oktogon herausragt, ist für seine Mosaikausstattung berühmt.

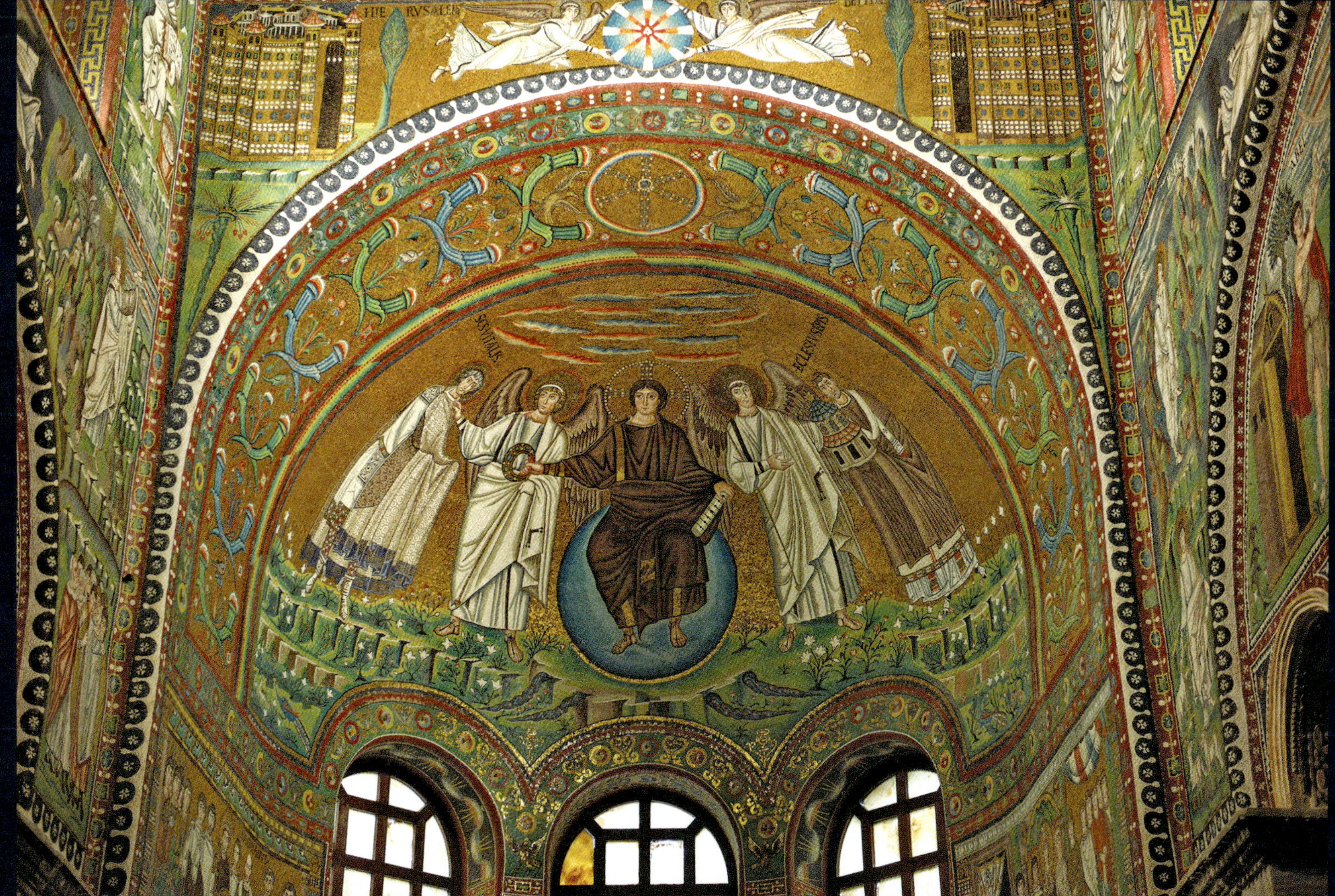

In den unteren Reihen der Mosaiken des Mittelschiffs sind zwei Architekturen dargestellt: Stadt und Hafen von Classis auf der linken Wand und der Palast Theoderichs auf der rechten.
Den Hafen von Classis deutet der Künstler durch drei Schiffe an, das obere mit geblähtem, weißem Segel. Rechts vom Hafen sieht man die Stadtmauer, über welche Gebäude verschiedener Art hinausragen.

Bei genauer Betrachtung des Mauerwerks lässt sich noch erkennen, dass vor der Stadtmauer Personen dargestellt waren, deren Abbilder beseitigt wurden, als die arianische Kirche in den Besitz der Orthodoxen überging und diese Personen nicht mehr genehm waren.
Der Palast des Theoderich ist gegenüberliegend, auf der rechten Wand dargestellt. Auch hier ist festzustellen, dass Abbilder von Personen beseitigt wurden. Ihre Darstellung wurde durch Vorhänge ersetzt, jedoch sieht man an mehreren Säulen noch Teile von Armen und Händen der Figuren.

In der Altarapsis werden der hl. Vitalis und der Kirchenstifter Ecclesius von Engeln zu Christus in den Himmel geleitet. Von ihm erhält Vitalis die Märtyrerkrone und Ecclesius ein Modell der Kirche.

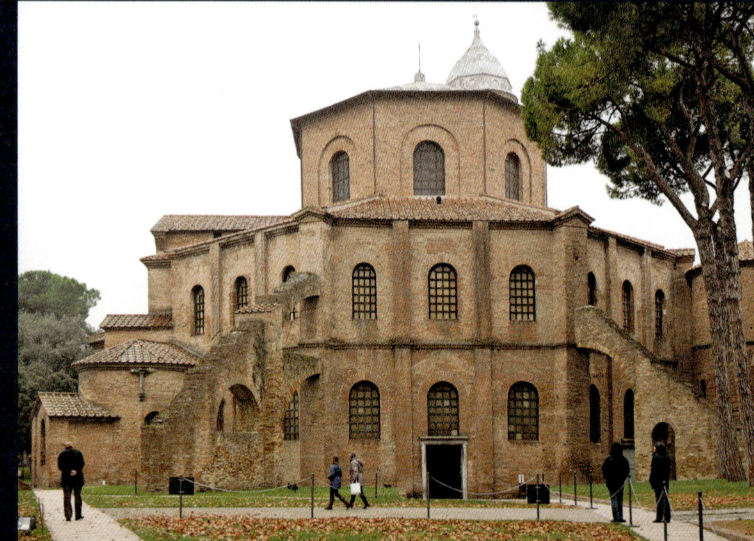

Außenansicht der Basilika San Vitale, ein Backsteinbau aus dem 5. Jh.

Im 4. Jahrhundert hatte sich die christliche Kirche über die Frage der Natur Christi gespalten. Die Arianer behaupteten, Christus sei ein Geschöpf Gottvaters, somit wesensverschieden von ihm. Dieser Glaubensrichtung schlossen sich die Goten unter ihrem König Theoderich an. Die offizielle Meinung der Kirche war jedoch, der Sohn sei dem Vater wesensgleich.
Justinian I., der seit 527 oströmischer Kaiser war, hatte den ehrgeizigen Plan, das römische Gesamtreich unter seiner Regierung wiedererstehen zu lassen. Darum führte er Kriege gegen Perser, Vandalen und Goten. Im Inneren sollte dieses Reich einig und einheitlich sein. Deshalb ließ er das römische Recht kodifizieren.
Einheitlich sollte auch die Religion sein. Alles, was noch an das römische Heidentum erinnerte, wurde verboten, und auch alles, was die Kirche als Irrlehre bezeichnete, wurde bekämpft. Deshalb die Eingriffe in der einst arianischen Palastkapelle der Goten.

Die Kirche San Vitale wurde ab etwa 525 als Zentralbau im byzantinischen Stil errichtet. Ihr Grundriss ist ein Oktogon. Der bedeutendste Teil ist das Presbyterium, der Ort des Gottesdienstes. In dessen Apsis haben Künstler die Hofhaltung Christi im Himmel und des Kaisers und seiner Gemahlin auf Erden als feierliche byzantinische Zeremonie dargestellt.
In der apsidialen Halbkuppel thront Christus auf der Weltkugel. Er trägt ein königliches violettes Gewand und ist ausgezeichnet durch einen edelsteingeschmückten Kreuznimbus. Er ist apollinisch schön, bartlos, hat einen kleinen Mund, eine schmale Nase und weitgeöffnete, große Augen, in denen sich der Glanz des Überirdischen widerspiegelt. Den Gesichtszügen fehlt es aber auch nicht an Strenge. Der Blick hat etwas Beherrschendes. Christus erscheint hier als Pantokrator, der Allbeherrscher, der Weltenherrscher.

Im unteren Teil der Apsis, zu beiden Seiten vom Altar, ist der irdische Hofstaat versammelt. Das linke Mosaik zeigt Justinianus, das rechte Theodora, beide mit ihrem Gefolge.
Auf dem Justinianus-Mosaik steht der Kaiser in der Mitte. Er hält eine goldene Patene in der Hand, eine Hostienschale für die Feier der Eucharistie. Neben dem weltlichen Herrn steht ein hochrangiger Geistlicher. Es ist Maximianus, der Bischof von Ravenna.
Der Kaiser wird von zwei politischen Würdenträgern begleitet sowie von zwei Wachsoldaten. Zur Begleitung des Bischofs gehören zwei Diakone,

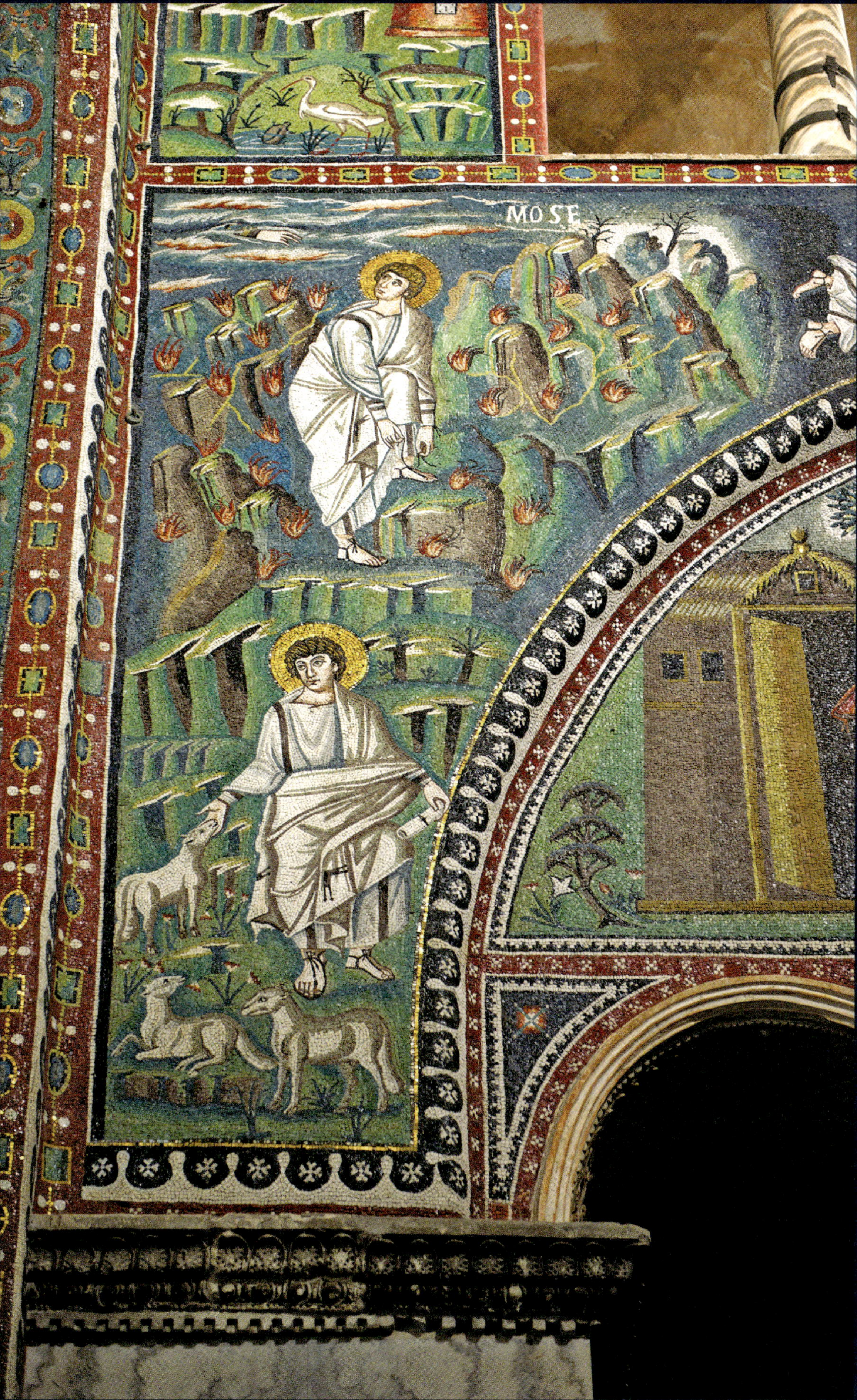

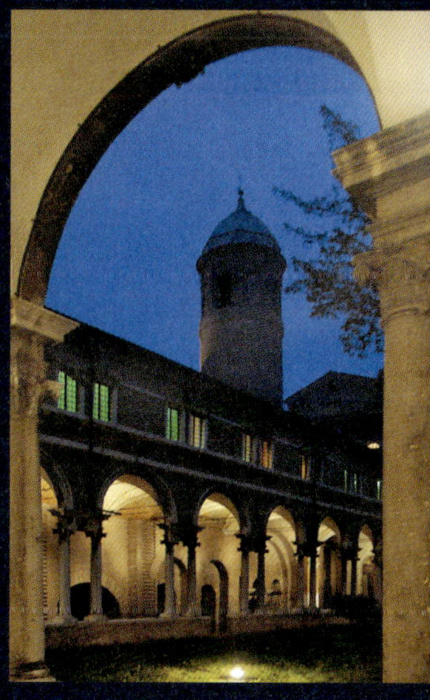

Oben: Nächtlicher Blick in den Innenhof des Klosters San Vitale.

Nebenstehend: Moses hütet die Schafe Jethros, darüber steht er vor dem brennenden Dornbusch. Ausschnitt eines Wandmosaiks im Presbyterium, zwischen 538 und 547/48.

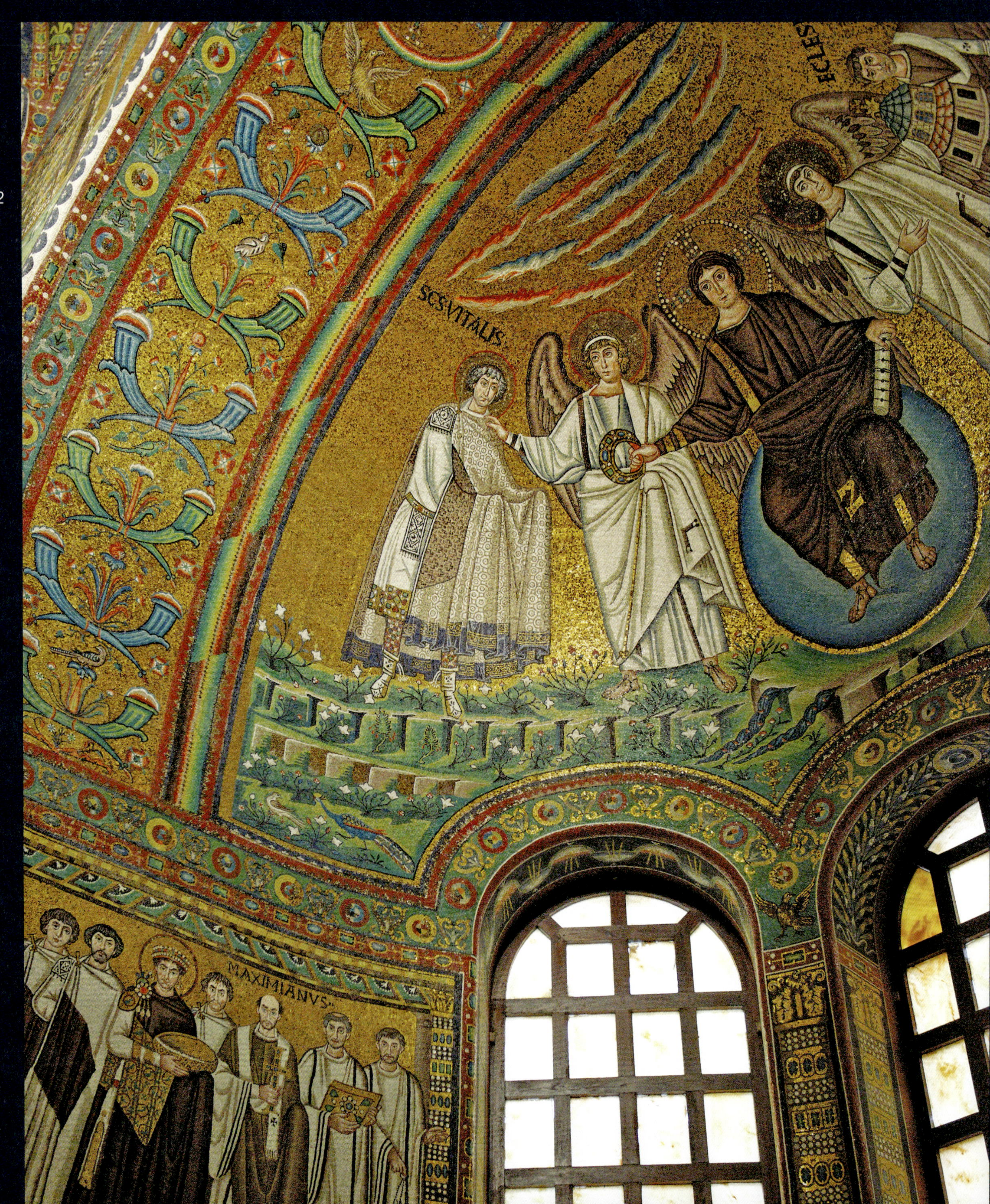
SCS·VITALIS
MAXIMIANVS

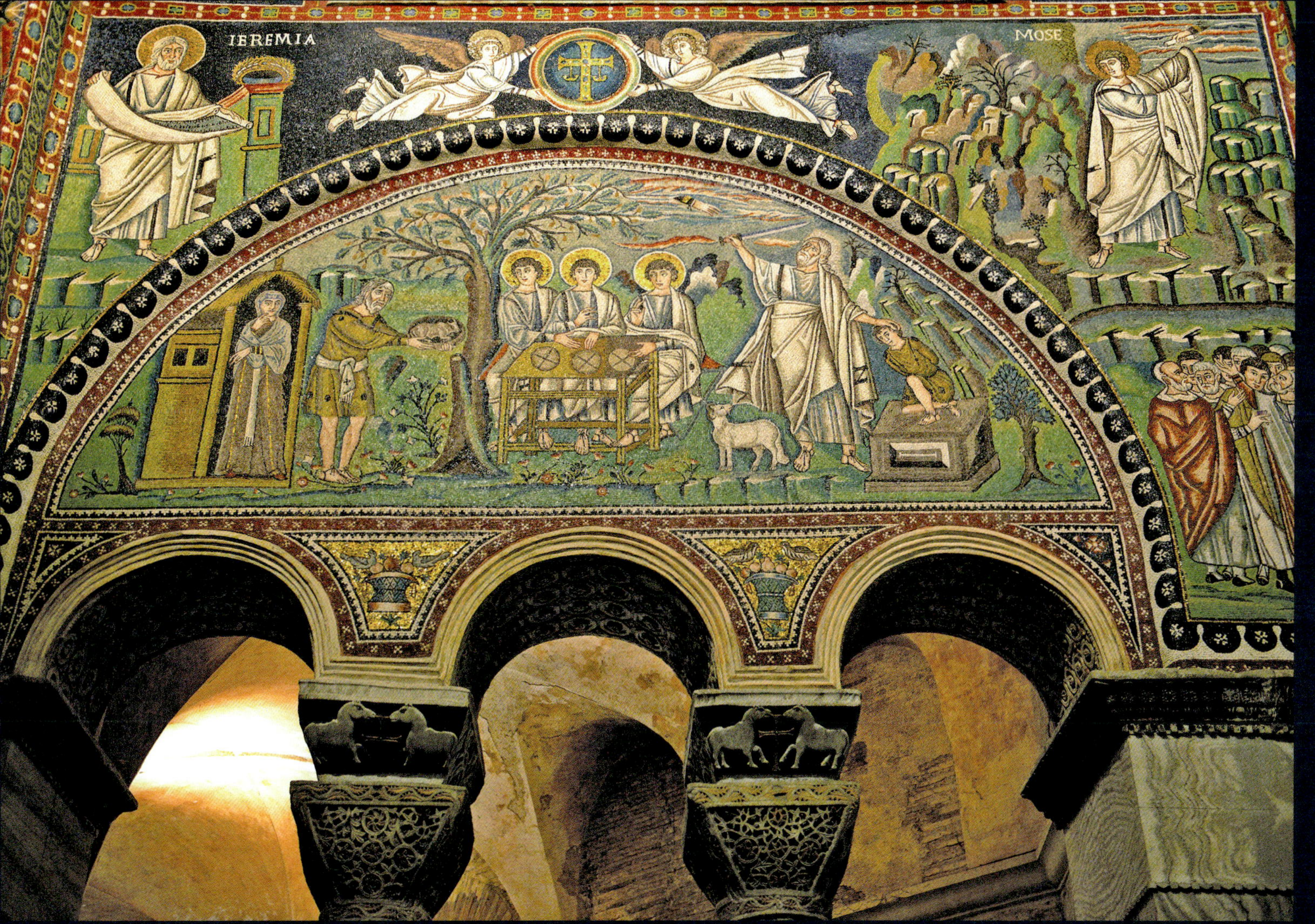

Auch Justinianus hat große Augen, aber vergeistigt wirken sie nicht. Dazu passt der leicht sinnliche Mund. Der Kaiser ist mit der Chlamys bekleidet und trägt ein vielfarbiges Diadem. Sein Kopf wird durch einen Nimbus gerahmt. Ein solcher steht dem römischen Kaiser seit heidnischer Zeit zu, wenn sein Bild gemalt oder auf Münzen geprägt wird. Hervorragend hat der Mosaizist an Maximianus und Justinianus den Kontrast zwischen Geistes- und Machtmenschen herausgearbeitet.

Auf der gegenüberliegenden Apsiswand zeigt sich Theodora mit ihrem Gefolge. Von den zwei Hofbeamten schiebt einer den Vorhang an einem Durchgang zur Seite. Davor steht ein Gefäß, ein Springbrunnen oder auch ein Weihwasserbecken.

In kostbaren Gewändern sind die Hofdamen erschienen, welche die Kaiserin begleiten. Zwischen der ersten Hofdame und einem Hofbeamten steht Theodora. So wie Justinian bringt auch sie eine Gabe in die neue Kirche San Vitale, einen edelsteingeschmückten goldenen Kelch für den

Linke Seite: Unter dem Apsismosaik links Darstellung Kaiser Justinians I. mit Erzbischof Maximianus und Gefolge, um 546–48.

Nahezu der gesamte Altar- und Apsisbereich von San Vitale ist mit Mosaiken geschmückt, überwiegend Themen des Alten Testaments. Oberhalb der Lünette der linken Apsiswand tragen zwei Engel mit dem Kreuz das wichtigste christliche Symbol. Daneben Darstellungen aus dem Leben von Jeremias und Moses.

In der Lünette: Abraham bewirtet die drei Engel und Opferung Isaaks.

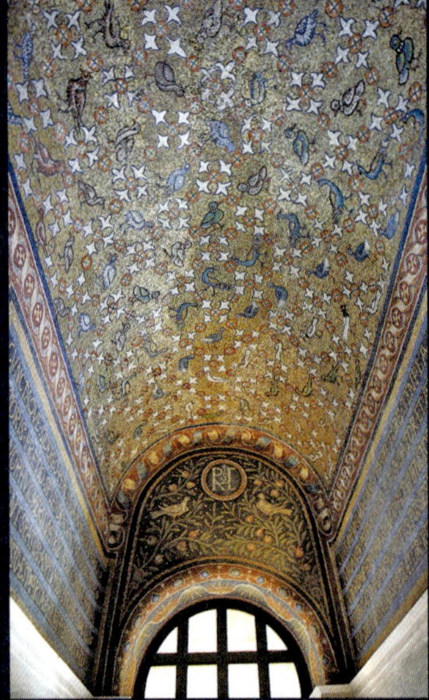

Die Cappella Arcivescovile befindet sich im ersten Obergeschoss des gleichnamigen Palazzo in Ravenna. Heute Teil eines Museums, war sie erzbischöfliche Kapelle seit Beginn des 6. Jh. und gilt als einziges erhaltenes privates frühchristliches Oratorium. Die Mosaike stammen aus der Bauphase, 2. H. 5. Jh.

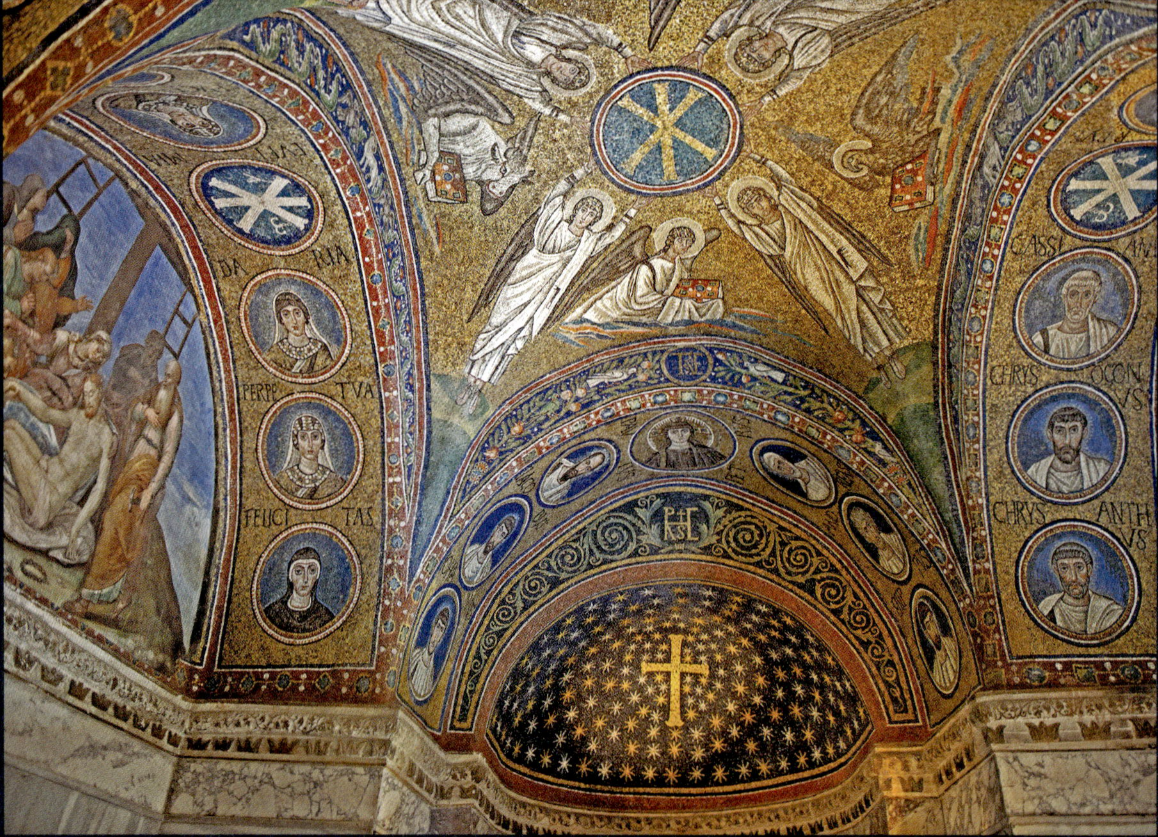

Messwein. Auch die Kaiserin trägt ein Diadem, und zwar über einer Haube, an der Perlenschnüre hängen. Auch ihr Kopf ist von einem Nimbus überragt.

Sie ist am Höhepunkt ihrer Karriere angelangt. Theodora kam aus kleinen Verhältnissen. Ihr Vater war Bärenwärter im Hippodrom von Konstantinopel. Sie betätigte sich als Tänzerin und Schauspielerin, bisweilen gab sie sich wohl auch der Prostitution hin. Als Kaiserin hatte die kluge und energische, manchmal aber auch skrupellose Frau starken Einfluss auf ihren Gemahl, so dass man sie als Mitregentin bezeichnen kann. Nicht immer erreichte sie ihre Ziele geradlinig, sondern mit viel Diplomatie und auf Umwegen.

Der Künstler zeigt Theodora mit schlankem Gesicht, fast ein wenig ätherisch, ernst, beherrscht, klug und mit einem Schimmer von Güte in den nachdenklich wirkenden Augen. Es ist Theodora in ihren letzten Lebensjahren; denn sie starb kurz nach der Einweihung von San Vitale.

Von besonderer kunsthistorischer Bedeutung sind die mit Mosaiken geschmückten frühchristlichen Kirchen, Taufkapellen und Mausoleen, von denen acht in die Liste des Weltkulturerbes der UNESCO aufgenommen wurden.

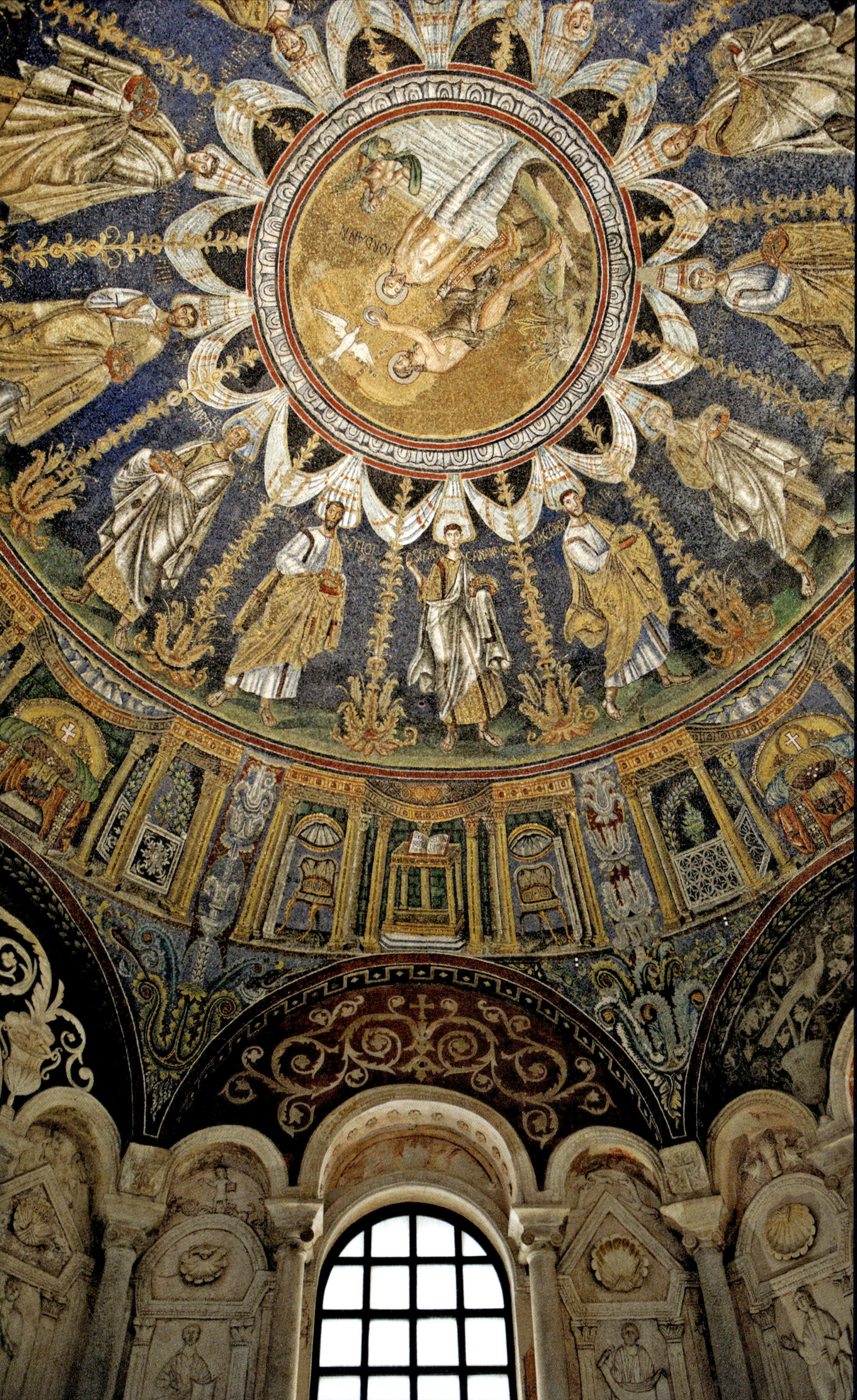

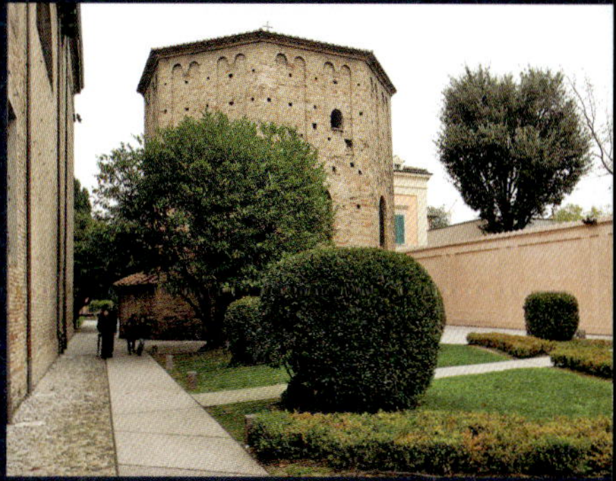

Die Kuppel des Baptisteriums der Orthodoxen in Ravenna ist im Zentrum mit der Taufe Jesus' im Jordan mosaiziert. Über Johannes' Taufschale schwebt als Zeichen des Heiligen Geistes die Taube herab. Umgeben ist das Mosaik von der Darstellung der zwölf Apostel, entstanden Mitte 5. Jh.

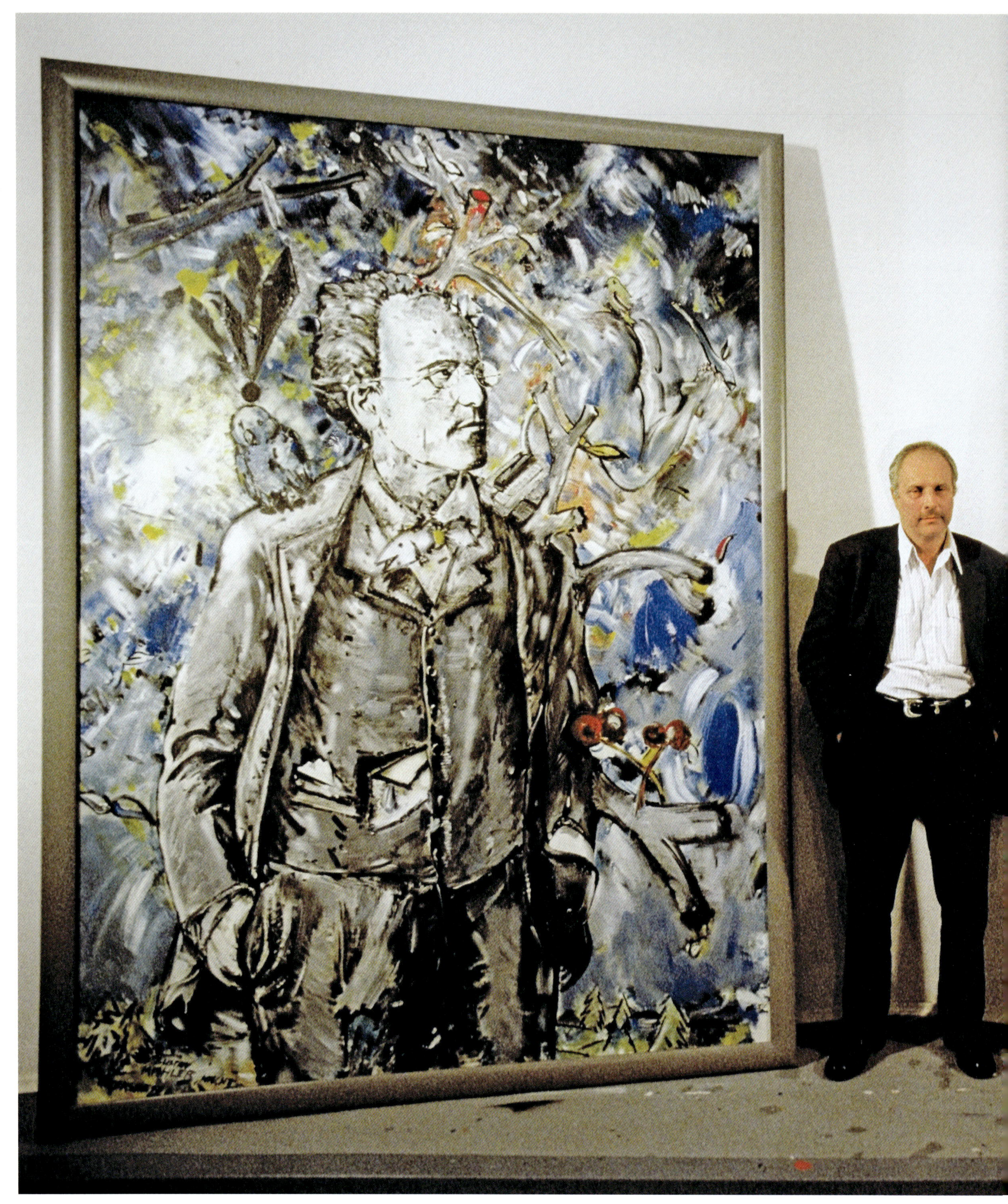

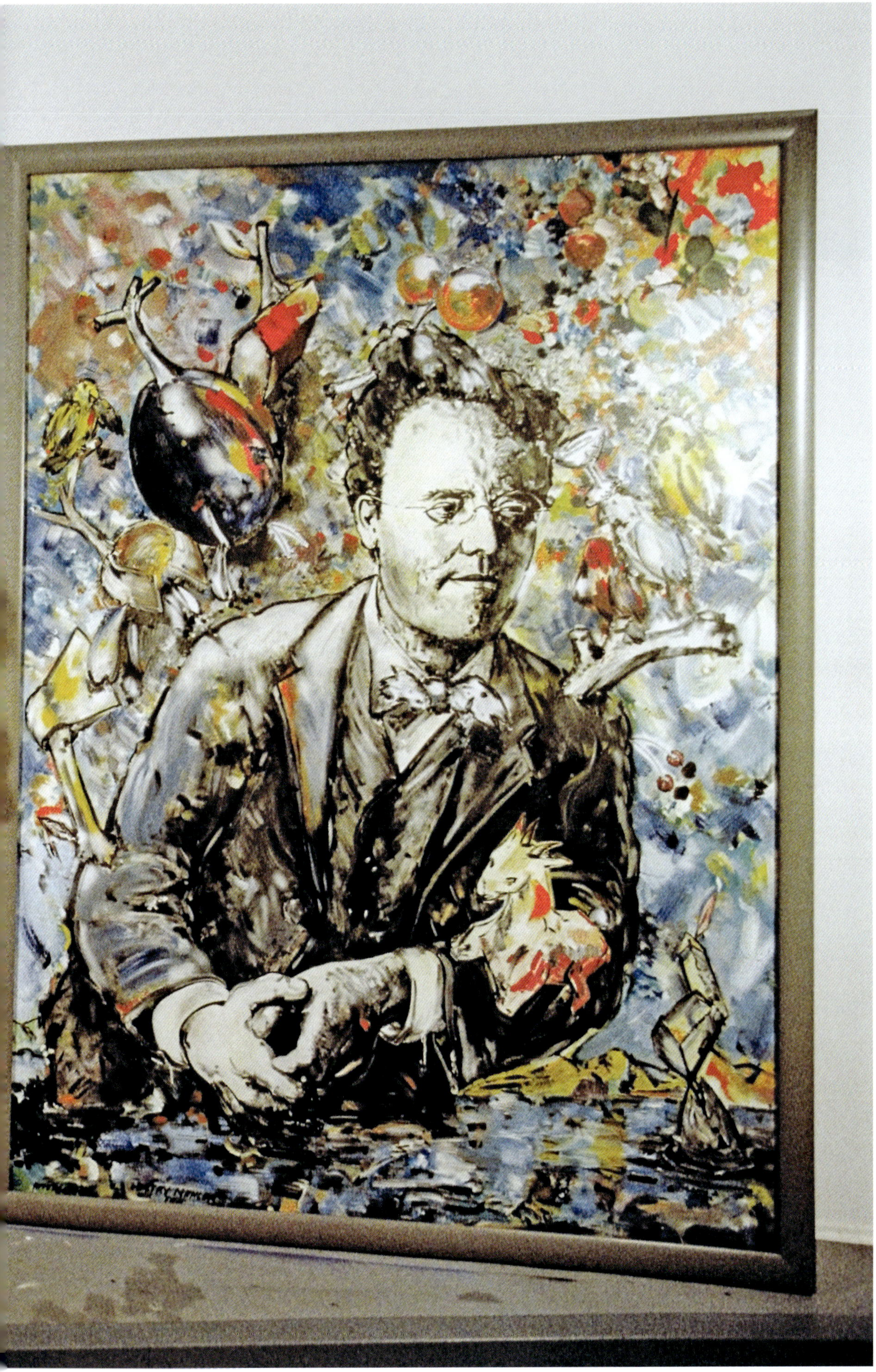

Attersee mit seinen beiden Gustav-Mahler-Bildern, Vorlagen für den Mosaik-Block in Steinbach am Attersee.

Gustav-Mahler-Nacht *und* Gustav-Mahler-Tag, *Acryl und Lack auf Leinwand, 265 x 190 cm, 280 x 205 cm mit Rahmen, 1997.*

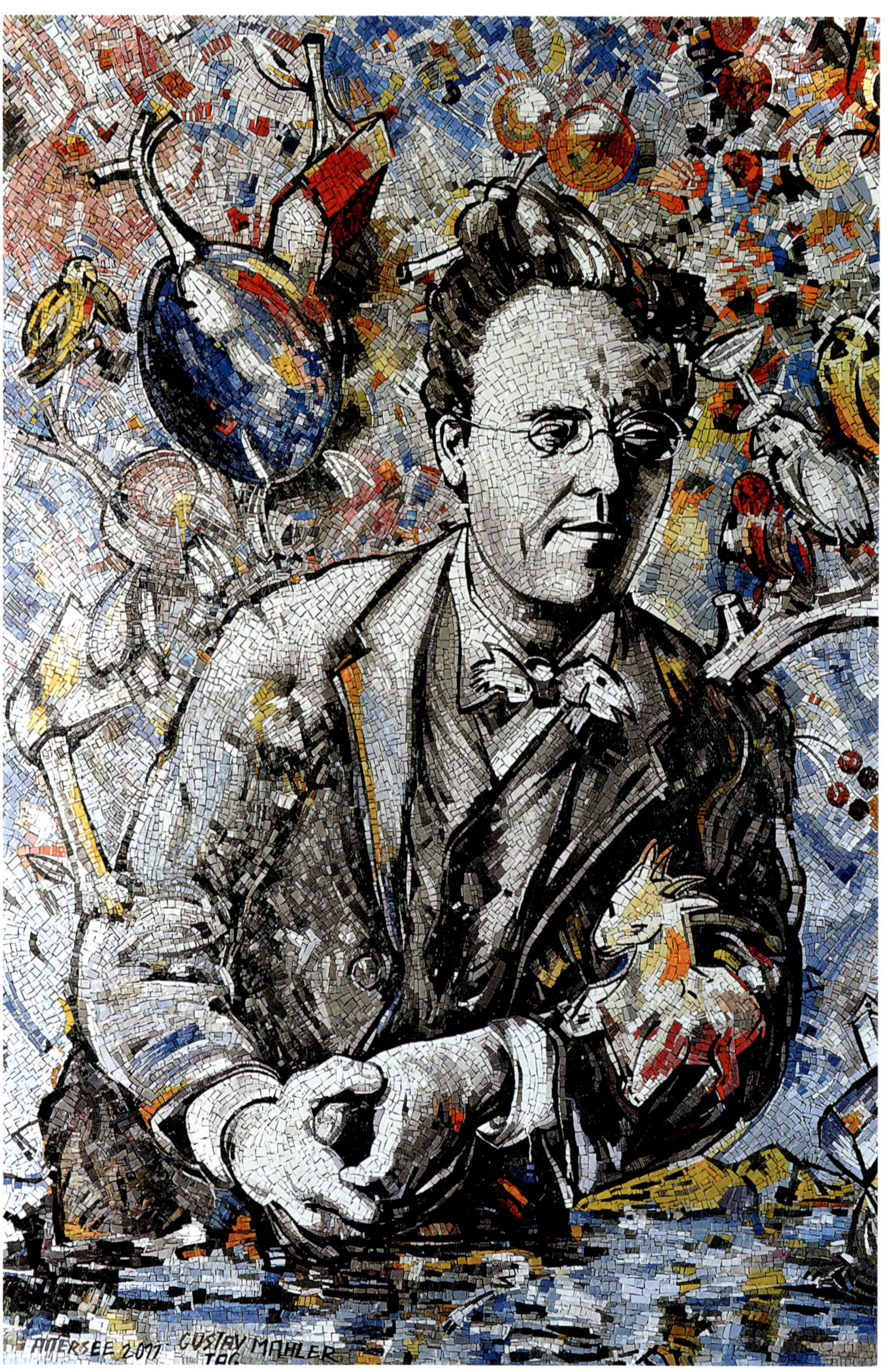

Gustav-Mahler-Tag, *Mosaik, 310 x 230 cm, 2012. Eine Seite des Attersee-Mosaik-triptychons, gelegt auf drei Wänden eines Innenraumblocks im Gemeindehaus von Steinbach am Attersee.*

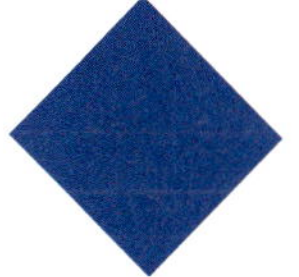

Mosaik zu Gustav Mahler in Steinbach am Attersee

Anna-Maria Eder

Die Künstler ins Zentrum gerückt

Die Kunst im öffentlichen Raum des neu erbauten Dorfzentrums in Steinbach am Attersee ehrt seine Künstler im vielschichtigen, multifunktionalen Sinn. Das Foyer des Gemeinde- und Dienstleistungszentrums verbindet geschickt den Raum der Information hinter dem Glas mit dem Raum eines repräsentativen Entrees. Dass im Foyer zwei wichtige Künstlerpersönlichkeiten thematisiert sind und auf zwei verschiedenen Wegen in den Raum gestellt werden, wundert niemanden. Die Musiker und Komponisten Friedrich Gulda und Gustav Mahler sind beide mit dem Ort auf besondere Weise verbunden.

Gustav Mahler verbrachte die Sommer 1893 bis 96 als sogenannter »Ferienkomponist« in Steinbach. Der gefragte Dirigent war damals in Hamburg engagiert und nutzte die Sommermonate, um sie mit seinen Geschwistern in der ruhigen Natur zu verbringen. Man richtete ihm ein Komponierhäuschen ein, nächst dem Gasthof Föttinger, wo er wohnte. Dort zog er sich zurück, um seine zweite und dritte Symphonie zu komponieren. Er durchstreifte die Wälder und beobachtete die Natur, wovon diese Symphonien ein lebendiges Zeugnis ablegen. Zu Bruno Walter sagte er einmal, der erschrocken und ehrfürchtig zum Höllengebirge hinaufblickte: »Sie brauchen gar nicht mehr hinzusehen. Ich habe alles wegkomponiert.«

Das Foyer lebt von der Offenheit: Glaswände von außen nach innen, eine Glaswand zwischen Foyer und der Info-Abteilung. Gläsern ist die Vitrine zu Friedrich Gulda, ein kleiner musealer Raum: eingrenzend, beschützend. Sie ist gestaltet von der Textilkünstlerin Elke Salzmann. Seit 10 Jahren ist sie als Unternehmerin der »Tex Art« aktiv, die textile Objekte mit Zusatznutzen anbietet – Textil für Akustik, als Raumteiler, Lichtschutz oder zur Orientierung. In diesem Falle beinhaltet die Vitrine das Original-Clavinova von Friedrich Gulda, das einerseits zur Schau gestellt wird, mit der Möglichkeit, es aus der musealen Schutzzone herauszunehmen und darauf zu musizieren. Der vielseitige Friedrich Gulda, Pianist, Musiker, Komponist, von der Klassik zum Jazz, Performer und Enfant terrible, liebte dieses neue Keyboard-Instrument, das neben dem Klavierklang über eine Vielzahl anderer »Register« verfügt, einschließlich absolut akzeptabler Oboen-, Perkussion-, Cembalo-, Lauten- und Streicherklänge. Gulda sagt: »Es war eine große Hilfe für mich, um Botschaften und Instruktionen vom lebendigen Geist Mozarts zu erhalten.«*

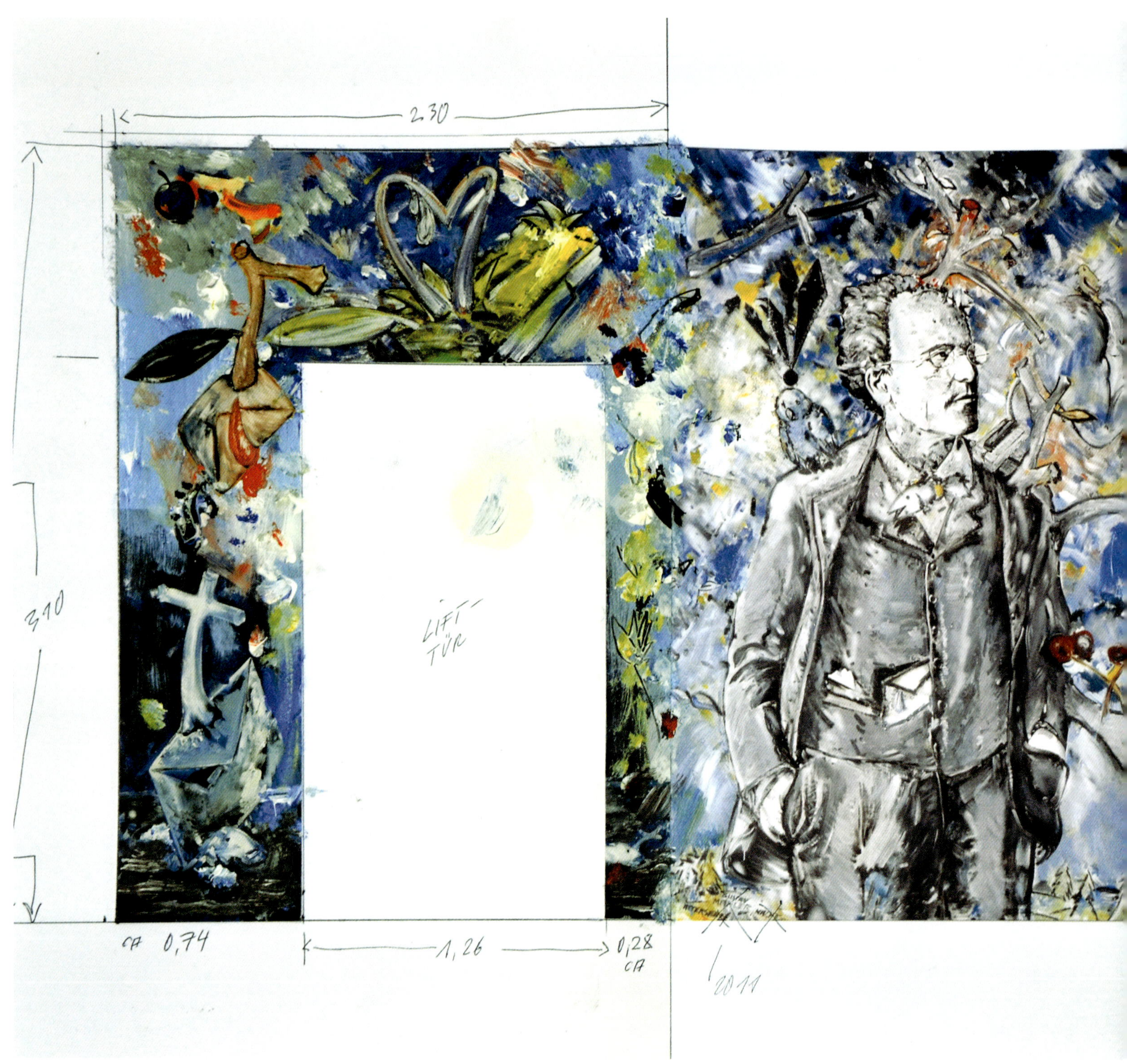
2,30
310
LIFT-
TÜR
CA 0,74
1,26
0,28
CA
2011

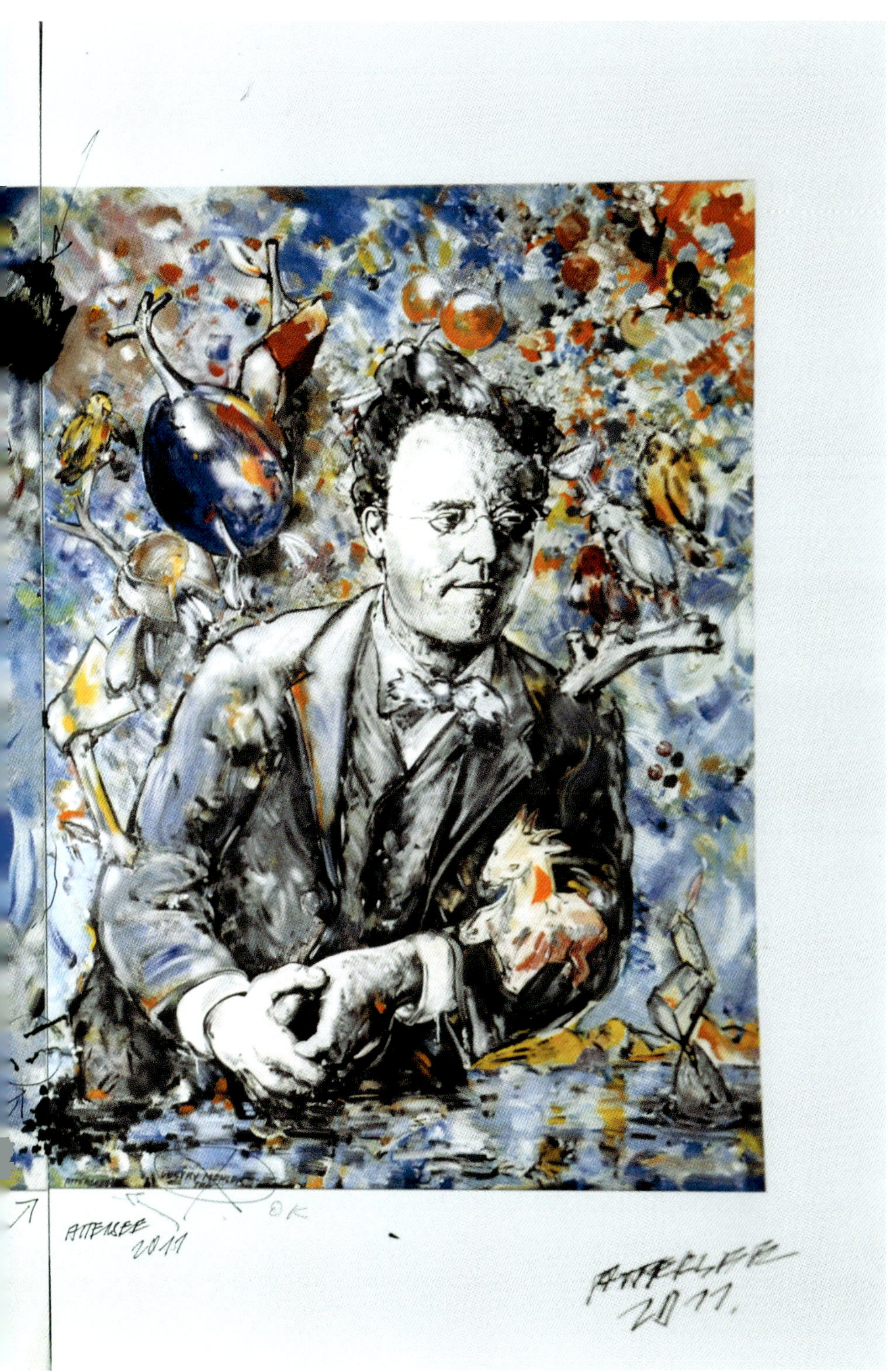

Gustav Mahler, geboren am 7. Juli 1860 im böhmischen Kalischt, gestorben am 18. Mai 1911 in Wien.

Der geistige Gehalt Mahlers Musik war seiner Zeit weit voraus, er wurde von vielen zeitgenössischen Kollegen und Musikkritikern daher meist abschätzig beurteilt und auch missverstanden. Seine teilweise mit extremen Effekten ausgestatteten Kompositionen ließen sich nicht immer gut am „Schreibtisch“ komponieren. Sie zwangen Mahler offensichtlich öfter hinaus in die Natur zu Wald und Wasser. So fand dieser auch den Weg nach Steinbach am Attersee, wo er von 1893 bis 1896 in einem Komponierhäuschen in Seenähe, nahe dem Gasthaus zum Höllengebirge, *residierte und Steinbachs berühmteste Künstlerfigur wurde.*

Nebenstehend der Originalentwurf der drei Mosaikwände des Mahler-Blocks für das Gemeindehaus in Steinbach am Attersee von 2011.

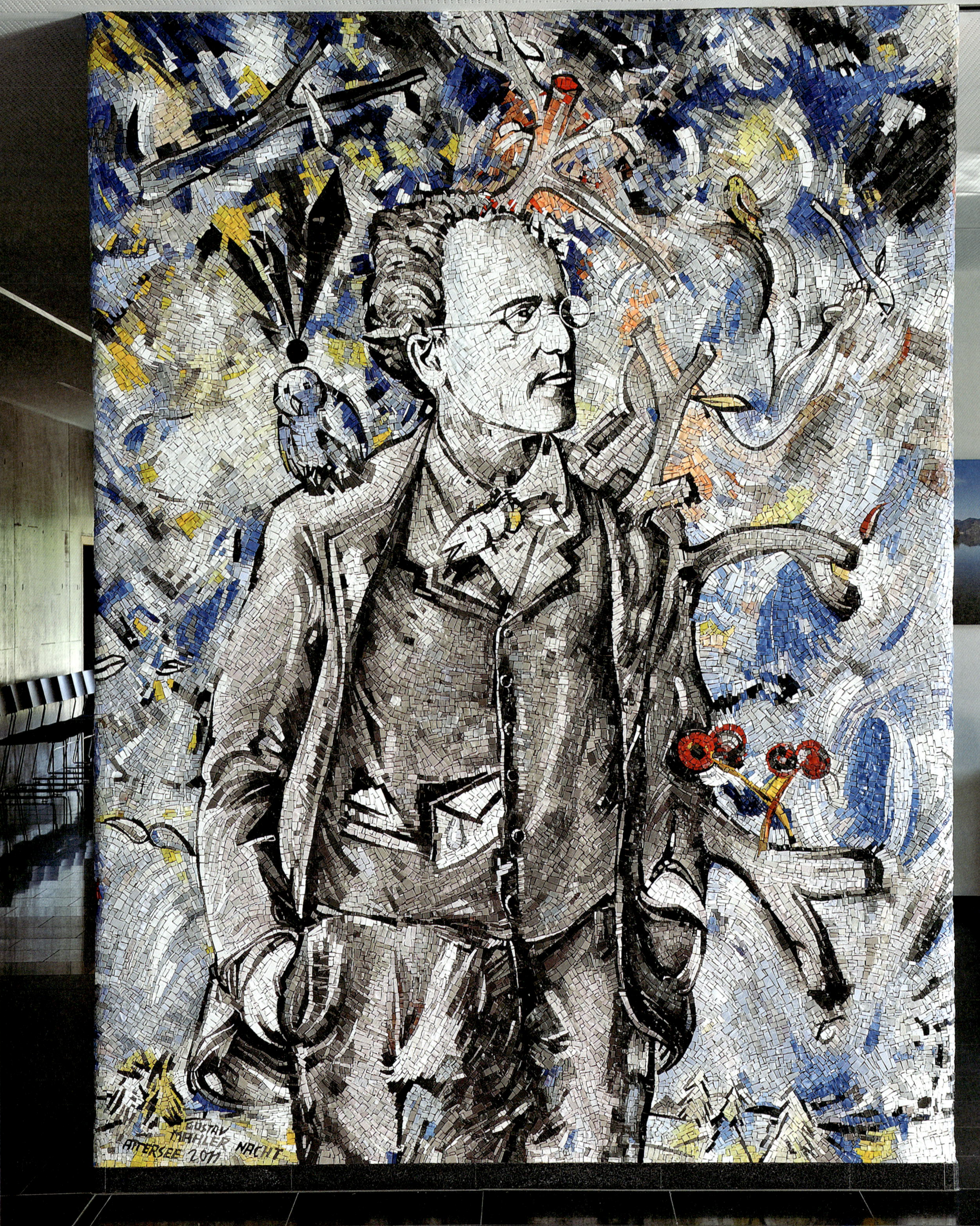
GUSTAV
MAHLER NACHT
ATTERSEE 2011

Teilstück des Mahler-Mosaiks in der Werkstatt von Luciano Petris in Codroipo und links Gustav-Mahler-Nacht, *2011, im neuerbauten Gemeindezentrum in Steinbach am Attersee.*

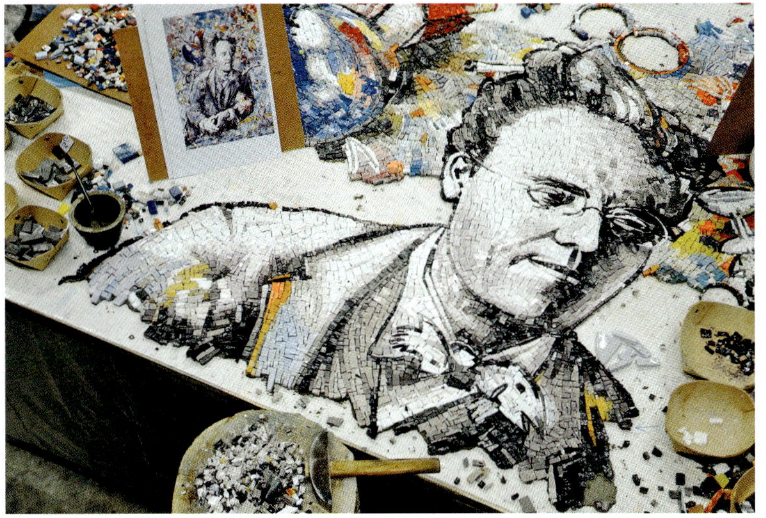

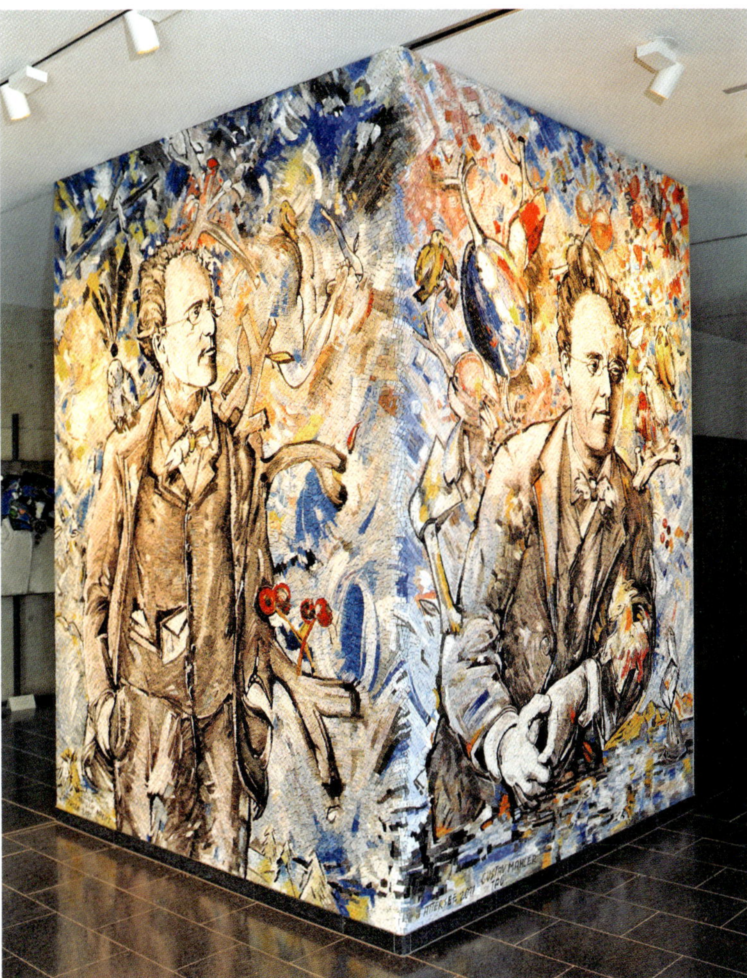

Die fertig montierten Mosaike mit den Titeln Gustav-Mahler-Nacht *(links) und* Gustav-Mahler-Tag *(rechts), 3 x 310 x 230 cm, 2011.*

Textile Fahnen zur Raum- und Hintergrundgestaltung als Informations- und Bildträger

Auf drei Schwarz-Weiß-Fotos von Hans Zechmeister wird Gulda als Pianist dargestellt: einmal streng, einmal konzentriert und einmal enthusiasmiert. Die andere Fahne trägt eine horizontale Farbgestaltung in Gelb, Rot, Blau. »Farb-Töne«, um die musikalische Buntheit anzudeuten. Farbe ins Leben durch Musik durch und durch. Lebendig bleibt die Kunst, die Musik, lebendig bleibt die Erinnerung von diesem Menschen. Dieser unkonventionelle Künstler der »befreiten« Töne, Friedrich Gulda, hat über 20 Jahre bis zu seinem Tod hier gelebt und ist in Steinbach begraben.

Den Stein, das Höllengebirge bezwungen hat Gustav Mahler mit seiner Musik. An seiner Seite der Künstler Christian Ludwig Attersee, der hier zwei Porträtbilder des Dirigenten, Musikers und Komponisten als Mosaik in den öffentlichen Raum stellt. Einen Liftschacht raffiniert verkleidend, sind zwei großformatige gemalte Porträtbilder von Gustav Mahler aus dem Jahr 1997 als Vorlage verwendet worden – als eine Tag- und eine Nachtseite, wie die Titel zu verstehen geben.

250 Mahler-Fotos in Schwarz-Weiß hat er gesichtet und dann »sein« Porträt entwickelt – Tag und Nacht, zwei Facetten eines Porträts von 1907, das in der Hofoper fotografiert wurde. Wie sehr Attersee auf die in Steinbach komponierten Symphonien eingeht, zeigt ein Blick in das Programm der Symphonien. Die zweite Symphonie nennt man nach einem Gedicht von Klopstock die Auferstehungssymphonie, in der die Vision des Urlichtes genauso vertont wird wie die Fischpredigt des hl. Antonius. Zur dritten Symphonie schreibt Mahler: »Pan erwacht. Der Sommer marschiert ein«. Das Programm der einzelnen Sätze macht hörbar, »was mir die Blumen auf der Wiese erzählen«, weiters die Tiere im Walde, der Mensch, die Engel und die Liebe. Auch Friedrich Nietzsches Nachtwandlerlied aus dem *Zarathustra* findet seinen Eingang. Ist die zweite Symphonie dem Menschen und seiner göttlichen Erlösung gewidmet, so geht die dritte Symphonie noch einen Schritt weiter und öffnet sich der Gesamtheit der Schöpfung.

Vieles von den musikalischen Erzählmotiven nimmt Christian Ludwig Attersee auf. Er – selbst ein begnadeter Gegenstandserfinder und Verwandler – hat Gustav Mahler in seine belebte, belebende Welt eingefügt, in der sich stetig eins ins andere verwandelt, eins ins nächste emporwächst. Seine malerische Welt besteht aus Wind und Wasser, in ewiger Fahrt des Meisterseglers, aber auch Musikers. Alles klingt, alles schwirrt in seiner dynamischen, explosiven Art. Seit 1966 hat er sich namentlich an den Attersee gebunden und den Attersee zum Seinszustand seiner Kunst und seiner Person erklärt.

Ein weinendes Kuvert, seine zur Masche gebundene Schleife um den Hals wird ein Fisch. Auf dem Anzug steht eine kleine Ziege wie ein Kinderspielzeug. Abgeschnittene Äste wuchern aus seinem Kopf, entwachsen seinem Körper. Gedanken verzweigen sich, werden beschnitten, gehemmt? Angesprochen auf ein nacktes Hinterteil, das in die Nebel des

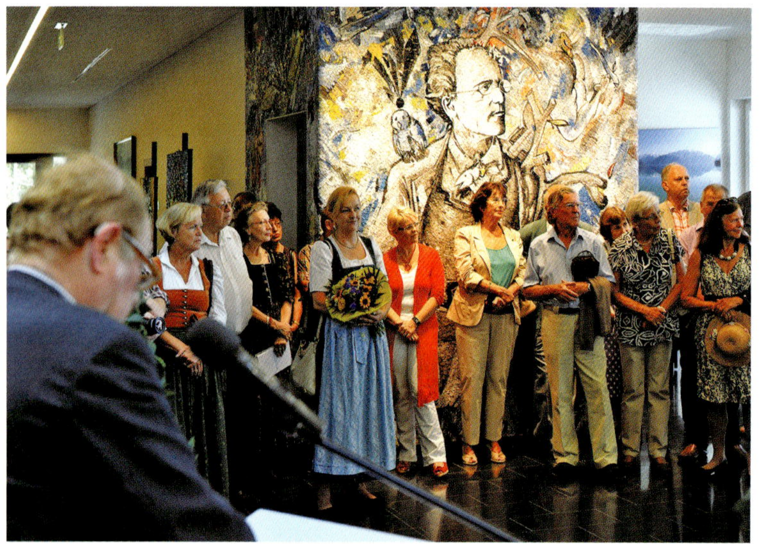

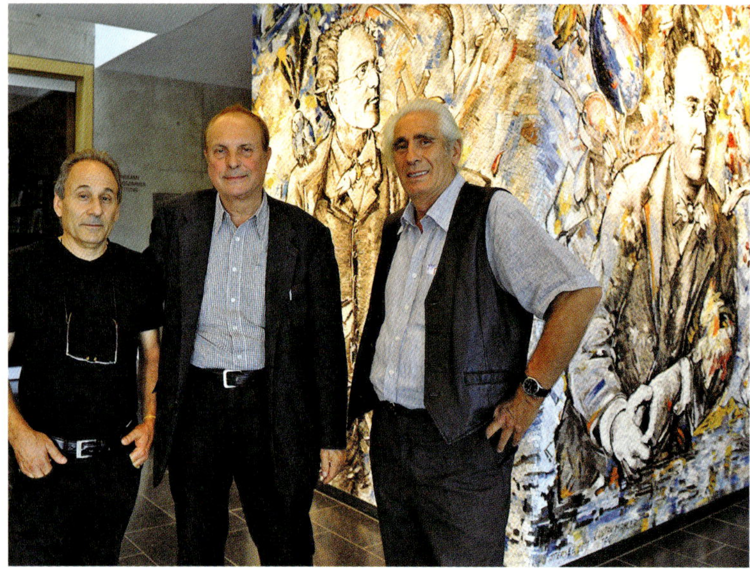

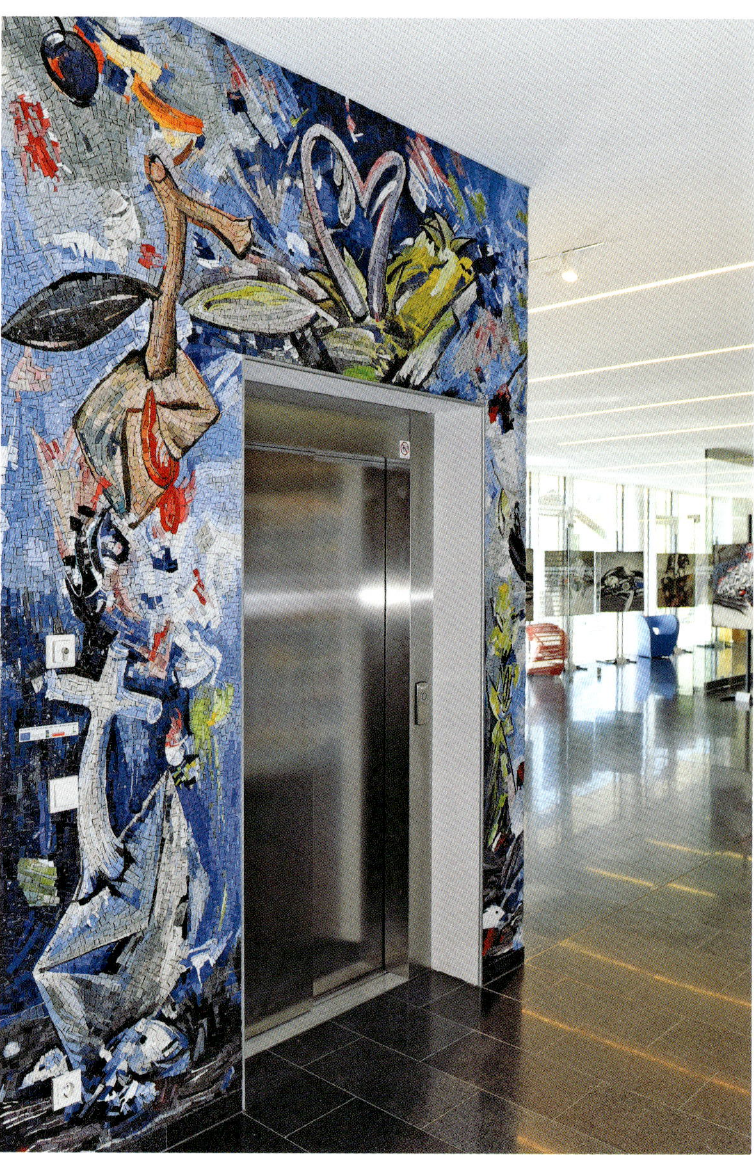

Oben: Einweihung des Attersee-Mahler-Mosaikblockes im Gemeindezentrum von Steinbach am Attersee.

Unten: neben Christian Ludwig Attersee die Mosaizisten Luciano Petris (links) und Elio Macoritto (rechts).

Rechts: Liftumrandung, Rückseite des Gustav-Mahler-Blockes.

Rechte Seite: Detail aus dem Mosaik Gustav-Mahler-Nacht*, 2011.*

Nachtblaus taucht, erklärt sich Attersee als Gesäßfetischist, und dann ganz unbekümmert: Jeder Mensch ist als Kind nackt gewesen. Jeder Mensch ist als Kind glücklich gewesen. Bewusst schenkt er ihm Gegenstände kindlicher Lust und Lebensfreude: Tanzende rote Kirschen, eine übergroße Pflaume, ein Fisch im Wasser balanciert ein Haus, ein fliegender Schlips, ein Kreuz, ein Herz, Vögel und Blumen erfüllen den Raum. Das geheimnisvolle Nordlicht flackert. Der pastose Farbauftrag der gemalten Bilder, der Pinselstrich wird in die Steinsetzung übertragen. Eine besondere Verwandlung: Musik – Malerei – Mosaik.

* Friedrich Gulda, im Booklet zur seiner CD *Mozart lives*, Paradise Productions; Interview: Andreas Kolb

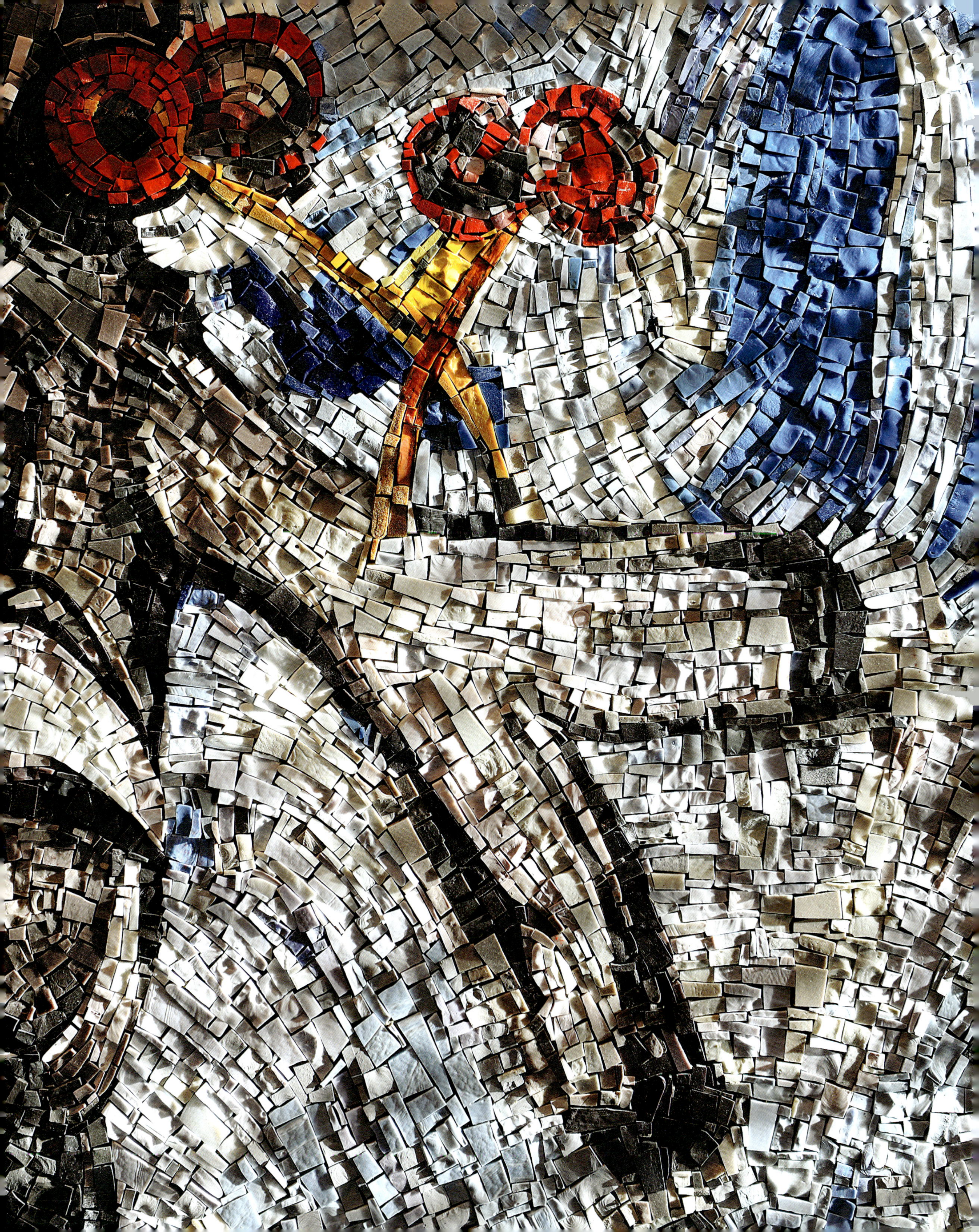

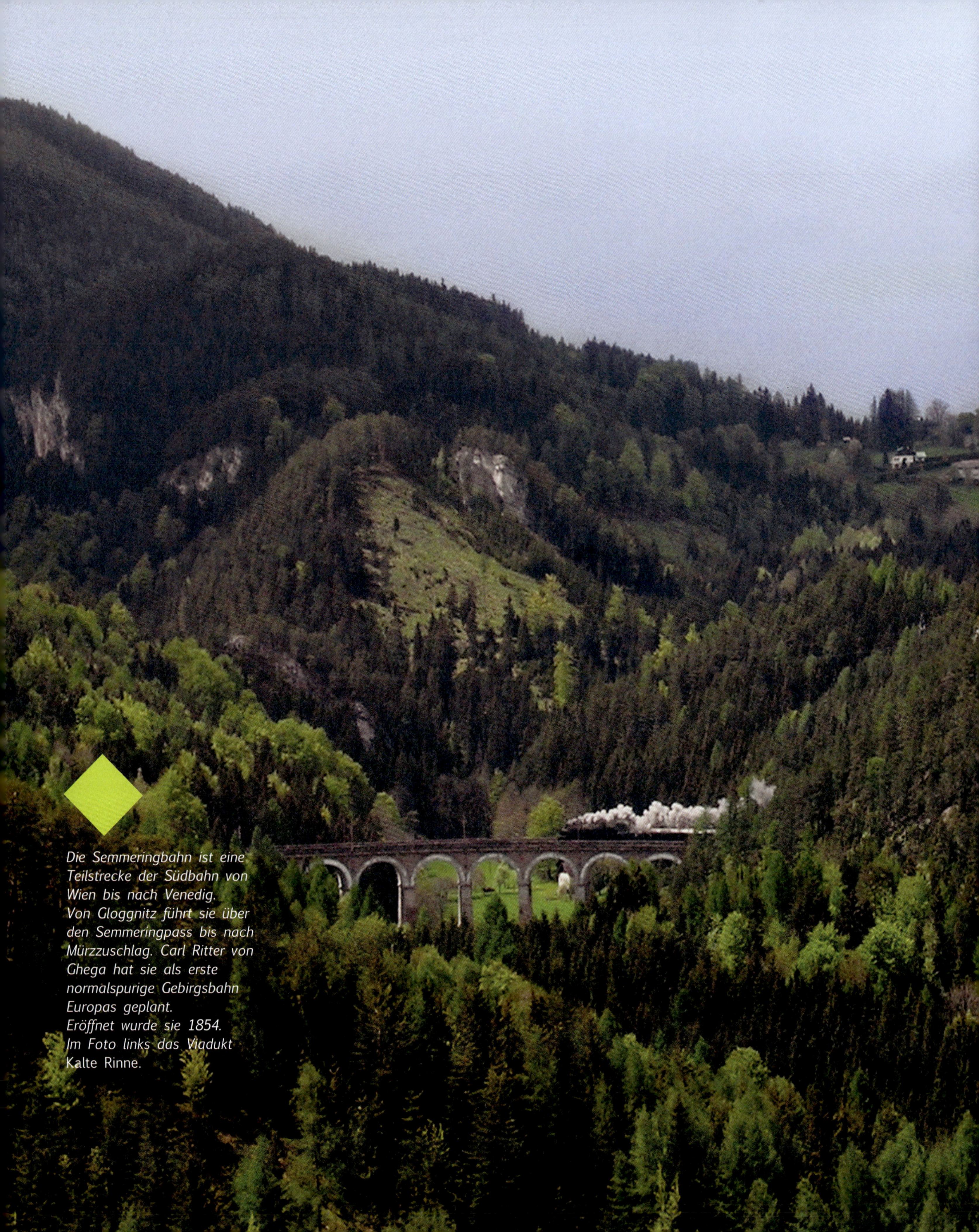

Die Semmeringbahn ist eine Teilstrecke der Südbahn von Wien bis nach Venedig. Von Gloggnitz führt sie über den Semmeringpass bis nach Mürzzuschlag. Carl Ritter von Ghega hat sie als erste normalspurige Gebirgsbahn Europas geplant. Eröffnet wurde sie 1854. Im Foto links das Viadukt Kalte Rinne.

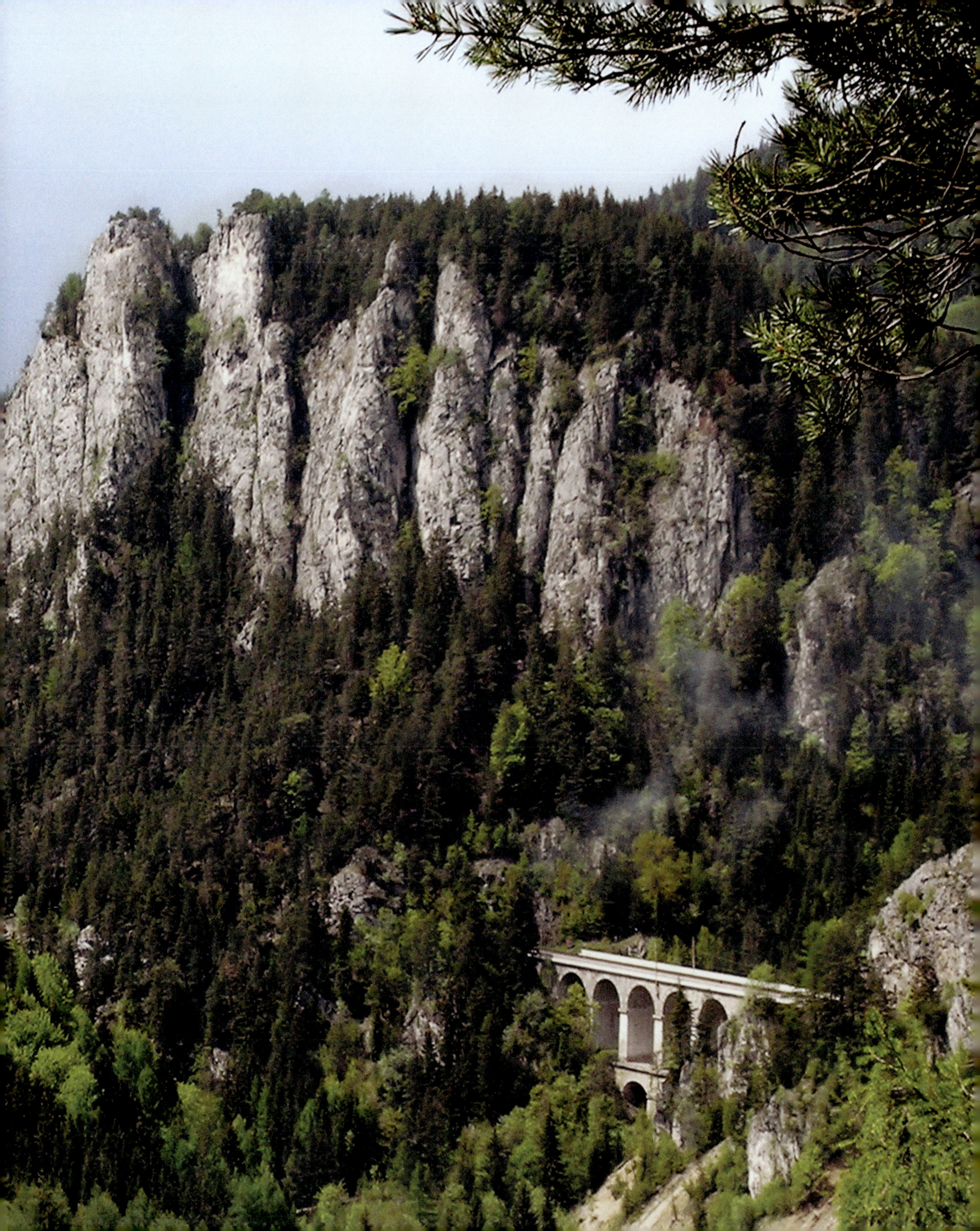

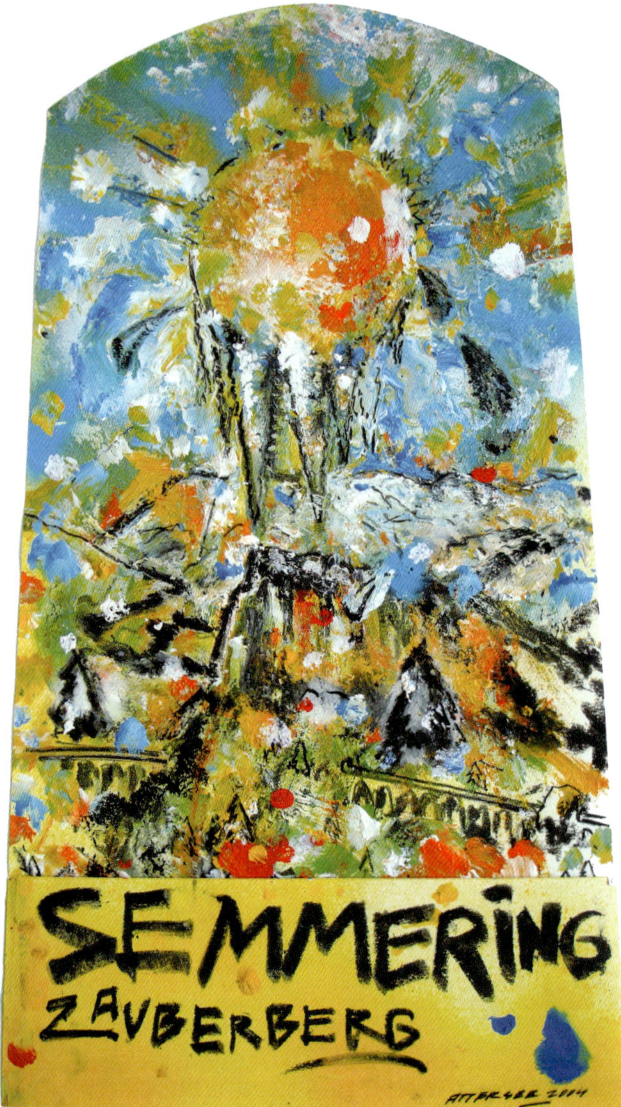

Das Blatt Eiszapfensonne *von 2004 war die erste Vorlage für das Mosaik* Kalte Rinne, *ausgeführt 2014/15.*
Heute steht es am Beginn des Wanderweges als Hinweisschild für die Besichtigung des gleichnamigen Viadukts der Semmeringbahn.

KALTE RINNE an der Semmeringbahn in Breitenstein/NÖ

Christian Ludwig Attersee

Die Semmeringbahn ist eine Teilstrecke der Südbahn von Wien Richtung Graz, führt von Gloggnitz über den Semmering nach Mürzzuschlag und war die erste normalspurige Gebirgsbahn Europas. Sie wurde von Carl von Ghega geplant und 1854 für den Personenverkehr freigegeben. Seit 1998 gehört sie zum UNESCO-Weltkulturerbe.

Im Mai des Eröffnungsjahres befuhr Kaiser Franz Joseph gemeinsam mit dem Architekten Carl Ritter von Ghega – er war 1851 in den Ritterstand erhoben worden – erstmals diesen Streckenabschnitt.

An den Tunnel- und Viaduktbauten der Bahnstrecke waren 20 000 Arbeiter, darunter ein Drittel Frauen, sechs Jahre lang tätig; das Errichten der Semmeringbahn bedeutete für die damalige Zeit sowohl in technischer als auch in organisatorischer Hinsicht eine einmalige Leistung.

Die Kalte Rinne ist vielleicht der bekannteste Viaduktbau der Bahnstrecke, sie schmückte auch die Rückseite der vorletzten Ausgabe der 20-Schilling-Banknote Österreichs.

Umsetzung der unteren Hälfte des Entwurfs Eiszapfensonne *von 2004, heute betitelt* Kalte Rinne/Semmeringbahn *2014. Das Mosaik von 250 cm Höhe verjüngt sich nach oben von 200 auf 160 cm Breite. Montiert auf einem Sockel hat es eine Gesamthöhe von 380 cm, gefertigt in der Werkstatt von Luciano Petris in Codroipo zwischen Dezember 2014 und April 2015.*

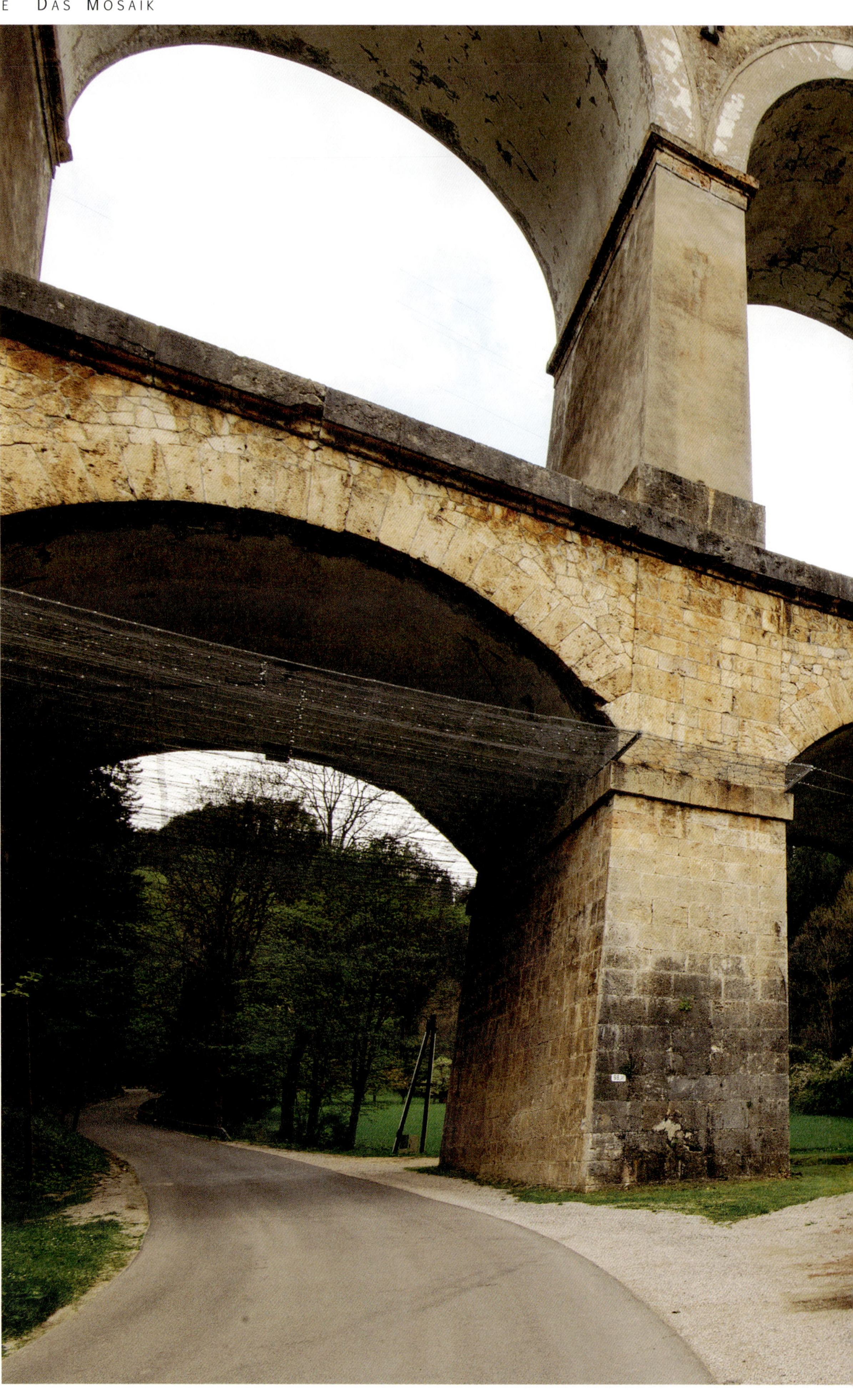

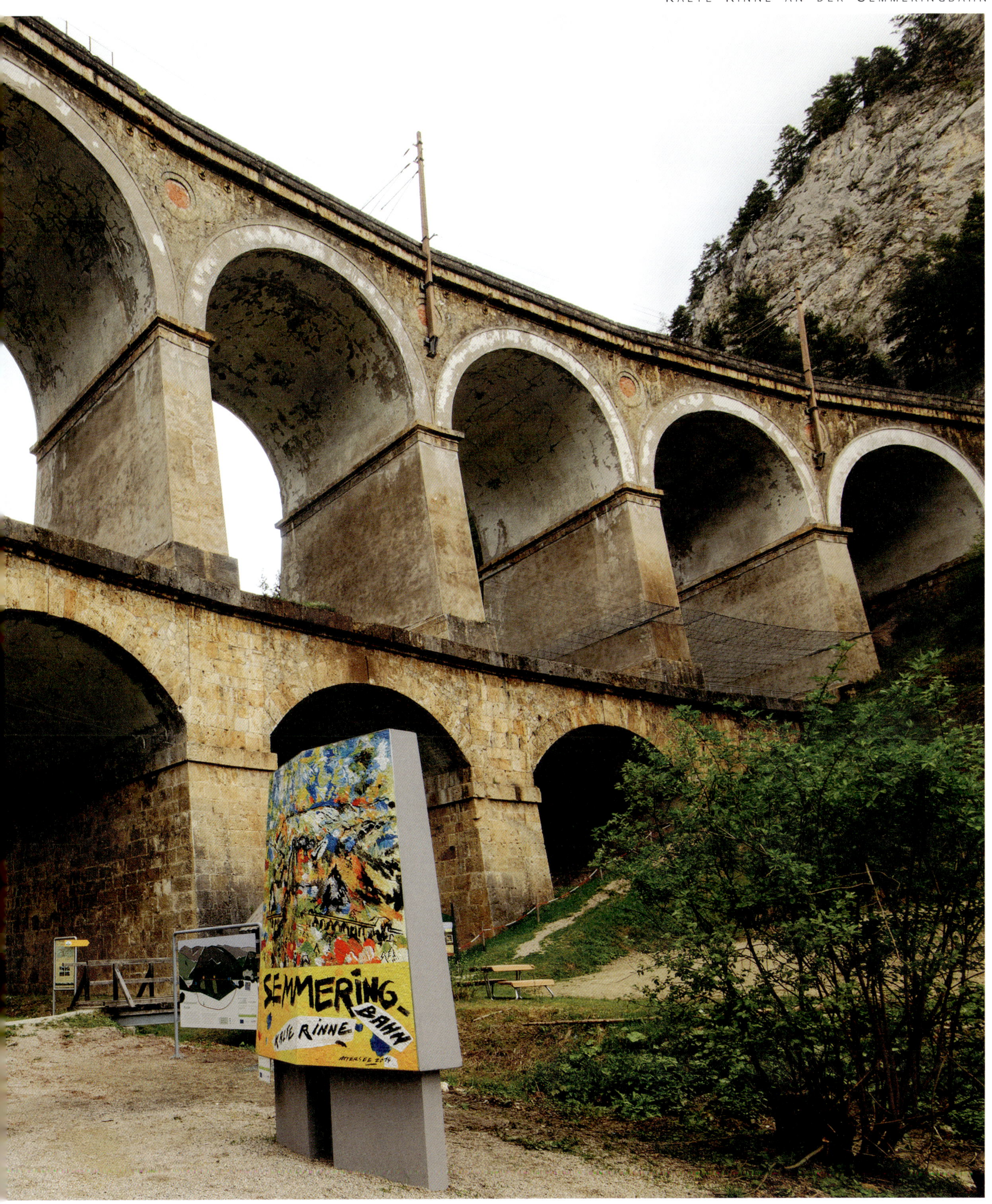
SEMMERING-
BAHN
KALTE RINNE

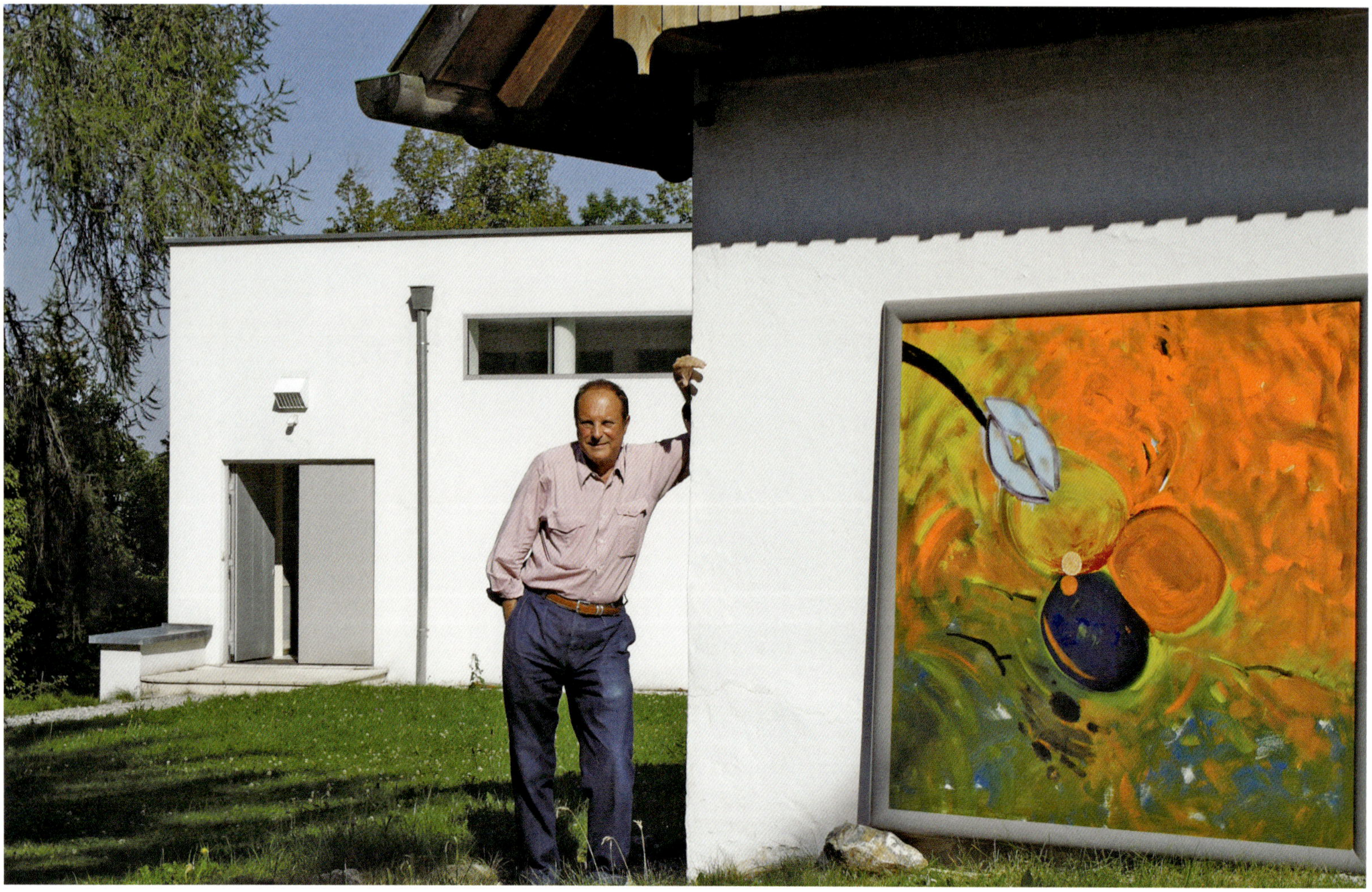

Attersee vor seinem Atelier-Eingang, einem Neubau im Garten der Villa Alber, mit dem Bild Blumenstunde, *150 x 150 cm, 2001, angelehnt an das Polleross-Häuschen, den ältesten Bauernhof am Semmering.*

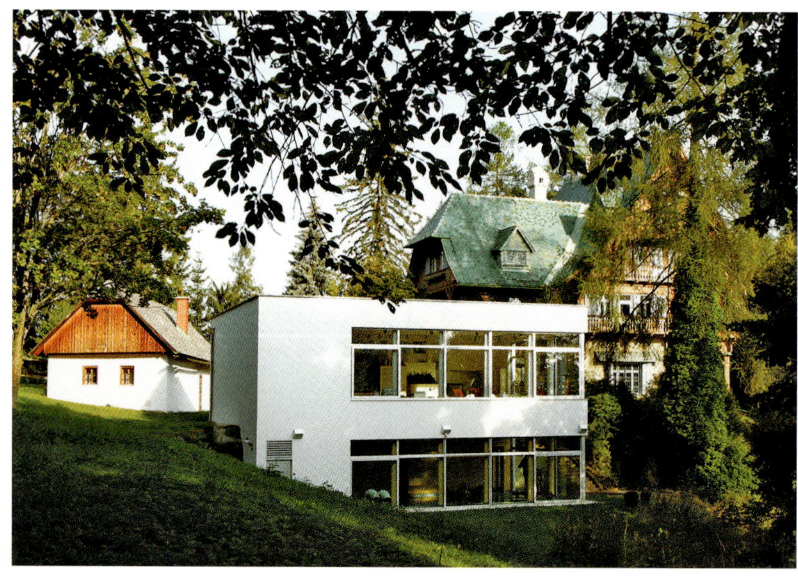

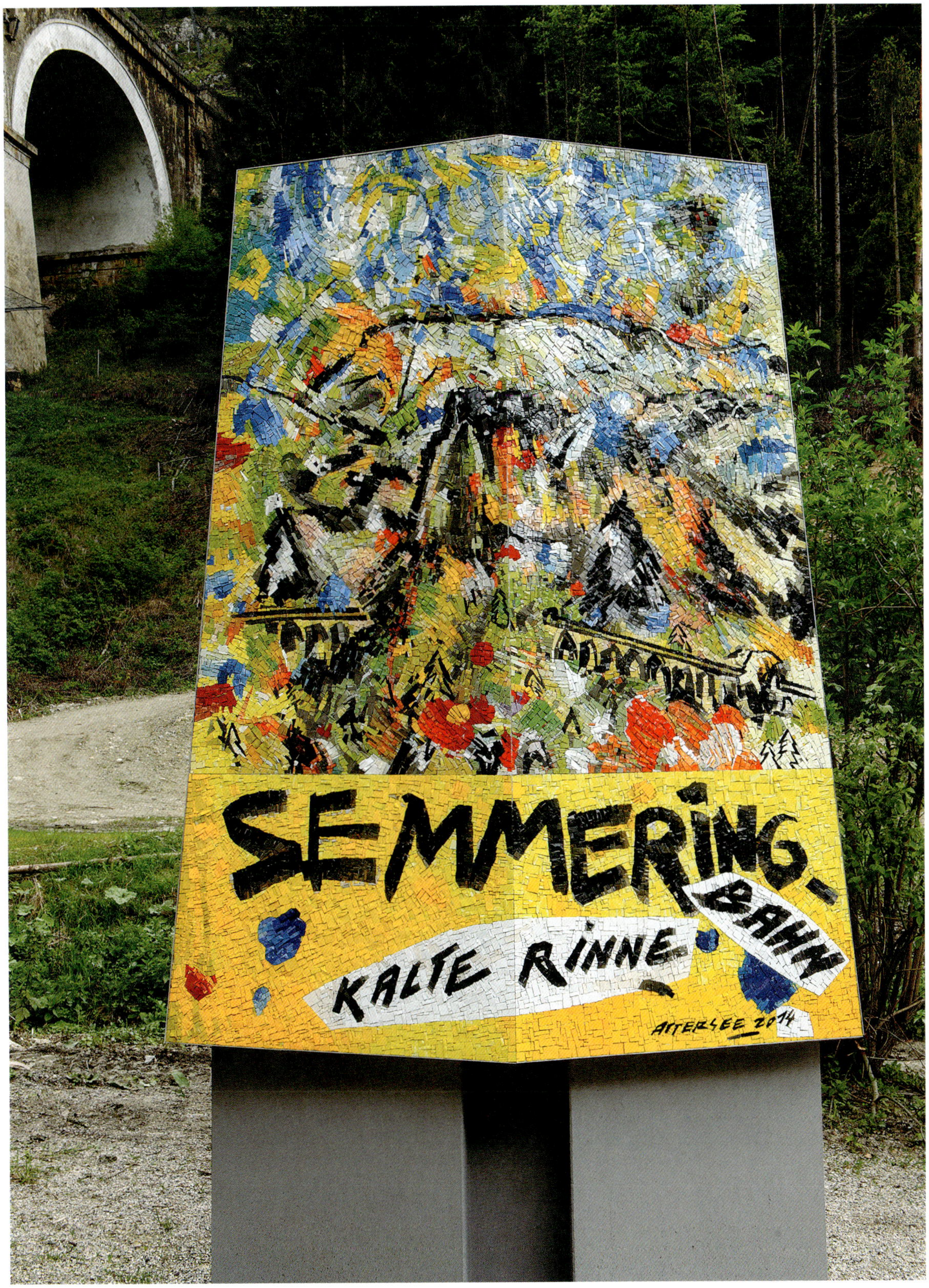

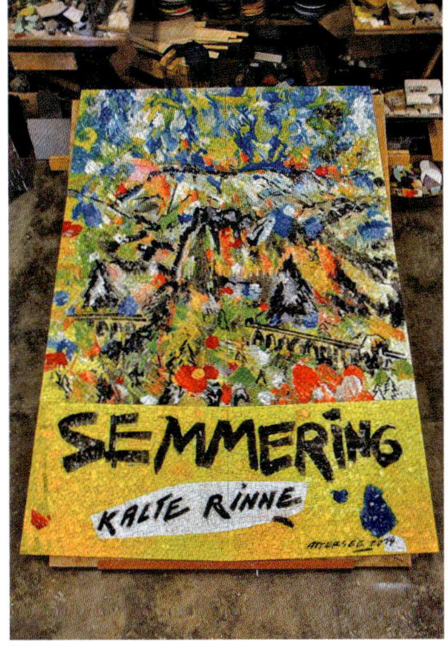

Frontansicht des Mosaiks vor dem Viadukt Kalte Rinne, *eingeweiht im Mai 2015. Oben: Das Mosaik während des Entstehungsprozesses in der Werkstatt von Luciano Petris in Codroipo.*

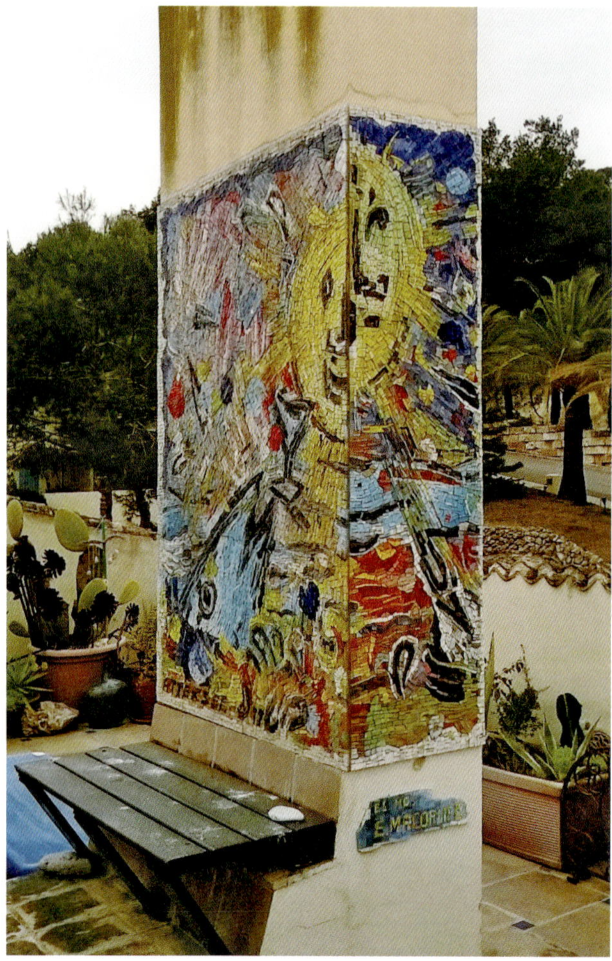

Christian Ludwig Attersee,
Tag-Nacht-Sonne, *Mosaik,*
Mallorca, 1999.

Zeitgenossen über den Künstler Attersee

Ein Porträtmosaik

… Die Metamorphose erscheint in Leben und Arbeit dieses Künstlers als eine Konstante, das Bedürfnis nach Veränderung und Wandel als die treibende Kraft …

… Gern wäre er Opernsänger geworden, aber da er als kleines Kind das Gehör auf einem Ohr verloren hatte, verbot sich diese Karriere. Christian Ludwig wollte dem Musiktheater nahe bleiben, studierte Bühnenbildnerei, nahm ein Diplom für Vitrinenbau, Glasverarbeitung und Kirchenfenstergestaltung entgegen, der spätere Filmemacher jobbte auch als Sportkameramann, und wenn er heute über diese Jahre berichtet, klingt daraus kein bisschen Bedauern …

… Vom schönen, tiefen Attersee im Salzkammergut borgte er sich – mit Dank an seine Mutter, die in Sportkleidung und Rettungsweste des segelnden Sohnes das Etikett »Christian Ludwig, Attersee« eingenäht hatte – den Künstlernamen …

… Künftige Kunsthistoriker werden kämpfen müssen, den Themenkanon eines der großen österreichischen Künstler des 20. und 21. Jahrhunderts zu sortieren, sein Zeichenalphabet zu entziffern …

… Zu den verwirklichten Großprojekten Attersees zählen Riesenmosaike wie das 222,45 Quadratmeter messende, 2007 vollendete Schöpfungspanorama *Reichtum Erde* in der Geologischen Bundesanstalt in Wien. Dabei hat er neue Dynamik in die ehrwürdige Kunstform gebracht: Statt quadratischer Steinchen verwendete er unregelmäßig geformte Elemente aus handgebrochenem Stein und Tiffanyglas, die dem Mosaik einen verblüffend malerischen Impetus geben …

Alfred Welti, ehem. Redakteur von *art* und Textchef des *stern*, 2010

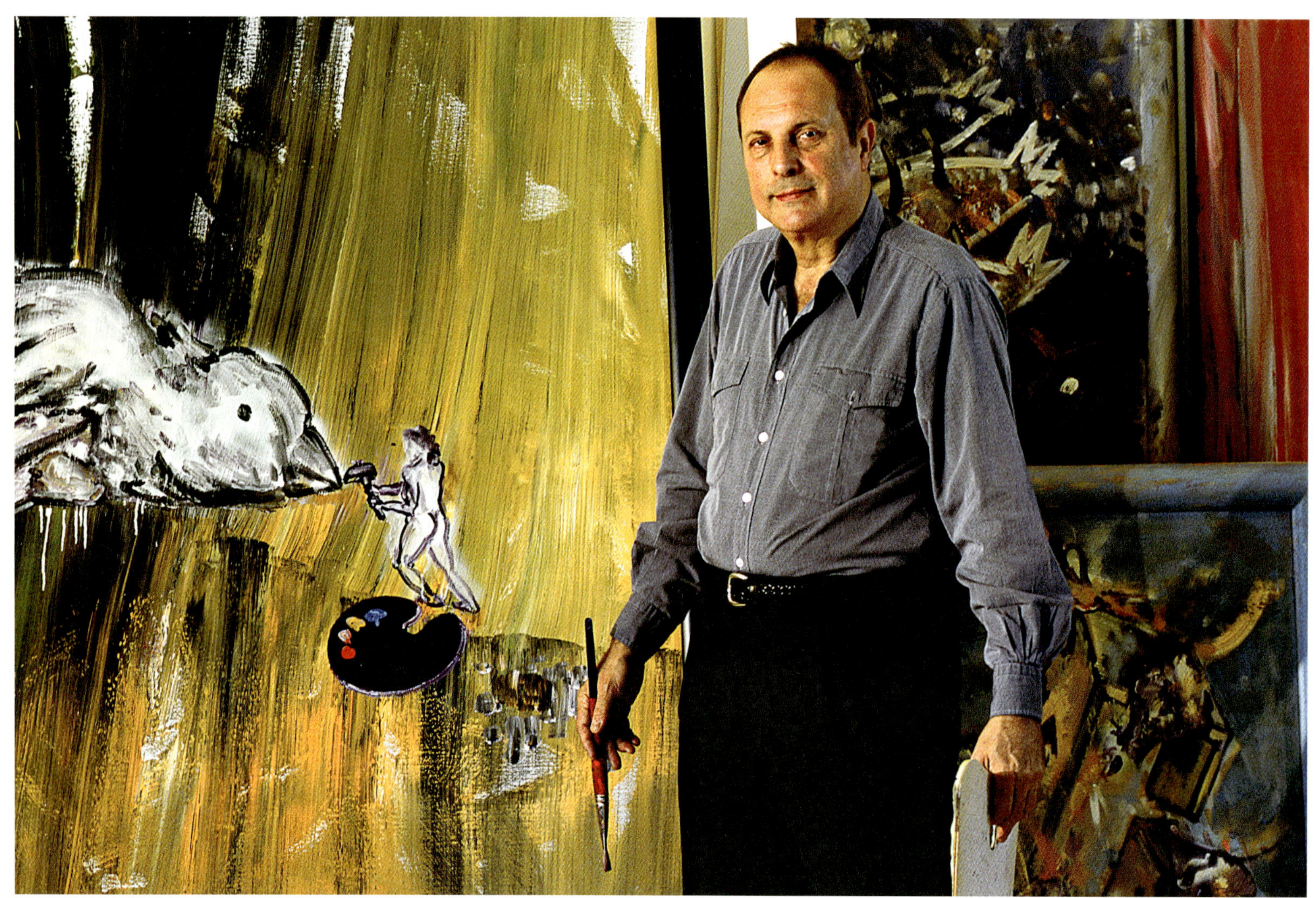

Attersee in seinem Atelier am Semmering malt das Bild Vorkunst, *Acryl auf Leinwand, 210 x 280 cm, 2010.*

Attersee zählt seit fünfzig Jahren zu den bedeutendsten Künstlern Österreichs. Er ist einer der großen Einzelgänger im Bereich der figurativen Malerei Europas, er gehört zu keiner Gruppe, beruft sich auf keine historischen Vorbilder, seine Kunst kommt aus der Fantasie und aus dem Leben. Auf seinen Leinwänden explodiert ein Universum aus Schnapsmauern, knospenden Hacken, Läufern zur Braut und Tierzickzack. Muskelzopf und Tischin geben sich ein Stelldichein. Alle Gegenstände sind von einer prallen üppigen Sinnlichkeit erfüllt, sind mehrdeutig und assoziativ verwendbar.
Attersees Kraft ist also die Unberechenbarkeit des Vorgangs, Attersees Kraft ist die Überraschung – und auch Üppigkeit, Attersees Kraft ist Witz zu Ernst. Klarheit und Ordnung heißen jetzt Nachtstück und Capriccio.

Rudi Fuchs, ehemaliger Direktor des Stedelijk Museums, Amsterdam

Die Potenz, die die reißende Bewegung Attersees Bilder erzeugt, ist eine erotische – jeder nur denkbare Gegensatz wird hier in einen Kampf des Männlichen mit dem Weiblichen umgedeutet. Was in den rasenden Wirbeln dieser Arbeiten sichtbar wird, ist Bestandteil einer Apotheose der Sexualität, die sich Metaphern aus der Welt der Landschaft ebenso holt wie aus der Welt der Architektur, aus den Wassern ebenso wie aus den Lüften. Alles kann sich mit allem verbinden, die Zentrifuge, durch die Attersee seine Visionen treibt, zerteilt seine Bildwelten und fügt sie aufs Neue zusammen. In den Himmelfahrten dieser Bilder reißt Attersee das Unterste nach oben – in ihren Höllenstürzen treibt er die Himmel ins Meer. In der explodierenden Vision dieser Schöpfungsanstrengung erfahren wir die Kunst Attersees – hier ist der Kern seiner Kunstleistung zu suchen. Mit einem metaphysischen System, das man sich erfindungsreicher nicht vorstellen kann, beschreibt Attersee den fundamentalen Gegensatz, der zugleich ein banaler ist, zwischen Mann und Frau, Tag und Nacht, Welt und Mensch.

Carl Haenlein, ehemaliger Direktor der Kestnergesellschaft, Hannover

Attersee ist ein assoziationsreicher Poet, ein Erfinder von Bildern und Welten, der letztlich durchaus kritisch an Zuständen und Symptomen rührt, mit denen wir täglich zu tun haben. Attersee hat in dieser Beziehung immer wieder mit clownesker und auch dramatischer Schärfe seine bildnerischen Marginalien und Glossen angebracht.
In seiner emotionalen Spannweite, aber auch in der Ambivalenz des bildnerischen Ideenreichtums vermittelt das durch die Auseinandersetzung mit Sexualität entscheidend geprägte Gesamtwerk die ideale Synthese von Kopf- und Handarbeit … von »Tau und Kern«.

Peter Baum, ehemaliger Direktor der Neuen Galerie, Linz

Die bei Attersee durch den postaktionistischen, spontanen Malakt gebrochene Wirklichkeitsrezeption, sein Eingehen auf so gegensätzliche Ausdrucksformen wie Informel und Figuration, Ornamentik und Körpermetaphorik, grafischen Konturismus und orgiastische Farbigkeit stieß bei den jungen Kunstspontis der Achtzigerjahre auf einige Resonanz. Wie man hört, haben Siegfried Anzinger, Martin Kippenberger, Albert und Markus Oehlen ihre Sympathie für die bewusst nicht stilreine, zwischen den stilkritisch ausdifferenzierten Fronten und Trends wildernde subjektive Malerei Attersees offen bekundet. Für jene, die, anstatt künstlerisch abzudanken, die Krise der Malerei mit der anhaltenden Lust am Malen verbinden wollten, ließ sich vom kontrollierten Malanarchismus Attersees einiges an Mut und Unbekümmertheit, aber auch an Unverschämtheit absehen. Der österreichische Einzelgänger wurde unversehens interessant für eine Malerei, die gegen ihren eigenen Schein wütet und im ästhetischen Niemandsland zwischen Kunst und Leben, das von Spieltrieb, Witz, Ironie und Zynismus besetzt ist, ständig zu scheitern droht.

Peter Gorsen, emeritierter Professor der Universität für angewandte Kunst Wien

Attersee hat uns einiges zu sagen über den Prozess der Verwandlung. Wie bei den geheimen Verfahren der Alchemisten zur Goldgewinnung sind in diesem Prozess verschiedene Stadien oder Stationen zu unterscheiden. Besonders wichtig ist der Augenblick, der der eigentlichen Verwandlung unmittelbar vorangeht. Zu den oft beobachteten Eigenheiten der Malerei Attersees gehört das Faktum, dass die figürlichen oder gegenständlichen Elemente (Phänomene, Chiffren) schmelzen, ehe sie neue Verbindungen eingehen. Sie besitzen die offenbare Neigung, sich zu verflüssigen, sich aufzulösen, in einen anderen Aggregatzustand überzugehen.
Dieser Zustand kann, wenn es um Transformation, Metamorphose, Verwandlung geht, auf keinen Fall ausgelassen werden. Der Prozess des Einschmelzens und Verflüssigens bildet das notwendige Durchgangsstadium, das jedes Ding, jede Figur durchlaufen muss, wenn es oder sie mit einem anderen, einer anderen verschmelzen oder selbst ein anderes, eine andere werden möchte.

Wieland Schmied, ehemaliger Rektor der Akademie der Bildenden Künste München, Kunsthistoriker und -kritiker

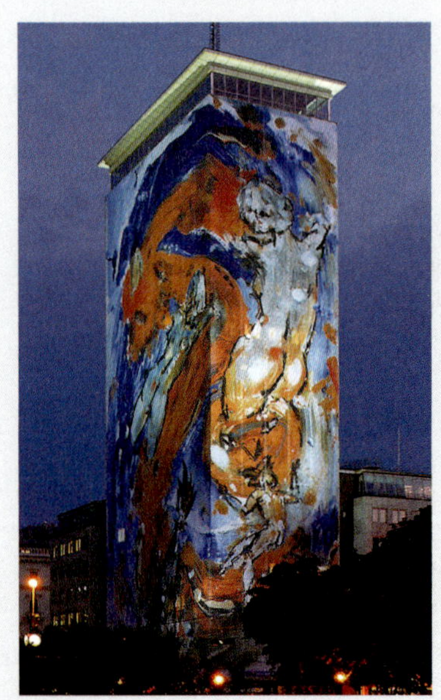

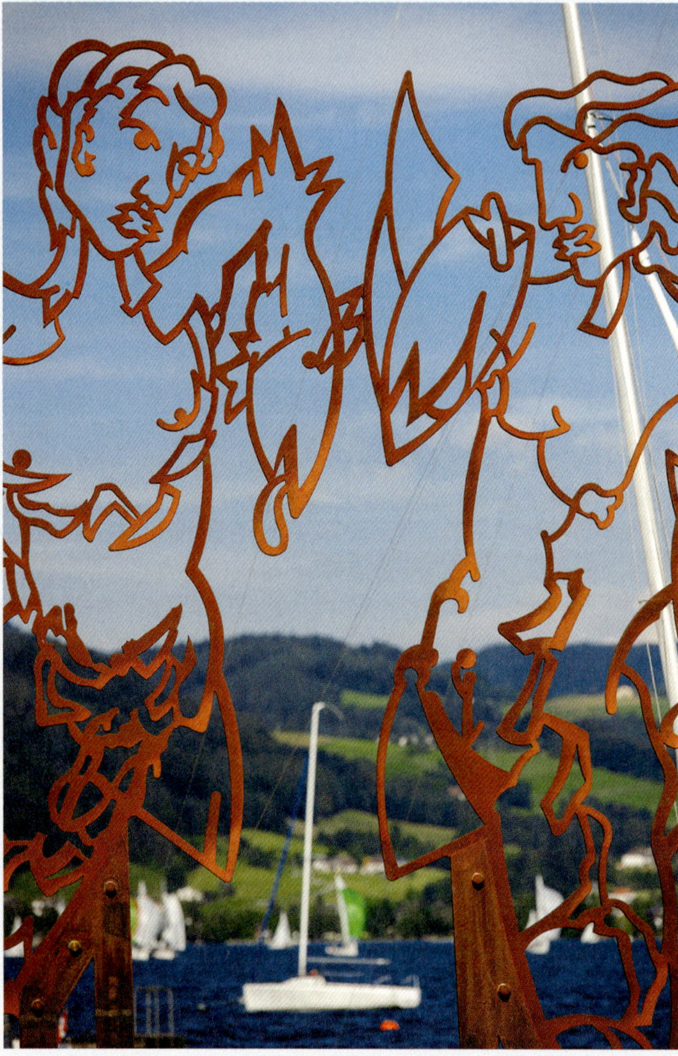

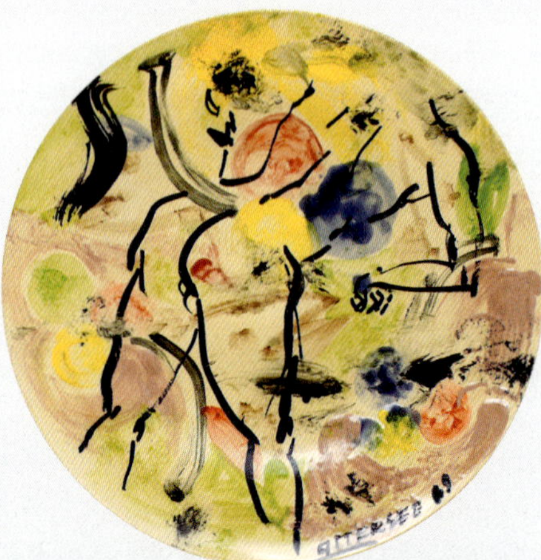

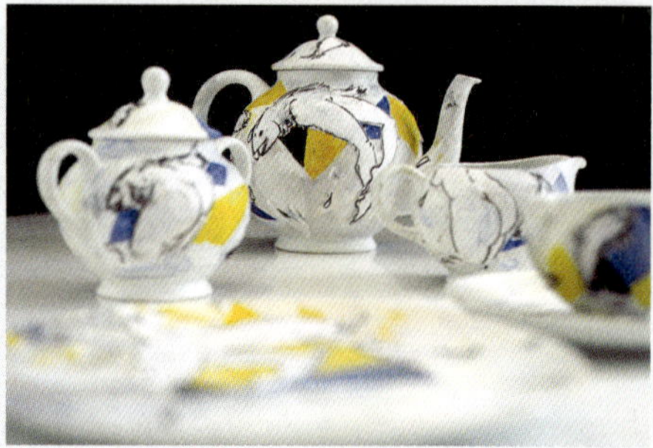

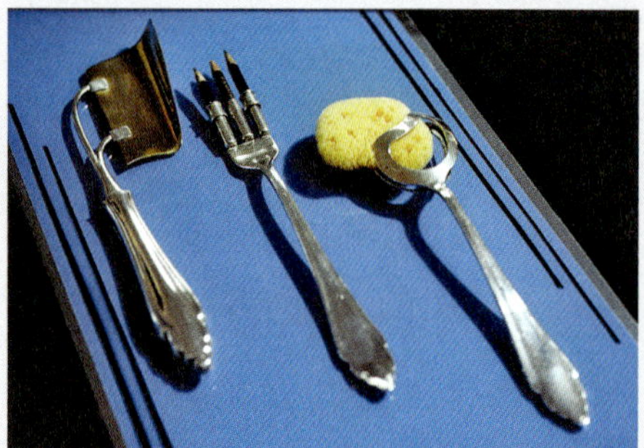

Das Attersee-Leben – ein Künstlerrundum – angewandt als Maler, Sprachschöpfer, Musiker, Bühnenbildner und Segler. Seine Formensprache setzt sich spielerisch und elegant so im Alltäglichen fort, dass sie künstlerisch das Leben bereichert.

Oben: Das Don-Giovanni-Spiel *am Ringturm, Wien, 2006.*
Mitte: Metallskulptur Matrose und Nixe, *Unions Club am Attersee, 2011 eingeweiht.*
Rechts: Obstjunge, *Keramikteller, 2009.*
Ein Attersee-Geschirr für die Keramikfirma Rosenthal in Selb, 1985,
und das Attersteck, *bestehend aus* Fleischplug, Zeichengabel *und* Suppenschwammlöffel, *Wien, 1974.*

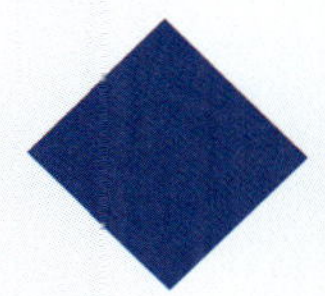

Biografische Auszüge von Leben und Werk von Christian Ludwig Attersee

Der 1940 in Pressburg in der Slowakei geborene Christian Ludwig Attersee übersiedelte 1944 nach Österreich; er lebt heute in Wien und am Semmering in Niederösterreich.

Attersee verbrachte seine Jugend in Aschach bei Linz und am Attersee in Oberösterreich, er war einer der großen Segelsportler Österreichs – daher das Pseudonym Attersee. Er machte sich nicht nur als bildender Künstler, sondern auch als Musiker, Schriftsteller, Objektmacher, Designer, Bühnenbildner und Filmemacher einen Namen.

Attersee gilt aber vor allem als einer der bedeutendsten Vertreter der gegenständlichen Malerei Europas der letzten 50 Jahre, er ist Einzelgänger in fast allen Bereichen der bildenden Kunst.

Erste Ausstellungen ab Mitte der 60er-Jahre bringen Erfolg, auch die Freundschaft und Zusammenarbeit mit Künstlern wie Günter Brus, Gotthard Graubner, Jörg Immendorff, Markus Lüpertz, Hermann Nitsch, Walter Pichler, Dieter Roth, Gerhard Rühm, Oswald Wiener und anderen.

Seit Attersees ersten Gegenstandserfindungen (1964–66) im Bereich der Erotik und des Alltags gilt er als eigenständiger Mitbestimmer der europäischen Pop-Art. Attersee ist der große Einzelgänger der österreichischen Kunst der 60er-Jahre, Gegenpol zum Wiener Aktionismus. In der zweiten Hälfte der 70er-Jahre ist Attersee die Gründerfigur der »Neuen österreichischen Malerei«.

1984 vertritt Attersee Österreich mit herausragendem Erfolg auf der Biennale di Venezia.

1990–2009 Professor an der Universität für angewandte Kunst in Wien (für Malerei, Animationsfilm und Tapisserie).

Im Frühjahr 2002 wird in einer umfangreichen Retrospektive das Werk Attersees im Stedelijk-Museum, Amsterdam, präsentiert.

2005 wird eine große Attersee-Ausstellung mit Werken der letzten 5 Jahre im Wiener BA-CA Kunstforum gezeigt, die im Sommer 2006 in erweiterter Form von der Sammlung Würth, Künzelsau, übernommen wird.

Im Frühjahr 2005 wird an der Wiener Staatsoper das Ballett *Petruschka* von Igor Strawinsky in einer Bühnenbildausstattung Attersees aufgeführt, im Mai 2006 am Belgrader Madlenianum das Ballett *Amadé*.

Für 6 Wochen wird im Herbst 2006 der über 70 Meter hohe Wiener Ringturm mit einer malerischen Don-Giovanni-Gestaltung Attersees verhüllt.

Ausstattung des 1. Liederballs des Wiener Männergesangsvereins im Kursalon Wien 2007. Im November wird das 220 Quadratmeter große Innenraummosaik *Reichtum Erde* in der Geologischen Bundesanstalt, Wien, fertiggestellt.

2008 wird Richard Strauss' *Salome* in der Inszenierung, dem Bühnenbild und Kostümen von Attersee am Theater Bremen aufgeführt.

Preise/Auszeichnungen:

Im Mai 1998 wird er mit dem Großen Österreichischen Staatspreis 1997 für Kunst ausgezeichnet.

Im Sommer 2004 erhält er den Lovis-Corinth-Preis der Künstlergilde Esslingen.

Im September 2005 wird ihm das Österreichische Ehrenkreuz für Wissenschaft und Kunst I. Klasse verliehen.

Über 500 Einzelausstellungen in vielen Ländern Europas und der USA.

Einzelausstellungen/Aktionen:

2011
Attersee schön wie seine Bilder, Fotografie im Werk Attersees (1964–2011), Rupertinum, Salzburg;
Das dreifarbige Erwarten, Fotoerzählungen in Malerei gebadet, Galerie Heike Curtze, Salzburg
Hemdtal, Retrospektive des druckgrafischen Werks, Reykjavik Art Museum, Reykjavik

2012
Attersee: Drei Tische, Galerie Walker, Schloss Ebenau, Kärnten
Attersee: Das Mutterschiff, eine Umrundung, Galerie Thiele, Linz;
Attersee-Retrospektive 1990–2012, Galerie der Stadt Villach

2013
Attersee: Das Schachfleisch, Galerie Hilger/BROT Kunsthalle, Wien;
Attersee – Neue Zärten, Gut Gasteil, Prigglitz/Niederösterreich;
Attersee. Kuss-Stunde. Bilder 2010–13, Galerie 422, Gmunden, Oberösterreich;
Attersee. Das Fruchtsein, Schloss Parz, Grieskirchen, Oberösterreich;
Attersee und Nitsch, Castel dell' Ovo, Neapel (bis März 2014)

2014
Attersee. Das Fruchtsein, Schloss Parz, Grieskirchen, Oberösterreich;
Attersee-Retrospektive 1994–2014, Palazzo Milesi und Galerija Kula, Split;
Attersee und das Wunder der Farbe, Sammlung Essl im Schömerhaus, Klosterneuburg;
Salome – Eine Oscar Wilde-Ergänzung, anlässlich des 150. Geburtstags von Richard Strauss, Galerie Heike Curtze, Salzburg

2015
75 Jahre Attersee, Steiermarkhof, Graz (29. Mai–16. Juli);
Kunsthaus Mürz, Mürzzuschlag (8. Juli–9. September);
Galerie Zwach, Schörfling am Attersee (31. Juli–6. September);
Konzert und Ausstellungseröffnung Brucknerhaus, Linz (29. September);
Premiere der Oper *Weiße Rose* von Udo Zimmermann, Brucknerhaus, Linz (30. September)

Autoren, Fotografen, Bildnachweise und Dank

Franz Hofbauer, Dr. phil.
Studium der Rechte und Kunstgeschichte an der Uni Wien, war in der Steuerberatungskanzlei seines Vaters als Gesellschafter-Geschäftsführer tätig.
Umfangreiche Reisetätigkeit zu den Kunstzentren Europas und in Übersee, die ihn zur Anlage eines umfangreichen Kunstarchives veranlasste.
Arbeitet derzeit als geprüfter Fremdenführer und Reiseleiter.
Es versteht sich von selbst, dass er an diesem Buch auch deshalb mitwirkte, weil er seit seiner Studienzeit ein großer Kunstverehrer ist, der eine Sammlung an zeitgenössischen, österreichischen Gemälden und Mosaiken besitzt.

Ernst Huss, Dipl. Arch.
zählt zu den bedeutendsten österreichischen Architekten. Sein Hauptwerk liegt im Bereich von Industriebauten und Einfamilienhäusern. Als Beispiele seien das Bürohaus Bacon, Wien (1993 bis 2003), das Atterseehaus, Wien (1996), die Würth-Zentrale in Böheimkirchen (1999) sowie das Columbus-Center, Wien (2005) genannt. Mit Attersee pflegt er seit Jahrzehnten auch eine künstlerische Freundschaft, die zu mehreren gemeinschaftlichen Arbeiten im Bereich des Mosaiks führten. In den letzten Jahren Zusammenarbeit mit dem Architekten Andreas Hawlik.

Titus Leber, Dr. phil.
Autor, Multimedia-Pionier und Filmregisseur aus Wien; schloss seine Studien in Kunst- und Theatergeschichte dort an der Universität ab, graduierte danach am American Film Institute (AFI) in Hollywood, war Research Fellow am Centre for Advanced Visual Studies (CAVS) am MIT Boston und ist Mitglied des European Cultural Parliaments.
Seine vielfach preisgekrönten Filme *Kindertotenlieder*, *Franz Schubert – Fremd bin ich eingezogen*, und *Anima* sowie die Gestaltung der ersten interaktiven Multimedia-Produktionen über Wien, Mozart, Louis Pasteur und den Louvre/Paris in 3D, sowie *Leben und Lehre des Buddha* und *Borobudur-Pfade zur Erleuchtung* weisen ihn als Wegweiser moderner Medientechnologie und -dramaturgie für das Kulturerbe der Menschheit aus.
www.titusleber.com

Elio Macoritto
diplomierter Mosaikbildner aus Italien, seit 1956 freischaffend in Wien tätig.Wichtige Mosaikausführungen für viele bekannte Künstler wie z. B. Prof. H. Bauch, Prof. W. Hutter, Prof. H. Lemden und seit 1995 in enger Zusammenarbeit mit Prof. C. L. Attersee. Arbeitet als Restaurator für die denkmalgeschützten Mosaike der Stadt Wien.

Kurt-Michael Westermann
Der Hamburger Fotograf veröffentlicht seit vielen Jahren international in namhaften Magazinen und gibt Bildbände heraus, etliche ausgezeichnet, z.B. *Die Bibliothek des Orients* oder *Ingeborg Bachmann in Ägypten* ...
Auch die unter seiner Mitarbeit im Hirmer Verlag erschienene *Ireland Glenkeen Garden*-Box wurde mit einer Goldmedaille, Deutscher Gartenbuchpreis 2015, ausgezeichnet.
Westermann ist Mitglied der Agenturen Corbis sowie Imagno, stellt international aus, lebt und arbeitet vor allem in Wien.
www.km-westermann.com

Anna-Maria Eder, Dr. phil.
Die Kunsthistorikerin lebt in Salzburg und ist seit 2002 tätig im Atelier des Malers und Bildhauers Johann Weyringer. Sie ist außerdem Lyrikerin und Schmuckkünstlerin – AME-Schmuck.
www.ame-schmuck.at

Thomas Hofmann
Studium der Erdwissenschaften, seit 1992 an der Geologischen Bundesanstalt, Wien, seit 2008 Leiter der Bibliothek, des Archivs und des Verlages der Geologischen Bundesanstalt, Autor zahlreicher (Fach-)Publikationen.

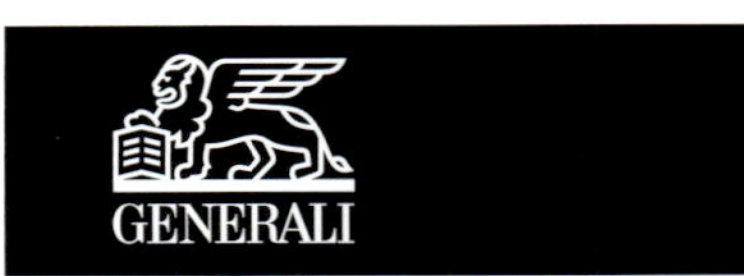

Die Herausgeber bedanken sich für die Unterstützung bei der GENERALI-Versicherungsgruppe, die das Gebäude Mariahilfer Straße 78–80 im Jahre 2014 erworben und modernisiert hat, die auch dem Mosaik dort wieder ihren ursprünglichen Glanz verliehen und mit einer LED-Beleuchtung ins richtige Licht gesetzt hat.

Dieses Buch erscheint mit Förderung von

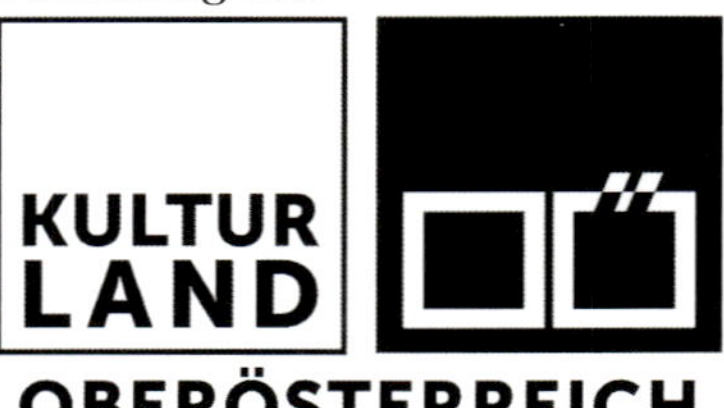

Bildnachweis
Elio Macoritto, Kirchschlag: 31 u.l., 32 r., alle unten, 33 r., alle unten, 34 l., 35 r., 62, 66/67 alle, 72 alle, 233 r.; Atelier Attersee, Wien: 64/65, 68/69, 76, 104/105, 114/115 oben, 182, 220/221, 228, 234; Orsoni, Venedig: 147 u., 175; Mosaikschule, Spilimbergo: 156 beide, 159 beide; Mosaikwerkstatt Luciano Petris, Codroipo: 174 u., 223 o.; alle anderen Kurt-Michael Westermann, Wien

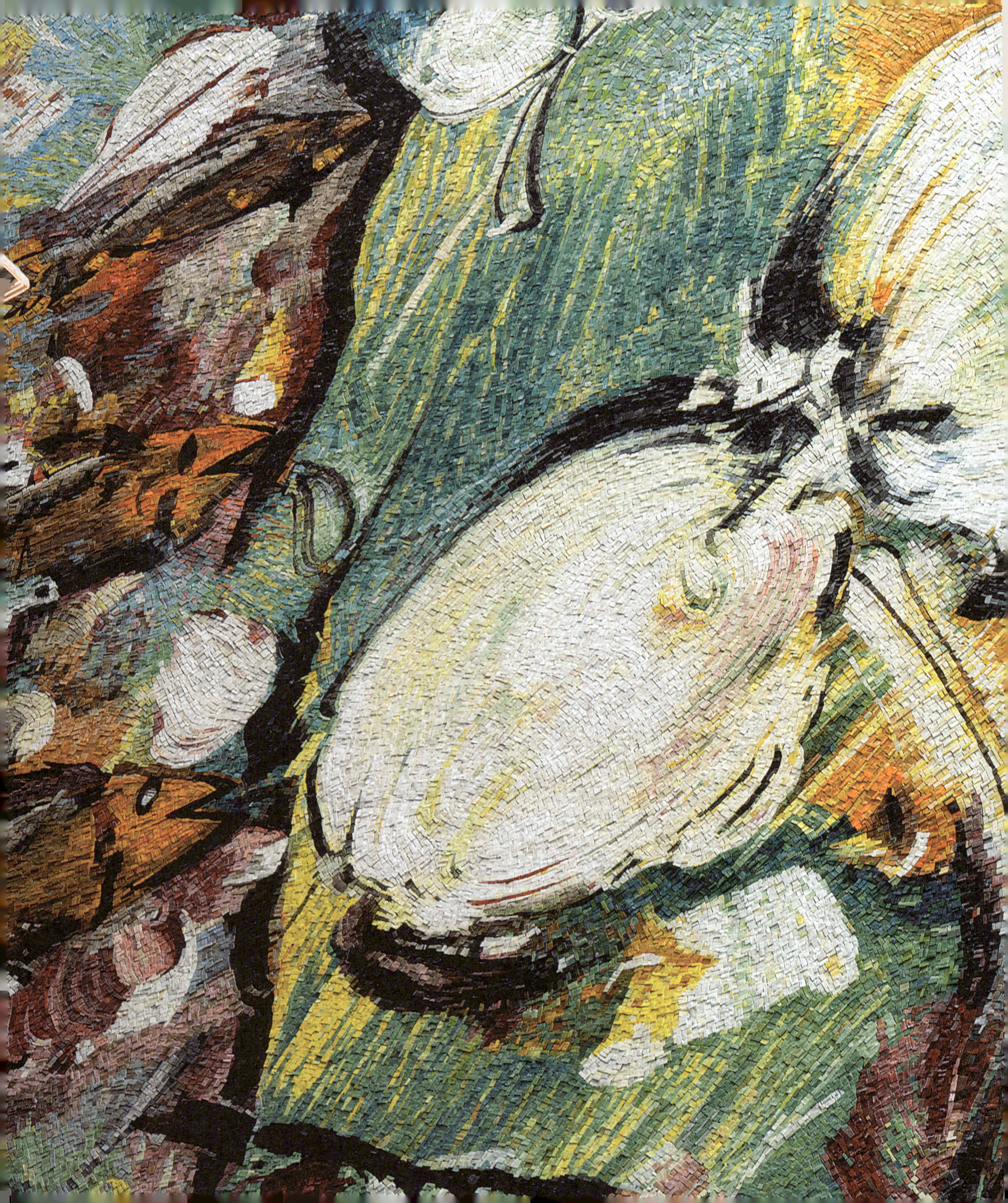